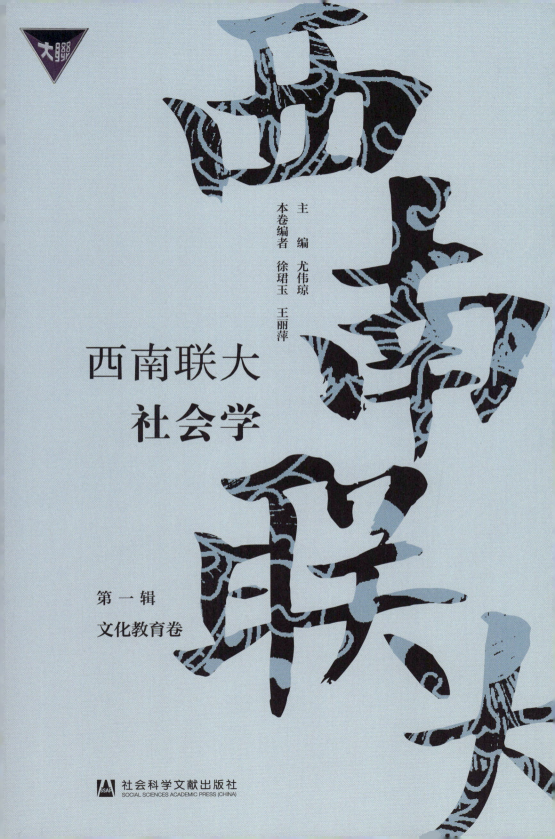

主　编　尤伟琼

本卷编者　徐珺玉　王丽萍

# 西南联大
# 社会学

第一辑

文化教育卷

社会科学文献出版社

SOCIAL SCIENCES ACADEMIC PRESS (CHINA)

# 目　录

# 中国文化的出路

# 教育问题及措施研究

# 人才培养探讨

## 学院与学科建设

文化基本研究

# 抗日军人与文化

林同济

诸位：

上面说过文武分离下来的结果，使武人只会打仗，文人只会读书，这是中国数千年来最大的缺点，即是说一般国民没有武人的风气与文人的榜样，造成一些没有国家观念没有牺牲精神的军人，只知自己打自己。而一般文人也不知自己的使命和文人的任务，这样一来军事文化，便成了消耗性质、抢夺性质的工具，为私人把持利益、争夺地位的武器。所以我说过去的文化是文人的文化，今日的文化呢？则是变成了战士化的文化了，但是我不是说"文"不好，而是因为中国的文太文了。

什么是战士化的文化呢？照字面解答，战士是为国家为民族而能用武力去抵抗侵略者的侵略的战斗，故将文化应用到这上面来，非一种宣传的工具，便是战士化的文化。现在的中国——遭遇着困苦艰难的中国，正需要着这种战斗的文化。

诸位是将来出征的战士，我希望每一位都准备成功了战士。就是说要每一个人都要战士的武器和工具。假如诸位问我这武器和工具是什么，那回答我便说是不自乱、能勇敢。

已往的武人和文人，不能成为战士的原因，就是为了自私自利的乱而不为公谋，乱的利益而放弃了大众专为自己。现在一个战士最基本的条件，便是能热情的将自己献身给大众，为大众的利益事业——解放的事业而牺牲。这就是说，要能将利己的私心改变为利大众利别人的公德心。这种基础于利哲学上，换句话说，在目前要做一个真正的战士，就必得为大众为国家来谋福利，且更要放弃自私自利的成见。

勇敢在现在是非常必要的一种精神武器，尤其是军人当中十分之十都要能做到勇敢，换句话说，凡是军人，人人都要有不怕死向前迈进的决心。已往文化的勇敢人，便是好汉不当兵，这样的处世哲学，来适应环境，许多青年的战士，都受这毒汁的种子麻醉，所以要做一个战士，（军事文化）就是要勇敢，假若怕死，那便不成其为战士。

以后我希望大家都能勇敢，社会上一切不等之事，常常发生，就是好老生先生太多，有胆量的人太少。目前大家都知道是一个新旧交替的时代，假若不勇敢，便不能送旧迎新，在这里只有大胆的干，冒险的干，新历史的日程才会来到，最后的胜利，才会有确定的把握。

《军事月刊》第 2 卷第 11 期，1938 年，第 21—22 页

# 廿年来中国思想的转变

林同济

## 一

二十二年前的今天，是五四新文化运动霹雳开头的日子。我们愿借这个机会作一番观往察来的工夫。我们要问一问：这二十多年来中国一般的思想潮流大体上有没有一个可以指明的动向？这个动向的中心母题是什么？作用在那里？

我说，一般的思想潮流。这与我在本刊第十四期所讨论的"第三期的中国学术思潮"，内容两异。那一篇的对象是集中在学术方法论一问题，这一篇泛论社会上一般的思想或人生观。当然的，两者之间多少也都有些联系性。

## 二

五四新文化运动，内容本甚丰满，甚复杂。它一方面把西方文化内的各因素、各派别，铿锵杂沓地介绍过来，一方面又猛向整个中国的传统文化，下个显明的比照、剧烈的批评。实百花争发的初春，尽眩目薰心之热致。

然则当日的新文化运动不过是一场五花八门的"杂耍"吗？曰：

唯唯，否否！在那丰富、复杂，以至矛盾的内容中，我们可以寻出一个显明的主旨、中心的母题。这个主旨与母题可说是个性的解放——把个人的尊严与活力，从那鳞甲千年的"吃人的礼教"里解放出来，伸张出来！五四新文化运动所以成为一个自具"体相"运动者在这里，它在我们当代国史上所发生的主要作用也在这里。

解放在当日，是绝对必须的。但解放的成绩不算圆满。事后十年间——其实乃直至今日——我们一般社会上实际行为的表现，一方面总嫌是个性不够伸张，个力不够活跃；另一方面却又感得决篱摒沈〔藩〕，流弊已甚。正所谓旧的秩序已经否定，新的秩序无法诞生！

有什么出路呢？

理论上可能的出路很多，但实际上所"必取"的路线只有一个。十年来国际大政治的蜕变，是把法国革命后欧洲文化所表现的"大战国时代"加强地、急转直下地表演出来。对这个无情恶劣的大现实，我们不但无法躲避，并且竟成为直接受殃的第一人。九一八至七七，我们国家所遭遇的孽运乃紧迫着我们思想界及时作适应。五四的作风必须向另一路线转换，也只可向一个路线转换，就是个性解放的要求一变而为集体生命的保障。八一三抗战展开以来，集体生命、民族安全一感觉，更无疑地成为我们思想界的最高主题。

由个人的个性解放到民族的集体认识，这是五四到今天中国一般社会上思潮所经的康庄大道。不消说，这并不是说五四新文化运动里不曾含有民族集体的意识，也不是说目前民族生存运动的高潮中再也没有保留些个性解放的种子。正相反！文化以及思想潮流的连续性、互动性，谁都认得。我们此处所指明由个体到集体的来线，不过是指明不同的时期有不同的注意点，有不同的重心。因其重心的不同，而界说其前后的体相的两异。这办法应当是合理，是可用的。

本来中国的问题，由内面的各角度看，也许所见各异；但由整个国家在世界大政治中的情势看去，则远自鸦片战争以来，就始终是一个澈头澈尾的民族生存问题。一切是手段，民族生存是目标。在民族生存的大前提下，一切都可谈，都可做。在民族生存的大前提外做工夫，无往而不凶。这是百余年来大战国局面排下的铁算——尽管我们的辩证逻辑家、形式逻辑家，在那里大喊其不然。所以，五四新文化运动的毛病并不在其谈个性解放，乃在其不能把这个解放放在一个适当的比例来谈，放在民族生存的前提下来鼓励提倡（最少其实际的流弊是如此）。这与后来我所谓"第二期的"唯物论者毛病类似。这些论者的毛病也并不在其谈阶级斗争之太多，乃在其情绪热烈之项［顷］，总喜欢到民族生存的畴范外，大叫他们那一套的"打倒"与"推翻"。

一切是工具。民族生存必须是目标！因此，如果我们的论断不错，如果二十余年来的中国思潮确是由个性解放侧重到民族生存，那么，我们尽可以肯定说，这动向是合于时代的中心需求的。

## 三

抗战将届四周年，大家都在鼓吹此后思想文化的建设。但如何建设？以何建设？在在都生问题。也许一个初步工作是就上列所述的动向仔细地寻绎其涵义，一面多方思索其细目，一面分途发挥其作用。

我们这个民族集体的思潮，本来就不是一曲浅弱的涧湍。它是一道澎湃大河，其溯源也多，其浸注也远。若干年来，奔流所到，实映着几条荦荦大则，都充满了划时代的意义的。这些意义尚未经我们思想界充分阐扬，但它们的明光暗力已开始向我们精神生活的各方面薰陶滂礴，谈中国当代文化者不可不知，推动中国此后文化者似尤应当细嚼其中的意味。

（一）从自由到皈依。自由两个字是个性解放的理论基础，也是个性解放的实现方式。自由者，由自我的意志为立场而作不受外力牵制的行动之谓。在当年宗法社会壁垒森严的压力下，自由两个字无疑地是中国青年的无上福音。把自我看做超出一切而存在，脱了一切而仍有价值的一物，煞是快事！然而经不多时，一般感觉敏锐之人，额已能恍然发现对面的真理：如果人们需要自由 Freedom，人们也必要"皈依" Attachment。无论由物质或精神生活着眼，自我终是"未能自给"的一物。它终须皈依于更大于我者而存在，而取得存在的意义与价值。如果五四时代，青年们都感得摆脱家庭束缚的愉快，最少九一八之后，一般智识份子已能深切体验自我确确不能离开国家而生存。对家庭自由，必须向国家与民族皈依。越是不为小家庭的一份子，我们灵魂深处越要渴求做大社会的一员。而我们于是乃发现了一条微妙的真理：有所皈依的慰藉，竟乃是追求自由的前提。无皈依不足谈自由！我们对人生，确比五四时代多这个深一点的认识。

（二）从权利到义务。自由是要脱离外力的阻碍，权利的涵义乃是进一步而向团体提出积极的要求。它站着自我需要的立场，而公然向社会索取供应与满足，是个人反攻社会的武器，个人对社会取得债权者资格的宝符。反而观之，义务一观念却根本以社会的需要与集体的生存为前提。它承认社会对我有大恩，而采取一种债务者的态度。它承认集体是个体存在的条件，而甘愿作一个效忠的服务者。换句话说，五四时代是十八世纪法国人权思想优越之时辰，九一八以后却大有玛志尼义务人生观代起之倾向。原来一个自成体系的文化，发展到它的战国时代的前夕与初期，都有权利学说之出现。后来，公共秩序、团体组织的需求，随着战国局势之尖锐化而日形紧急，于是义务人生观必定要借种种的形式逐渐抬头。欧洲的思潮在十九世纪下半叶早已开始向这方面发展。我们的最近动向，表示我们对时代也颇有应付的"灵机"。权利可爱，义务却是必须！只可惜我们还没有黑格尔，以至格林、卜桑克一辈人出来作一番有系统的发挥。

（三）从平等到功用。五四时代是要求平等的时代，它要打翻宗法的差级思想，所以要揭起平等的旗帜。本着一种简单化的德谟克拉西精神，我们当日于践行平等观念时，竟往往只偏面采取边沁"一个人只算一个人"的格言而忘了他的"最大数的幸福"之主张。深一层看，平等一概念，除作为主张"法律前保障平等"之解释外，实在没有什么了不得的涵义。平权两个字是打倒畸形特权的好武器，但终不是组织合理社会的最后标准。近年来"组织化生活""公共工作"各观念，好像已开始惹起一般人的注意。这个感觉，如果能充量发展下去，则我们将要理会所谓社会及人生问题者，如其说是平等平权问题，不如说是整个集体中彼此个体的"功用"Function 问题。平等是解放个体的口号；功用是发展组织生活、发挥集体效能的基念。最可能的合理与得力的社会模型，不是一切皆平等，乃是人人得其用——每一个人可以有他的相当机会来达到他所特能特有的功用。

（四）从浪漫到现实。以个体个性为中心，多不免有一种"内倾于心"的趋向，而喜作玄理上的绝对体之憬憧。所谓超空间超时间的理想国、乌托邦，往往不由自主地会从中涌出。在这一点看去，五四时代可说是浪漫时代。五四的每个青年都暗中自有他的一个理想国、他的一套革命论。有理想所以表现有朝气，这点无疑地是个可喜的现象。但"纯内心"的理想也不是无咎的福音。脱离了现实而谈理想，谈信仰，则理想也，信仰也，主义也，历史观，革命论也，都很容易变成为一种闭门造车的偏见。在三五辈浪漫任情的固执追求中，断送了数百万苍黎的生命！抗战发生，大家目光一转，由浪漫的纯理想一转而到客观的大现实。最高的需要是如何抵抗敌人。抗战建国纲领既然由各党派庄严地、正式地宣布接受，让大家索性即在这个纲领下力谋所以抵抗侵略的"办法"。在这个苦战死战的大艰难中，国民对个人、对政党所期期索求的，不是"你的主义是否更高明"，乃是"你对抗敌是否有积极的办法与成就"。如果我们观察不误，抗战愈久，一般思想界的精神必要愈加现实化。乌托邦情绪所产生的"鹬蚌政治"irreconciliable ［irreconcilable］politics，再也不能博得国民的同情与容纵。理由简单：鹬蚌阵打不倒日本的——凭你十分理想化！

（五）从理论到行动。把你的理想或玄想洋洋大观地发为理论，在本身也许难能可贵。只是大实现已压到头来，不容你我在那里嚣嚣指说。当年倾倒一世的口号、标语，以及娓娓动人的计划、方案，到今日已是过时之装，引不起大家的歆〔欣〕赏与敬慕。尽管官家王府依旧殷勤制造文章，一般国民攒头争看的却是你们实际的工作如何。行动是时代的呼声。这个呼声，我看不但"反空言"，还要充满"反唯识"的倾向的。对我们这个多议论少成功的古国，括〔刮〕过来一阵"反唯识"的秋风，所得未必不胜于所亡？

（六）从公理到自力。谈到行动，最关键的就是"力"。五四运动恰当巴黎和会之秋，我们多少都中了人家"公理战胜""精神克服"的一套宣传，遂贸贸然趾高气扬妄认此后大同的世界只须由那三五个"合理"条约、"非战"宣言来包管维持。如今我们觉悟了！公理是不能脱自力而存在的。力乃一切生物之征，无力便是死亡。力是一切行动之原，无力便无创造。力的本身，原无善恶，它是超道德、非道德的现象。力而有善恶，乃全由其所应用的对象而分别。中国人受了祖传道德家的思维习惯之影响，一提及"力"，便大骂为"无理"。现在我们的看法，提起"理"必须主张"有力"。有理不必有力，有力才配说理。如何趁这个苦战求生的时刻，把力的真正意义认清，建立一个"力"的宇宙观、"自力"的人生观，这恐怕是民族复兴中一桩必须的工作。（参看本刊第三期、十三期）

（七）从理智到意志。力从何来？五四正宗的实验派必定要运用他们功利式的纯理智头恼〔脑〕，来一五一十向你细数那些物质条件。物质当然是必须的，但莫忘了运用者、组织者，还在其人。这是我们抗战以来所发现的最可贵的真理：有物质无意志，根本无力；有意志无物质，还有办法。五四时代的伟大在它相信理智的可靠。此后我们的伟大在了解意志是理智之王。理智可贵，意志可贵又可敬。如果五四时代是实利逻辑、实验逻辑飞跃之期，我料得此后中国的思想必定要对"意志自有的逻辑"开始领略其滋味。

## 四

好了，这些是一把新思潮的种子，已经散布在头上与空中。却也有一批有眼光、有气力的人们着意把他们收拾、培养，而集成、创造出一个"第二度新文化运动"？

卅·五·四

《战国策》第 17 期，1941 年，第 45—50 页

# 论文化的毁灭

田培林

雷海宗先生最近讲演"文化的毁灭问题",我未曾听到雷先生的讲演,只看到了讲演的记录。雷先生以为文化是有机体,有生,有死,并举罗马文化为例,说明文化不免毁灭。但是这已经很够引起我的兴趣,对于文化问题,尤其对于文化毁灭的问题,想说几句话了。雷先生对于文化所下的定义,说文化是一种"生活方式",是广义的文化,我对于这个定义,不大赞成。如果我所说的文化,和雷先生所说的文化,不是一种东西,更因为讲演记录过于简单,恐怕免不掉误解,那还得要请雷先生原谅。

"文化"一词,就现在的一般解释来用,在中国很新,在西洋也是十八世纪以后的事情。原来文化一词的语源,是来自拉丁文,本意是"养育""培植""工作""教化""训练"等等,最初只是用在农业方面,是指凭借自然所赋与的土地,按照人的目的培植出来对人有需要的作物,那种历程而言。在这个历程中,一端是自然的土地,一端是人类的目的,所以后来就把这个字应用到人的"身""心"方面的关系上了。"文化人"与"自然人"的不同,身心两方面,都有区别,有经过养护的身体,有受过陶治〔冶〕的心灵,才算是文化的人,否则,那就是自然的人了。

有人拿能否造工具,作为文化人与自然人的分野,这或许是一种由历史观点出发的看法，我觉得只拿能否造出供人应用的工具，作为文化人与自然人分界的标准，还有些不够。我们以为文化和自然是相对的两个范畴，虽然文化的发生与存在，不能不依赖自然。工具的制造，如同农具或武器，如果其目的只在耕耘，或只在防卫，那只是限于实际生活的应用，这种实际生活的应用，是发源于生存欲，还是不会超越"自然"的范围，所以还算不得文化。如果在工具上加上了装饰，这种装饰，只有美的意义并无实际应用的价值，于是才算超出了自然的界限，而进入了文化的境界。因为美的装饰乃是精神活动的创造物，并不是生出便已存在的，也没有只为满足自然的生存欲的那种应用的功能。

还有人拿"宗教"的有无，为作［作为］文化人与自然人的区别界限，也不见十分妥当，还得看对于宗教信仰的态度如何，才能决定。如果对于神要求、祈祷，仍是为的降福，如我国之敬财神，或免灾，如吾国之敬火神，那么这种宗教，自不能看作文化的宗教。因为这样□（敬）神只是要求神为自己服役，来满足自己的生存欲，仍旧停留在自然范围之内，所以算不得文化。如果宗教的进化到了一种境界，对于神的要求，不是希望神能降福，来供自己使用，只是相信自己能和神合而为一，共同的为全人类降福，那才脱离了自然的约束，成为文化的宗教。

就以上所说，我们可以看出拿"生活方□（式）"作文化的说明，还有些不够。文化人固然有生活方式，自然人又何常［尝］没有生活方式？文化人能制造工具，有宗教信仰，自然人又何常［尝］不能制造工具，有宗教信仰呢？只是生活方式中所潜伏的意义和价值不同罢了。自然人的生活活动是发自生存欲，归于生存欲，始终在自然范围中打转，转不出去。文化人的生活活动是从自然出发，向一个理想和价值奔赴，结果是脱离了自然，获得了一些精神活动的创造。

因此我们可以给文化下一个定义："文化是由于无数的主观心灵创造的努力，改造并超出自然，向着一个理想和价值活动的总成就。"如果我们承认这个定义，我们就可以知道，文化既不是实际生活的慈悲主，也不是幸福生活的发源地，既不能够给人以感觉×××，又不能给人以心灵的平静，只是在广义的道德决心或□机足迫之下，一种永久的不放松的奋斗。经过这种奋斗，人才能把自己从这些范围中提到文化境界，从必然中得到自由人的使命能否完成，也就看这种奋斗是否澈底。文化不是一种"因物"，而是一种"责任"。所以人对于文化，不应只讲享受，而应时时创造。

　　根据这样一个定义，我们可以说，没有人，没有人的动作，就没有文化；即使有人，而人又有动作，可是如果不接受理想或价值的支配与指导，因而能够超出了自然的约束，仍然没有文化。所以文化虽是实在，但决不能不寄托在人的身上，而能够独立存在。因为文化只是许多个别心灵在"相互影响""彼此合作"情状之下，努力的"成就连系"或"成就全体"。可是这种成就的全体，虽然是由于无数的个体创造出来的，但是既经创造出来之后，这些个体就不能再把她毁灭。个别的心灵经过相互影响，彼此合作，到连了一个成就的全体，这已经成了"超个人的"或"超主观的"客观精神。这种客观精神，是自主观的心灵出发，所以也不妨教他作"主观的"客观精神。人对于这种客观精神，只能与之相合，只能作些"继往开来"的工作，不能把他消灭。不过这里所谓与之相合，也并不是一种无条件的不改原样，照旧接受。每一个主观心灵活动的结果，都可使已经存在的客观精神即文化，多少受些影响，向前更进一步，这就是所谓"开来"。凡是在文化上能够"开来"，一定要拿"继往"作前提；不能继往的，一定不能开来；能继往的，多少都会有意或无意的作些开来的工作。文化是"主观的"客观精神，是依附在无数个别心灵上的实在，并不是一种独立的存在，只要有个别主观的存在，就有心灵的活动，文化也就有所寄托，也就不会毁灭。

　　如果说文化是有机体，有机体当然有生，有死，所以文化不免毁灭。这种论断近乎文化悲观论者，如斯彭格尔，对于"有机体"一词的误解。有机体在生物学上的解释为根据，可以说他有生，有死，可是在文化科学上所用的有机体一词，其含义和生物学上的有机体，并不相同。文化科学上所指的有机体只是和机械相对的一种名词，其所表示的，是"各部相通，不可分割的整体"，或者一种"有秩序相连系的统一"。这种整体、统一，都不是具体的、独立自存的东西，仍然是一种人类精神活动的成就，其本身也不会毁灭的。拿有机体有生，有死，来证明文化不免毁灭，似乎颇为动听，可是，只要知道有机体的含义原极纷歧，我们便不会承认文化像一只狗、一只猫那样的有机体一样会有生，有死。

上面所说是证明文化不会毁灭，现在更进一步来说明文化不但不能毁灭，而且是不断的向上发展以及这种发展的可能。

在自然世界中，只有人能对于其所处的环境感觉不满。要减去这种不满，因而发生一种向上发展超越现在的努力。这仅是经济方面的动机，仅偏重在自然方面，因为其所努力的动机仅在满足生存欲和感觉的舒适一方面，所以还算不得真正的文化。幸而人除了对于环境感觉不满之外，还会对其内在的"本身"感觉不满。人对自己本身感觉不满，即把自己本身改进，提向到较高的价值境界。纯粹为提高本身的价值，并没□顾及到使用的功能，向这一个方向努力，这才脱离了自然，这就是所谓文化欲。人之所以异于禽兽者，可以说"惟此文化欲之有无而已"。由于文化欲的推动，人的努力始终是向上的，文化欲的目的达到之后，他自身并不消减，所以对于既有的文化体系又生出一种不满之感，依旧向前奔赴。这是文化发展所遵循的原则。文化发展中有许多阶段，其原因即在于此。每一"代"的无数主观心灵，受文化欲的推动，对过去遗留下来的文化，一方面不能超越他的范围，一方面又把自己心灵活动的成就加入这种已成的体系中间，于是这就成了历史的连续，也就是文化的发展。没有这种历史连续，也就没有文化。对于历史的连续，既不怀疑就不能否认文化发展的可能。悲观的文化论者，大概是因为忽视人性中有这种文化欲以及这种历史的连续，才主张文化是能够生死的罢。

因为历史连续或文化发展的过程中有一些阶段，而且每一种阶段中所遵循的发展原则又相同，所以有些人又对于文化发展主张一种循环说。原来文化发展情形也是辩证的，就是"纷歧中统一"，"统一里纷歧"，也就是"分久必合"，"合久必分"，已有的文化体系是统一，对于这个统一，感觉不满，于是想□（加）改进，这种改进的要求，是生于文化欲。可是代表这种文化欲的，是许多不同的个别主观，因而改进已有文化体系的见解，就有许多不同的倾向，这就成了纷歧的局面。尽管纷歧，背后仍有一个"统一"的要求，因而渐渐的又成了统一体系。纷歧愈甚，统一的要求亦愈迫切。有了统一的体系，所以就必然的发生纷歧的见解，只有这样辩证过的文化发展才是可能的。在文化发展中，上一次的统一与纷歧和下一次的统一与纷七［歧］，决不相同。这一次统一中的内容比上一次丰富了，这一次的纷七［歧］是新生一代主观心灵的见解。所以同是统一与纷七［歧］，而其所统一者及纷七［歧］者已不相同。所以文化发展只是向上的，决不是循环的。这从中外历史中，都可以找出很明显的证据。

文化是寄托在人生中的实在，不是一种独立自存东西，只要有人，文化就不会毁灭。文化是一种不断向前发展的历程，不是一种静止的状态，只要人类生命是延续的，文化进展就不是循环。

《当代评论》第 1 卷第 23 期，1941 年，第 356—357 页

# 文化的本质

陶云逵

关于产生文化的原料，就是自然的人与自然的环境，此处不谈。我们认为这是已经给了的事实，我们要说的是文化这现象本身的性质。讨论一现象的性质可分为两方面：一为此现象之本质，二为其属性。本质是指这现象的质地，属性是指这现象的特征。这种分法，实亦仅为叙述便利而已。

本文先谈文化的本质。从几个例子入手，华侨去海外，他们之中若干人是赤手空拳去的，甚至连个铺盖都不带，他们在家乡中的身份与本份完全解除，除了一身衣服而外，是个赤裸裸的自然人。等到抵达外洋以后，设若生命没有意外，环境允许，而他对于固有的生活样法、文物制度有浓厚的爱好的话，则过了若干时日之后，我们可以在他或他们的家门上看到红纸的门对，屋堂上看到天地君亲师的牌位，八仙桌上摆着腊味，可以听到他在讲忠孝节义，夫唱妇随。虽然他的太太也许是个土妇。换言之，这位华侨，生物的人，把他家乡中的生活样法、文物制度从他的脑子里一套一套的又搬了上来，安排在他的前后左右。这门对、牌位、八仙桌、腊味，这忠孝节义、夫唱妇随等等，我们叫做文化的内容或一个文化的特质丛体。当这位华侨光身躺在海船里的时候，这些文化特质，我们是看不见摸不着的。又设若有一次大轰炸把中国某一个城的收音机以及关于收音机的书籍通通烧炸个精光，对外交通断绝，因此不能有收音机和关于收音机的书籍到来，但是只要有会做收音机的工程师生存着，社会上有此需要，环境允许，则过了些时，收音机这个文化特质又会出现于这个城市之中。再举个例子，秦始皇的焚书坑儒，自然在当时未必做得那么澈底，把所有的书都焚了。但设如真是把所有的书都焚了，支［只］字不留，但只要有一个几或［或几］个儒漏了网，设如在他们没有死之先，焚书之令取消，这几个儒是仍然可以使"书"或"文字"这个文化特质重现于世人之前。当书被焚尽的时候，书这个文化特质是看不见摸不着的了，它是藏在这几个儒的脑子里，正如同华侨躺在海船中时，我们看不见那门对、牌位、八仙桌等等。这几个例子是要说明文化这个现象在某种情形之下是无影无形、摸不着看不见的东西。文化特质在形式上无论如何的大，比桌子、书大多少倍，其数量如何的多，比上面列举的多多少倍，在某种情形之下，它可以缩小到可以放在生物的人的头脑里。只要这个人或人们活着，有这个需要或愿望，所处的环境允许，则这个人或人们的原有社会的文化又可重新出现于他们的前后左右。因此，我们说，文化有时候可以看得见摸得着，有时候看不见摸不着。看不见摸不着的时候是当它蕴藏在各个人的心里的时候，看得见摸得着是当它借着身体，以及身体以外其它物质去表现和扩展它——文化——自己的时候。谈到一个现象的本质，通常分做物质的与心的或心理的。凡有一定数量、占据一定空间的，叫做物质，也是可以看得见摸得着的，可以测量的。文化是有时候可以看得见摸得着，可以测量，有时候看不见摸不着，不能测量，但其可以看得见摸得着可以测量的是由于那看不见摸不着的不能测量的指挥、型造。因此我们可以说，文化是个籍［借］着身体，以及身体以外其它物质去表现、发扬的心理现象，这样，我们可以说，文化的基本本质是心理的。它存在各个人的心里，因此，它可以随着个人的存在而存在。但是它能客观的被人们知道它本身的存在，是当它表现在行为上的时候。

虽然这套生活样法是藏在那个人或那些个人的心里，遇必要时，他可以把它们整套的搬了出来，安排在他的前后左右。但是这一套样法却非随此人的头脑与生具有的，乃是他自小至大，从他所生活的，以及所接触的社会之中采取吸收了来的（生物的遗体这个因子只能决定一个人对于刺激的反应程度，他决定采取那些，不采取那些。何以一社会有这一套样法，那一个社会有那一套样法，不在本文讨论之列）。一套生活样法或其部门、因素，是人类的创造，毫无疑义，而且这一套之中的任何一部门或一因素总是有那么一个第一人去首先创造、发明。但一个人不能创造一切他所需要的，也就是世界上没有一个能单独生存的人。个人能够生存，乃是与他人分工合作的结果。这合作由于各份子的相互适应，经过一番修改、选择过程，乃有意无意的规定出一套公共的差相等齐的行为方式，为大家所共守不渝。唯有公共的差相等齐的行为（即反应）方式，一个社会之中的各个份子彼此方能了解，才能相通。这样一个社会的行为模式、生活样法不是一个□（人）创造，乃是多人的创造，但这创造的结果总和，恒为社会中每一个成年人所吸收、应用，也就是个人把多人的创作集于一身（这里当然有方面、成份和程度上的差别，容另文详论）。因此社会是文化的产地。文化虽是由□社会产生，但是文化却无法从"社会"去表现，它必得籍［借］"个人"行为去表现。个人集多人创造于一身，个人可以离开他本来的社会而到另一个可以生存的地方（当然也得有个社会）去生〔存〕，于是文化也就可以离开它的产地，随着个人生存而生存下去。

　　然而文化是胶粘在个人身上的么？这里我们要把文化这个现象分做：（一）一个文化，即文化个体；（二）文化一般，或文化类体。我们先说一个文化。这里要问，一个文化是胶粘在个人的身上，与一个人的生命相始终的么？我们可以说，一个文化可以在一个个人的生命未终时死去，一个人一生之中可以前后相继的生活在两个或多个文化之中。例如现在四十岁上下的有较高教育的中国人，大都经验过两种不同的行为方式，大都会鞠躬也会叩头，有君臣上下以及五伦观念，也有自由平等观念，知道什么是专制，也知道什么是民主，吃过中药也吃过西药，穿过马褂也穿过"西"装，但在前二十岁叩头拜祖先、穿马褂、吃中药的机会比后二十岁来得多，后二十岁鞠躬、讲平等、吃西药的次数比前二十岁来得多。但这叩头等、鞠躬等是两个不同的行为方式、生活样法，亦即两个文化（什么叫做一个文化，详下）。四十岁上下的人，一生还没有完，可是生活样法已经换了两套，前二十岁的那一套已经渐渐死去，所以说，一个文化并不与一个个人的生命相终始。在另一方面一个文化可以经历两代或多代的人的生命而不死去。例如从清朝乾隆到道光百余年间，有三四代的生物的人的生命，而其生活样法未尝更替。一个文化有它独自的生、老、病、死，与个人的生死无关，虽然它籍〔借〕着个人的创造而推行到社会之中，成为社会的公物，也籍〔借〕着个人而把自己表现出来。现在我们谈文化一般或文化类体。文化类体是说，文化是宇宙各类现象中之一类。文化类体之中包含若干文化个体，一个文化个体死去，另一个文化个体代之而兴，从文化类体看来，这是一种新陈代谢现象，亦即是变迁或文化变迁。人类中没有一个社会，它的生活样法或文化在时间上不变的。虽然有快慢大小之不同，万年前、千年前、百年前跟现在不同，当变迁激烈时，即十年之间也有大的变化。有些只改变了理发修须的方式，或帽子上的折〔褶〕文、鞋上的花样，有些却改变了社会制度或宇宙观。变迁在时间上虽有快慢长短，量质上虽有多寡轻重，但没有亘永不变的（至于一个文化变到什么程度才算死去，详下）。所以一个文化个体死去，从文化整个来看，中间并不会脱节，中间并不会没有文化，只要育人存在。当一个文化衰老的时候，已经埋伏了另一个文化的种子，生长，扩大。也就是说，文化一般或文化类体，是跟人类一样继续不断的绵延下去，而且是继续不断的变迁着绵延下去。正如同生物的人类的血统亘永的在那流，心理的人类的文化也亘永的在那流，除非有特殊的突变或毁灭。

　　总括一句，文化是一种与人类生命，但不与个人生命相终始的，籍

［借］着身体以及身体以外的物质表现出来的，时在变迁之中的心理现象。文化的本质是心理的。

需要解释的是，怎样叫做一个文化或文化个体？一个文化就是一个已经（籍［借］着身体及身体以外的物质）表现于行为之外的，为社会中份子所应用着的理念体系（A System of Ideas）。这里包括一套一致的、不矛盾的人生观与宇宙观。其蕴藏于内者为一套理念体系，其表现于外者，自其形式或与内容上看，为一套人与人、人与自然（物质的）以及人与超自然（"超自然"一词颇为不恰，我想译为神圣的"不可见"。这"不可见"当名词用，译成西文，似应为 the sacred invisible）的一致的、不矛盾的行为模式。一个社会把这一致的、不矛盾的理念体系表现于行为之外，则这个社会，从其整个来看，也就是一个合整的社会。其合整的程度，视其社会对此理念体系表现的程度而定。表现得越是充份，则合整的程度也越高，社会上越是井然有序，同时，也是越凝固。越凝固，其社会本身越安宁，但其对外的适应能力却因之而愈加降低（关于凝固与适应外境，当另文详述）。

总之，一个文化就是一个理念体系被表现于行为之外，成为一个比较合整的社会。□□（设如）有新的理念体系（自然这理念体系并不是一下子整个的来了，乃是渐次积聚而成，除了若干特殊的传播情形之下）发生或传播到这个社会之中，为此社会之中的份子所接受而表现于行为之外，则原来的体系即被破坏，终趋解体。等到瓦解，也就是原来的那一个文化的死亡，新的或后来的一个文化的生长、长成，到这时，这个社会，便是换了一个文化了。新的和旧的便是两个文化。但在这新陈代谢的过程中，多少都要经过一场混乱阶段，虽然有久暂大小之不同。中国近百年来，便是处在这种新旧交替的混乱阶段中。

《自由论坛》（昆明）第 1 卷第 4、5 期合刊，1943 年，第 23—24 页

# 文化的属性

陶云逵

在讨论文化的本质一文中，我们说，说文化的本质是心理的，所以有时候看得见摸得着，有时候看不见摸不着。看不见摸不着的时候是当它蕴藏在各个人的心里的时候，看得见摸得着是当它籍［借］着身体以及身体以外其它物质去表现和扩展□（它）的时候。但是文化这个现象要使我们能去研究它，必得是当它可以被看得见摸得着的时候。设如我们要研究一个人群的文化，我们必得从这个社会的成年份子的行为上着手。设如这个成年立在那里不动、不言，也不着衣服，我们虽然知道在他的脑子里蕴藏着这社会的生活样法，而且曾经在行为上表现过（因为，否则他不能生存），□（但）是我们无法去证明。因此，我们必得等待当这文化籍［借］着人体的行为表□（现）它的时候，才能认识。此处所谓行为是广义的，包括声音、行动，以及由此而形成的物品。文化从行为上表现出来，也就是文化的内容，我们从文化的内容上，讨沦［论］一□（下）文化的属性。

□□（一件）东西或一个现象的属性是与这个现象所含有的也是相始终的特点。这□（些）特点可能是□□（其他）现象所有，也可能是没有，但是是所讨论之下的这个现象所有的。所谓文化的属性，就是指一些属于文化这现象的特点。在未谈文化的属性之先，我们先看看文化内容究竟是些什么。研究文化内容入手办法是先把他分析，分析过程中的第一步就是找这内容中的单位，也就是文化行为的单位。在人类学上最小的单位是所谓文化特质（或特征），例如在云南栗粟人中的"弓"为一特质。合两个或两个以上的特质乃成为一特质丛体或特质丛，例如"弓"与"箭"两特质合为一特质丛。合数个特质〔丛〕体为一活动，例如弓箭丛、盔甲丛、勿矛丛、训练武艺丛等等。这些丛合起来，我们称之为一活动，战争活动或打猎活动。合数活动为生活之某一方面，例如打猎活动、耕种活动、烹调活动、织缝活动、建筑活动等等合起来，我们称之为生活的物质方面，或某社会的物质生活。但这特质、特质丛体、活动、方面等等的分法都是相对的。例如盔甲的甲，我们名之为特质，在造甲者的技师看来可能认他为特质丛。因为在甲之下，包括胸、背、肩等部分，各部分有其特别处，而这些胸甲、背甲、肩甲等等才是特质。因此，文化内容的单位分类，也和其他分类一样，只是为工作方便而已。近来人类学者常采用社会学上所喜用的"制度"一词来分析文化内容，我认为制度一词应限制到社会生活方面或与社会结构有关的诸行为方式。例如经济制度，应专指与社会结构之诸物质方面的行为方式，如资本、劳力、所有权、生产、分配等等行为之规定。把以上交待清楚，我们就谈文化的属性。

开门见山，我们说，文化的内容有甲类属性，就是创造、形式、意义与价值。人类学者所研究的文化这现象，本身也就是研究一个社会的文化之此四类属性及其相互关系。（一）创造——凡是自然间原来所没有的或是自然间原来有的，但是经过一番人为的功夫，把他原来的形式、位置加以变更而予以意义与价值者，均是创造。其创造出来的事物，便是文化内容。山上野生的树木是自然的物质，但是马路两旁整齐的一排一排的生长着的，甚至枯死了的树木是文化行为的结果，他是经过一番人为工夫，经过一番心血创造出来的。地下的土是自然的物质，可是砖瓦是文化产品。山沟是自然的物质，防空洞是文化产品。饿了要吃是自然的物质的，怎样吃、吃什么、什么时候吃是文化行为，是创造的。发出声音和听见声音是自然的物质的，发出什么样声音、表达什么样意义是文化的，听见什么形式的声音、起什么一定的情绪上的反应是文化行为，是创造出来的。山与水是自然的物质的，一幅描写山与水的画或诗是文化产品，是创造的。人类学要研究的不是山上的野树，不是泥土，不是山沟，不是饥饿，不是声音本身，不是山与水，他要研究的是马路上的树、砖瓦、防空洞、饭菜、语言、诗、画等等文化特质或特质丛体。这些都是人类创造出来的，这些是文化行为。所以，凡是文化行为，都是经□□□□□□（过人一种心理的）煊染烘托，也就是创造的。

（二）形式——凡是创造的，没有无形式的，是土砖，是瓦片，是婚姻或其它人与人间的身体动作上的规定，是语言，只要是人创造的，都有形式，并且在一个一定的社会之中，有一定的形式。一个社会赖有此一定的行为形式（或方式），彼此乃能了解，乃能相通，也赖此而与其它社会有别，亦因之而起不了解。凡是创造的，一定都有形式，虽然不是凡有形式的都是创造的。

（三）意义——设如我们第一次看见两个外国人，其中之一伸出知〔只〕叫"手"的器官向另一人伸出去，另一人也伸出同样器官，两个器官连结在一起，并且摇了几下，这是一套形为的形式，而且是人创造出来的形式。但是研究文化的人，若是止于此种器官的动作形式的描写，则我们对其文化之认识，并无所得。因为这器官的动作，正如两颗〔棵〕树的树枝被风括〔刮〕湾〔弯〕了，两树树枝交叉在一起。它是一套自然的物质的运动。研究文化的人，要紧要知道的是这两个器官相碰的，或这一套行为形式的意义是什么。什么是意义？我们可以分做两层去说：一〔是〕声音与符号（文字）的形式之意义。语言文字的意义就是它所代表的现象，心理的或物质的。语言文字的意义是语文学家的研究对象，本处不谈。二是一套语言文字以外的行为方式，无论是肌肉的动作或是成品的意义。这动作或成品的意〔义〕就是动作或成品存在着的时候对于社会及个人之用处与功能。但这语言以外的行为自行为者本身而言，可以分为两类：一是行为者自己可以道得出如此行为的用处与功能的；二是行为者的价值观，他只知道如此做去是对的，是合乎本社会中所规定的若干行为原则，如忠孝，如节义，但道不出如此去做的用处与功能。这两类无论那一类，自其全社会着眼，只要是活着的、存在着的，必定有其社会的功能。

"功能"这个名词，近来似乎很时髦，尤其在关于人类学、社会学的文章里。实在说，这个名词的意义老早就在许多大药房的出品广告上，以"功效""功用"等符号出现。这个文化特质的功效就是这个文化特质的功用、功效。药品用来治病，有恢复康健的功用；文化特质用来生活，有适应某种需要的功用。"功用"这两个字容易很〔很容易〕跟"用处"相混，所以我们还是采用"功能"这两个字。我们说，意义就是用处与功能。这样，我们须首先把这两个名词或概念的区别弄清楚。在功能学派人类学家们自己，把这两个名词用的就很含混。名不正则言不顺，必也正名。哥伦比亚人类学家林登氏说："一个文化因子的用处是表示它和这个社会文化完形以外的事物之关系。其功能义〔亦〕表示它和这个社会文化完形以内的事物之关系。"例如斧子的用处内〔是〕"砍"，砍柴、砍石、砍人等等都可以，设如斧子在某一个社会之内是用来砍木，则它的功〔能〕是为满足此社会中采取燃料之需要，或做掉〔桌〕椅家具的需要。某种药品的用处是为退烧，其功能是恢复健康。文化产品是根据需要而产生（什么是需要，另文详述），就是传播而来的，也是因为能满足需要而存在，而活着。因此，我们可以说，凡是存在着、活着的文化特质应当是有功能，就是有满足需要的功效和能力。是不是所有文化特质或特质丛体都有用处？这里我们可以从两方面讲，就是，一从其行为者或应用者本人及其社会中的份子来看，则所有特质均有用处。二从其社会以外的份子来看，则有些特质有用处，有些没有用处，但均有功能，尤其是所谓精神方面的文化产品为然。关于此点，说来太长，今从略。

正面我们说从行为者本身来看，行为分为两类。一类是行为〔者〕自己意识到行为的理由的，在这类情形之下，行为的意义是行为者主观的用处与功能。例如我们看见一个老者，右［左］手摇着一个圆形金属品而发出叮当之声，右手摄米向对面撒去，口中发出喃喃之音。这是一套行为方式。设如我们不知道这行为的意义是什么，虽然对此行为有极详尽的描写，但我们的工作并未完成，我们必得问这行为者，这是干什么，为的是什么，也就是问这一套行为的意义是什么了。他的答词是，这是在赶鬼。我们可以说，赶鬼是这一套行为的用处。又问，赶鬼为什么？他答说，可以把一个人的病痛去掉，译成我们的话就是使那人恢复健康。恢复健康便是这套行为的功能，于是这套行为的意义便是赶鬼治病。

赶鬼治病是这套行为的意义，但这意义是其社会之中的份子，行为者的见解。受了近代知识熏陶过的文化调查员对于这套行为中所含的意义的看法却和这巫师或其社会中人的看法不同。因为，我们说，鬼是不存在的，因此这种行为便无所谓赶鬼。病是病菌作怪，因此，用这套行为去除病菌是可笑的，也就是这行为不能执行恢复健康的功能。因此，我们说，这套行为毫无用处，但它虽然不能有恢复健康的功能，却有其它的功能，类如它能安定病者及其家人之不宁心情，以及，往大处说，维持社会传统。若干行为凭着一个抽象的幌子便心绪安宁快慰的，我们规入"宗教"（与巫术）这个范围。因此，我们说，他这一套行为是一套宗教（与巫术）活动。但这是观察者的见解。

至于行为的第二类是行为者个人的价值观。决定他去这样行为的是他的价值观，他只知道这样去行为是有价值的，例如忠臣与孝子的忠与孝。为什么要这样去行为？它的用处与功能是什么？行为者本人是不知道的。也许他会说，不这样做，合［会］给人家骂为不忠不孝。不忠不孝为什么不对？他不知道。这里需要调查者去研究。例如，忠君与孝父在这个社会文化之中乃是维持社会秩序与巩固团体精神的必需。所以任何活着的行为方式都有它的意义。至于为什么孝要孝于父，忠要忠于君，这正如为什么丈夫死了一定要妻子守节，而妻子死了丈夫可以再娶，也正如许多社会中以"七"为吉数，或红色表示喜庆，而另一社会以"四"为吉数，用白色表示喜庆一样，这都是由于历史的机缘造成。研究一个社会的文化，历史的考证非常重要，但此系关于文化模式型〔形〕成原因的检讨，本文不谈。

一种行为的意义，自行为者本人看，即其行为的用处与功能或其行为的价值观。这种用处、功能与价值观在其未行为之先是若干□（理）念或意念，在行为之后，即是它的意义了。我们说，见诸行为之后谓之意义，未见诸行为之先谓之理念，任何社会均有蕴藏在内的一套理念体系，故而发于外者为一套行为体系，行为必有意义，亦即是有一套意义体系。这里，我有一点关于实地调查的方法上的意见，设如上面所说的不错，则当我们做调查时，把所观察到的各种行为形式在描写之外，逐件去问土人，这套行为的意义是什么。凡是属于那一类土人自己可以给出理由的行为，尽力把他所述的记录下来。然后将每套是把他们主观的对于这行为的用处与功能相加起来，则我相信，我们可以得到这个社会的文化的一个土人的意义体系，亦即是当其未行为之先的内在的理念体系。设如这个土人社会是合整的。我们可以说，他们行为方式所涵有的意义也应当是不相矛盾的，也就是他们的意义不矛盾，而且一致的，否则这个社会必致起冲突而纷乱而解体。我认为这个意义体系或主观的用与功的体系，才是真正的使这套行为或那套行为也必得如此这般的存在着的原因，也就是从行为者本身去看的什么，这行为方式存在着。至于第二类的行为，就是行为者自己不能给出其功用，而只知道如此去做是应当的或对的，则在这里，就需要调查者去加以补充，加以诠释。在这两类行为的意义（第一类是由土人行为者自述，第二类行为者不知其功用，只能给出行为的名称，类如忠、孝，而须调查者加以诠释）调查之后，再对各套行为对整个社会以及各套行为彼此间的关系加以检讨，加以解释，如是，则庶几可以获得这社会生活样法的意义全貌。我之所以这样说，是因为近来研究和我们文化不同的社会人们，有一个趋势，就是喜欢我这个社会中这套行为或那套行为〔为〕什么如此这般的存在着的理由。这样去问，自然是很对的。这比只是作一番表面描写工夫来得高明，这也就是所谓功能学派的拿手好戏。所顾虑的是若干不谨慎的功能派的调查员太忽略了土人对他们自己行为意义的看法，因此也就很容易戴上一付有色的眼镜，自制一套意义体系，加到土人社会之中。自诩观客［客观］，而实际上很可能是一种曲解或误解。如此一来，却又反而不如纯粹描写来得好，因为忠实的纯粹描写，至少不失为一种可以利用的材料，虽然材料并不就是科学。总之，任何文化特质（行为或成品）都有他的意义，但同样形式的行为与成品的意义是随时间与空间在那变迁的，也就是他们的用处与功能时常在那变迁。

（四）价值——各文化特质之创造与传播于某一社会之中，而存在是因为他有行为者主观的用处与人们满足需要的功能，也就是有意义。这样则本社会中的份子对其所使用着的文化特质，亦即行为样法，自然就认为是有价值的。价值问题之值得注意是因为在同一社会中的份子对其所使用着的各项文化特质的估价有高下的不同。需要是什么，说来很长。但是一件<是>事实就是各社会的需要的差别非常的大。就以普通认为基本需要的"食"而言，像佛教中的密宗和回教，一年之中就有若干日子或时辰没有"食"的需要。又如"性"，则和当［尚］、尼姑以［亦］可终身无此需要。再如保护身体之舒适安全，则许多社会常把自己身体毁伤，按一定日时与场合<与>毁伤，使其残缺痛苦。何由而致此？当然有他历史、地理、生物等原因，我们不谈。但他是这样，则是事实。就此现象而言，我们可以说各个社会对其所使用着的文化产品的价值估计很不相同。任何社会，全世界各文化的内容，都包含物质、社会与精神三方面（自然这个分法也是人工的），这种三位一体的文化内容自古至今均是如此。一个社会对于各项文化特质的价值估计不同，也就是他对于他的生活的各方面看得轻重不同。一个社会对于某些看得轻，某些看得重。例如中国以往对于人与人关系的许多行为看得重，也就是着重在社会方面，印度对于人与超自然的关系看得很重，近代西方社会对于人与自然的系［关］系看得很重。因此在中国以往，把人与人间行为方式看得价值高，印度把人与超自然间行为方式看得价值高，近代西方把人与自然间行为方式看得价值高。但是，只要是在这个社会之中使用着的文化产品与行为方式，一定都有价值的。因为设如其社会中的份子对某项文化特质认为无价值，则他自然也就弃而不用，以至此文化特质在此社会之中消失。在时间上，一个社会之中，对于文化行为方式与产品的价值评判，也是常在变迁的，例如欧洲中世纪对人与超自然的关系的许多行为方式看得比现代重，所给的价值高。

　　总括以上所说，文化的行为方式与成品是人类的创造。一个社会之中没有一件正在活着的、应用着的文化行为或成品没有形式，没有意义，没有价值。因此我们说，创造、形式、意义与价值乃是文化的属性。但是形式、意义与价值评判之高下是时常在那变迁的。通常来说，形式较不易变，意义与价值的变迁较大。

　　《自由论坛》（昆明）第 2 卷第 1 期，1944 年，第 17—20 页

# 个人在文化中的参预

陶云逵

　　一个社会之中，没有一个个人能对他的社会中的文化内容全盘认识的。就是最简单的文化，内容也太复杂，不是一个人的头脑可以能了解的。工作方面的分工与专化，使单个人在社会上有效的作个有用的份子，虽然他没有全盘的知识。他学习就利用全文化中的某一些方面，而将其余的知识与实施给其余的人。同时，一个个人可能的他知道他社会中的文化某些 elements；但在行动上，他并不知也不必见于行动。例如常人很可能知道当个军士的行为是如何，但他未不［必］去参加打仗，或者他知道孕妇应当有什么忌禁，但他未必自己去受这些忌禁的约束。又如男女服装不同，但男子可以知道女子穿什么衣服为适合，女子可以知道男子穿什么为适合，但他及她不必自己真去穿，但希〔望〕能有很好的建议。

　　这许多，当然可以使社会的分子，把他的知识参预文化的知识增加。但他个人，却永不能对文化的总量弄得全部明了。我们观参一个比较合整的社会文化，我们会把他的内容，分成三个范畴，这三个范畴的分法，完全从社会中的个人对其文化内容参预的多寡的程度而定。

　　（一）普遍的，文化中有许多方面是普遍的。如全社会中健康的成年人所却知道的，例如语言、服装、居住房屋的形式与分配、行为模式与价值观念。

（二）专门的，文化中有许多方面，为若干社会的份于〔子〕所知道的。这是一些由于分工而成的各不同的社会组群。而他们的活动，都是相互发生关系的一些知识或文化内容，这一项目，多半是属于技术知识，如铁工、木工、医学、巫术、宗教等等，多半是利用并管理自然环境有关。这些虽是属于各个范畴中的个人方能知道，例如木匠才知道木工的技术，但其作品却对全社会的份子，有很大的利益，同时，社会上一般人虽然不知道其技术，但能评判作品之优劣、好坏。

（三）并存的，在一个社会的文化中，有若干方面，只是某几个人知道，而非全体人所知道，甚至也非其所属之范畴内的全体人所知道的。即是在其范畴之内，有种种性质相同而表现各异的知识，目的相同而技术各异，这个我们管他叫做并存的。例如艺术中的绘画，有许彼〔多〕派别。在初民社会，或人口文化单独的社会，这种并行的较少。又例如为运输交通，我们社会有马、单车、火车、汽车、飞机。或者我们对于超自然现象的信仰派别，如佛、道、天主、耶稣、回教等。

除了上述的三种以外，我还有第四种，这是所谓：

（四）个人特有，特有小技，在技术上、思想上，例如骑单车的特点，开汽车的特点，或是对于某一件大家已经共公承认的事件而加以怀疑，这纯是个人的。按理不应该实做文化的一部，因为它是不为任何其他的一个人所知道的。但这个人特有的——却是非常重要。因为他是从文化变迁方面非常重要，乃是文化变迁的一个起点，将来这个人特有，如果推行，便溶〔融〕入社会，而为文化的一部分了。因为一切发明、发现，或采取新东西，总有个最先的人，一个个人起首，设如这个人特有为有利于若干他人，则自然而然的就传播出去，圈子愈来愈大。

这种所有的个人不能全参预所有文化，正是反映了这些知识的传授在一个社会之中，有许多不同的线索或系统，就是有许多 sections。如男子的知识由男子传给男子（父子、兄弟、朋友），女子的由女子传给女子，各职业的由各职业者传给职业者（木匠、教学）；还有同年龄，如为若干知识，不是不同年龄的去传授，而是同年龄的传授，例如小儿弹石子，多半由小儿去传授给同年龄相仿的小儿，青春期的许多恋爱方式，由同年的人互相的传，而不是中年人还会把如何追女孩子的技术教给比他年轻的，尤其很少作父母亲的把这套把戏传给他的子女，所授的有关这方面多半是一些谨慎的道德经。普通老年与青年的相反，所谓"青年的反抗"，多少表示有一些知识是青年们中间互相传授的。

研究任何文化，最易使研究者注意，也是最容易得到的知识，是普遍的文化内容。因为这两种文化内容是直接与全社会每个人发生直接关系的。因为这是一些社会上所承认的内容或知识，人们可以自由讨论。特殊的与部分的则较难。因为很可能这其中之一，是只有极少数人知道，而为一般人所忽略，不愿传授，以减竞争。同样较难的是并用的。因为各个不同的派别，多少是由于观念价值不同，设如不小心而到一个相反的派别的时候，则你可以说完全不能得到材料，有许多不为社会公认，因之而密秘，不愿告人的，但实在存在的，如若干密秘社会的内容与仪式等。这些密秘结社的功用与目的，也是和其他结社一样目的，在适应社会的需要的。

关于并用的还有几点值得注意，一个文化能容纳若干不同的、并用的文化因子是对于这个文化的量一方面极关重要的，特别是关于文化的发展与变迁是个大关键。此处我们可以说，除了有特殊新的需要，能把一个簇新的分子引入本文化之中，而执行它的新功能以外，普通所谓文化的变迁，实在是一种替换的性质，就是新的替换旧的地位，这新的能否被接收而来替代，要看这新的能否有效的执行他的功能。例如人类有切割物的工具是很老古的事，而用五金为切割工具，是经过一个渐次的替代过程，有个时期，石刀与五金并用，以后甚至其形式还是旧的，不过材料是改新的了。我们的交通工具也如此，汽车与马同时并用，就看，设如新的工具效率大，在某方面便于旧的，则新的不能被容纳。——在被纳入之先，有一个试验时间，在这时间，新旧两者在竞争，当新的被采取了之后，它就便为一种普遍的或特殊的，而不再是并用的了，而旧的由并用的，而渐渐消失，而挤出这个文化之外，成为废物。例如打"Bridge"与麻将，在中国，仍然并行，为因各有好坏。"Bridge"是外国字与符号，只能为某一个团体所接受，而这团体中麻将即消失；但另一个团体，则因为不习惯于此符号，而仍有笨重马［麻］将。

所以有许多并用的实是在试验过度时期之中的一种物品，但也有各若干并用的是永久存在的，但这并用多半对这个社会的生活上只有一个表面的影响。例如一件故事，有好几种叙述方式，或是吸烟有几种不同的方法等等。即连一种物品的制造方法，可有好几种，设如他们的效率相同，但设如是社会的关系重要的理念、价值、原则，则其新旧之竞争是非常的大的，并用的两者之中，至少有一个会被淘汰，例如性道德，或财产自有或公有等。

普遍的与专门的在一个文化之中，普遍是极为合整的；并用的则彼此往往是有若干矛盾与竞争性，甚至和普遍的与专门的都相冲突。因此，我们可以说所有的文化，包含有两个层次或部分：第一是一个结实、合整而较恒久的心核，即是普遍与专门的两种；第二是一个流动较大，多半未合整的常在变迁中的并用的，这并用的常是围绕着心核的。

心核给这文化的形式与模式，是在任何历史上的一个点。

外层给这文化的适应性与发展可能性，他两者永远保持一种 give and take 的关系。新文化特征，自个人特有为起点，得到附和的，于是升为并用的而存在于此文化之中——得到普通的认可，旧的与新的相竞争，新胜则旧的自此文化中消失。

文化的变迁程度愈高，也就是并用的增多，一个文化变迁如此的快，像我们现在的或西方的文化，则并用的变成如此的盛多，甚至于遮住了普遍与专门的知识，每个新的特征，为社会中任何一部分所吸收接受，则同时从这文化心核中也抽出许多普遍的与专门的特征到表层去。这样心核的内容，便日见缩小，而文化失其摸［模］式与胶着力。

《自由论坛》（昆明）第 2 卷第 4 期，1944 年，第 2—3 页

# 国民品性研究

# 新道德的动向

贺　麟

　　自从中国文化与西洋文化有了密切的接触以来，自从新文化运动对于传统的道德亲［观］念和礼教的权威加以大胆的猛烈的攻击以来，至少使我们有了一种新认识，就是认识了道德是变动的。姑不论道德变动的结果是好是坏，即单就这变动的本身而论，我们可以知道，道德不是死的，而是活的；不是沉滞着，而是进展着；不是因循偷惰，率由旧章，而是冲突挣扎，日新不息的。这总算是一个好现象。

　　在这新旧道德的整个的冲突挣扎中，在这全民族道德生活的伟大的变动过程里，我们试从势理上去看今后真道德成新道德所须循的途径，所须取的方向。我说"从势理上去看"，因为我不愿意只凭主观的意见或幻想，去提出个人对于新道德应如此或应如彼的希望或理想；我乃欲从事实和理论去指出今后道德"势所必至""理之固然"的动向。

　　概括的讲来，道德变动的方向，大约是由孤立狭隘，而趋于广博深厚；由枯燥迂拘，违反人性，而趋于发展人性，活泼有生趣；由因袭传统，束缚个性，而趋于积极的社会化、平民化的共善。

　　那过去抱狭隘的道德观念的人，太把道德当作孤立自足了。他们认为道德与知识是冲突的，知识进步，道德反而退步。他们认为道德与艺术是冲突的，欣赏自然，寄意文艺，都是玩物丧志。他们认为道德与经济是冲突的，经济繁荣的都市就是罪恶的渊薮，士愈穷困，则道德愈高尚。此外道德与法律、道德与宗教，举莫不是冲突的。中国重德治，故反对法治；中国有礼教，故反对宗教。简言之，只要有了道德，则其他文化部门皆在排斥反对之列。这种道德一尊的看法，推其极将认为道德本位的文化，根本与西洋整个文化，与西洋近代的物质文明，与希腊的科学的求知精神，与希伯来的宗教精神，与罗马的法治精神，皆是根本不相融的。道德观念如果狭隘到这种地步，当然不打自倒，不虫自腐，只有走上"穷则变"的路子了。而这变动的方向，显然只能往博大深厚之途，即是：从学术知识中去求开明的道德；从艺术陶养中去求具体美化的道德；从经济富裕、物质建设中去求征服自然、利用厚生的道德；从法治中去为德治建立健全的组织和机构，从道德中去为法治培植人格的精神的基础；从宗教的精诚的信仰去充实道德实践的勇气与力量；从道德阶段的知人工夫进而为宗教阶段的知天工夫，由道德的"希贤"进而为宗教的"希天"。如是庶道德不惟不排斥其他各文化部门，而自陷于孤立单薄，且可分工互助，各得其所，取精用宏，充实自身。而西洋文化的介绍与接受，亦足以促新道德的进步。

旧道德之所以偏于枯燥迂拘，违反人性，一则因为道德尚未经艺术的美化，亦即礼教未经诗教的陶镕，亦可谓为道德尚未能契合孔子所谓"兴于诗，游于艺，成于乐"的理想。不从感情上去培养薰陶，不从性灵上去顺适启迪，而只知执着人我界限的分别，苛责以森严的道德律令、冷酷的是非判断。再则因为道德未得两性调剂，旧道德家往往视女子为畏途。他一生的道德修养，好像可以败坏于女子的一笑，女子对于男子的道德生活，不惟不能有所促进裨益，反成为一种累赘与障碍。两性的接触，男女的恋爱，所可产生的种种德性，种种美化的生活，均与道德生活不发生关系。生人的本性和真情，横遭板起面孔的道德家的压抑与摧残。像这样迂拘枯燥的道德，那会有活的生趣。不感生的乐趣自不知死的光荣，无意趣以乐生，自然无勇气以赴死。今后新道德的趋势，首须确证女子不是败坏道德、摧残人格、倾人城倾人国的妖魔，而是道德进步的鼓舞者、品格强弱的试金石、卫国卫民的新力量，新时代的男子对于女子在道德生活的地位，必须有一种新认识，新时代的女性亦应该自觉其促进道德生活的伟大使命。

至旧道德之因袭传统、束缚个人处，则由于古人权威的盲从、典章制度的僵化和风俗习惯的强制有以使然。"世法拘人虱处裤"，诗人们早已沉痛言之。"打破周孔权，解开仁义结，礼法本防奸，岂为吾曹设"，就是代表对于道德的束缚性极端的反动的态度。在西洋则专治守旧的教会束缚性最大，在中国则礼教核心的家庭制度束缚性最大。但近年以来，家庭制度，似日渐解体，旧礼教的束缚，似已减轻，青年男女自由发展个性之机会亦似日渐增多。但扶得东来又倒西，彼谈自由解放之新道德者，似又多走向狂放与自私的狭义的个人主义的途径。狂放则只求自己一时情欲之放任与满足，而置他人的苦乐于不顾。自私则只知争自己的权利，甚或侵夺他人的权利。只知肆然忌惮，反抗外界的权威，而无理性的法则以励行内心的节制。其抹杀他人的个性，剥夺他人的自由，较之风俗习惯，传统礼教的权威，实只有过之而无不及。当此旧道德已毁，新道德未立，东偏西倒，青黄不接的过渡时代，愚弱者，每受两重压迫，在家庭则受旧礼教的束缚，在社会则受野心家的侵剥。狡黠者则双方取巧，时而假旧礼教的权威以压迫他人，时而假新道德的美名以遂己私。总之，解除礼俗的束缚，争取个人的自由，发展个性，扩充人格，实为今后新道德所必取的途径。但欲达此目的，必须基于积渐的学术文化的水准提高，理性规范的有效准，精神生活的充实，内心修养的深笃，则具有道德的敏感（一如艺术家之具有锐敏的美感一样），以内求心之所安的人自当逐渐增多。不然，则无异于在道德生活上去轻躁助长，自由解放等美名，适足以助恶遂私罢了。试看西洋反抗传统礼俗的权威、争取思想信仰的自由的人物，如苏格拉底，如布鲁诺，如斯诺宾诺莎等，莫有不是道德出于学问，人格基于理性。

旧道德还有一个缺点，就是太偏于消极的独善，而忽视了积极的求共善，太偏于个人的潜修，而缺乏团体生活的共鸣。只知注重从伦常的酬酢、亲友的应接，去求道德的履践，而不知到民间去切实服务，投入大运动，参加大团体，忘怀于共同生活之中，销融于民族生命之内，而自可产生一种充实美满的道德生活，养成一种勇往无私的伟大人格。认识了除共善外无独善，实证了平民、劳苦群众、颠连无告者之了解与亲近、同情与服务；觉悟了为团体的牺牲，对国家的忠爱，就是磨炼品格、培养德性的要道；循社会化、平民化的方向迈进，就是新道德所必取的趋向。道家的"往山林去"的清高的隐士生活，似乎只是体弱多病和年老气衰的人退休的办法。儒家的"往朝廷去"，执掌政权，得志行道，以实行"达则兼善天下"的理想，又似觉稍嫌襟怀太狭窄，功名之念太重了。至于不得志行道，退而回到家乡耕读自娱的"穷则独善其身"的生活，又似乎太近于"各人打扫门前雪"的消极态度了。惟有耶、墨那种"到民间去"服务的宗教精神，到是比较最富于积极的道德性和当下的实践性。要确见得置身贫民窟、工厂、农村中去服务，比安处在所谓高人山林的幽居，更富于可歌可泣的诗意，比出入阔老们的朱门大厦，更可顾盼自雄；要确见得扶助救治肮脏的褴褛的病苦吟呻的贫民，远比那玩花赏月、吟诗酌酒更来得清高风雅，远比那与军政要人周旋，与外国贵宾应接，更来得尊荣华贵。简言之，要确见得穷而在野，可以比作官显达更能作服务社会、兼善天下的工作，则道德生活庶可渐渐走上近代的社会化、平民化的路向。而且"穷则独善其身"之说，即应用在孔子个人的生活上，亦并不恰当，孔子平居穷困时，即以"老安少怀"为志。道不行，不得志于政治，则退而删诗书，定礼乐，教授门徒，无论就动机言，就结果言，他的行为都是排斥独善实行兼善的。

综观我上面虽分为四点指出新道德的动向，其实要以第一点为纲领，亦即表示道德的总趋向，其余三点可以认作第一点含义的发挥与补充。譬如第二点论道德之由枯燥迂拘而趋于活泼有生趣，即所以阐明"从艺术中去求具体美化的道德"。第三点之论反抗传统礼俗的权威而趋于自由解放，但又不要陷于狂放自私，而提出学术的陶养、独［理］性的规范，以植自由解放的基础，实即"从学术知识中去求开明的道德"之旨为注脚。第四点所指出之趋于社会化、平民化，实即暗示新道德之趋于积极救世，势必兼采耶稣、墨翟的宗教精神的意思。换言之，欲求道德内容之具体充实、广博深厚，新道德如果不仅其［是］时间上的新道德，而须是本质上的真道德，则必须采取学术化、艺术化、宗教化的途径（所以须如此的理论，非此处所能详）。就中三者，尤以学术化为最主要。盖宗教而无学术，则陷于迷信与狂热；艺术而无学术，则流于奢侈逸乐低级兴趣，故学术实为推动宗教、艺术、道德进步的主力。以真理指导德行，以学术培养品格，实为今后新道德，亦即任何真道德所必循的康庄大道。

又我在篇首虽曾说道德是变动的，细审全文意旨，当不难明了。所谓道德变动，并不是说道德无标准、行为无轨范，乃指由不完全的较低级的道德进展到较完全较高级的道德的过程而言。譬如，由本能冲动的道德，进而为外界权威的道德；由外界权威的道德，进而为良心直觉的道德；由良心直觉的道德，进而为社会福利的道德；由社会福利的道德，进而为学术、艺术、宗教的学养所陶镕出来的道德，亦称为学养的道德。由本能的道德到学养的道德，中间经过许多变化进展，就是我所谓道德的变动。故此种具有逻辑意味的循理性或理想的变动，亦可谓为道德自身的发展或实现的历程。就由较后较高的阶段视较前较低的阶段而言，则前者低者为旧，后者高者为新。及至道德进展至最高点，或道德的本质充分实现时，亦可叫做"止于至善"时，则这最高的道德称为新道德可，称为真道德亦可。故片面的认道德是天经地义，一成不变，根本否认道德的新旧的说法，固难于成立；而片面的认道德为时间上无穷的盲目的自然变化，无标准，无归宿，甚或误以时间的先后或新旧来决定道德价值的高下，此说不惟不能给道德生活的指针，且亦不足以解释道德生活的事实。

《新动向》第 1 期，1938 年，第 7—9 页

# 自信的根据

陈之迈

近来我们常常听到民族自信一个名词。一个个人在危难的时候丧了自信的力量是可悲的，一个民族也是一样。我们在九一八<的>事变的时候，不曾起来与日本的帝国主义作殊死的斗争；那时我国朝野的人士表现着自信缺乏。六年的养精蓄锐使我们逐渐地恢复了自信心，所以在芦沟桥事变爆发的时候，我们虽仍然自己承认是一个弱国，却能举国一致地起来与日本帝国主义作全面的抗战。十九个月作战的经验更使我们坚定自信的力量，使我们有把握在世界上能够维持着独立自主的生存。

一个民族、一个国家的自信心是建筑在繁复的基础上面的。我们试来分析一下从前对于这个问题的诸种说法。

有一种人是认定中华民族本身是有缺点的。这种人从许多方面来观察这个问题。一种看法是中国人的体质、智力不如其它的民族，身体智力比较差。这种看法他们在初自诩是科学的，他们曾用种种测验的方法来证明这一点。中国的人的数目是很多的，测验本来就很困难，寻觅一种"代表群"是不容易的。近代科学所应用的测验方法很多，学说也是极度的纷纭，真正可以应用到中国人的测验方法是没有的。例如从前比较西化的中国学校往往用美国式的体高与体重来测验学生，而发现体重过轻的中国学生比例相当的高。又例如从前有的美国教会学校用道地美国式智力测验来测验中国学生，在限定时间之内问中国中学学生谁是

Henry Ford 或 Abraham Lincoln，也发现中国中学生的智力不如美国学生。现在我们似乎已经渐渐觉悟到这种办法是荒诞的。心理学家萧孝嵘先生在《民意周刊》的周年纪念号中的文章已经把这一点证明了。虽然我们对于过远困难的优生问题仍待急起直追去求解决，根据于不科学的所谓科学结论是不必再使我们担忧的。

另外一种看法是关于中国人行为上的缺点的：自私、愚、假、好说空话等等不一而足。中华民族是几千年来就爱讲道德的民族，我们喜欢悲叹世风日下，所以在讲论时事的时候总指出"中国人"的行为上的缺点，提出德育纲目来劝人改善。党国要人及教育界人士都喜欢讲这些。潘光旦先生曾经介绍过外国人对于中国"民族性"的观察结论，林语堂先生在所著的英文书中屡屡讲到中国的"民族性"，晏阳初先生的平民教育促进会文是拟定了具体的方案来改良他们所认为中国民族最大的缺点。外国的游历家最喜欢著这类的书，民族性的研究也成了一种专门的学问。这种研究是应当引起我们注意的，但似乎无须因此而自卑。如果我<是>们照看中国民族性的分析，也许我们会感觉到中华民族确是缺点太多；如果我们广博些而去看其它的民族性分析，我们便不大容易有肯定的结论。中国青年体质有的地方不如其它民族，例如中学学生中能符合航空学校体力测验的确不多，但是能够吃苦耐劳，能够适应各式样的环境的能力，却是共目承认的。最近一个美国人到日本的北海道去游历，发现那里的气候如同美国一样，但是日本人反嫌那里气候太冷，政府尽管在鼓励而移居前往的仍是寥寥无几。温暖和煦的美国加利弗利亚州有日本移民，北部便很稀少。但中国的侨民却是遍布全球，在若干地带如南洋还造成了雄厚的势力。这一点就足证明我们是能够适应环境的，我们才配缔造帝国。在许多弱点之中我们却有这一个极强之点。每一个民族的性情却是有好有坏的，有强有弱的，我们不可只见弱点而自卑，只要我们能够设法改正弱点，充分利用强点。这也是自信心的根据。

在民国初年中国内乱内战正激烈的时候，有许多外国人说我们中华民族不但是没有政治天才抑且是没有政治能力的民族。中国学生中附会这种说法的很多。那时许多人以为世界上的民族表现有政治天才的有古代的希腊、罗马，近代的央格鲁、萨克孙，及现代的俄罗斯。这种说法就是外国人也有予以驳斥的。中华民族在历史上的确表现过惊人的政治天才，在中国的历史渐渐为西洋人所了解的时候，他们也异口同声的承认。秦的统一及大汉帝国早已成为世界历史上极重要的一页。唐代的政制至今还为日本的典型，辛亥的革命及十六年北伐的成功也早已引起了全世界人士的注意，这些事实证明中国人不但有政治的能力，并且可以说是有政治的天才，不过我们政治能力或天才的表现方法与西洋的不同而已。中国人现在不可再来附会西洋人肤浅的说法，而认定中华民族是不能造成强固政治组织的。

最普遍的一种看法是关于中国固有的文化。这一点最关重要，因为这里所谓文化是包括所说的种种的。没有一个优秀的民族不能有优美的文化，体力、智力较差的民族是不能产生高明的文化的。

批评中国固有文化在民国初年成了极普遍时髦的一件事情。专心研究中国文化的胡适之先生是此中的一员骁将，致力于提倡全盘西化的陈序经先生更是对此尽量的发挥。他们研究中国固有的文化，发现其中可爱的可保存的地方并不甚多，充其量不过是简易的文法、写意的山水画、幽逸的园林、舒适的衣服、可口的食肴、堂皇的宫殿建筑等寥寥数条。林语堂先生所讴歌的中国文化引起了西洋一般浅识之士的惊奇，而他所讲的也不过是女子的缠足、李笠翁的人生哲学、随园的食谱。中国旧时名士文人对于中国文化的欣赏也不过是限于这几点，诗辞歌赋里充满着潇洒闲逸、放浪不羁的梦想。

熟悉近代西洋文化的人看了这些当然感觉到空虚。"无兵的文化"使我们警惕在这波涛汹涌、惊风骇浪的世界上不能屹然独存。中国文化中的优点，经过几千年的变化，可以保存的不过是这寥寥数条，而这绝无仅有的数条又是那样的消极。

针对着这种看法近来又产生了相反的看法。现在有的人认定中国固有文化是世界上最优美的文化，其中无一点滴不值得保存恢复。中国文化中缺乏自然科学从前已经成为定论，但现在又有在做翻案的文章。中国何尝没有自然科学，罗盘与火药都是中国的发明。无聊的西洋人有时会说中国人发明了罗盘，但是他们不用它来指挥船只在海洋上杀人越货；中国人发明了火药，但是不用它来制造杀人的利器，而用它来制造爆竹烟火。浅识的中国人听了这些居然自鸣得意。中国的道德哲学那一个西洋民族都比不上，但是我们希望禁止西洋人拍照我们认为家常的事情。我们希望西洋人相信中国没有人吸吃毒品，没有女子缠足，没有人虐待奴婢，甚至<把>没有人在街上剃头。这种态度的目的说是要提高中华民族的自信，其实是心理学上所谓自卑的心理，而其结果是盲目地排斥外来的一切一切。在民国初年的时候，我们对于西洋文化是无条件的接受，是胡乱的接受。在政治经济的部门中，几乎一部近代政治思想史中所有的主义都有人在中国提倡过，各自认为是诊治百孔千疮的中国的仙丹灵药。举例来说，提倡无政府主义的有李石曾、吴稚晖、张溥泉等先生，提倡社会主义的有陈独秀、李大钊等先生，此外还有提倡新社会主义的江亢虎先生，提倡基尔特社会主义的张东荪先生等等。至于中国的政治制度，则世界各国的现行政府几乎每一种都曾经成为我国模仿的对象：清末的《宪法大纲》是仿日本的，"十九信条"是仿英国的，民元的《临时政府组织大纲》是仿美国的，《临时约法》是仿法国的！十二年的曹锟宪法是仿法的中央政制而美的联邦制度。这种盲目的抄袭输入当然令人齿冷。但是到了近来，虽然有许多地方仍是模仿外国的，有的人却认为中国的文化应当保存，为提高中华民族的自信起见，舶来的思想均一律应当排斥，就是舶来的物品也应当拒绝输入，他们认定唯有这样方可以提倡中华民族的自信。

中华民族的自信之应当确立是没有问题的。中国有中国的特殊性格、特殊环境，与西洋各国根本不同也是天经地义。但是不幸这种态度走到了极端——这种态度最容易走到极端——便成了盲目的复古。这种趋向近来似乎是越来越显明。中国人的一种最通常的心理的表现，换一种说法，则是我们一向根本不承认进步，不但根本认为进步是不可能的，并且根本假定社会是日趋退化的。孔子是把古以非今的，秦初的儒生也是如此，就是康有为也得假托孔子来改制。所以复古在中国是最能打中人心的一种宣传，但利用复古来提高民族的自信是对于自信的一种误解。

我们也许可以说，缺乏自信是我们的一悃［个］通病。从一个人说起，背格言、粘座许［右］铭是缺乏自信的一种表现；从整个民族来讲，根本假定今不如古也是缺乏自信的一种表现。我们时时感觉到自信的缺乏正是自信真正缺乏的有力证明。自信本来便不需要提倡，如果提倡者或接受者真有自信。

一个人或一个民族如果是健全的，他当然是能够征服种种环境上的困难，一个没有自信心的人根本不敢去开辟草莽，一个没有自信心的民族绝对没有勇气来缔造一个国家。这些都是极浅显的道理。但是在自信心不是没有而是相当动摇的时候，例如在近二三十年中，努力坚定的方法却绝对不是自夸与复古。我们有自信，是自信能够征服种种的困难，可以不问困难的种类与程度。征服困难也不一定就是牺牲，因为牺牲究竟是一种消极的行为。中国历史上的英雄大半都是失败者，诸葛亮、关羽、岳飞、文天祥都是例子。我们所要求的是征服者、成功者，不是牺牲者、失败者，无论牺牲者、失败者的精神是如何的可佩。征服成功更不一定是用老的旧的方法。我们读历史的时候，常常看到先民的伟绩。这种伟绩我们崇拜，认定这种伟绩证明中华民族有征服困难的能力。了解这些成功者的事业可以增高我们对于中华民族的信心，确立我们的自信。但是最要紧的是这种自信不要使我们只知复古。我们的祖先曾用刀枪剑戟十八般武艺开疆拓土，缔造凌驾罗马帝国而上之<的>帝国，但是我们不能在现在提倡用大刀及国术来抵抗日本的新式战争利器。我们的祖先曾经统一了中国，削灭群雄，但是今日的政治家不能事事师事秦皇。唐代的政制固然是优美，但我们不能在今日来恢复那时的政制。我们祖先的丰功伟绩证明了中华民族是一个健全的民族，它们确立坚定了我们的自信心。但是我们不是就得事事师古，一成不变，我们更不可以因为崇拜古人而根本认定今不如古，学古都不会学得像样。这是堕落的心理，不但不足以提高或坚定自信，反而是斫伤自信。现在世界的一个特色就是向前看而不是向后看，自信心根据于有把握能够征服荆棘丛丛的前途。

《今日评论》第 1 卷第 8 期，1939 年，第 6—8 页

# 力人

## ——一个人格型的讨论

陶云逵

一

"力"这个字已经有人形容为极美、极可爱、极重要的东西，然而它究竟是什么？

中国这个"力"字涵意甚广，在用它的时候，往往另加一个字来表示它的类别。例如，体力（kraft）、生力（vitalities）、毅力（energies）、权力（match）等等。但无论那一种力，它都含着一派意义，就是自主和自动，它的象征是光明，和它相反的就是"无力"。无论是那一种的无力，也都代表了一派意义，就是他主和被动。它的象征是幽暗。自主，自动，它是主人。他主，被动，它是奴隶。（此地所称主人与奴隶并无阶级意义，乃是两种不同的人格型的象征）

我们常常听到有所谓黑暗势力。实在说这里所谓的黑暗的势，不是"力"，乃是"能"（faehigheit）。力和能本是两件事，以后再讲。

力与无力，从那里表达出来？从行动，从人的行动上表达出来。说我们需要"力"，就是说我们需要"力人"，需要有力的人格，也就是主人型的人格、光明的人格。"力"原来就是一种人格型。

保卫主人型，抛去奴隶型！奴隶型的毒菌原来早就蔓延到我们全民族体。在时间上，这毒菌老早就在那里搭窝，在那里暗中破损着、啃吮着我们的力人。中国民族圈儿里现在有若干千万浑浑噩噩的奴隶型的人在那繁殖着。我说，力被破损、啮吮，就是说我们的力人经过若干千年的反选择（contra-selection）程序，被淘汰了。现在也许还有，但是寥寥如凤毛麟爪！

奴隶型的人多，所以有以下几点大家公认的中国病：不负责；怕事；无创造；专事模仿；因循，随便；怕得罪人；不敢当面说亮话，却鬼鬼祟祟，背地做工夫；无绝对的是，也无绝对的非。（这里，我并非反对价值相对论，乃是对中国人的无可无不可的态度而发。我们须知一个人无论如何，在行为上要有绝对的是与绝对的非。至于他自己的"是非"是否全社会公认的"是非"，还是次等问题）

这一切一切是道地的奴隶型，道地的无力的表现。这帮奴隶专在狭缝儿里湾湾〔弯弯〕曲曲、偷偷摸摸地讨生活。奴隶型的人们很可"能"用卑鄙手法把主人型的人们压倒，得到胜利。但他们的胜利便是文化的堕落，便是人格的鬼魅化，便是幽暗的漫布。

## 二

力人是怎样作风的？请举一个简单的例子。

"我反对，是我反对，我要反对！"

"你说我作恶，作你们所说的恶，好了，我就是作恶，就是要作恶。"

人们说："反对与作恶者死！"

"好！我死好了，假如我不能战胜你。"

中国坏，就坏在不是这样，坏在不光明磊落，坏在不敢担当。只有大家敢做敢当，才有"道德"这件东西存在的可能。奴隶型的人们正相反，既知是错，却又要做，做了又不承认，不但不承认，而且把做的错事，用种种的道德名词粉饰成一个了不起的美举。

希特勒掀起欧战，设如被侵犯的国家的人民们不愿做奴隶，而且不是奴隶的话，那么，立在被侵犯的诸国场合上看，希特勒是应当骂，应当抵抗，而且应当扑灭。同时，希特勒的胜人一等处，也在直截了当，在打开窗子说亮话：他的战争是为征服而战争。我们的敌人——日本，侵犯我们，却假借着什么中日提携、东亚协同体一类的面具，来粉饰一番，相形之下，真显出日本人之卑鄙丑陋！即就我们的抗战说，最正大光明的理由就是不愿做奴隶，用不着拉拉扯扯说什么为正义，为人类和平。简单直截一句话，我们要做主人，我们是主人！

上面说明力在社会生活上的需要。其实力在研究真，在探讨美，在恋爱，在修养，也照样的不可少，绝不可少！有力就到家，无力便笑柄。加里略、达尔文是力，明太祖、武则天是力，戴文奇、李太白是力，李逵型、柯丽欧培特拉型是力！他们是主人，他们创造，他们坚固不拔，他们爽亮，他们真！

## 三

力必定要靠人才能表现出来。力是个观念，要须从力人身上，从光明的人格型上，具体化出来。我们的问题是：力人怎样产生？力的根源在那里？

关于人格形成的理论，共分两派，一为环境论，一为血统论。其实这个分法，正如其他现象的分类一样，仅是为工作或叙述便利而已，往往和事实不相符。我们知道一部生物演化史就是生物对环境的位育史。人类是在环境中位育得最得当的一种动物。从另一方面看，他也就是最会利用环境的一种动物。设如不说"演化"而说"进化"，则其"进""退"的标准就在这里。环境对人（生物）有一种好厉害的作用，就是选择。凡是适于环境者生，不适于环境者死（这适应与不适应是"能"，不是"力"）。但环境却不能使一个生物被动地改样，以适合其环境。譬如说，在一个要目力极强、辨色极清的社会中，一对纯谱的色盲夫妇不能因为社会的需要而就生出不色盲的子女。只能说，色盲的人生存的机会比不色盲的少，因此色盲的繁殖也就少，因此便渐被淘汰了。又譬如，力人生在奴隶型的环境中，不能因为环境的奴隶氛气浓厚，不能为需要奴隶型而力人就生出奴隶。力人若被奴隶啮死，他死去了，他的种子绝了。环境的力量只限于选择淘汰，而不能产生、创造，所以它的力量是消极的。

环境对生物的性质的作用既然只能消极的，只能使有的变为无，不能无中生有，那么，生物界的差异（variants）由何而来？譬如说人，单以皮色而言，有所谓黄皮肤、黑皮肤、白皮肤。设说黑皮肤不是因为太阳晒黑了的，那么这黑色怎样来的？实验生物学家说，差异是由于突变（mutation），世界上各种生物在那儿发生突变。所谓突变就是在某个生物上发生了一个新的性质，这个性质是以前没有的，而以后却继续在子孙身上出现，而遗传到后代的。但设如我们把老鼠的尾巴割下来，它算是没尾巴的老鼠了，鼠而无尾是个新性质。但是把公母两用人工做成无尾巴鼠的交配，生出来的小鼠却都有尾巴，正如其父母未割尾巴之前的尾巴一样，这种父母的无尾巴不是突变，乃是后得性。后得性是不遗传的。（自 Weissmann［Weismann］直到目前，没有一个实验生物学家实验出来后得性遗传。有之，即奥国的 Kammerer。后来被人发觉他是伪造，这个骗子结果自杀了事）

那么，为什么在热带恰巧皮肤黑？

我上面已经说过突变差异时常发生。发生出来的新性质能适合于环境的，就是不危害其人的生存的，则此种性质将随其人之生存而存在下去。设如此新性质不能适合其环境，其人之生存将因此性质而受到危害，则此性质将随其人之生命而死亡，就是被淘汰。菲［非］洲的黑人，该是在某个远古的时期，发生了这种突变，色素增多。因为它适应了（即身体因色素多而抵得住）当地日光的强烈照射，于是凡有黑皮肤的，他们生存的机会都增多，而生殖也众多。反之，色素浅者，生存的机会少，因之，生殖量数也少，于是被淘汰而绝迹。热带的菲〔非〕洲乃成为黑人世界。

然而究竟突变怎么来的？

关于此点，直至目前，我们只有一个可靠的实验，就是美人缪勒氏（Muller）用 X 光照射果蝇，把果蝇的性质突然地变了。这突然变出的性质，居然遗传到后代。但这突变出来的性质都是病态的，如缺翅残肢等，在生存竞争上是弱点的。病态有许多样，我们虽然知道 X 光可以生出突变，但我们始终不能预断（predict）会生出什么样的突变。（这和前面所说将父母老鼠截去尾巴而盼望能得无尾小鼠不同。缪勒氏的实验不是后得性的能否遗传研究，乃是突变如何产生的问题研究）反过来看，我们却能肯定的预断两个纯谱的白毛鼠交配后一定能生出白毛鼠。也可以肯定的预断，假如知道双胎是由于一个受精卵分化出来的，此孪生出世后，其身体、发肤、智愚将会相同。

突变是一种过程（process），它不是化学元素。因此关于突变之由来，我们应当积极去探计。但是从应用观点来说，我们当然只能应用或信任已知的，而不能应用未知的或信任未知的。就是说，我们确知道遗传的性质是遗传，而且有定律在那管辖着。我们确知道并预断某性质与某性质配合，一定可以生出某性质为实用，这是足够。生物学界或许会出个爱因斯坦，但是我们不要忘了，直到现在，在物理上，牛顿定律到处还在用着，而且百试不爽。

但是人们往往说，所谓实验出来的结果，譬如遗传律，乃是拿动植物实验出来的，果蝇是果蝇，人是人。谁会亲自拿人作交配生殖的实验？谁会一代一代的追随了人的遗传？我的答复是：（一）设如人们不承认人类除了身体上各器官与外界交互作用而生的心理以外，还有所谓灵魂这件东西的存在，则他应当承认遗传律，承认果蝇的结果的基本原则可以移用于人。（二）无论什么科学研究，没有能不用逻辑比拟来辅

助的，否则人们对着这个大宇宙，其工作将不胜其繁了，将无
generalization 之存在——虽然是我们应当注意逻辑比拟在应用上的限
度。此外，在人类遗传研究本身并不是绝无材料。虽不能拿人去作实
验，但人类却自然地供给了我们有实验性的材料，譬如混合血种，譬如
孪生，此类一等好材料均证明了遗传律的可靠。

# 四

我上面讲了许多关于遗传的话，目的是在说明"力"不是呼之即
来的，没有原来"有力"的人，千呼百唤也是出不来的。诸种类型的
人中，须有力人型存在，然后一呼才有响应。教育的用处也就是在这
里，也只限于这里，换言之就是唤发。把本有的原质激发起来，使其展
开，虽不能无中生有，却能使有的显著。教育之功在唤发，它是缘而不
是因。我并不反对教育，正相反地，我愿意教育普及，主张教育机会推
广、机会相等，因为教育是选择的标准。

遗传研究首重遗传性质之因子分析。有些性质是单因子的，有些性
质是复因子的。每个遗传单位单独各自遗传。譬如说人的鼻子，目前我
们知道有五个遗传单位之多：鼻根、鼻梁、鼻尖、鼻翼、鼻孔。这是身
体上的，而且是区区的一个鼻子。说到心理上的，而且是这么庞大的人
格型的"力"，则其中包含的因子、遗传单位，真不知有多少了！即以
体力而言，就包含着整个身体的机构。因此有人说，若讲力之遗传，则
必先将力分析，分析到它的遗传因子，然后我们才能说使某某些因子配
合后乃会有"力"这种东西的产生。这话原是对的，并且现代遗传学
者正孜孜不息地在那里研究、分析心理的遗传。但无论那种力，都是人
格的一部分，换言之，就是其人的心理的表现。无论从家谱的分析、孪
生的研究，都可证明了人的一切，身体的及心理的，均是遗传的〔所遗
传的是其原质及其对环境的反应式（reaktionsweise）〕。我们能待各类

型的"力"的因子，单位的遗传型（modus）研究出来，自然极好。但单就我们知道人的身体与心理是遗传的这个事实而说，已经值得我们对力与遗传的关系加以十分注意了。欧美各国的优生理论（且不管它标准如何）在法律上的实施也就是根据这个事实。（要争辩的诸君请取一本遗传学教科书细读一过，关于人的遗传，可看 Baur Fischer Lenz 的名著 *Menschliche Erblehre*。在这本书里你会看到上千的身体上、心理上、变态上、病态上的各性质的遗传研究的结论。在这本书的内容里，本文作者也有些贡献）要想把"力"发扬光大，最要必从遗传入手。唯有这一条道才是基本大道，才是一劳永逸之举。所谓从遗传入手就是选择力人，使他们多生殖，反之，无力人当少生殖。如此，力人增多，无力人减少，这即是优生学的方法，优生学是以遗传研究为根据的一种社会改进方策。

# 五

我上面（第一节）说，中国的力人几千年来在奴隶型的人群圈中淹没着，由淹没而死亡，换言之就是经过几千年的反选择程序（contraselection）给淘汰了，现在所存不多。什么叫做反选择？所谓反就是说与原来的自然选择相对。反选择种类很多，我现在仅提及与我们的主题有关者，反或正须有个标准。我所谓反，是力人的死亡。

在远古的时候，发生了人类。一个地方住不下了，于是迁移外方，地球是大的，人们乃得从心所欲的迁移。途中过［遇］到危害生存的（此处指气候、温度及少数生物等），死亡的死亡（这里有淘汰与反淘汰）。途中发生突变，适者因此而生，不适者因此而死。生的找一块乐土就安居下来，繁殖。人类的保卫生存的"能"比任何动物都高。因为突变与选择，人类乃分成若干种型，并产生了若干种文化型。地广人稀，交通不便，文化的发展线是离心的，各自跑各自的路，各自往各自的尖端儿里�6。翻开民族志，我们就知道世界上各人群的生活样法之五花八门是如何的惊人！久而久之，各自的文化、各自的价值观念凝固成一定的类型。于是反淘汰程序加强了。这个凝固的文化型对个人变成一个新环境。诸种文化型中有容力人生存的可能，但不是有意识地。力人是不受传统支配的，他要创造，他有独到的"是"与"非"，他真，他意志坚决，他直爽、光明，他不怕阻挠，他不怕死，愿为他的"是"而死。这种人在一个凝固了的文化型中却要首先遭打击，遭暗算，首先碰到刀刃。也就是说，力人在它本人群中渐被淘汰。

让我们再把范围扩大言之。人类对自己的整个 Species 无鸟瞰，于是各人群团沉缅〔湎〕在他各自的小巢穴中。各人群团在它的小巢穴中繁殖，繁殖，繁殖。直到一个阶段，忽然感到以前的广大世界现在狭窄了，以前的老死不相往来，现在碰面了，遮藏不得，非碰面不可了。当各人群在他的小环境中，怪能适应的，不怕他的生存为其小环境所危害。可是到了此时人们却从新遇到生存的威胁，遇到他生存的新敌人，就是与他同类的人！这时候生存竞争又起，在这竞争里，又往往是力人先遭殃。实在说，力人在基本文化圈中，和他在这圈子外面人群团之间的淘汰，情势是一样的，原则是相同的。

这里我要插几句话来指醒一下，就是生存是"能"的问题，它和"力"是两件事。说详细点，"能"与"力"是两件事，力人在某种情形之下是"能"，奴隶在某种情形之下便"不能"。力人在某种情形之下"不能"，奴隶在〔某〕种情形之下却"能"。但是直到今日，力人的能生存机会比奴隶能生存的机会少！

在人类演化到人口众多，与〔其〕竞争的不是禽兽，而是其同类的人的时候，竞争单位是一个人群团与另一个人群团。当一个人群被另一个人群侵犯，这个人群团之中真正感到压迫、真正感到将要变为奴隶的人，是这个人群团中的力人，不甘屈服而想去抵抗的也是这帮力人。

不但心里空在那想抵抗，而且见诸行动，不怕一切，挺身而出，去跟敌人周旋！

奴隶型的人，生来就<的>是奴隶，因此也就并不感到压迫，并不感到威胁，心中自始就无被威胁被压迫这个观念。这样，怎能叫他抵抗？他拿什么抵抗？他为什么要去抵抗？在另一人群中的情形又何独不然？于是力人与力人上战场决斗了，双方的奴隶型的人们却躲在背后观望，设如力人们跌了一交［跤］，设如力人们身上冒出一股血，这帮奴隶型的人们却在背后窃笑。他们不敢大笑。怕！怕力人听见。他们窃笑，因为可以借着敌人去削灭他们心窝深处的真正的敌人——力人。果真如愿以偿！两虎相争，必有一伤！力人们多半是得此悲惨下场的！奴隶们却照旧的浑浑噩噩地在那繁殖，繁殖，繁殖。胜的那一方怎么样？那方的奴隶们、小人，假公济私，也要种种设法把力人创出来的清朗局面弄得幽暗，弄得暧昧，而表面上却加上什么文礼教化等空洞名称，实际上他们是有意识无意识地，在那想尽方法要把力人沉沦埋没，把力人灭亡。

从中国历史上可以找出许多例子，中国文化的精粹是中庸之道，是个颇属无力的一种文化型，这个中庸之道之所以存在，实也因为合了中国人大多数的胃口，少数不合口味的便被认作异端，便是叛道。中国力人根本不多，但中国人所以能维持这多年的独立，拥有这样广大的国土，实在说就是靠了这无力圈中偶而兴起而成了大业的几个少数力人。幸得这几个力人，才把这群"卫道"的无力人从异族侵略中拯救起来。我们翻翻历史，做出有创造性的头等大事业的，没有一个是真正的卫道徒，他们的行为多半是所谓离经叛道的。所以有句俗语："成者王侯败者贼。"这些"王"们在卫道徒的眼中本是与贼同流的。等到力人成功了，创了一个局面，于是恶臭气氛又起来了。这时力人往往不自觉地（不客观地自知其力与其光明之可贵）为恶气氛所蒙蔽而修文讲礼。一等到修文讲礼，这大好局面马上堕落下来，国势随之衰微，直到几乎无救时，凑巧又有些力人兴起，来挽救这群可怜虫。这是侥幸。我国历史的兴衰，实在是这两种人型的浮沉起伏的记录。

# 六

人类最高的孪生理想是真与美。真唯有力人才得的到，也唯有力人才是真。美也唯有力人才得的到，唯有力人才是美。唯有力人才能达到这理想（这里"力"与"能"合），唯有力人的世界才是真美的世界。至于人们所说的"善"，我认为它是人类理想的一个流产，往好里说，至多它也不过是不够岁月就落了生的。长到这么大，大半时光或几乎整个岁月都是被人捏住当傀儡。只有"真"才没有伪，没法伪。只有"美"才没有伪，没法伪。它们是纯目的。"善"却是可以伪做的，因为它可以充作工具。

力人是这样可珍贵，而力人自己却那样不自珍摄，把自己的生存看得那样轻，一个个慷慨地死去，这是人间过去的一幕大悲剧。要急起挽救，不是空凭呼唤就有效验的。我们得保卫力人的种籽，培养它，使它生长、开花、结种、繁殖。这样，幽暗世界才会变成一片光明。

《战国策》第 13 期，1940 年，第 23—32 页

中西文化比较

# 中国毕竟还是中国

冯友兰

在几十年以前，中国的一部分人好贵古贱今。凡今人作了什么好事，这一部分人总觉得，无论这事是怎么好，或作得怎么好，但比之古人，总要差一点。他们总想着，古人所作底事，一定比这个更好，或作得比这个更好。如果今人作了什么坏事，这一部分人一定要借题发挥，用"世风不古，人心日下"等滥套，把今人骂得"狗血淋头"。

这一部分人渐没有了，而另外又有一部分人代之而兴。这一部分虽不贵古贱今，而却贵远贱近。凡本国人作了什么好事，这一部分人总觉得无论这事怎么好，或作得怎么好，但比之日本人总要差一点，比之西洋人总要更差。他们总想着，外国人所作底事，一定比这个更好，或作得比这个更好。如果本国人作了什么坏事，这一部分人一定要借题发挥，用"中国不亡是无天理"等滥套，把中国人骂得"狗血淋头"。

本来人都是人，并不是神。人既是人，他总有缺点，他所作底事，亦总有缺点。在时间上或空间上离我们远底人，亦有他们的缺点，他们所作底事，亦有他的缺点。不过这些缺点，因为距离远的关系，我们不容易看见。因为距离远底关系，我们只看见一个人或一件事的大体轮廓，其详细底地方我们看不清楚。如那个大体轮廓是好底时候，我们即以为他的好是完全无缺底了。至于现在眼前底人或事，我们是深知其详底。因深知其详的缘故，不但看不见其大体轮廓的好，而且简直看不见什么是其大体轮廓，如所谓见树不见林者。在这种情形下，一个人看现在眼前底事，自然只见其不完全了。

这次底中日战事，就其规模之广大、意义之深长说，在两国的历史上，都是空前底。这仗打了将及两个整年，在这两年里，中国的成就，就大体轮廓上说，是很了不得底。但是有一部分人，贵远贱近，总觉得，如果"西洋人"打这个仗，一定要打得更好。

如果英、美等国，带着他们全副武装，来打这个仗，当然打得更好。不过中国如有英、美等国的全副武装，也能打得更好。不但如此，中国如果已全副武装了，这次战事根本即起不来。这次中日战争，是一个不平等底战争。如果所谓西洋人打这种不平等的仗，他们是不是能打得更好？我们的看法是，他们不能打得更好，他们或者打得更坏。

俗语说："不怕不识货，只怕货比货。"我们若拿捷克、罗马尼亚与中国一比，我们可以知道："中国毕竟还是中国。"

捷克的人当然没有中国多，他的土地当然没有中国大，但是他的现代化的程度及其武装的程度，却比中国好得多了。他有世界上数得着底大兵工厂。他降服以后，据报上说，德国得到底最新式底兵器，足敷现代化底军队四十师之用。有这些凭借，但只因恐惧德国的缘故，遂致"二十万人齐解甲，更无一个是男儿"。我们常听有一部分贵远贱近底人，开口闭口，总是说，西洋人如何能打仗，如何不怕牺牲，如何爱国，如何以荣誉为重于生命，如何知道"不自由，毋宁死"底大道理。对于这次中日战事中，有些中国人的可泣可歌底行为，这一部分贵远贱近底人总觉得不过如此。可是捷克太不为这一部分人争气了。捷克在欧洲也是小强国，其民族也有人说是尤其能打仗底。大家都说，在西洋人底眼光中，勇是最大底道总，懦是最可耻底行为。何以捷克还［这］一次竟不是"勇中之勇"，而是"懦中之懦"呢？

尤其令我们不解底是，不抵抗即不抵抗而已，又何必叫总统去递"降书降表"呢？灭亡即灭亡而已，又何必正式请求灭亡呢？而且他这总统是他的真正总统，并不是德国所立底傀儡总统。照报上所说，捷克总统是在被迫底情形下才签字于德国先写好底文件上。这是我们可以想象底。不过这对于捷克总统，"无平原骂贼之勇"，仍是不能有所解释。

捷克被占领以后，报上即说，德国致最后通牒致与罗马尼亚要求"经济合作"。后来德、罗两方面，均否认有最后通牒。不过无论如何，几天之内，德国与罗马尼亚签订商约了。据报载，这商约的要点是：（一）罗国应尽量发展农业、林业与纺织业，并添种油籽与大豆。（二）德、罗两国合资开办铜矿、硫矿、磺矿、铅矿。（三）罗、德两国合资办理开采煤油之经营销售事宜。（四）罗国所需军械装备应由德国供给之。在第（一）里规定了罗国为农业国，其农业并需为德国所需要之农业。在第（二）（三）里规定了由德国开发罗国的资源。在第（四）里规定了罗国不得随使〔便〕买军械，在这样只"经济合作"条件下，罗国老老实实成了德国的殖民地。日本所期望与中国"经济合作"的条件，亦不过如此。假使中国早答应了类此底条件，中日战争即不会发生。假使中国现在答应了类此底条件，中日战争可以立即停止。

我们在书上看见有些好听底话，如"兵不血刃""不战而屈人之兵""有征无战"等等。我们总想着这些话所说，一定都是些不可及底理想，事实上没有底事。日本侵占东北，我们虽说不抵抗，然亦不是一枪未放。捷克的无条件投降，罗马尼亚的无条件屈服，才使我们知道，这些话所说并不是事实上不能有底。这未必是德国的本领太大，这的确是捷克、罗马尼亚的本领太小。

德国与日本都是希望不战而胜，其次是速战速决，怕底是战而不决。我们看见捷克、罗马尼亚的失败，我们即可知中国的胜利。我们看见德国的胜利，我们即可知日本的失败。我们看见"西洋人"不过如此，我们觉得中国毕竟还是中国。

《今日评论》第 1 卷第 14 期，1939 年，第 7—8 页

# 中西人风格的比较

## ——爸爸与情哥

### 林同济

几天前，有一位英国人到我家里来，据说是信佛教而且准备出家的。握手坐下，他登时便对我赞述佛法的奥妙，痛骂基督教的肤浅，侃侃然，滔滔然，整一个半钟头而不尽。我一方面点着头听，一方面盯着眼看，看他那满脸红光，眉间意气腾腾，总觉得这位西来的高士，尽管自命为释迦弟子，终究还保留着十足的基督传教师〔士〕的心肠，热腔有余，似乎修养未到。

同日晚上，我拜会了一位旧同学。记得多年前，在美国某城的中国留学生年会场上，讨论到中国劳动问题，此君登时跳起来演说，指天画地，义愤填胸，两眼灼灼生光，固一时绝好的普罗革命家也！如今对谈之下，当年的热血全销，剩下来的只有五尺长袍，袖间两手。问他对抗战的去路与前程，有何观感，他乃漠然耸肩："有什么观感呢？"只伸手欹着江西瓷的小壶子，请我进茶，一面慢慢地抽着五华牌的烟卷。隔着一层绸缊的烟缕，则见得一副倦眼，两膀垂肩，这位留美时代的革命家无疑地已是不折不扣回到他本来那小产户的支那人的故我了！如果热腔洗尽，修养煞是到家。

"东方是东方，西方是西方。"吉卜令恼人的诗句，不觉又涌到了我脑中。

终究是两种风格：中国人还是中国人，与西方人显然异趣——虽然

065

是上列所述的两个例子不算是最恰当的象征。

也许是我的武断。平日静思，总觉得中国文化的整个精神，中国社会上一般人的风格，战国以前是一个样，战国以后又是一个样。历史的延续性，文化因素的"留后"与"遗存"，我们都承认。但自大体的实质上估量，我们这种看法，或许不是无稽。此地无由细论，且搁置以待他日。

本篇所论的中国人风格，是指秦汉以还所兆萌、宋元以后所确定的中国人的一般心理倾向、性格类型，与春秋时代的不容轻易混谈；也就像西方人风格有中古与近代的大处分歧，本篇所谓的西方人风格，也就是指文艺复兴所兆萌、宗教革命以后所确定的类型。

当然的，这并不是说秦汉以后的中国与春秋时代的毫不相干，也不是说文艺复兴以后的西方与中古的，截然因果两断。反之，我们正要承认此中本大有因果互应的关系在，本大有前后相生的系统在。不过那两阶段本身的显著实质的中心精神，的主要母题（leitmotif），确确可以容许我们把他们分别看待。

近年来一般浅见者流，苦凭着他们一知半解的唯物史观，嚣嚣然应用一种极粗浅化的（所以极方便的）公式，前来解释人生的一切，解决人生的一切。在这些人的眼中，民族性问题，民族特有的性格风格问题，只不过是工业化问题的另一方面。在他们看去，中西人的人生观以及生活风度的不同，只是农业经济与工业经济的不同；好像只须多筑几条铁道，多建若干座工厂，中国人不欲变为西方人，也非变为西方人不可者！

工业化当然有它相当的作用，并且有很大的作用，这点任何人都不容否认。但是我们此外必须认清的，经济因素对于民族性的大作用，往往只在浮面处发生最显著的痕迹；到了更深处、更潜藏处，也就是更关键处，你如果还要搬过来那套经典的辩证公程式，刺刺盘说，那就不免幼稚的嫌疑了。

这不是说唯物史观无价值。唯物史观是一个（也只是一个）天才的发现，在近代社会科学的方法论上，它确有极含意义的贡献。然而我们不能不注意的：马克斯生世，正在近代心理学昌盛之前。他是十八世纪孟哲斯德派经济学与十九世纪黑格尔形而上学交生的孩儿，对威尔斯所谓二十世纪的最大发明——心理学，马克斯还没有机会领略滋味，虽然是他的论著内，就像他同代的许多人物的论著，确也时时对心理方面，露出零星的有见地之谈。

当然的，我们更不是主张工业不重要。中国必须工业化，赶急工业化，这是建国的基石。我们所要指明的，要把中国民族性，中国人为人的态度与风格，改变过来——如果我们认为必须改变，或最少必须修正的话——只斤斤然搬出来你的铁路里数、工厂统计，是不济事，是半济事的。你必须向再深一层探察，经济学之外，你必须殷勤应用其他一切的新科学，如生物化学、优生学、心理学等等。二十世纪对于“人”的了解已有了空前的进步；对人的了解的工具与方法，已有了无数的新发明，已展开了无穷的可能。科学知识的现有成绩已容不得我们死抱着亚当·斯密士、马克斯、恩格斯的残经，固步自封！

原来中国人与西方人风格的不同是有个极微妙、极根本的底基，这底基几乎是与彼此民族的初期文化一齐插根。在中国则远在殷周之际已经微露萌兆，在西方则在原始渔猎时代已经见了初征。换言之，这个底基是大带有太初色彩，在西方固然是远在工业革命之前而发生，在中国也是先农业经济的稳定而呈现的。也就是说，工业革命以前的西方人甚至农业出现以前的西方人，与历史上任何时代的中国人，本来已有了根本不同之点。西方越过农业阶段而迈进到工业化的路程以后，把某方面的不同点，愈加推远下去。中国停滞在农业经济层，也会把中国人的特色，变本加厉。反而观之，即是中国之所以滞留在农业层，西方之所以开辟出工业化的途径，这问题与我们所要讨论的根本的底基，恐怕也不是没有一种深处连缀的关系。

这个根本的底基是什么呢？

是不可以逻辑解释的人的肉体与灵魂的两种原始要求。叫做本能也罢，叫做天性也罢，这两种要求乃位在人的最深邃处、最蕴藏处，握有极强大、极永恒的力量，在人的本体上，不断地活动、指使，而且必要取得相当的满足的。简言之，一是性爱的要求，一是有后的要求。

西方人发挥前者，中国人发挥后者。积之日久，结果遂确实铸成了两种母题互异的风格或类型：西方人是情哥，中国人是爸爸！

不消说，我们并不是主张西方人毫无爸爸癖气，中国人毫无情哥风韵。本来求偶与求嗣是任何人都有的一种情难自已、欲罢不能的欲望。无论中西，个个人都想做情哥，个个人都想做爸爸（若站在女子立场，那就是做爱妹，做娘娘）。无论中西，差不多个个人多少都是情哥，都是爸爸。却是同时我们也不能否认，西方人着意地偏重爱情，中国人着意地偏重生子。男女的爱情，在西方社会里，占取了他们有意识的生活中最显著的地位；至于生子一事只当做家常现象，不足大播大吹。在中国人的传统生活中，适得其反：爱情是莫须有，生子却是惊天动地的事业了！

如果儿子是中国人梦寐祈求中的福星，情人是西方人一生心魂上的渴想。西方人死去而没有儿孙环立亲视含殓，并见不得有若何了不得的遗憾。但是死去而不曾尝过爱情的甜味苦味、酸味辣味，那真是不可原谅的蠢才，可羞可哀的笑柄。生而不曾"爱过"，等于不生，等于空生；反之，能一爱则永古可以自豪。

记得是一位著名的英国作家吧，他临死吩咐在他墓牌上镌刻了庄严八字，"Here lies one who has lived and loved"（此君活过，并且爱过）。最后的 loved 一字，便是他整个墓牌的用意，也充分表见他所代表的那个文化的特有精神。把这个八字墓志铭，向那城外垒垒的中国坟头的龟子碑，略略对照一番，就晓得我们中国人的墓志铭必定郑重宣布有子若干人，有孙十几个，我们的目光注射点，与西方大是不同了。西方人临死，目光似乎多是朝向了他们所谓晴空天使似的"她"；中国人垂终的一睇，却必要转到绕床环泣的"豚犬"。

"有子万事足。"中国人之毕生目的，这点最高。这点是他的 dominating passion（如果我们可以用 passion 一字来形容中国人的任何的情绪的话）。如果再能目击儿女婚嫁，向子平一生更是愿了。他老先生曾经"爱过"没有呢？这节却是小事，是不当有的事，也许是不曾有的事，至少是不当提起的事了！

再进而言之，在西方人的眼中，几乎可说，爱的不管是何如人，有爱便佳。只要你真爱，她就有真价值。就像在中国人的脑中，生的那怕是男盗女娼、贪官王八（其实到了这个年头，差不多有官便贪，贪官之贪字大是多余），但使能生，即可以上告无辜于祖先，下瞑两目于九泉了。

在西方，"爱情"两字，几乎是人类至上的价值，为了爱情，可以牺牲一切，似乎也应当牺牲一切。牺牲一切，不是开心事、容易事。西方人实际上能够办到这点的，正不见得太多。但是他们的民族道德感觉，以及社会上的一般舆论，对这个问题是有极截然直觉的判断的：不能为爱情牺牲一切，根本上就不是男儿。

在他们的历史上，只有两个东西可以与"情人"争衡的，从前是"上帝"，现在是"国家"。如果不能兼全，应当牺牲那一个呢？这煞是极费心、极焦心的问题。许多西方的小说、戏剧、诗歌，创出了一种所谓动天惊地的"悲剧的冲突"的，都是由这三位神人出来做主角——情人、上帝、国家！

近年来，上帝两字渐渐地失去了当日的权威，一是因为上帝的存在与否已经发生疑问，二是因为在许多西方人的脑筋中，上帝与情人好像只是一体——大写的"他"（He）与大写的"她"（She），本来是极容易混一的！至于国家两字，却大有威望日隆的形势。国家与情人冲突，在往日或有商量互让的余地，到了今天，恐怕军部喇叭紧吹之下，红颜有泪也须立刻拭干。不过喇叭的吹声，终带着三分强制性。情人的眼泪，总耿耿在心头。如何在为国捐躯的荣誉观念与心心相印的恋爱深情的中间，寻出一种调和协剂，这点即在他们那骑士道遗风犹存的社会，仍然免不得是个难题。好在他们的情人，不少的还能够假装了解人生（至少是他们的人生）的苦谜，一手撒开，促郎就道；而郎君也者，到了这当儿也就大可以慨然勇步 colonel lovelace 的后尘，高歌着开到前线：

> 此中矛盾的情景，
> 你也晓得是可哭可歌；
> 我不会爱了你到那田地，
> 如果对荣誉不爱得更多。

在中国人的精神生活上，爱情两字却一向不占有，也不应占有，何等惹人注意的地位。无上的价值，绝对不是爱情，乃是延嗣。为了延嗣，牺牲了一切，好像都是应该。所以整个的家庭可以闹得天翻地覆，糟糠的老妻可以吞鸦片、上吊梁；延嗣的小老婆，却是非娶不可。如果连娶了五个金屋之娇，还索不得一夜熊罴之梦，那么，最少也必须"过"了一个人家的种子，来当老子的承祧。就好像西方人取不得夫人之"爱"，那就恐怕非移山涸海地找出一位外遇的情人便不能甘心了——纵使这位情人不幸而是友人之妻！

中国人死要儿子，西方人死要情人，这是两方根本不同的途径。顺着这两条途径，劳燕西东，各引到彼此自有的文化田园。且莫问两者之间，孰优孰劣。在任何品题之先，让我们把他们彼此特色，察验一番。详情如何，尚容他日分解。本篇所要提醒的，爸爸式的田园，情哥式的田园——中西人风格的不同，关键全在这里。如果我们对民族性一问题要取得个澈底的、中肯的认识，这个关键之关键必须说清。让济济的时贤们去包写那些冠冕堂皇的"正经"文章，我们却必须咬定纯客观的精神，敢向这个迹近"俚亵"的题中求出一番不磨的真理！

《战国策》第 5 期，1940 年，第 26—31 页

# 中外的春秋时代

雷海宗

春秋时代，在任何高等文化的发展上，都可说是最美满的阶段。它的背景是封建，它的前途是战国。它仍保有封建时代的侠义与礼数，但已磨掉封建的混乱与不安；它已具有战国时代的齐整与秩序，但尚未染有战国的紧张与惨酷。人世间并没有完全合乎理想的生活方式与文化形态，但在人力可能达到的境界中，春秋时代可说是与此种理想最为相近的。

春秋背景的封建时代，是文化发展上的第一个大阶段。由制度方面言，封建时代有三种特征。第一，政治的主权是分化的。在整个的文化区域之上，有一个最高的政治元首，称王（如中国的殷周），或称皇帝（如欧西的所谓中古时代）。但这个元首并不能统治天下的土地与人民，虽然大家在理论上或者承认"溥天之下，莫非王土；率土之滨，莫非王臣"，他所直辖的，只有天下土地一小部份的王畿，并且在王畿之内，也有许多卿大夫的采邑维持半独立的状态。至于天下大部的土地，都分封给许多诸侯，诸侯实际各自为政，只在理论上附属于帝王。但诸侯在封疆之内也没有支配一切的权力，他只自留国土的一小部份，大部土地要封与许多卿大夫，分别治理。卿大夫在自己的采邑之上，也非绝对的主人，采邑的大部又要分散于一批家臣的手中。家臣又可有再小的家臣。以此类推，在理论上，封建贵族的等级可以多至无限，政治的主权也可一层一层的分化，以至无穷。实际的人生虽然不似数学的理论，但封建政治之与"近代国家"正正相反，是非常显明的事实。

封建时代的第二个特征，是社会阶级的法定地位。人类自有史以来，最少自新石器时代的晚期以来，阶级的分别是一个永恒的事实。但大半的时期，这种阶级的分别只是实际的，而不是法律所承认并且清清楚楚规定的。只有在封建时代，每个人在社会的地位、等级、业务、权利、责任，是由公认的法则所分派的。

封建时代的第三个特征是经济的，就是所有的土地都是采地，而非私产。自由买卖，最少在理论上不可能，实际上也是不多见的。所有的土地都是一层一层的向下分封，分封的土地就是采地。土地最后的用处，当然是食粮的生产。生产食粮是庶民农夫的责任，各级的贵族，由帝王以及极其微贱的小士族，都把他们直接支配的一部土地，分给农夫耕种。由这种农业经济的立场看，土地称为井田（中国）或佃庄（欧西）。此中也有"封"的意味，绝无自由买卖的办法，井田可说是一种授给农夫的"采"，不过在当时"封"或"采"一类的名词只应用于贵族间的关系上，对平民不肯援用此种高尚的文字而已。

总括一句，封建时代没有统一的国家，没有自由流动的社会，没有自然流通的经济。当时的政治与文化，都以贵族为中心。贵族渐渐由原始的状态建起一种豪侠的精神与义气的理想，一般的纠纠武夫渐渐为斯文礼仪的制度所克服，成了文武兼备的君子。但在这种发育滋长的过程中，政治社会的各方面是不免混乱的，小规模的战事甚为普遍，一般人的生活时常处在不安的状态中。

封建时代，普通约有五六百年。封建的晚期，当初本不太强的帝王渐渐全成傀儡，把原有的一点权力也大部丧失。各国内部的卿大夫以及各级的小贵族也趋于失败。夺上御下，占尽一切利益的，是中间的一级，就是诸侯（中国）或国王（欧西）。最后他们各把封疆之内完全统一，使全体的贵族都听他们指挥，同时他们自己却完全脱离了天下共主的羁绊。列国的局面成立了，这就是春秋时代。

主权分化的现象，到春秋时代已不存在。整个的天下虽未统一，但列国的内部却是主权集中的。社会中的士庶之分，在理论上仍然维持，在政治各部辅助国君的也以贵族居多。但实际平民升为贵族已非不可能，并且也不太难。在经济方面，井田的制度也未正式推翻，但自由买卖的风气已相当的流行。各国内部既已统一，小的纷乱当然减少到最低的限度，至此只有国际间的战争，而少见封建时代普遍流行的地方战乱。真正的外交，也创始于此时。贵族的侠义精神与礼节仪式发展到最高的程度。在不与国家的利益冲突的条件之下（有时即或小有冲突，也不要紧），他们对待国界之外的人也是尽量的侠义有礼。国际的战争，大致仍很公开，以正面的冲突为主，奇谋诡计是例外的情形。先要定期请战，就是后世所谓"下战书"，就是欧西所谓宣战。"不宣而战"是战国时代的现象，春秋时代绝不如此无礼。晋楚战于城濮，楚帅成得臣向晋请战："请与君之士戏，君冯轼而观之，得臣与寓目焉。"这几句话，说得如何的委曲婉转！晋文公派人回答说："寡君闻命矣……敢烦大夫谓二三子，戒尔车乘，敬尔君事，诘朝请见。"答辞也可说与请战辞针锋相对。

战争开始之前，双方都先排列阵势，然后方才开战，正如足球戏的预先安排队形一样。有的人甚至宁可自己吃亏，也不攻击阵势未就的敌人。宋襄公与楚战于泓水，宋人已成列，楚人尚未渡水。有人劝襄公乘楚人半渡而突击敌军，宋君不肯。楚军渡水，阵势未成，又有人劝他利用机会，他仍拒绝。最后宋军战败，襄公自己也受了伤，并且后来因伤致死。这虽是一个极端的例，但却可代表春秋时代的侠义精神，与战国时代惟利是图的风气大异其趣。

春秋时代的战争，死伤并不甚多，战场之上也有许多的礼数。例如晋楚战于邲，晋人败逃，楚人随后追逐。晋军中一辆战车忽然停滞不动，后随的楚车并不利用机会去擒俘，反指教晋人如何修理车辆，以便前进。修好之后，楚人又追，终于让晋军逃掉！

虽在酣战之中，若见对方的国君，也当在环境许可的范围内恭行臣礼。晋楚战于鄢陵，晋将郤至三见楚王，每见必下车，免首胄而急走以示敬。楚王于战事仍然进行之中，派人到晋军去慰劳郤至如此不厌再三的行礼。郤至与楚使客气了半天，使臣才又回楚军。在同一的战役中，晋栾针看见楚令尹子重的旌旗，就派人过去送饮水，以示敬意。子重接饮之后，送晋使回军，然后又击鼓前进。两次所派到对方的都是"行人"——正式的外交使臣，行人的身命在任何情形下都是神圣不可侵犯的。

欧西的春秋时代，就是宗教改革与法国革命间的三个世纪，普通称为旧制度时代。欧西人对于利益比较看重，没有宋襄公一类的人，但封建时代的礼仪侠气也仍然维持。例如当时凡是两国交兵，除当然经过宣战的手续与列阵的仪式之外，阵成之后，两方的主帅往往要到前线会面，互示敬意，说许多的客套话，最后互请先行开火。过意不去的一方，只得先动手，然后对方才开始还击。到法国革命之后，就绝不再见此种不可想像的傻事了！

除比较严重的战争场合外，一般士君子的日常生活也都以礼为规范。不只平等的交际如此，连国君之尊，对待臣下也要从礼。例如臣见君行礼，君也要还礼，不似后世专制皇帝的呆坐不动而受臣民的伏拜。大臣若犯重罪，当然有国法去追究。但在应对之间，若小有过失，或犯了其他不太严重的错误，国君往往只当未见未闻。路易第十四世，是欧西春秋时代的典型国君，他的最高欲望，就是作整个法国甚至整个欧洲最理想的君子。有一次一位大臣当面失态，使路易几至怒不可遏，但他仍压抑心中的怒火，走到窗前，把手中的杖掷之户外，回来说："先生，我本想用杖打你的！"

英国伊利沙伯女王的名臣腓力·西德尼爵士是当时的典型君子，举止行动，言谈应动，对上对下，事君交友，一切无不中节。男子对他无不钦羡，女子见他无不欲死。他的声名不只传遍英国，甚至也广播欧陆。最后他在大陆的战场上身受重伤。临死之际，旁边有人递送一瓶饮水到他口边，他方勉强抬头就饮，忽见不远之处卧着一个垂死的敌人，于是就不肯饮水，将瓶推向敌人，说"他比我的需要还大"。一个人真正的风格气度，到危难临头时必要表现，弥留之顷尤其是丝毫假不得的。"人之将死，其言也善"，是指罪孽深重临死忏悔者而言，那只是虚弱的表示，并非真情的流露。至人临死，并无特别"善"的需要，只是"真"而已。世俗之见，固然可看西德尼的举动为一件"善"事，但那是对他人格的莫大误解。他那行为是超善恶的，他绝无故意行"善"的心思，与他平日的各种举动一样，那只是他人格自发的"真"，与弱者临危的"善"相差不可以道里计。后代时过境迁，对前代多不能同情的了解，春秋时代的理想人格是最易被后代视为虚伪造作的。当然任何时代都有伪君子，但相当大的一部份的春秋君子是真正的默化于当代的理想中。

我们举例比较，都限于中国与欧西，因为这两个文化可供比较之处特别的多，同时关于它们的春秋时代，史料也比较完备。此外惟一文献尚属可观的高等文化，就是古代的希腊罗马。希腊文化的春秋时代，是纪元前六五〇年左右到亚历山大崛起的三百年间。当时的历史重心仍在希腊半岛，雅典与斯巴达的争雄是历史的推动力，正如中国的晋楚争盟或欧西的英法争霸一样。当时的希腊也有种种春秋式的礼制，凡读希罗多德的《历史》的人都可知道。侠义的精神，尤其大国对大国，是很显著的。雅典与斯巴达时断时续的打了四十年的大战之后，雅典一败涂地，当时有人劝斯巴达把雅典彻底毁灭，但斯巴达坚决拒绝，认为这是一种亵渎神明的主张。柏拉图与亚里斯多德的哲学使命，都在斯巴达侠义的一念之下，日后得有发扬的机会。

上列的一切，所表现的都是一种稳定安详的状态。春秋时代的确是稳定安详的。封建时代，难免混乱；战国时代，过度紧张。春秋时代，这两种现象都能避免。国际之间，普通都以维持均势为最后的目标，没有人想要并吞天下。战争也都是维持均势的战争，歼灭战的观念是战国时代的产物。在此种比较安稳的精神之下，一切的生活就自然呈现一种优〔悠〕闲的仪态，由谈话到战争，都可依礼进行。

　　但历史上的任何阶段，尤其是比较美满的阶段，都是不能持久的。春秋时代最多不过三百年。中国由吴越战争起，欧西由法国革命起，开始进入战国。贵族阶级被推翻，贵族所代表的制度与风气也大半消灭。在最初的一百年之间，中国由吴越战争到商鞅变法，欧西由法国革命到第一次大战，还略微保留一点春秋时代的余味。但那只是大风暴前骗人的平静，多数的人仍沉湎于美梦未醒的境界时，惨酷的、无情的歼灭战、闪电战，不宣而战的战争，灭国有如摘瓜的战争，坑降卒四十万的战争，马其诺防军全部被虏的战争，就突然间出现于彷徨无措的人类之前了。

《战国策》第 15、16 期合刊，1941 年，第 1—6 页

# 中国文化的出路

# 赞中华

冯友兰

在旧时，中国人的大部分好贵古贱今。凡今人作了什么好事，这些人总觉得，无论这事如何好，或作得如何好，但比之古人，总要差一点。古人所作底事，一定更好，或作得更好，如果今人作了什么坏事，这些人便借题发挥，用"世风不古，人心日下"等滥套，将今人骂得"狗血淋头"。

在旧时，除了些庙堂颂圣底作品外，在私家著作里，很少看见称赞他自己的时代底文章。王充《论衡·齐世》篇说："古有无义之人，今有建节之士，善恶杂厕，何世恶〔无〕有？述事者好高古而下今，贵所闻而贱所见。辨士则谈其久者，文人则著其远者。近有奇而辨不称，今有异而笔不记。"王充看出了大部分人的错误，所以他在他自己的书里有《宣汉》篇。在这篇里，王充指出，汉朝的文治武功，都超越前古。王充感觉到他自己的时代的伟大，这在旧时是很少见底。

在旧时，大部分人所以都贵古贱今者，其原因有两点可说。就第一点说，大部分人本来都是"贵所闻而贱所见"。"今"是一个人之"所见世"，"古"是一个人之"所闻世"，或"所传闻世"。大部分人本来都是"贵所闻而贱所见"，所以他们亦是贵古能贱今。就第二点说，中国旧时底社会，是农业底社会，在农业底社会里，人所注意底事情，如四时之变化、五谷之种植收获等，大部分都是循环底。对于循环底事情，人靠经验即可以知之，治之。农业社会的人，特别"尊"高年。高年是有经验底人。青年人有什么不了解或不能应付底事，即请教于高年。高年，凭他的经验，可以教训青年，而这些教训，大致都是不错底，因为在农业社会里，新来底事与过去底事，大致都是一类底。在这种情形下，人对于"古"即不知不觉地起了一种尊敬之心。但在工业社会底人，新底事情，时常发生，而其新又不只是个体上底新，而是种类上底新。我们常听见有些高年人说："这种事我没有经过。"这一类底话在农业社会里是很有意义底，但在工业社会里，则没有什么很大底意义。因为在工业社会里，人所没经过而新有底事，是太多了。对于人所没有经过底事，旧经验的教训即不可用，至少是不一定可用。所以在工业社会里，高年不是一个傲人底性质，而青年反是一个傲人底性质了。青年所以成为一个傲人底性质者，因青年对于种类上地新底事物，可以学习，而高年则不能学习也。在农业社会里，人所以尊高年，一半是由于道德底理由，一半是由于实用底理由。在工业社会里，如果人亦尊高年，其所以尊高年完全是由于道德底理由。

近数十年来，中国自农业社会，渐变为工业社会，所以贵古贱今底人，在现在是很少底了。但有部分人另外又犯一种毛病，即贵远贱近。凡中国人作了什么好事，这些人总觉得，无论这是如何好，或作得如何好，但比之外国人，总要差一点。他们总想着，外国人所作底事，一定更好，或一定作得更好。如中国人作了什么坏事，这些人一定要借题发挥，用"中国不亡是无天理"等滥套，把中国人骂得"狗血淋头"。

现在所以有这一部分人，贵远贱近者，其原因亦有两点可说。就第一点说，近是人之所见，远是人之所闻或所传闻。人既易于"贵所闻而贱所见"，所以也易于贵远贱近。就第二点说，中国现在一部分人还有殖民地人的心理。在上篇《论抗建》里，我们说到所谓殖民地人的心理。中国有这种心理以在清末民初时候为最甚。相传有人以为美国的月亮比中国的月亮圆，实际上不必真有人如此以为，但有此传说，也就是一个很有意义底事实。此事实使我们知道，当时有许多人盲目地崇拜西洋人。这种殖民地人的心理，到现在还有残余。此即是说，到现在还有一部分人多少有殖民地人的心理。贵远贱近，虽亦是人之常情，但他们又并不是仅只贵远贱近，他们对于阿比新［西］尼亚的英勇，总觉得"不过如此"，而对于捷克的懦怯，总觉得"没有什么"。在这些方面看，这一部分人的贵远贱近，完全是由于他们的心理，是殖民地人的心理。

就人之常情说，人贵所闻而贱所见。这并不是人的弱点，而正是人的优点。"人之所以异于禽兽者"，其一即是人有理想。我们可以说，人是有理想底动物。就客观方面说，理想是事物的完全底典型。就主观方面说，理想是人对于事物的完全底典型底知识。人有理想，而其所见底事物，都不尽合于他的理想。社会上或历史上底事，都是人作底。人都是人，不是神。此即是说，没有人是绝对完全底，没有人是完全合乎人的定义底。在实际底世界中，无论什么事物，都必多少合乎他的定义，但亦没有一个事物，能完全合乎他的定义。人既是实际底事物，他总有缺点，他所作底事亦总有缺点。在时间上或空间上离我们远底人，亦有他们的缺点，他们所作底事亦有缺点。不过这些缺点，异时异地底人，因为距离远底原故，不容易看见。因为距离远底原故，人看异时异地底人或事，都只看见其大体轮廓，其详细则看不清楚。如其大体轮廓无大缺点，人即以为其是完全底。人对于其同时同地底人或事，则是深知其详底。因深知其详底原故，不但看不见其大体轮廓的无大缺点，如果其大体船［轮］廓是无大缺点，而且简直看不见什么是其大体轮廓，如所谓见树不见林者。在这种情形下，一个人看其同时同地底事，自然只见其是不完全底了。

我们论历史上或社会上底事，必须先就其大体轮廓看。看见了他的大体轮廓，然后可以看见他的主要底趋势，及他的趋势所向底目的。用我们于以上所产底名词说，我们看见了他的大体轮廓，我们才可以于他的许多"情"中，看出他的"性"。

在我们的《新事论》里，我们的意思之一，即是想指出中国在近五十年来底活动的大体轮廓，以及这个活动的"性"。许多谈所谓文化问题者，大概都是想在这方面说一点。不过我们很少用文化这个名词，因为所谓文化的意义，是很不容易确定。德国人好谈文化，他们的思想习惯，是很奇怪底。他们的思想，在清楚的时候，极其清楚，在含混的时候，极其含混。在他们思想清楚的时候，他们谈哲学，在他们思想含混的时候，他们谈文化。他们的哲学固很好，他们谈文化的时候亦最多。

近五十年来中国的活动，其主要底趋势，是从乡下变为城里，从半殖民地底地位，恢复以前东亚主人的地位。就恢复以前东亚主人的地位说，中国近五十年来底活动的"性"是"复兴"；就从乡下变为城里说，中国近五十年来底活动的"性"是"革命"。有些人的看法，注重中国近来底活动的复兴性，常用"民族复兴""自力更生"等语。有些人的看法，注重中国近来底活动的革命性，常用"民族革命""中国革命是世界革命的一部分"等语。这些看法，都不错，这些说法，都是可说底。

或可问：就大体轮廓上看，中国近来底活动是不是已有成就，中国人在复兴或革命的方面，是不是已有成绩？我们的回答：中国已有很大底成就，中国人已有很大底成绩。

我们于上篇《阐教化》里说，一国可有一国的国风。中国自商周以来，一贯底一种国风，此即是道德底价值，高于一切。在这种国风里，中国少出了许多大艺术家、大文学家，以及等等底大家。但靠这种国风，中国民族成为界世［世界］上最大的民族，而且除几个短时期外，永久是光荣地生存着。在这些方面，世界上没有一个民族，能望及中国的肩背。在眼前这个不平等底战争中，我们还靠这种国风支持下去。我们可以说，在过去我们在这种国风里生存，在将来我们还要在这种国风里得救。

　　我们于《新理学》中说一社会的分子之行动，其可以直接或间接维持其社会的存在者，是道德底行动；其可以直接或间接阻碍其社会的存在者，是不道德底行动；其亦不维持亦不阻碍其社会的存在者，是非〔道〕德底行动。这些话，亦可以反过来说。我们亦可以说，所谓道德底行动者，即人的行动之可以直接或间接维持其社会的存在者。所谓不道德底行动者，即人的行动之可以直接或间接阻碍其社会的存在者。所谓非道德底行动者，即人的行动之亦不维持，亦不阻碍其社会的存在者。

　　道德是所以维持社会存在的规律。在一社会内，人愈遵守道德底规律，则其社会之组织必愈坚固，其存在亦必愈永久。由此我们可以看出，中国尊重道德的传统底国风，与中国社会的组织的坚固，与中国民族的存在的永久，是有密切底关系底。

　　《左传》说，口〔古〕有三不朽：太上有立德，其次有立功，其次有立言。这是中国的一个传统底看法。照这个传统底看法，有三种人可以得永久底荣誉。可以得最大底永久底荣誉者是有〔道〕德底人，其次是有功底人，其次是有学问底人。在中国历史中，秦皇汉武，功盖中国，但历史家的春秋之笔，对于他们，总是贬多褒少。照传统的看法，他们二位的令闻令誉，不及一个乡下底老〔孝〕子节妇。在中国历史上，有学问底人的声价，也靠他的德维持。在中国历史上，有学问底人，大部分亦是有德底人，或人以为是有德底人。《宋元学案》《明儒学案》中的人，百分之九十九是有德底人，或人以为是有德底人。只有学问而无道德底人，不能十分为人所重视。在文学艺术方面，亦有如此底情形。例如人称赞杜甫的诗，必说及其忠爱之忱。颜真卿的字，传统底说说〔法〕以为比赵子昂的字有价值，因为颜真卿是忠臣，赵子昂是贰臣。有一传说谓，有二人好写字，其一写魏武帝字，其一写颜真卿字，写魏武帝字者以写颜真卿字者之字为不佳。写颜真卿字者说："我的字虽不佳，然是学忠臣的字。你的字虽佳，然是学奸臣的字。"写魏武帝字者无以对。从所谓为艺术而艺术的观点看，这些说［话］都是"驴唇不对马嘴"。从这观点看这些话荒谬的程度，不亚于现在德国的物理学家说受［爱］因斯坦的相对论不对，因为受［爱］因斯坦是犹太人。但若从道德价值高于一切的观点看，则若一个人的"大节有亏，其余皆不足观"。从这观点看，这些话亦不是不可以说底。而在大家都如此说底社会里，其中人的道德底行为，可以得更大底鼓励。其中人的道德底行为，可以得更大底鼓励，则有道德底行为底人必更多，而此社会的组织，必更坚固，其存在亦必更永久。

我们并不以为别底民族或国家都是不讲道德底。所谓一个民族或国家不讲道德者，有两个意义。其一个意义是说，一个民族或国家，于对外作一整个底行动时，不讲道德。这是有底，是可以底，不过这些行动本来无所谓是道德底或是不道德底。因为所谓道德本是因一社会之有而有底，而自古迄今，国之上还没有真正底更高底社会组织。此点我们于上篇《明层次》中，已竟［经］说明。所谓民族或国家不讲道德的另一意义是说，一个民旅［族］或国家的内部底分子，在其内部都不讲道德。在这一意义下，我们可以说，没有民族或国家，若其还能继续存在，是如此底不讲道德。一个民族或国家的内部底分子，可以于一个时候都不讲道德；如果有这个时候，这即是那个民族或国家土崩瓦解的时候。但若说有一个国家或民族的内部底分子，都从来不讲道德，这是没有底事。因为如果如此，那个国家根本上即不能成立，那个民族根本上即不能存在。

虽是如此，但西洋人对于人的评价，所用底标准，是与中国人的传统底标准，不尽相同。中国人所谓三不朽，西洋人是亦承认底，而且他们亦不能于此三者之外，再说有别种底不朽。不过对于这三种不朽底评价，西洋人与中国人，不尽相同。照中国人的说法，太上有立德，其次有立功，其次有立言。西洋人的说法大概要是，太上有立功，其次有立言，其次有立德。照西洋人的办法，有大成就底政治家、军事家，以及诗人、戏子，都可以入一个民族或国家的"众神祠"；而照中国的办法，则只有有德底人，可以入圣庙。圣庙中固然亦有些可称为什么家者，但其入圣庙是靠他的德，而不是靠他是什么家。

自清末以来，因受西洋人的影响，中国人虽仍尊重有德者，而对于有功有言者的崇拜，已比前增高。在清末即有人称赞秦皇汉武的伟大。我们现在以为秦皇汉武当然是伟大，不过这种说法，在清末是翻案文章。民初更有人称赞则天皇后的伟大，这更是翻案中之翻案了。在这些方面，我们虽已受了西洋人的影响，但对于西洋人在这一方面底观点，亦并未完全接受。我们可以了解英国人为什么崇拜莎士比亚，但我们仍不能了解美国人为什么崇拜某工业大王或某电影明星。在这些地方，中国人还是中国人。

在清末民初，有些人以为中国人不知分别公德与私德。中国人所以不崇拜秦皇汉武，以及则天皇后者，因中国人以他们的私德与他们的公德相混也。照我们的说法，凡可称为道德者，都是与社会有关底，即都是公底。纯粹只关系一个人的私底事，都是非道德底，即无所谓是道德底或是不道德底。一个人打死了另一个人，他这行为可以是道德底或是不道德底。但一个人多吃了两杯酒，以致头晕呕吐，我们不能说他这行为是道德底或是不道德底。

或可说，中国人原来所讲底道德是旧道德。中国人只知讲旧道德而不知讲新道德，所以中国几十年来要自强，而还没有强起来。照我们的看法，在有些地方，可以说新道德、旧道德；在有些地方，道德是无所谓新旧底。照我们的看法，有社会，有各种底社会。有些道德，是因某种社会之有而有底，如一民族或国家，自一种社会转入另一种社会，则因原一种社会之有而有底道德，对于此民族或国家，即是旧道德；因另一种社会之有而有底道德，对于此民族或国家，即是新道德。但大部分底道德是因社会之有而有底。只要有社会，就需有这些道德，无论其社会是那一种底社会。这种道德，中国人名之曰"常"，常者不变也。照中国传统底说法，有五常，即仁义礼智信。此五者的意义及其所以为常，我们于《新理学》中已说过。此五常是无论什么种底社会都需要底。这是不变底道德，无所谓新旧，无所谓古今，无所谓中外。"天不变，道亦不变"，对于"常"仍是可说底。忠孝是因以家为本位底社会之有而有底道德。这一点昔人虽未看清楚，但昔人虽以忠孝为人之大节，但不名之曰常，这是很有意义底。关于忠孝，我们于上篇《原忠孝》中，已说了很多。忠孝可以说是旧道德。我们现在虽亦仍试〔说〕忠孝，如现在常有人说，我们要对于国家尽忠，对于民族尽孝，不过此所说忠孝与旧时所谓忠孝，意义不同。此所说忠孝是新道德。我们可以说，对于君尽忠，对于父尽孝，是旧道德；对于国家尽忠，对于民族尽孝，是新道德。在这些方面，道德虽有新旧的不同，但能行不变底道德底人，都自然能行这些道德。一个能行仁义礼智信底人，在以家为本位底社会里，自然能事君以忠，事父以孝；在以社会为本位底社会事〔里〕，自然能为国家尽忠，为民族尽孝。

无论古今中外，都承认上所说三不朽之为不朽，这是各民族或国家之所同。但各民族或国家对于此三者之相对底重轻，则可有不同底看法，此是各民族或国家之所异，其所以有此异的原因，我们于此不论。我们于此只说，其有此异，是事实。这些异，从某种社会的共相的观点看，不是主要底，但从一民族或国家的殊相的观点看，则是重要底。此点我们于上篇《评艺文》中已说过。

照中国的传统底评定人的价值底标准，有德为比有功更有价值，因此有许多好大喜功、好冒险进取底人，因得不到鼓励而不能尽其才。在中国历史中，有些好大喜功、冒险进取底人，如有所成就，其成就不是在社会鼓励之下成功底，而是冒社会的大不韪而成功底。在这一方面说，中国在进步方面，受了大影响。但中国重有德的影响，便人人都向有德这一方面走，因此中国的社会组织得以坚固，中国民族的存在得以长久。中国民族，这样地稳扎稳打，才能有如上所说稀有底成就。

　　说到中国的社会组织坚固，或许有人听见即笑掉了大牙，因为近来骂中国或中国人者，都说中国是无组织底国家，中国人是一盘散沙。这些人的话，我们亦不能说是全无根据，不过这些人都可以说是"只知其一，不知其二"。

　　我们于上文《说家国》中说，在生产家庭化底社会中，家是人的一切。中国旧日底社会是生产家庭化底社会。在旧日社会中，家的组织，极其坚固。旧日所以以孝为道德的中心者，即因孝是巩固家的组织的道德也。在旧日，凡可以巩固家的组织底行为，或可以延续家的存在底行为，皆是孝的行为。例如旧日兄弟不和，或妯娌不睦，均可称为不孝底行为，因此等行为，足以招致家之分裂也。在旧日，兄弟分居，虽不是不道德底行为，而亦不是光荣底行为。"五世同居"虽不是人所必行底道德行为，而却是很光荣底行为。娶妻生子，亦是孝底行为，因此等行为，乃所以延续家之存在者也。"不孝有三，无后为大。"照旧日的看法，人人都有为其祖先传嗣续的责任。中国人民的众多，中国人的此等责任心不能不说是其一大原因。

　　中国人的组织，虽注重在家，然亦并非只限于家。旧日所谓江湖上底各种组织其严密坚固，比家的组织，更有过之。试举在欧美各国作卖货小贩底中国人以为例。我们所谓上等人者，如要到外国游历，总先要请教许多人先看许多指南游记，先学些言语。即令如此，我们还时常感觉困难。在欧洲旅行，火车走不了几个钟点，就要过国境，查护照，验行李，换钱，换言语，这些情形教我们感觉更大底困难。但是常有一个外国字不识，甚而至于一个中国字也不识底中国人，带一点零碎货物，可以传食于欧洲。这些人能周游列国，全靠他们的帮。他们的帮是一种严密坚固底组织。别底国家向外移民，靠兵船大炮，但中国向外移民，则靠这些民的本身的严密组织。河北、山东底人，向东北、西北迁移，远及苏联及欧洲各处。广东、福建的人，向东西南迁移，远及南洋及美洲各处。他们的成功，没有靠政府的任何帮助，只靠他们自己的严密组织。中国人的组织的坚固，在这些地方是很容易看出底。

常有人说，中国人所有底严密坚固底组织，都是小组织。正因中国人有严密坚固底小组织，所以全国大一统底大组织，反而组织不起来。中国人是只知有家，不知有国底，一说到全国大一统底大组织，中国人不是闹党见，就是闹省见，各小组织的力量，互相摧毁，互相抵消。结果是，关于大组织底事，什么都不能作。这是实在情形。这些批评家所说底，并不错误。不过他们没有想到，在旧日以家庭为本位底社会里，在旧日底交通状况下，所谓全国大一统，本只需要很松底组织，亦只能有很松底组织。在那种社会里，在那种交通状况下，严密底全国大一统底组织，是没有物质底必要，亦没物质底基础。关于这一点，我们于上篇《说家国》中已经说明。我们可以说，中国人旧时只有严密坚固底小组织，而没有严密坚固底全国大一统底大组织者，因为照旧时底一套社会制度，本来只需要严密坚固底小组织，亦只需要松懈疏阔底全国大一统底大组织，而其物质基础亦只允许如此。到中国的社会制度一变，及其物质底基础允许的时候，中国的全国大一统底组织亦一天一天地严密坚固起来。二十一个月底伟大底战争，更证明了这一点。

我们看史书，常见上面写，某师与某师战大破之，某师溃等语句。我们在现在底实际底经验中，深明白了破字及溃字的意义。破者，破其组织；溃者，其组织崩坏。打仗并不是要把敌人赶尽杀绝，亦不能如此。打仗的胜利，不是靠敌人的绝灭，而是靠敌人的崩溃。战胜底兵可以用几个人，赶杀败兵几百人。其原因即是，胜兵虽只几个人，而是有组织底，败兵虽有几百人，而其组织是已被击破底。败兵虽有几百人，而此几百人只是几百个一个一个底人。几个人打一个人，当然是很容易底。这次中日战争，是个极不平等底战争，我们于上篇《论抗建》中已竟〔经〕说过。在这个极不平等底战争里，我们虽退而不溃，我们虽有时为敌人所败，而却永未为敌人所破。就军队说是如此，就人民说亦是如此。这样我们表现出很大底组织力、很大底道德力。

以上说了我们的国风的一方面。就这一方面说，这种国风的理论底根据是儒家、墨家的学说。更确切地一点说，巩固家的组织底道德的理论根据是儒家的学说，巩固"帮"的组织底道德的理论根据是墨家的学说。此外中国的国风还有另一方面，这另一方面养成中国人的"满不在乎"的态度。就这另一方面说，中国的国风的理论底根据是道家的学说。儒家、墨家教人能负责，道家使人能外物。能负责则人严肃，能外物则人超脱。超脱而严肃，使人虽有"满不在乎"底态度，而却并不是对于任何事都"满不在乎"。严肃而超脱，使人于尽道德底责任时，对于有些事，可以"满不在乎"。有儒家、墨家的严肃，又□□（有道）家的超脱，才真正是从中国的国风养出来底人，才真正是"中国人"。

真正底中国人，并不必后〔从〕"肉食"者中求，在非"肉食者"中，这些人实在多得很。近来有许多报告战地消息底文章，在这些文章，有许多地方，我们看见真正底"中国人"。有一访员碰见一位军人，自动往河北组织游击队。谈话之间，这位军人表示，对于中国的最后底胜利，他是有确信底。这位访员问："中国打胜以后，你打算作什么事情？"这位军人很冷静地说："那时候，我已死了，在这次战事中，军人大概都要死底。"在徐州撤退的时候，有一部分军队突图〔围〕而走，敌人发炮追击。在军队出了敌炮射程以外时，有位军人说："日本兵对于中国兵真客气极了，放了这许多礼炮送行。"有一个杭州的老板，于财产完全损失以后，跑到上海，有人问他怎么办，样〔他〕说："没有什么，再来一回。"这些人都是平常底中国人。他们处大难能如此地严肃，如此地超脱，或如此地严肃又超脱，这都是数千年底国风养出来底真正"中国人"。中国的过去，靠这些真正底"中国人"；中国的将来，也靠这些真正底"中国人"。

我们是提倡所谓现代化底，但在基本道德这一方面，是无所谓现代化底或不现代化底。有些人常把某种社会制度与基本道德□（混）为一谈，这是很不对底。社会制度是可变底，而基本道德则是不可变底。

可变者有现代化或不现代化的问题，不可变者则无此问题。有人说，现代化不只指生产技术，如"忠于职分，忠于纪律，忠于法制"，就是现代化的精神。这话是不对底。照这种说法，则只有现代人方始"忠于职务，忠于纪律，忠于法律"。如果如此，则古代的人凭什么能有社会底组织？我敢说，如只有所谓现代的精神者，方始"忠于职务，忠于纪律，忠于法律"，则人类灭绝久矣，那里还会有所谓现代人？

说到此，我们感觉到，清末人所谓"中学为体，西学为用"者，就一面说，是很不通底；但就又一方面说，亦是可以说底。如所谓"中学为体，西学为用"者，是说我们可以以五经四书为体，以枪炮为用，则这话诚然是不通底。读五经四书，是不会读出枪炮来底。民初人说这种说法是体用两橛，正是就此话的此方面说。如所谓"中学为体，西学为用"者，是说组织社会的道德是中国人所本有底，现在所须添加者是西洋的知识、技术、工业，则此话是可说底。我们《新事论》的意思，亦正如此。不过我们不说是西洋底知识、技术、工业，而说是现代底知识、技术、工业而已。我们所以必需如此说者，其理由已详于上篇《别共殊》中。清末人没有这样清楚底见解。不过他们总觉得中国是有些不必改变底东西，不过这些束〔东〕西确切是什么，他们不能明确地看出说出而已。

自清末至今，中国所缺底，是现代的知识、技术、工业，所有底是组织社会的道德。若把中国近五十年的活动，作一整个看，则在道德方面是继往，在知识、技术、工业方面是开来。这本是一件很明显底事实，不过因其太明显了，有些人总想着，问题或别有所在。"道甚易而求诸难"，正这些人之谓了。

去年有一位牛津大学的教员，写信来说，英国人对于中国人的抵抗力之强，甚为惊异，不知道中国人有什么精神底力量，能有如此底行动。后来牛津大学全体教授与蒋委员长底新年贺电，亦说："英国人士，对于中国文化学术之真义与价值，在过去不无怀疑之处。但时在今日，一方鉴于狭义国家主义之横暴相仇，一方鉴于中国反日态度之庄严镇静，究竟谁为世界文化之领导者，吾人当无疑义矣。"若问：什么是中国人的精神底力量，能使中国人以庄严静穆底态度，抵御大难？我们说：此力量，普通一点说，是上所说底道德力；特别一点说，是儒家、墨家的严肃及道家的超脱，儒家、墨家的"在乎"及道家的"满不在乎"。

我们并不以为中国人专靠这种所谓精神力，即可度过大难。现代底知识、技术、工业亦是我们所特别需要底。不过我们于上篇《阐教化》中说，使人有知识靠教，使人有道德靠化。两者比较起来，教易而化难，教可以求速而化不可求速。中国所需要补充者是可教者，所以中国的进步，是可以加速进行底。

真正底"中国人"已造成过去底伟大底中国。这些"中国人"将要造成一个新中国，在任何方面，比世界上任何一国，都有过无不及。这是我们所深信，而没有丝毫怀疑底。

《新动向》第 2 卷第 8 期（《新事论》第十二篇），

1939 年，第 647—653 页

# 文化的体与用

贺　麟

　　许多人对于哲学发生兴趣，大概都是由于他们平日喜欢用思想去观察文化或批评文化。当一种异族文化初输入一个地方时，最易引起当地人士观察和批评此种外来文化的敏感。当一个旅行家游历了不同的国家，观察了不同的民族，他对于各国和各民族的风土人情、生活习惯、历史文物等，必少不了有一些感想或批评。有人说文学的本质在于批评人士，而真正有意义、有价值的生活就是文化的生活。所以即说文学的本质在于批评文化亦无不可。文学家可以说必然是文化批评家，如法国的福禄泰尔、卢梭，德国的莱新、黑尔德、歌德、席勒，英国的卡莱尔、安诺德、辜律已等，都是文化批评家。他们在一方面对于政治社会有实际影响，一方面也启发了后来不少的纯粹系统的哲学家，批评文化可以说是思想界最亲切，最有兴趣，对于个人和社会，对于物质生活和精神生活最有实际影响和效果的工作。因为文化批评一方面要指导实际生活，一方面又要多少根据一些哲学理论，所以文化批评乃是使哲学与人生接近的一道桥梁。有许多不专门研究哲学的人，因为批评文化而不知不觉地涉历到哲学的领域；也有许多纯粹专门的哲学家，因为批评文化，而使得他们的思想与一般人发生关系。

　　本文的主旨就在提供一些批评文化的概括原则，因为我深感觉得自从西洋文化与中国文化接触以来，差不多每一个能用思想的中国人，都曾有意无意间在那里多少作一些批评文化的工作。然而我们的文化批评似乎大都陷于无指针、无准则，乏亲切兴味，既少实际效果，亦难于引导到深澈的哲学领域。而由批评文化所提出的几种较流行的口号，如"中学为体，西学为用""中国本位文化""全盘西化"等，似乎多基于以实用为目的的武断，而缺乏逻辑批判的工夫。所以我希望对于文化的体和用加以批评的研讨，或许可以指出批评文化的新方向，引起对付西洋文化的新态度。

"体用"二字乃是意义欠明晰而且有点玄学意味的名词。兹试先将常识意义的体用与哲学意义的体用分别予以说明。常识上所谓体与用大都是主与辅的意思。譬如"中学为体，西学为用"之常识的意义，即是以中学为主、西学为辅的意思。反之，假如一个西方学者之研究中国学问，他亦未尝不可抱"西学为体，中学为用"的主张。其实中国留学生之治西学者，亦大都以西学为主、中学为辅，亦即可谓为以"西学为体，中学为用"，完全与张之洞所指的路径相反。依此意义，则专学文科的人，可以说以"文科为体，理科为用"；反之，学理科的人，亦可持"理科为体，文科为用"之说。现今大学于学生选习科系，多有主科、辅科之规定。我们亦可以说大学生选习科系，莫不以主科为体、辅科为用。一个人专治主科，而不兼习他科以辅之，是谓约而不博，有体无用。一个人博习多科，而无精约的主科，是谓有用无体。从这些例子可以见得常识中所谓体用是相对的，是以个人的需要为准而方便抉择的，是无逻辑的必然性的。但试再以"中学为体，西学为用"作例。如果中学托天人性命之学，指精神文明，而西学则指声光电化、船坚炮利之学，指物质文明而言，则天人性命之形而上学，理论上应必然的为声光电化等形下之学之体，而物质文明理论上亦应必然的为精神□（文）明之用。如是则"中学为体，西学为用"不仅为常识的应一时之需要的方便说法，而成为有必然性的有哲学意义的说法了。

至于哲学意义的体用须分两层来说。一为绝对的体用观。"体"指形而上之本体或本质（Essence），"用"指形而下之现象（Appearance）。体为形而上之理则，用为形而下之事物。体一用多。用有动静变化，体则超动静变化，此意义的体用约相当于柏拉图的理念世界与现象世界的分别，亦可称为柏拉图式的体用观。一为相对性或等级性的体用观。将许多不同等级的事物，以价值为准，依逻辑次序排列成宝塔式的层级（Hierarchy）。最上层为真实无妄之纯体或纯理型，最下层为具可能性、可塑性之纯用或纯物质。中间各层则较上层以较下层为用，较下层以较上层为体。譬如，就大理石与雕像言，则雕像为大理石之体，大理石为雕像之用；但就雕像与美的型式言，则具体的雕像为形而下之用，形而上的美的纯型式为体。又如就身与心的关系言，则身为心之用，心为身之体。就心与理的关系言，则心为理之用，理为心之体。依此种看法，则体与用的关系为范型（Form）与材料（Matter）的关系。由最低级的用，材料，到最高级的体，本体或纯范型，中间有一依序发展的层级的过程。这种看法可称为亚理士多德的体用观。这种体用观一方面包括柏拉图式的体用说，认纯理念或纯范型为体，认现象界之个体事物为用。一方面又要以纯范型作为判别现象界个体事物价值的标准，而将现象界事物排列成层级而指出其体用关系。譬如在中国哲学上，朱子持理气合□（一）之说，认理为体，气为用，则近于此处所谓绝对的体用观。而周子则无极而太极，太极而阴阳，阴阳而五行，五行而万物。似以无极为太极之体，太极为无极之用；太极为阴阳之体，阴阳为太极之用；阴阳为五行之体，五行为阴阳之用；五行为万物之体，万物为五行之用。似分为五个层次的相对的体用观。但若从绝对的体用观来看，则无极、太极皆系指形而上之理言，为体；而阴阳、五行、万物皆系指形而下之气言，为用。如是则哲学上两种体用观的异同所在，想甚明了。简言之，绝对的柏拉图式的体用观以本体与现象言体用。而相对的，亚理士多德的体用观，除以本体现象言体用外，又以□（本）体界的纯范型作标准，去分别现象界个体事物间之体用关系。以事物表现纯范型之多或寡，距离纯范型之近或远，而辨别其为体或用。

哲学上所谓体用关系与科学上所谓因果关系根本不同，绝不可混为一谈。科学上的因，在时间每为果之前件；而体与用乃逻辑的同在、合一，无时间上先后的关系。科学上的因与果，都同是形而下的事物，无价值的等级或层次之别；而哲学上的体属形而上，用属形而下，体在价值上高于用。譬如就心为身之体、身为心之用而言，我们不能说在科学上心为身的原因，身是心灵活动的结果。因为身体运动的原因，须于物理学、生理学求之。我们只能说，心是身之所以为身之理。身体的活动所代表的意义、价值、目的等，均须从心灵的内容去求解释。

知道了体用的意义，请推［进］而考察什么是文化之体。

朱子说，"道之显者谓之文"。古哲所谓文，大都是指我们现时所谓文化。孔子说："文王既殁，文不在兹乎？"意思就是说文王既殁，文化不就寄托在我这里吗？此外孔子所谓"天之将丧斯文"或"未丧斯文"的文，都是指文化或民族文化而言。又如孔子被奉为"文宣王"，韩愈、朱熹被谥为韩文公、朱文公，也就是尊崇他们为文化的寄托者、负荷者，或西人所谓 Kulturtrager 的意思。所谓"道之显者谓之文"，应当解释为文化是道的显现，换言之，道是文化之体，文化是道之用。所谓"道"，就是宇宙人生的真理，万事万物的准则，亦即指真美善永恒价值而言。儒家常说"文以载道"，其实不仅"文艺"以载道，应说"文化"以载道，因为全部文化都可以说是道之显现。并且不仅文化以载道，我们还可进一步说"万物皆载道"，"自然亦载道"。因为"道在稊米"，即可说稊米亦载道。"凡物莫不有理"，即可说凡物莫不载道。英国诗人丁尼生有一首名诗，大意谓园里一朵小花，若能加以澈底了解，便可以理会到什么是天与人的关系。这就是说，小花亦所以载道，由小花的理会亦可以见道、知天。

我们虽承认自然万物，小至稊米花草，皆是道的显现，但我们不能说，自然事物都是文化。文化与自然虽皆所以载道，但文化是文化，自然是自然，两者间确有重大区别。要解答这层困难，我们似乎不得不补充修正朱子的说法，而这样解释："道之凭借人类的精神活动而显现者谓之文化。"反之，"道之未透过人类精神的活动，而自然地、隐晦地（implritly）、昧觉地（unconscionsly〔unconsciously〕）显现者谓之自然"。换言之，文化者乃道之自觉的显现也，自然者乃道之昧觉的显现也。同是一个道，其表现于万物有深浅、高下、多少、自觉与否之不同，因而发生文化与自然的区别。

讨论文化的体与用到了这里，我们便得着四个概念：（一）道的观念，文化之体。（二）文化的观念，道之自觉的显现。（三）自然的观念，道之昧觉的显现。（四）精神的观念，道之显现或实现为文化之凭借，亦即文化之所以为文化所必据的精神条件，亦即是划分文化与自然的分水界。这四种观念若用现代价值哲学的名词加以解释，则（一）道即相当于价值理念，（二）精神约相当于价值体验或精神生活，（三）文化即相当于价值物，（四）自然即是与价值对立的一个观念。若从柏拉图式的绝对的体用观说来，则道或价值理念是体，而精神生活、文化、自然皆道之显现，皆道之用。若从亚理士多德式的相对的体用观说来，则精神生活、文化与自然，皆道之等差的表现。低级者为较高级〔者〕之用或材料，较高级者为较低级者之体或范型。如是，则自然为文化之用，文化为自然之体；文化为精神之用，精神为文化之体；精神为道之用，道为精神之体。

这四个不同的观念中，最重要但是又最困难、最古怪的，当推精神一观念。精神也实在是意义纷歧而欠清楚的名词。但在此处我们可以简单地说，精神就是心灵与真理的契合。换之，精神就是指道或理之活动于内心而言。也可以说，精神就是为真理所鼓舞着的心（spirit in mind inspired by truth）。在这个意义下，精神也就是提高了，升华了洋溢着意义与价值的生命。精神亦即指真理之诚于中形于外，著于生活文教，蔚为潮流风气而言。简言之，精神是具体化、实力化、社会化的真理。

若从体用的观点来说，精神是以道为体而以自然和文化为用的意识活动。根据这个说法，则精神在文化哲学中，便取得主要、主动、主宰的地位。自然也不过是精神活动或实现的材料。所谓文化就是经过人类精神陶铸过的自然。所谓理或道也不过是蕴藏在人类内心深处的法则，将此内蕴的隐晦的法则或理道，发扬光大，提出于意识的前面，成为自觉的具体的真理，就〔是〕精神的活动。假使道或理不透过精神的活动，便不能实现或显现成为文化，而只是潜伏的、缥缈的、有体而无用的道或理罢了。这样看来，自然只是纯用或纯材料而非体，道或理只是纯体或纯范型而非用，都只是抽象的概念，惟有精神才是体用合一、亦体亦用的真实。道只是本体，而精神乃是主体。文化乃是精神的产物，精神才是文化真正的体。精神才是真正的神明之舍，精神才是具众理而应万事的主体。就个人言，个人一切的言行和学术文化的创造，就是个人精神的显现。就时代言，一个时代的文化就是那个时代的时代精神的显现。就民族言，一个民族的文化就是那个民族的民族精神的显现。整个世界的文化就是绝对精神逐渐实现或显现其自身的历程。

在上面这一大段里，我因为想尽力绍述一些黑格尔的思想，意思也许稍嫌晦涩费解。其实总结起来，意思亦甚为简单。就是广义讲来，文化（包括自然在内）是道的显现。但严格讲来，文化只能说是精神的显现，也可以说，文化是道凭借人类的精神活动而显现出来的价值物，而非自然物。换言之，文化之体不仅是道，亦不仅是心，而乃是心与道的契合，意识与真理打成一片的精神。

因精神中所含蕴的道或价值理念有真美善的不同，故由精神所显现出来的文化亦有不同的部门，因不同部门的文化之表现精神价值有等差之不同，遂产生相对性文化的体用观。譬如真理是一精神价值，哲学与科学皆同是真理之显现。但哲学追求价值的真理，科学追求<的>自然的真理；哲学阐发关于宇宙人生之全体的真理，科学研究部分的真理；哲学寻求形而上的理则方面的真理，科学寻求形而下的事物方面的真理。因此虽就绝对的体用观说来，科学与哲学皆同是精神之用，精神兼为科学与哲学之体，但就相对的体用观说来，我们不能不说哲学为科学之体，科学为哲学之用。又如宗教与道德皆同为善的价值之表现。但宗教所追求者为神圣之善，道德所追求者为人本之善；宗教以调整人与天的关系为目的，道德以调整人与人的关系为目的。在此意义下，我们不能不说，宗教为道德之体，道德为宗教之用。又如艺术与技术都同是代表美的价值的文化，但艺术是超实用的美的价值，而技术代表实用的美的价值。艺术是美的精神生活的直接产物，而技术只是智慧的产物。故只能说，艺术是技术之体，技术是艺术之用。至于政治、法律、实业、经济、军事等，距真美善之纯精神价值更远，乃科学、道德、技术之用，以科学、道德、技术为体，而直接以自然物质为用。

对于各文化部门之体用相对性略有所了悉，请更提出规定各文化部门之三原则，以供观察文化、批评文化之参考。（一）为体用不可分离。盖体用必然合一而不可分。凡用必包含其体，凡体必包含其用，无用即无体，无体即无用。无有无用之体，亦无有无体之用。如谓宋儒有体无用、近代西洋文明有用无体的说法，皆属不知体用合一关系的不通之论。譬如就宋儒之以理学为体言，亦有其对自然、人生、社会、历史种种事业之观察研究以作之基。换言之，宋儒有其理学之体，亦自有其科学之用。又如宋儒虽重人事方面的道德修养，但亦自有其用，希望进而希天之宗教识度，及至诚感神的宗教精神以为之体，至于宋儒之理学及其道德观念，对于中国社会、政治、民族生活影响之重大深长（影响之好坏姑不具论），乃显而易见者，更不能谓为有体无用。至于近代西洋物质文明之有其深厚的精神基础，稍悉西方文化者类能言之，亦不能谓为有用无体。所以无论事实上、理论上，体用都是不可分离的。（二）为体用不可颠倒的原则。体是本质，用是表现；体是规范，用是材料。不能以用为体，不能以体为用。譬如宗教、哲学、艺术等在西洋文化中为体，决不会因为介绍到中国来便成为中国文化之用。而科学技术等在西洋文化中老是居于用的地位，亦决不会因为受中国实用主义者之推尊，便会居于体的地位。所谓冠履不同位，各部门文化皆截然有其应有之逻辑地位，决不能因一时实用、个人之好恶，而可以任意颠倒的。持体用颠倒说，认形而下之用为本体，认形而上之体为虚幻，便陷于唯物论；持体用分离说，认为有离用而独立存在之体，有离体而独立存在之用，便陷于孤立的武断论。第三个原则，为各部门文化皆有其有机统一性。因为各部门的文化皆同是一个道或精神的表现，故彼此间有其共通性。一部门文化每每可以反映其他各部门的文化，反映整个的民族精神，集各种文化之大成。这个原则是应用有机的宇宙观的说法以讨论文化。因为据近代有机的宇宙观的说法，每一事物都是全宇宙的缩影，是一个反映全宇宙的小宇宙。甚至可以说，每一事变都是宇宙过去一切事变的大成。自然事物既然可说是一个有机统一体，则持此说以表明文化事物为一有机统一体，当然更平正而无偏弊。譬如，试以西洋现代□（的）基督教而论（不管旧教或新教），在不知有机统一说的人，必以为基督教根本是反科学的，反平民化社会的，反无产阶级革命的，反物质文明的。其实我胆敢说一句，中世纪的基督教，是中古文化的中心，近代基督教是整个近代西洋文化的缩影与反映。可以说西洋近代精神的一切特点，基督教中皆应有尽有。反之，西洋近代精神的一切特点，近代科学研究中亦莫不应有尽有。因为西洋近代的科学与近代的宗教，皆不过是从不同的方面以表现此同一之西洋近代精神罢了。

根据上面的一些理论和原则来讨论我们对西洋文化应取的态度的问题，我们可得下列三个指针。

第一，研究、介绍、采取任何部门的西洋文化，须得其体用之全，须见其集大成之处。必定对于一部门文化能见其全体，能得其整体，才算得对那种文化有深刻澈底的了解。此条实针对中国人研究西洋学问的根本缺点而发。因为过去国人之研究西洋学术，总是偏于求用而不求体，注重表面忽视本质，只知留情形下事物，而不知寄意于形上的理则。或则只知分而不知全，提倡此便反对彼，老是狭隘自封，而不能体用兼赅，使各部门的文化皆各得其分，并进发展。假使以这种偏狭的实用的态度去研究科学，便难免不陷于下列两个缺点。一因治科学缺乏哲学的见解和哲学的批判，故科学的根基欠坚实深厚，支离琐屑，而乏独创的学派、贯通的系统。一因西洋科学家每承中古修道院僧侣之遗风，多有超世俗遗形骸的精神寄托与宗教修养，认研究科学之目的亦在于见道知天，非徒以有实用价值之技术见长。此种高洁的纯科学探求的境界，自非求用而不求体者所可领略。

我所谓治西学须见其体用之全，须得其整套，但这并不是主张全盘西化。因为说须对于所研究的那一部门的学术文化，得其体用之全或得其整套，即是须深刻澈底理解该一部门学术文化之另一说法。有了深刻澈底的了解后，不唯不致被动的受西化影响，奴隶式模仿，而且可以自觉地吸收、采用、融化、批评、创造。这样既算不得西化，更不能说是全盘西化。譬如，就政治制度而论，彼持全盘西化之说者，似应将西洋的法西斯蒂主义、民治主义、共产主义等全盘搬到中国来，一一照样模仿扮演。但我仅主张对于各种理论之体与用，之全套，之源源本本，加以深刻澈底了解，而自己批评地创立适合民族生活、时代需要之政治方案。此种方案乃基于〔对〕西洋文化之透澈把握，民族精神之创进发扬，似不能谓为西化，更不能谓为全盘西化也。且持数量的全盘西化之说，事实上、理论上似均有困难。要想把西洋文化中一切的一切全盘都移植到中国来，要想将中国文化一切的一切都加以西洋化，事实上也不可能，恐怕也不必需。而且假如全盘西化后，中国民族失掉其民族精神，文化上中国沦为异族文化之奴隶，这当非提倡全盘西化者之本意。但假如中国人选择有创造的能力，与西洋文化接触后，中国文化愈益发展，民族精神愈益发扬，这不能算是西洋化中国，只能说是中国化外来的一切文化。譬如，吸收外界食物而营养身体，只能说人消化食物，不能说食物变化人。又譬如宋明的理学，虽是与佛教接触很深很久的产物，但不能说是"佛化"的中国哲学，只能说是"化佛"的中国哲学。所谓"化佛"，即是将外来的佛教吸收融化、超越扬弃的意思。所以我根本反对被动的"西化"而赞成主动的"化西"。所谓"化西"，即是自动地自觉地吸收融化、超越扬弃西洋现在已有的文化。但须知这种"化西"的工作，是建筑在深刻澈底了解西洋各部门文化的整套的体用之全上面。固然，我承认中国一切学术文化工作，都应该科学化，受科学的洗礼。但全盘科学化不得谓为全盘西化，一则科学乃人类的公产，二则科学仅是西洋文化之一部分。

第二，根据文化上体用合一的原则，便显见得"中学为体，西学为用"的说法之不可通。因中学、西学各自成一整套，各自有其体用，不可生吞活剥，割裂零售。且因体用不可倒置，西学之体在中国来决不会变成用，中学之用，亦决不能作西学之体。而且即在精神文明为体、物质文明为用的前提下，或道学为体、器学为用的前提下（因在张之洞时，有认中学为道学、西学为器学之说），中体西用之说，亦讲不通。盖中学并非纯道学、纯精神文明，西学亦非纯器学、纯物质文明。西洋的科学或器学，自有西洋的形而上学或道学以为之体。西洋的物质文明亦自有西洋的精神文明以为之体。而中国的旧道德、旧思想、旧哲学，决不能为西洋近代科学及物质文明之体，亦不能以近代科学及物质文明为用。当中国有独立自得的新科学时，亦自会有独立自得新哲学以为之体。中国的新物质文明须中国人自力去建设创造，而作这种新物质文明之体的新精神文明，亦须中国人自力去平行地建设创造。这叫做以体充实体，以用补助用，使体用合一发展，使体用平行并进。除此以外，似没有别的捷路可走。此外以新酒旧瓶、旧酒新瓶之喻来谈调合中西文化的说法，亦是不甚切当、易滋误会的比喻，因为各部门的文化都是一有机统一体，有如土壤、气候之于植物，密切相关，决不似酒与酒瓶那样机械的凑合。

第三，根据精神（聚众理而应万事的自主的心）为文化之体的原则，我愿意提出以精神或理性为体，而以古今中外的文化为用的说法。以自由自主的精神或理性为主体，去吸收融化、超出扬弃那外来的文化和已往的文化，尽□（量）取精用宏，含英咀华，不仅要承受中国文化的遗产，且须承受西洋文化的遗产，使之内在化，变成自己的活的产业。特别对于西洋文化，不要视之为外来的异族的文化，而须视之为发挥自己的精神、扩充自己的理性的材料。那入主出奴的东西文化优劣论已成过去，因为那持中国文化优于西洋文化者，每有拒绝西洋文化以满足自己的夸大狂的趋势，那持西洋文化优于中国文化的人，也大都是有提倡西学、厉行西化的偏激作用的人。我们不必去算这些谁优谁劣的无意识的滥账，我们只须虚怀接受两方的遗产，以充实我们精神的食粮，而深澈地去理会其体用之全，以成就自己有体有用之学。那附会比拟的中西文化异同论，现在亦已成为过去了。若比较中西文化的异同，目的在判优劣，当然无甚意义。若比较中西文化的异同，目的在使生"悟解"，但结果恐会引起"误解"。因为文化乃道、精神之显现，可以说是形而下的价值物。形下事物间的关系，可以说是"毕同毕异"，而无有绝对的异同。若执着文化间之异同，认为绝对，则陷于武断。所以应该直接探求有普遍性、永恒性之理则，勿庸斤斤于文化事物之异同可也。

因此我们无法赞成"中国本位文化"的说法，因为文化乃人类的公产，为人人所取之不尽用之不竭的宝藏，不能以狭义的国家作本位，应该以道，以精神或理性作本位。换言之，应该以文化之体作为文化的本位。不管时间之或古或今，不管地域之或中或西，只要一种文化能够启发我们的性灵，扩充我们的人格，发扬民族精神，就是我们所需要的文化。我们不需狭义的西洋文化，亦不要狭义的中国文化。我们需要文化的自身，我们需要真实无妄、有体有用的活文化、真文化。譬如，你写一篇科学论文，我不理会你这是中国科学抑是西洋科学，我只去考察你这篇论文是否满足任何真实的典型的科学所应具备的条件。所以我们真正需要的乃是有体有用的典型的文化，能够载道显真，能够明心见性，使我们与永恒的精神价值愈益接近的文化。凡在文化领域里努力的人，他的工作和使命，应不是全盘接受西化，亦不在残阙地保守固有文化，应该力求直接贡献于人类文化，也就是直接贡献于文化本身。

《今日评论》第 3 卷第 16 期，1940 年，第 243—248 页

# 抗战时期的西化问题

陈序经

一

五年前，我在《国闻周报》第十三卷第二期曾发表过一篇《一年来国人对于西化态度的变化》，我曾指出七十年来国人对于西化这个问题讨论最为热闹的，要算民国廿四年那一年。我并且指出经过这一次讨论之后主张复古的人固已逐渐绝迹，主张折衷的人也已逐渐减少，只有主张根本西化与全盘西化的人日趋日多。从民国廿五年至民国廿六年国人对于西化这个问题的讨论虽不像民国廿四年那样的热烈，可是国人的态度是趋于根本西化与全盘西化的，七七事件发生以后，不但在理论上我们觉得全盘西化的必要，就是在事实上，我们也是朝着这条路走。所以在文化的物质方面，七七事件以前，还有人提倡"大刀救国"，七七事件以后，这种运动，可以说是完全没有了。在文化的精神方面，所谓民族至上、国家至上，不只是一种口号，而且是一种事实。这都可以说是西化的结果。所以我们相信全盘西化不只可以持久抵抗我们的敌人，而且可以建设一个强有力的国家。

我以为凡是稍能留意于我国近代的历史与我们目前的需要的人，都很能容易感觉到全盘西化的必要。比方蒋廷黻先生在抗战后所刊行的《中国近百年史》里很显明的指出全盘西化的必要。其实，全盘西化不是凭空造说的，而是有了充分的论据以为后盾，有了显明的事实以为明证。正是为了这个原故，全盘西化论的主张，不只是对于数千年来的根深蒂固的复古论调加以极澈底的打击，就是对于八十年来的老生常谈的折衷办法也指出其根本的错误。这一点凡愿意把数年来国人对于西化问题所讨论的文章，加以翻阅的，便能容易明白。

然而这不是说在抗战时期，国人对于全盘西化的主张是没有异议的。在抗战时期里坚持复古的言论，固已绝迹，可是有意或无意的徘徊于折衷的调调的著作，比较上值得我们注意的，要算张申府先生所刊行的《文化教育哲学》一小册、冯友兰先生在《新动向》半月刊所发表的《新事论》十二篇，与贺麟先生在《今日评论》第三卷第十六期所发表的《文化的体与用》一文。这三位都是学哲学的，而且是以哲学的观点去解释西化这个问题。我个人对于哲学虽是门外汉，然却感觉到张、冯、贺三位先生对于文化的根本原理与文化的实际应用却有不少曲解之处，因而草成此篇，以供国人参考。

## 二

分合的观念——张申府先生是用所谓分的观念，去批评全盘西化论。在《文化教育哲学》的小册的"抗战建国文化的建立发端"一章里，他以为主张全盘西化的人：

> 根本没有了解西洋文化，根本没有了解西洋文化一个核心的科学的出发点是分。因此，所注重的是数量，是分析，是分别，是分寸。为什么对于文化要囫囵待遇？

我们承认科学的出发点是分，同时我们不能否认科学的实体也是合。分是为着我们研究的便利起见，合是科学的基本原理。植物与动物就有其□（根）本相合之点。普通生物学之所以能够成立就是筑在这个合的观点上。其实，科学愈发达，则这个合的观念，也愈显明。生物学家像赫胥黎的有名的孙儿，已经告诉我们，生命与非生命的分别的困难已逐渐的增加，自然现象的方面固有其相合之点，文化现象的方面，也有其相关之处。就以张先生所说的西洋文化一个核心的科学来说，科学发达不但文化的物质方面有了剧烈的变化，就是文化的社会与精神各方面，也受了很大的影响。近代文化的物质方面的发展，是由于科学的发达，这是人们所共知的。在文化的社会方面，所谓资本主义的社会，或是社会主义的社会，无论是直接上或间接上都与科学有了密切的关系。连了所谓社会的基础的家庭，也深刻的受科学的影响。因为科学发达，工业发展，不但在形式上，大家庭的制度逐渐崩溃，就是在功用上，以前的家庭人员，而特别是妇女们，终日忙于自耕自织、自备燃料、自制食品的工作，也大为减轻。因此之故，所谓妇女运动的发展、婚姻自由的主张，也可以说是直接上或间接上受了科学的影响。此外在文化的精神方面，比方在思想上，因科学的发达而转为精密，在迷信上却因科学的发达而逐渐破除。前者的关系可以说是相成的关系，而后者的关系可以说是相反的关系。

　　总而言之，西洋文化的各方面，既可以因科学的发达而受了影响，那么假使中国若采取了西洋的科学，则不但中国的文化的品质方面必受了波动，就是中国文化的社会方面与精神方面，也必受了波动。全盘西化的理论的根据，可以说是筑在文化各方面的关系上，与文化的现象的合点上。

　　而且事实上，中国的近代文化，不但与科学有了相成的关系的西洋文化的各方面已经自动或被动的西化，就是连了与科学处于相反的关系的西洋文化如宗教迷信等，也有意或无意的西化。西洋文化的各方面，中国都已采纳，或正在效法，固是全盘西化；西洋文化的各方面，中国若能澈底采纳，整个的效法，也是全盘西化。其实中国的今日的文化，无论那一方面没有不受西洋的影响的，所以全盘西化，不只是一种主张，而且是一种事实。但是中国文化的各方面虽受西洋的影响，可惜这种影响不够澈底，所以比方我们虽有轮船制造厂，可是我们所造的轮船，不但质的方面，没有人家那么好，就是量的方面，也没有人家那么多。而且我们的轮船制造厂，不但所造的轮船不如人家的好，就是轮船制造厂的组织与计画，也不如人家的那样周密。所以主张全盘西化的人，不但主张全盘西化，而且主张澈底的全盘西化。

张先生又说：

> 事实上，中国历史的文化，已受过多度的外来影响，吸收了不知多少当时的新分子。最什么的从汉起为天笁〔竺〕，其次为大食，更次在明末清初有西洋。中国文化久已不是一个单纯的整体了。西洋文化自希腊而发展衍变到现在，更是一个化合物。那么今日怎么不可以自觉的把中国最好的东西清理出来，把西洋最好的东西慎选起来，根据新陈代谢的作用，化合出一个更新的东西？

我们并不否认中国文化或西洋文化是一个化合品，不是单纯的整体。不过我们也得问，中国现在有了什么最好的东西，可以和西洋最好的东西，化合起来而成为一个新的文化呢？假使张先生说西洋最好的东西是科学，那么采取了人家的科学，则中国文化的别的方面正像上面所说，必受科学的影响，而趋于全盘西化。其实科学是不是西洋的最好的东西，就没有一个正确的标准。五年前，西化问题讨论得热闹的时候，有些人像吴景超先生，就感觉得科学是西洋最好的东西；有些人像张佛泉先生，以为共和国的头脑是西洋最好的东西；还有些人像刘湛恩先生，又以为基督教是西洋最好的东西。所谓选择西洋最好的东西，既没有一个正确的标准，那么所谓选择，就无从选择。其实科学、共和国、基督教等等，既都已来了中国，事实上中国已在全盘西化的路上，不过这些西化还不够澈底。所以主张全盘西化的人，希望科学家要专于科学的研究；致力于共和国的研究的人，要得共和国的精神；做基督教徒的人，要有耶苏基督的人格。在西洋，科学、共和国、基督教，既有了密切的关系而可以同时存在，同时发展，在中国，也可以同时存在，同时发展，何况事实上这些东□（西）都已经来了中国，若照选择的办法去施行起来，则主张科学为西洋最好的东西的，不只是专要西洋的科学，而且必至于排斥共和国与基督教。这么一来，结果必使文化趋于一个单纯的整体。反之，主张全盘西化的人正是觉得文化不是一个单纯的整体，而是一个化合物或是复杂总体，所以才主张文化的各方面，都可以全盘采纳。而况事实上，也已全盘采纳，不过这个全盘，不够澈底罢。总而言之，社会是分工的，你觉得西洋科学是最好的东西，你可以作科学家；我觉得共和国是西洋最好的东西，我可以研究共和国；他觉得基督教是最好的东西，他可以做传教士。假使因为你觉得科学是西洋最好的东西，而主张中国只好取西洋的科学，而不要西洋的共和国，或是基督教，或其他的东西，这是武断，这是偏见，理论上既说不去，事实上也做不到。而况人生的兴趣是多方面的，一个科学家不但同时可以读共和国，而且同时可以做基督徒。一个人尚可以同时受了文化的几方面或许多方面影响，一个国家有了那么多人，却不能受整个西洋文化的方面的影响，这是说不去的。而况事实上，今日的西洋文化无论那一方面，都已介绍过来。

至于中国文化的优点，直到现在，一般主张保存中国文化的人，尚未能具体的指明出来。五年前，西化问题讨论得最热烈的时候，爱护固有文化者，能举出我们的文化比西洋的为优的，并没有几个人。比方，梁实秋先生曾提出三点：第一，是中国菜比外国菜好吃；第二，是中国的长袍、布鞋比外国的舒适；第三，是中国的宫室园林比外国的雅丽。张奚若先生也提出三点：第一，是宫廷式的建筑；第二，是写意的山水画；第三，是中国饭。张奚若先生的第一点与第三点与梁实秋先生的第一点与第三点是相同的。其实梁、张两位先生所提出的中国文化的四优点，是否比西洋的为优，也大有讨论的必要。就使我们对于这点，不必加以讨论，我们也得明白，文化的各方面或成分，是千绪万端，把梁、张两位先生所提各点总合起来，也不过四点，那么把中西的文化比较起来，我们的文化，相形见拙〔绌〕，是不能否认的事实。其实，梁实秋与张奚若两先生，还能想出他们所觉得数种优点，以资讨论，张申府先生除了空空洞洞的说了长短之外，并没有具体的指出中国文化，在那一方面或几方面，是我们的特别优点，是值得我们去保存。

我们并不否认我们的文化的许多方面，曾有过光荣的历史。指南针、火药、印刷术曾为西洋人所赞美与采用，然而这是历史的陈迹。这些东西，经过西洋人改进之后，无一不比我们为优，这又是我们所不能否认的事实。

## 三

共殊的区别——冯友兰先生是以共殊的区别，去批评全盘西化论。他在《新动向》杂志上发表了十二篇文章，名为《新事论》。第一篇是《别共殊》。照冯先生的意见，文化可以分为共同与特殊两方面。所谓共同的文化，或冯先生所谓类型的文化，是人类共需的文化；所谓特殊的文化，就是每个民族的特有的文化。前者可以改变，而后者却不能改变。大致上，这种区别，差不多在三十年前韦柏（A. Weber）在其《社会学的文化观念》（Der Soziologoische kulturbegriff）一文里，已经解释。后来马其维（R. M. Maclver）在其《社会》（Society）一书又加以说明。照韦柏与马其维的意见，我们可以区别文明与文化，文明是人类努力去设法以统制其生活的状况的一切机构与组用，文化是人类努力去满足自己的内在的结果。质言之，文明是利用的东西，文化是自足的东西；文明是常变的，文化是少变的；文明是工具，文化是目的，是价值，是时款，是情绪的结合，是智力的努力。打字机、印书馆、工厂、电话、银行等等，都是文明；小说、图书、诗歌、哲学、剧曲、教条等等，都是文化。因为文明是利用的东西，所以文明可以从一个地方传到别的地方，而不失其原有的意义与形式。文化是一种自足的范围（Eine Geschlossene Welt）而与民族精神不能分离，所以不易传播。

事实上所谓共需与特殊的文化，就有了密切的关系，而难于分开。所以韦柏与马其维虽把文明与文化或是利用的文明或自足的文化分开，然他们而特别是马其维，却承认两者都有密切的关系，而不易分开。马其维对于这点，很能了解。他自己就指出，比方，一件衣裳从衣以御寒方面来看，固是一种利用文化，但从其时款方面来看，又是自足的文化。利用的文化与自足的文化，既有了密切的关系，所谓共需的文化与特殊的文化，也难于区别。

冯友兰先生所谓共同的文化，或类型的文化，与特殊的文化区别，大致上是近于韦柏与马其维所谓利用的文化与自足的文化的区别。他承认，从共需的文化来看，中国必需全部改变，就是全盘西化，所以他说：

> 照此方向以改变我们的文化，则此改变是全盘的，因为照此方向以改变我们的文化，即是将我们的文化自一类转入别类。就此一类说，此改变是完全的、激底的，所以亦是全盘的。

但是冯先生又说：

> 此改变又是部分的，因为照此方向以改变我们的文化，我们只是将我们的文化自一类转入别一类，并不是将我们的一个特殊文化改变为别一个特殊。我们的文化之与此类有关诸性，则不当改变，不必改变，所以自中国文化的特殊的文化说，此改变是部分的，此改变又是中国本位的。

冯友兰先生可以说是主张全盘西化者，同时又是主张本位文化者。质言之，从共需的文化方面来看，他是〔主〕张全盘西化的；从特殊的文化方面来看，他是主张部分西化或本位文化的。

我们上面已经指出，所谓共需的文化与特殊的文化是有了密切的关系而不易分开的。冯先生自己也告诉我们，"中学为体，西学为用"的主张，是不通的。同时他又指出以中国的精神文化与西方的物质文化来融合的见解，是谬误的。冯先生所说的共殊，究竟是不是近于体和用或精神和物质的区别，冯先生自己没有明白的说出来，不过若从他同情于中国本位的文化的方面来看，那么他是近于"中学为体，西学为用"的办法。又韦柏与马其维的利用的文化，是偏于物质的文化、自足的文化，是偏于精神的文化。冯先生的共殊既近于利用与自足的<足的>区别，那么他一方面主张共殊的区别，一方面又有意或无意反对共殊的区别，这是一个矛盾了。

假使他以为他的共殊的区别，是与体与用或精神与物质的区别，有了根本不同之处，那么他所谓共同的文化，究竟是什么？所谓特殊的文化，究竟又是什么？在他的著作里，他并没有明显的列举出来。他既不像张之洞一样的把中国的四书、五经、史事、政书等等当作体，把西洋的学校、武备、算、绘、矿、医、声、光、化、电当作用，他又不像韦柏与马其维一样的，把利用的文化与自足的文化分别加以列举，这么一来，所谓共殊的别，只是一种空谈，只是一种名词上区别而已。

然而冯先生在《赞中华》一篇里，又好像以为道德是中国文化的特殊文化，所以他说：

> 清末人所谓"中学为体，西学为用"者，就一方面说，是很不通的，但是就一方面说，亦是可以说得的。……如所谓"中学为体，西学为用"者，是说组织社会的道德，是中国人所本有的，现在所须添加者是西洋的智识、技术、工业，则此话是可以说的。我

们《新事论》的意思，亦正在此。

　　总而言之，《新事论》的旨趣，是要指出自清末至今中国所缺的是西洋的智识、技术、工业，所有的是社会组织的道德，这种主张不只是"中学为体，西学为用"的说法，而且是保存中国的精神文化，采取西洋的物质文化的变象。因为清朝末年一般人所说的中学为体，主要既是指着中国固有的道德，民国初年一般人所要保存的中国的精神文化，主要也是指着中国固有的道德。冯先生自己一方面很明白主张"中学为体，西学为用"，很明白的主张保存中国的精神文化，采纳西洋的物质文化，别方面又很坚决的反对这些主张，这又不能不说是一个矛盾。

　　其实道德之于智识、技术、工业是有了密切的关系的，智识发展，技术进步，工业发达，则社会组织的本身也要起了变化，所谓组织社会的道德，也不能不受了影响。我们知道家庭是中国社会的基础，家庭道德是中国组织社会的道德的基础，自西洋的智识、技术、工业输入中国之后，中国家庭的组织，固正在变化中。中国家庭的道德，如父母之命，媒妁之言；不孝有三，无后为大；男尊女卑，夫死妇殉；以及其与家庭有关的各种信条礼俗，无一不受了重大的影响。所以采纳了西化的智识、技术、工业，则我们在无〔有〕意或无意之中不得不采纳了西洋的道德。反过来说，中国今日对于西洋的智识、技术、工业，所以不能够全盘采纳、澈底讲求，也是由于固有道德作祟。"学而优则仕"，所以求智识的目的是做官，作官是扬父母，益宗族。君子讲道不讲器，所以对于技术、工业都不愿讲求。因此之故，要想提倡西化的智识、技术、工业，非推翻这些道德，是没有用的。

　　冯先生好像以为道德是不变的，所以他说：

　　　　在基本道德一方面，是无所谓近代化或不现代化的。有些人常把某种社会制度与基本道德为一谈，这是很不对的。社会制度是可变的，而基本道德就是不可变的。

然而同时他又说：

> 忠孝可以说是旧道德，我们现在虽亦仍说忠孝，如现在常有人说我们对于国家尽忠，对于民族尽孝。不过此所说忠孝与旧时所谓忠孝意义不同。此所谓忠孝，是新道德。

一方面说道德没有新旧，这又不是自相矛盾吗？我并非没有注意到冯先生所谓基本道德的"基本"两字。这就是说，以前人讲忠孝，现在人也讲忠孝，所以在基本上仍然存在。不过这里所谓"基本"最多也不过是一个空洞的名词。比方以前人有舟车，舟车的名词固然存在，然而舟车的意义，已不大相同。这正像忠孝的名词固然存在，忠孝的意义，已大不相同。意义的变化，才是真正的变化，我们要现代的"忠国家""孝民族"的道德，正像我们要现代的火轮船、摩托车一样呵！

冯先生好像以为中国人之所以为中国人，必定有其特殊之处。而这种特殊的地方，就是中国人的文化。其实文化是变化的，衣蔽前而不蔽后的，固是中国人的文化，戴冠带与穿衣裳的也是中国人。着马褂与穿胡服的，既不失其为中国人，难道戴洋帽穿洋服的，就不是中国人吗？信了孔孟，信了佛回的，固是中国人，信了耶苏的，难道就不是中国人吗？我们可以从衣树叶而变为穿衣服，我们也可以从衣胡服而穿西装，我们可从信孔孟而信佛回，我们也可以从信佛回而信耶苏，文化是人类的创造品，我们要作文化的主人，不要作文化的奴隶。

我翻阅冯先生的《新事论》，觉得有许多处如《办城乡》《明层次》各篇，是有意或无意的主张全盘西化论，然而有些地方，如《别共殊》《赞中华》，又有意或无意的趋于折衷办法与本位文化。这其实就是犯了矛盾的病，未知冯先生以为如何？

# 四

体用的关系——贺麟先生是用体用的关系，去估量全盘西化论。把体用的观念去调和中西文化的主张，虽是甲午战败以后的事，但是体用的观念，是与道器的观念，有了密切的关系。

薛福成与李鸿章在七十年前已提倡以西洋的器的文化，来调和中国的文化。张之洞与刘坤一一般人，是否受了薛福成与李鸿章的影响，不得而知，但是两者都是中西文化的折衷派。这就是说中国的道的文化，或体的文化，是可以与西洋的器的文化，或用的文化相混合的。

贺麟先生是极力反对这种体用分开的办法。他是从哲学上的观点，去说明体用的合一。所以他说：

> 根据文化上体用合一的原则，便显见得"中学为体，西学为用"之说法之不可通，因中学西学，各自成一整套，各自有其体用，不可生吞活剥，割裂零售，且因体用不可倒置。西学之体在中国来，决不会变成用，中学之用，亦决不能变做西学之体。而且即在精神文明为体、物质文明为用的前提下，成道学为体、器学为用的前提下，中体西用之说，亦讲不通，盖中学并非纯道学、纯精神文化，西学亦非纯器学、纯物质文明。西洋的科学或器学，自有西洋的形而上学或道学以为之体，西洋之物质文明亦自有西洋之精神文明以为之体，而中国之旧道德、旧思想、旧哲学，决不能为西洋近代科学及物质文明之体，亦不能以近代科学及物质文明为用。当中有独立自得新科学时，亦自会有独立自得新哲学以为之体，中国的新物质文明须中国人去自力建设创造；而作这种新物质文明之体的新精神文明，亦须中国人自力去建设创造，这叫做以体充实体，以用充实体，以用补助用，使体用合一发展，使体用平衡并进。除

此以外，似没有别的捷路可走。此外以新酒旧瓶、旧酒新瓶之喻，来谈调合中西文化的说法，亦是不甚切当，最易滋误会的比喻，因为各部门的文化，都是一有机统一体，有如土壤气候之于植物，密切相关，决不似酒与酒瓶那样机械□（而）凑合。

贺麟先生又说：

研究介绍采取任何部门的西洋文化，须得其体用之全，见其集大成之处。必定对于一部门文化，能见其全体，能得其整体，才算得对那种文化有深刻切实的了解。此实针对中国人研究西洋学问的根本缺点而发。因为过去国人之研究西洋学术，总是偏于求用而不求体，注重表面而忽视本质。只知留情形下事物，而不知寄意于形上的理则，或则只知分而不知全，提倡此便反对彼，老是狭隘自封，而不能体用兼赅，使各部门的文化，皆各得其分，并进发展。假使以这种偏狭的实用的态度去研究科学，便难避不陷于下列两个缺点：一因治科学缺乏哲学的见解和哲学的批评，故科学的根基欠坚实深厚，支离琐屑，而乏创造的学派、贯通的系统；一因西洋科学家每承中古修道院僧侣之遗风，多有超世遗形骸的精神寄托与宗教修养，认研究科学的目的，而在于见道知天，非徒以有实用价[值]之技术见长，此种高洁的纯科学探求的境界，自非求用而不求体者所可领略。

我特地把这段话抄下来，不但因为贺麟先生是一位认识西洋文化较为深刻的人，而且因为他这种理论，是十余年来主张全盘西化的人的一种基本的理论，一种有力的理论。然而，贺麟先生却又告诉我们道：

我所谓西学，须先见其体用之全，须得其整套，但这并不是主

张全盘西化，因为说须对于所研究的那部门的学术、文□（化），
得其体用之全，或得其整套，不唯不致被动的受西化影响，奴隶式
模仿，而且可以自觉的吸收、采取、融化、批评、创造，这样既算
不得西化，更不能说是全盘合［西］化。

我要指出，主张全盘西化的人，并不主张被动的西化，奴隶式模
仿，而是主张自觉的吸收、采用、融化、批评与创造的精神。西洋文化
本身之所以能有剧烈的进步，也就是有了这些精神，中国文化本身之所
以落后，就是缺乏了这些精神。其实主张这些精神的人，已是有了西化
的精神。

贺麟先生又说：

我承认中国一切学术文化工作，都应该科学化，受科学的洗
礼，但全盘科学化，不得谓为全盘西化，一则科学乃人类的公产，
二则科学仅是西洋文化之一部分。

我们承认科学乃人类的公产，然而我们不能否认近代的科学是西洋
的特产，所以科学化不能不谓为西化。我们并不否认科学在中国的前途
是很光明的，我们也不能否认我们的西化的科学，还很落后，所以科学
的提倡，虽有七十年的历史，科学的介绍，虽有三百年的历史，然而直
到现在我们还要派留学生到西洋学科〔学〕。明明是到西洋学科学，明
明是受西化的教育，却又否认是西化。这是国人的夸大狂。正像陆象山之
徒，明明受了佛教的影响，却口口声声说这是"我儒之道"。正像一般留学
生，自小至大就进西化的学校，出了九虎一牛之力，希望一［移］到西洋，
然而回国以后，却大吹其复古的法螺，对于中国的固有的生活，既并不见
愿意享受，反而阻碍科学的发达、西化的发展。今日一般之住洋楼，乘汽
车，而说周孔之道，甚至享姨太太之权者，都是这种夸大狂作祟。

我们承认科学仅是西洋文化的一部分，然而要西洋的科学，也得要西洋的哲学，因为在西洋的文化里，这两种东西是有了密切的关系。这一点贺麟先生自己就很明白。他不但用亚里士多德的相对的"体用"概念去说明哲学为科学之体，科学为哲学之用，而且以为西洋的科学家，每承中古修道院僧侣之遗风。我所以说贺麟先生对于西洋文化，认识较深，就是这个原故。西洋的科学，既与西洋的哲学以至神学都有了密切的关系，那么照贺麟先生理论所谓西洋体用之全，就是不只要得西洋的科学之全，而且要得西洋的哲学以至神学之全了。我已说过西洋的物质文化，是由西洋的科学产生出来，西洋的精神文化是由西洋的哲学，以至神学产生出来，物质、精神两方面，都要西化，这岂不是全盘西化吗？孔德把西洋的文化分为神学时期、哲学时期、科学时期，若照贺麟先生的理论，恐怕所谓效法西洋不只要效法现代的西洋，而且要效法十七、十八世纪以至中世纪的西洋了。

总而言之，若照贺麟先生的前提来看，他是偏于全盘西化的主张的，可是他的结论，却是中西合壁［璧］的办法。结论与前提相背而趋，就是一种矛盾。不但这样，他一方面很明白的指出中学、西学各自成一整套，各自有其体用，不可生吞活剥，割裂零售；一方面又反对中西文化异同论，反对全盘西化论，这又不能不说是一种矛盾。此外贺麟先生一方面以为假如全盘西化后文化中国会沦为异族文化之奴隶，而一方面又以为"文化乃人类的公产，为人人所取之不尽、用之不竭的宝藏，不能以狭义的国家作本位"，这又是一种矛盾。

# 五

上面是把在抗战时期里几位批评全盘西化的代表人物的言论简单的加以批评，同时说明我们的立场。我个人以为他们最大的缺点，是一方面既忽视了中国西化的事实，一方面又没提出一个具体的办法。我说他们忽视了中国西化的事实，这就是说，有了许多西洋的东西，如基督教之类，虽有许多人主张不要采纳，然而事实上三百年来，而尤其是一百年来，国人虽不断的加剧烈的反抗基督教，然而基督教却继续的传入，继续的发展。反对全盘西化的人，好像以为基督教完全尚未输进来，所以主张我们可以不要基督教，而要别的东西，如科学之类。他们不但忘记了消灭基督教，是一件不易做到的事，而且忘记了，中国的科学，直到二十年前，主要的还是由教士的传入。主张全盘西化的人，未必是赞成或鼓吹基督教的人，但是他们看得基督教已经传入，而且他们相信信教是自由的，所以他们以为与其反对人家信仰基督教，不如劝信基督教的人，诚意的去做基督教徒，澈底的去宣传教理。

我说反对全盘西化的人，并不提出一个具体的办法。这就是说，他们既不主张全盘西化，他们又不主张复古，他们应该是折衷派，然而西洋有什么东西是值得我们采纳的，中国有了什么东西是值得我们保存的，他们从没有详细的列举出来，单只笼笼统统的说了取长去短，这是空谈而没有用的。结果不但没有益□（处），反而为了一般所谓中西文化之短的人们张目，以为这是折衷，这是中西合壁〔璧〕。带姨太太去作无意义的跳舞的人们，就是一个例子罢。

我们回想十余年前，我们开始提倡全盘西化的时候，好多人都以为这是不经之谈，这是情感作用。可是经过民国的广州学术界与民国廿四年全国人士，作过热烈的讨论之后，不但谩骂全盘西化的主张的人们，逐渐趋于绝迹，而且赞成全盘西化的主张的人们，越来越多。现在一般所谓头脑较为冷静的学哲学的人们，又从哲学的观点去估量这种主张，这不只是表示国人对于西洋的文化作进一步的认识，而且对于全盘西化的主张作进一步的了解。

我们回想在上一次欧战的时候，不但有了许多名流没有条件的歌颂中国精神文化的超越，很不客气的指摘西洋精神文化的缺点，而且有了不少人士，以为西洋的物质文化，也是一种文化的病态，不久就要趋于崩溃。所以辜鸿铭要重开"孔家店",梁启超也大叫"向东转",然而在这次抗战与欧战的时期里,反对西洋物质文化的人们,固已绝迹,指摘西洋精神文化的人们,也已寥寥无几。这又不只是表示国人对于西洋文化作进一步的认识,而且是对于全盘西化的主张作〔进〕一步的了解。

我们回想八十年来,一般的国人,若非偏于复古,就是偏道器体用与精神物质的调和论调。到了近来,许多的国人,不但反对复古,而且反对任何折衷。张、冯、贺三位先生的言论,固是这样,头脑稍为清楚的人士也是这样。我们承认在表面上,像张、冯、贺三位先生的言论,是异于全盘西化的主张,然而他们在消极方面,既极力反对复古运动,又极力反对折衷办法,虽则在积极方面,他们没有给我们一个具体的办法,标出一个显明的态度,然而他们既指出复古的道路是不通,折衷的办法又不行,那么他们的言论,至少在消极方面,是近于全盘西化的主张。而况事实上,他们,而特别是冯、贺两先生,于有意或无意之中,已说出全盘西化的理由,已偏于全盘西化的主张,这又不只是表示国人对于西洋文化作进一步的认识,而且是对于全盘西化的主张作进一步的了解。

我们的结论是,在抗战时期,事实上我们固趋于全盘西化,态度上,我们也是趋于全盘西化。

《今日评论》第 5 卷第 3 期,1941 年,第 35—41 页

# 论"全盘西化"

伍启元

　　陈序经先生最近又把一个早已不成问题的问题提出讨论。自从抗战以来国内比较有眼光的思想家对"中国文化底出路"一问题已差不多有一致的见解，大家一方面公认"中国一切学术文化工作都应该科学化，受科学的洗礼"，而大家另一方面也同时坚决否定"全盘西化"的理论。例如冯友兰先生在他底名著《新事论》中，或贺麟先生在《今日评论》第三卷第十六期所发表的长文《文化的体与用》中，对中国文化出路问题就是作这种看法。笔者在《今日评论》第三卷第二十五期《甚么是中国文化底出路》中，也有相同的见解。在那篇文章中，笔者底结论是：

　　　　关于中国文化出路一问题，我们以为东方文化论者所指示的路是一条死路，"中学为体，西学为用"的理论底提倡者所提出的路是一条不通的路，全盘西化论者所说的路是一条不可能的路。我们唯一的生路，就是就现在原有的文化基础上，尽量吸收现代的科学和科学所产生的文化。

　　笔者在那一篇文章，正如冯、贺等先生在他们论文化的文章一样，尝说明"全盘西化"的说法为甚么是不可能，为甚么是不合理。笔者

120

以为冯、贺等先生底看法和笔者底看法都只是代表一种公共的意见或思想，而这种公共的思想是有它底时代背境的。

为着要解释这种思潮底时代背境，我们应从一百年前说起。在百年以前，中国还在闭关自守，中国人都受一种愚妄的自大心理所支配。中国人自信力甚强，以为中华民族底文化是远在洋人或夷人底文化之上，但鸦片战争破□（坏）了中国底独立与闭塞，西洋人底坚船利炮惊醒了中国人底迷梦。结果中国人底自信力日渐消失，逐渐主张摹仿西洋。这种主张底路向是对的，但不幸因为国家没有及时革新，结果国势一天不如一天，民族自信力也一天比一天降落，于是中国人逐渐地发生一种变态的心理，以为一切"中国的"都是"不好的"，而一切"西洋的"都是"好的"。于是摹仿西洋变成崇拜西洋，而革新自己文化，鄙视自己文化。这种崇拜洋人的病态心理到了民国二十年至二十五年间达到了它底最高点。在民国二十年那一年，九一八事件发生，日本侵略我们的东北，于是国内不少意志不坚定的人，或对国家前途表示无望，或对洋人（东洋或西洋）发生恐惧的心理。从二十年至廿五年，恐日病、拜洋主义和自卑心理发展到无可再发展的地步。同时在二十年那一年，以"拥着全盘西化大旗的一员骁将"见称的陈序经先生出版了他底《中国文化的出路》（商务版），把他和他底朋友所主张的"全盘西化"论正式提出来。根据这种学说，西洋文化从来就是一种远较中国文化为"优高"的文化，因此中国应当全盘接受或采纳西洋文化。自此以后，全盘西化的理论由南至北，在全国各处传播起来。最后在民国廿五年陈序经先生写成他底《东西文化观》（廿六年一月岭南大学出版）。这本书可以说是自卑主义底结晶品和全盘西化论之最后的努力。到了二十六年，中国开始走进复兴自觉的路。我们底全面抗战恢复了我们早已失去的自信心。结果在思想方面，一般智识份子都舍弃了拜洋主义和自卑主义的全盘西化论，而提出合理的文化观。冯、贺两先生底文章就是这种思潮底代表。不幸陈序经先生不肯接受时代潮流底趋向，不肯承认全盘西化主义已成过去的思想，一定要来一次"回光反照"，在《今日评论》第五卷第三期发表一篇《抗战时期的西化问题》的长文。在那篇文章中，陈先生虽然明知大家都已舍弃了全盘西化论，却不顾事实地一定要说冯、贺等先生底言论"至少在消极方面是近于全盘西化的主张"，和曲解事实地得到如次的结论："在抗战时期，事实上我们固趋于全盘西化，态度上我们也是趋于全盘西化。"

陈先生既然要这样地曲解抗战时期底思想潮流，我们实有加以纠正的必要。但我们用不着再论述甚么是中国文化底出路一问题。关于那一个问题，笔者在《甚么是中国文化底出路》一文中已加以说及，在这篇文章中，我们只就全盘西化论底错误加以评论。

为甚么说全盘西化主义是一种拜洋主义和自卑主义？为甚么我们说全盘西化论之著作是表示丧失民族自信力的结晶品？因为这种思想从出发点到结论都是基础于不了解中国文化、曲解中国文化和不顾事实地鄙视中国文化的变态心理。主张全盘西化论者盲目地说，中国不只现在一切不如西洋人，而且中国从来就一切不如人，因此一切"中国的"都是"不好的"。这种不正确的思想可以从陈序经先生底《东西文化观》一书看出来。在那本书中，陈先生明白地说：

> 欧洲的文化是……比较优高的文化。……中国文化自从汉族从西方移植到中国以后，逐渐的已变成单调的文化。黄帝战胜蚩尤传说是汉族成为至尊的地位，以后的尧舜禹汤、文武周公不过将这个文化底局部逐渐的发展起来。根本上既没有受过动摇，所谓政治社会上的改革，也不过是暂时的变态，不久又回到常态来。春秋战国的时代底紊乱不定的状况虽有了四百余年之久，然除了思想上比较自由而能稍放异彩外，政治、社会、道德、礼法以及物质上的各种生活，老实没有很大的变更。而且所谓思想上能略放异彩，也不外是从量的方面来说。在质的方面与其说是发展，不如说是退

后。……中国的文化，无论在时间上或是空间上，所谓发展不外是死板的延长和放大，决无改变的可能性，没有改变的可能性，决不能使其再进一步。……所以明白过去中国的人，能够明白"现在"的中国，明白"现在"的中国的人，也能够明白过去的中国。古代希腊罗马的文化，却不是这样的。……他们的文化，无论在物质，在政治，在社会、法律、道德各方面都有了变动的弹性。……在文化发展的可能性方面来看，则他们正如旭日初升，而中国却已入了黄昏时代。……中古的中国又比不上中古的欧洲。……中世纪的中国文化，愈趋于单调而愈难于变动。反之，中世纪的欧洲文化，是希腊罗马和犹太三者底混合体。……因为中世纪的文化是几种文化的混合，所以对外来文化底输入，并不像中国之鄙视排斥。因此之故，才能生出现代的欧洲文化。……我们于是可知道欧洲的文化不但是从现在的实情和趋势上看去是世界的文化，就是从已往的历史看去，也是世界的文化。因为在欧洲的文化里，不单是欧洲各种文化以及近东非洲的文化的总和，而且是含了远东中国的文化的要素。物质方面的中国文化，既可从欧洲文化里找出来，精神方面的中国文化，也没有一件不是欧洲所有。……大概读过柏拉图的书的人，有时免不得要想孔子思想也是柏氏思想底一部分。……从文化的各方面来比较，中国的确是不及西洋，所以的确是没有半点好处，……没有一件不是低下于人。（《东西文化观》，页一六〇至一八四）

看了上面所引的一段话，谁能否认陈序经先生是一个拜洋主义者和自卑主义者？我不是研究中国历史或中国文化的人，我不够资格对上引的章句加以应有的批评。但不知研究中国历史或中国文化的人，看了上面的章句，会有甚么感想？

现在我们可以离开全盘西化论底拜洋性和自卑性，而进一步检讨全盘西化论底本身。全盘西化论可以分开两方面来说，一是"全盘"，一是"西化"。甚么是"全盘"？"全盘"正如胡适之先生所说，是一个硬性的名词，是包含有百分之百的意义。陈序经先生所谓"全盘"，大体上说来，是指这个硬性的看法。它〔他〕明白地说：

> 我同情于胡先生所谓"严格说来，全盘含有百分之一百的意义，而百分之九十九还算不得全盘"。然而同时我们似也不能否认，除了这种严格的说法以外，有一种普通的说法。例如，我和几位同事，有好多次因事未能参加我们底学校底教职员"全体"拍照，然而挂在壁上的照像，依然写着"本校教职员全体摄影"，这个"全体"，岂不就是"全盘"吗？自然的，我在这里只想指出在所谓百分之九十九或九十五的情形之下，还可以叫"全盘"。至于我个人，相信百分之一百的全盘西化，不但有可能性，而且是一个较为完善较少危险的文化的出路。（《独立评论》一六〇号）

为甚么西化非"全盘"不可？因为自陈序经先生看来，"每一层和每一种的文化底各方面，都是互有关系的，互相连带的"。文化既是一种不能分割的体系，所以我们如要采取西洋文化，我们就只有"全盘"的采取，而不能——且无法——加以选择或加以去取的。不但这样，陈序经先生以为即使我们愿意选择，我们也无法求得选择的标准。"所谓选择西洋最好的东西，既没有一个正确的标准，那么所谓选择，就无从选择。"（《今日评论》五卷三期）再退一步说，"我们若是采纳人家底一方面，那么从这方面就会影响到他方面，结果是牵动了整个文化"（《东西文化观》）。读者或者会问：我们是否连西洋文化一切坏处都囫囵吞枣地全盘加以吸收？自大体上说来，陈先生底答案是肯定的。但陈先生以为：

全盘西化也许免不去所谓西洋文化底短处，可是假使我们承认西洋文化之长为百分之六十，中国文化之长为百分之四十，我们若能全盘西化，则我们至少有了二十分的进步。（《独立评论》一四二号）

因此全盘西化总是有利的。

陈序经先生这种机械的看法是不合理的和错误的看法。我们都承认，"各部门的文化都是一有机统一体"（引用贺麟先生语），但我们不能因此就跳一步得到全盘西化的结论。文化是否有机体是一件事，但文化能否局部接受又是另一件事。即使西洋文化是一个有机体，我们难道就只有"全盘接受"与"全盘不接受"两种办法吗？关于这个问题，吴景超先生尝用专家的资格，证明文化是可以分开接受的。（《独立评论》一四七号）

而且陈序经先生忘记了中国和中国文化本身也都是有机统一体，我实看不出一个有机体（中国）怎样能完全抛弃其自身的生活方式和生活态度（文化）而接受另一套完全不同的生活方式和生活样法。甚至主张西化的胡适之和张佛泉等先生，也不能不承认"文化自有一个惰性，全盘西化的结果自然会有一种折衷的倾向"。我在另一篇文章中尝这样说：

一种文化与另一种文化接触，只能互相影响，互相吸收，彼此同化，而绝不能"全盘接受"的。全盘西化论者完全忽略了社会制度和人类生活方式底惰性，以为一个国家可以完全抛开其原有的生活样法和社会制度而全盘接受另一种新的文化，所以是完全错误的。中国无论怎样地因为生存的原故，不得不依照西方的模型来改造自己，但中国只能在中国原有社会文化之基址上建树起新文化，中国是无法凭空"全盘接受"西洋文化的。（《今日评论》三卷二十五期）

125

因此"全盘"两个字是不通的。

不只"全盘"两个字是不通，就是"西洋文化"的一个名词也有很多困难。根据陈先生底看法，"西洋"两字是超时间和超空间的。它是超时间的，因为陈先生把古希腊罗马直至现代的欧美都包括在"西洋"之内；它是超空间的，因为他以为现在在大西洋从美国到英国，在欧洲从德国到意国，以至地兼欧亚两洲的俄国，都是"西洋"的范围。很多人曾经告诉陈先生，"西洋国家中，除了民主主义之外还有独裁主义，除了资本主义之外还有苏维埃主义和法西斯主义，在不同的社会制度中，人类底生活样法和文化是绝对不相同的"，因此我们现在有几种不同的"西洋文化"，而我们不能找出一种唯一的和代表的西洋文化。但陈先生很坚决地不肯接受这些话，他很胆大地说，社会主义文化与资本主义文化具有共同的基础或性质，独裁国家和民主国家都同属于"西洋文化"。然则这个共同的基础或性质是甚么？西洋文化底具体要点是甚么？陈先生始终没有给我们以明确的解答。在他最近的文章中，他似乎承认这个共同的基础至少包括科学、共和国和基督教。一方面把"反耶苏"的希特勒帝国和无神论的苏维埃联邦包括在西洋之内，而一方面却认基督教为西洋文化要点之一，这不是矛盾吗？只要从这一点，我们就可以知道"西化"两字的困难也绝不在"全盘"之下的。

我们相信，全盘西化主义底时代早已过去！经过了冯友兰、贺麟等先生底讨论，中国文化出路一问题已有定论。我们原没有再加以讨论之必要的。但陈先生既然一定不肯接受时代潮流，所以我们才不得不说上面那些原可以不说的话。

《今日评论》第 5 卷第 5 期，1941 年，第 70—73 页

# 新中国的文明与文化（上）

蔡枢衡

全盘西化论者陈序经先生在本刊第五卷第三期发表了一篇《抗战时期的西化问题》，这是一篇自批判中展开自己的理论之力作。陈先生所批判的对象原来是张、冯、贺三先生对于陈先生的全盘西化论之批判，所以这篇文章本质上是反批判，是批判的批判。这事实告诉我们，讨论的过程早已进入了深刻的阶段，兼之，问题之讨论非始于今日，远在十年前。因此，陈先生的见解依理应是已经很少可乘之隙。然而编辑先生在撰者介绍中显然表示了，期待着问题之再检讨。假使我之浅薄的见解侥幸通过了主编者的审查，那么一面言志，同时抛砖，算是我愿意发表这篇文章的动机。

"中国的物质文明和精神文化究往何处去？"这是中国史上划时期的海禁大开这一幕提供给人们的历史课题。本来，海禁大开后的中国文明文化之归宿，和海禁大开前的中国文明文化同样地被客观的历史法则决定了，根本不容见仁见智，也用不着任情好恶或是非争辩。可是事实告诉我们，这条出路的猜摸有了四种不同的见解！第一是原状复古；第二是全盘西化；第三是中学为体，西学为用；第四是摄精取华，自己创造。

原状复古论只是一种幼稚而且观念的自己安慰或自己陶醉。姑勿论中国过去数千年中的文物制度流动不归，所复之"古"究应把何朝何代何年何月何日何时的事实作标准？根本没法决定。假定这点不成问题，还要历史是循环的，原状复古论才不失为合理的见解。然而历史决不是循环的，重开"孔家店"和"向东转"的主张只是外来压迫和全盘西化的声势之单纯的反拨。这虽不失为一种本能作用，不失为民族自我意识之表现，然而这种主张之合理性决不能超出抽象的民族自我意识之范围。

具体的民族的农业社会形态必然为工商业社会形态所扬弃，那是历史的造化。孔家店倒招牌也是历史决定了的——不问愿意不愿意，终是一件人力莫可如何的事情。把孔家店的招牌当作拒绝工商业的长城，和螳臂当车同一是无力而不自量。原状复古——回复农业社会的主张只是农业社会的回光反照，随着工商业之克服农业，必然会销声匿迹。近年来再也找不出反对西洋物质文明的人，以及指摘西洋精神文化的人寥寥无几的现象，正因中国的农业已经成了外国工商业附庸的缘故。中国农业从属于外国工商业虽是一种变态现象，究不失为农业从属于工商业之一形态。这虽显然是一种不痛快的事件，然究不失为原状复古论丧失客观基础之一方式。陈先生认定这是进一步了解西化的证据，理论上是十分突飞的。原状复古论和全盘西化论虽互相矛盾，然而中国文明文化的出路，除原状复古论和全盘西化论外，理论上容有第三种情形存在之可能。事实上也有中体西用论、旧瓶新酒论和自己创造论等等。在这种情形下应用排中律，认为原状复古论失败便是全盘西化论成功。贪天之功以为己力的事小，埋没了真理的事大。

和原状复古针锋相对的见解是全盘西化论。什么叫全盘西化？二年前在某处见过陈先生某篇文章中曾给予明白的规定，可惜现已记不清楚。然而所谓全盘西化这概念的内容至少有二属性：第一，化的榜样是"西"；第二，化的程度是普遍而澈底——不剩一物，不留一毫。假定这个分析大体不差，我觉得所谓全盘西化第一太抽象化了，第二太观念化了。

为什么说太抽象化了？因为所谓"西"的具体含义是十分复杂的。从历史阶段看，十九世纪初期和中期的西洋，社会经济大体上是产业资本主义、竞争经济；政治上的主潮是民主，尤其是法治，根本上受着自由主义的支配；社会关系的出发点是个人主义——所有权是绝对的，契约是自由的，责任之负担限于自己故意过失之限界内；道德是主观的；法律和道德分了家，一切都解放。可是到了十九世纪末，尤其是现代，已成了五花八门：社会经济虽都不失为金融资本主义，独占经济，表现的形态却有统制和计划二种；政治上之显着［著］的干涉倾向，多数人的福利之重视，虽仅有程度上的不同，大体上也算是维持了法治，然而独裁的独裁，民主的民主，固已有目共睹，并且独裁的基础还有建筑于无产阶级之上和建筑于资产阶级之上的差别；至于社会关系，理论上虽都于个人之外发现了社会的存在，然而社会和个人间的关系却有个人为社会而存在和在社会中承认个人二种不同的见解，各是其是，悬案未决；所有权负担了义务；契约中的某种主体受了保护，另一方面却被抑制；责任是对社会的——加［如］过失和无责任能力也要负责；法律和道德又合流了，一切都向着积极的拘束的方向猛进。总而言之，抽象看来，虽然都是"西"，具体的事实在时间上有十九世纪和廿世纪的不同，在空间上又有英、美、德、法、苏、伊等等的悬绝。至于廿世纪的英、美、德、法、苏、伊，又各自有其年月日时上的差异，也是不可置之度外的事情。究竟把那个空间的"西"、那个时间的"西"作标准来西化？不知陈先生已经确定了没有。假定已经确定了，那么不称为"西化"，而称为何年何月何日何时的美化、英化、德化、法化、伊化或苏化，似乎适切妥当些。假定还没有认定，那便不能不肯定所谓"西"的内容太空虚了些。这个内容贫乏的"西"，论质论量均不足为中国西化的标准，似乎不难首肯。

为什么说太观念化了？因为全盘西化只可求之于观念上的想像，不能见诸客观的现实。陈先生的全盘西化论是把观念当现实——至少是想把观念当现实，所以说是观念化了的。拿一件简单的事情来作例，假定一个中国人，身着西服，口说西话，吃西餐，读西书，脑袋里装满了西洋的意识，举动仪礼和西洋人没有二样，再加生长在西洋，这算已尽了西化的最大能事罢！综合看来，这人已和普通中国人截然不同了。然而还不算是全盘西化了。这人的五官百体、五脏六腑，澈头澈底还是中国人。换句话说，人种没有变——至多是量变而不是质变。日本明治维新时代，极度自卑之余，曾经有人主张应该防备日本女性和西洋人乱交，以达改良日本人种之目的。不知陈先生的全盘西化论中也包含了这种成分否？纵使包含在内，混血儿终究是混血儿，还不是西洋人，所以还不是"全盘"。非"全盘"的"西化"就不是"全盘西化"。"全盘"落了空，决定了全盘西化论只是一种既反真理又非现实的空想。

假定陈先生说，全盘西化是过程，不是结果，这自不失为一种辩解。可是西洋的文明文化之创造是把西洋的历史作基础，西洋人作活动的主体，西洋的事物作工具，西洋的自然和西洋人的社会并思维作对象而形成的过程。中国近代化、现代化过程中的工具和对象，假定一概取之于西洋，其奈历史基础没法转换，主体的多数也还是中国人何？这样的西化过程难道可说是全盘？

话说回头，自另一面看，陈先生的主张决不是单纯的主观的观念游戏。陈先生的见解是把近百年来的中国历史社会作背景的。近百年来的中国是次殖民地，这是孙中山先生也承认了的真理。次殖民地的特点第一是没有独立自主的，是反自我的；第二是支配中国的"太上国"是多元的——西洋之富而强者都可对中国颐指气使，中国都会垂首听命。这二特点反映于意识，形成了陈先生的全盘西化论。陈先生是主张不剩一丝一毫澈底西化的。这正是丧失了独立自主性或反自我性之模写。全盘西化论的"西"是没有特定具体内容的，这又恰是支配中国的太上国之多元性和都在西方二事之写照。从这个观点看，陈先生的全盘西化论实在是一种不折不扣的真理。

一面指摘全盘西化论之过于观念化和抽象化之非真理性，同时肯定全盘西化论是真理，这是理论矛盾，也是事实矛盾。理论的矛盾之消灭是把事实的矛盾之解释作前提的。次殖民地地位和民族的中国是这矛盾事实之二极。这二极中之一——独立自主的民族国家之出现于二十世纪是近代世界史赋予中国的权利和义务。这和十九世纪的中国必然沦于次殖民地地位，同一是历史的造化。反过来，也就是说，中国之次殖民地地位已经完成了应负的历史使命，亟应功成身退。再看另一极——次殖民地地位已使中国一切的一切表现着脱节和不自然，一切的一切都形成了折衷的拼合，这中间充满了矛盾和不调和。且把日常惯见的事实来作例，譬如结发小脚的女性穿皮鞋，二三十岁以上的妇女结双辫或系处女带，仁丹胡子的私塾教书先生穿运动鞋，西裤皮鞋套长袍马褂，宽不盈丈的麻石街道中通过满载六公吨的汽车破坏了两边的屋檐，宴会或娱乐场中到处发现空无所有借壮观瞻的公事皮包，以及姨太太穿高跟鞋、住洋楼、坐汽车……这些都是次殖民地性的内在矛盾使之然，是次殖民地性自己否定的因素之所在，也是人类理性之所不能堪。目前的现实，对日抗战是民族的中国之维护，也是次殖民地地位否定之运动。抗战最后胜利之日是矛盾现象丧失基础之时，也是陈先生的全盘西化论完全丧失真理性的日子。

陈先生或会说："你的见解完全错误。抗战中的一切只是更进一步西化，决不是反西化。"不错，陈先生已经说过了："在这次抗战与欧战的时期里，反对西洋物质文明的人，固已绝迹，指摘西洋文化的人，也已寥寥无几。这又不只是表现国人对于西洋化作进一步的认识，而且是对于全盘西化的主张作更进一步的了解。"然而正为有了这段话，陈先生的主张便已陷入不可解的矛盾之深渊。这种一面意识着抗战，同时主张全盘西化的矛盾，和一面主张全盘西化，同时承认"并不主张被动的西化、奴隶式的模仿，而是主张自觉的吸收，采用融化、批判与创造的精神"，并且肯定"西洋文化本身之所以有剧烈的进步，也就是有了这些精神；中国文化本身之所以落后，就是缺乏了这些精神"之互相矛盾，如出一辙。陈先生〔认为〕，抗战的历史使命决不止于反所谓"东亚协同体"，决不仅是反"东洋化"或日本化，而是二十世纪民族解放运动的表现。抗战的动机是民族自觉或民族自我意识。抗战之实践——尤其是抗战最后胜利，只可成为全盘西化论的致命伤，决不是全盘西化论的进步或深化。陈先生在全盘西化的前提下意识了抗战，客观上显然是表示着，在陈先生的全盘西化论中已经发现了全盘西化论自己否定的先兆。这先兆自然也是现实的反映。若从陈先生在标题中把抗战和西化并提，和认抗战是西化之深化二事看，陈先生只是直观地意识了抗战的现实，不仅没有自己否定的意思，并且没有意识着自己矛盾，似乎不待多言而明。

"中学为体，西学为用"的见解是不思之甚的结果。先从抽象的体用说。体用间的关系是表里间的关系，也是形质间的关系。体和用，表和里，形和质，其间都保有着内的关系：用、表、形是体、里、质的表现；用、表、形一面和体、里、质是对立的，同时又是体、里、质的一个属性。这好像一个人的肉体和精神：肉体一面和精神对立，精神同时又是肉体的表现。特定的体和特定的用之不可分，一面有如别人的精神不能装进自己的肉体，自己的精神不能装进别人的肉体；同时别人的精神和别人的肉体以及自己的肉体和自己的精神分离的时候，自己或别人都已不成为原来的自己或别人。

再从具体的体用看，中体西用论者并没有真认识体用，他们是主张保存中国的文化，输入西洋的文明。这本质上是主张西学为体，中学为用，冠履倒置，根本不值一笑。退一步说，硬要倒转真理，将体作用，自亦不妨。只可惜农业之文，载不住工商业之道。纵使承认基〔其〕因工商业之道之需要，主张在必要限度内接受工商业之文，然而接受的结果，在农业之文和工商业之文互相冲突的地方如何处置，又不免成为问题。那时节，若尚农业之文，不仅不能达到西学为用之目的，抑且为中体西用论的精神所不许；若尚工商业之文，那便成了西体西用。这和全盘西化论不同之处，仅在主张维持旧道德一点上。张之洞氏一流的作风实和这种主张相接近。然而一切体用都变了，又用什么好法单独维持没有根的旧道德？本不可也不能维持而主张要维持，这显然是清末皇帝统治的现实和清室希图维持君主制度的意志，与西洋思潮本质上互相冲突的反映。张氏一流的见解之基础和清室退位是同其命运的，三民主义的理论之抬头，不啻将张之洞氏一流的中体西用论打进了十八层地狱，永劫不复。

旧瓶新酒论本质上只是直观的常识谈，是一种十分荒唐的见解。酒的体是酒精的成分、甜味和水分的具体结合体；液、固和汽是酒的用之三态。瓶和酒的体用根本没有关系，瓶之新或旧丝毫不影响酒的形和质。退一步说，承认旧瓶新酒论之所谓瓶就是用、表或形的意思，所谓旧瓶装新酒就是在旧形式中装进新实质的意思。这也不免切断了形式内容间的有机关联，蹈袭了中体西用论的覆辙。实践起来，恐怕既难为了旧瓶，又委屈了新酒，旧瓶新酒，二败俱伤。在这二不讨好中所可产生的只有非驴非马的低级和浅薄，是杂凑之大成，是光怪陆离之奇观。这除充分反映了现实的次殖民地性，还有什么意义？在表现民族自觉的抗建思想及其实践之大时代中，我不相信还有它的地位和价值。诚然，事实告诉我们，抗建开始后，还有人在大后方用作改良旧戏之理论，形成有意无意为麒麟童派的赵如泉一流喝采的局面。然而这是一件滑稽之至的事情——尤其是把改良的结果当作提倡抗建精神的手段，把这称[种]收入当作劳军的资源。不过话说回头，假使想到民族自我觉醒的因素原是从次殖民地性中孕育出来的东西，那么，这种现象反而正是我们感觉无限前途、无上安慰的绝好材料。

张申府、冯友兰和贺麟三位先生的见解大体上似乎都是自己创造论。陈先生名之曰折衷，又称之为中西合璧，并且详细举示了冯、贺二先生的主张中许多内在的矛盾。依我之所见，一般说来，理论之矛盾并不是绝不可有的事情，问题在矛盾的原因。假使客观现实自身表现着不调和，不矛盾的理论反逃不脱歪曲事实、伪造真理的恶评：理论之矛盾正是理论的真理性之所在。这种矛盾是应有而不可或无的。假使矛盾的原因在于认识肤浅、思维粗糙，那是百分之百值得非难的。一切矛盾皆不可有，这只是形式论理学上的法则，本质上是违反真理的认识。

这也是可以说的，假使姑置主张的真理性于不问，在反对复古、反对西化、反对中体西用，并且反对旧瓶新酒论之立场，自己创造论或上述以外的折衷论都是剩下来的康庄大道。一面主张自己创造论或某种形态的折衷论，同时反对上述一连串违反真理的见解，这中间没有丝毫矛盾可言。至于冯、贺二先生所怀抱的关于中国文明文化出路的方案，是否诚如陈先生所指只是消极的折衷，还是积极的结合，以及具体方案的内容如何等等，我一时找不囗（出）相当的材料足为断定的证据，只好存疑勿论。

"中国现代化"和"西化"这二名词，表面上差异几微，实质上判若霄壤：前者显然意识着自我，是健全的意志，也是合理的认识；后者本质上是次殖民地的现实之反映，是无自我并反自我的。陈先生对于中国的现实"明明是西化"，大家"却又否认是西化"这件事表示非常愤慨，名之曰"国人的夸大狂"。并且连"一般住洋楼，乘汽车，而说周孔之道，甚至享姨太太之权"的现象，也认为"都是这类夸大狂作祟"，把二者当作了一邱［丘］之貉。这种强异使同的精神，令人吃惊非小。不错，说周孔之道的人是夸大狂。不过这种夸大狂决不是自己创造论正面或侧面的产物，而是全盘西化论和外力压迫二事的反响，本质上是心理变态的结果，也是自卑情感的表现。挨全盘西化论者之骂，自是活该。口说周孔之道的事实，充分暴露了口说周孔之道的人无能而且没有自信心。其情虽然可矜，其行实万不可恕。自己创造论尽管现在还没有成熟，本质上是一种有能且有自信心的喊声，是民族的灵魂之所寄，也是真理之所归。硬要有意无意混二者为一谈，未免过分歪曲了真理，漠视了皂白，至于"住洋楼""乘汽车"，而享乐"姨太太"的矛盾现象，我以为正是次殖民地性的中国应有之风景图——没有这类现象便显不出中国是十足的次殖民地，显不出次殖民地性深入了中国的骨髓。我不敢向陈先生开玩笑。然而我觉得，这种现象和陈先生的全盘西化论之根底深处是有一脉相通之路的，这是客观的认识。相信陈先生多半还没有感觉到。

原状复古论、全盘西化论、中体西用论以及旧瓶新酒论，固然都不是今日中国文明文化的出路，明日中国文明文化的预言，就是其他任何形态的折衷说，依然也决不是真理。折衷的唯一机能在于间隔之调和、矛盾之缩小。然而中西文明文化互相接触、互相冲击、互相交流的结果，必然是"中""西"的对立之解消，矛盾之融化或结合。这只有保存中国的，吸收西洋的，摄精取华，自己创造，才是合理的手段。换句话说，只有自己创造，才是今日中国文明文化的出路，明日中国文明文化的特质。

《今日评论》第 5 卷第 5 期，1941 年，第 67—70 页

# 新中国的文明与文化（下）

蔡枢衡

　　自己创造究竟是怎样一回事？这个问题之提出是这篇文章承前启后的关键，这篇文章的重心也在这个问题之解答。我虽不敢赞同陈先生把张申府、冯友兰和贺麟三位先生没有描绘自己创造的轮廓当作全盘西化论的合理性之一反证，然却不能不肯定这种指摘是任何自己创造论者应该随时接受、随时答复的问题。不过，我只附了自己创造论的骥尾，反作了这个问题的首先答复者，这中间包含了无限的忧疑与惶悚。

　　若把殖民地性社会——尤其是农业社会的现实作标准来观察，要把今日中国所怀抱的一切理想变成明日中国的现实，显然是一个创造过程。假使更从明日中国的一切都不是今日中国之所有这一点着眼，明日中国的一切都不失为创造的产物或结果。而主体、方法和材料就是这个创造物的三因素，也是这个创造过程的三条件。

　　这是很明白的。自民族和国籍的观点看，创造的主体是中国人，不是外国人或无国籍人。中国人以外的任何人虽都不妨成为中国自己创造过程中的知识或技术之提供者——顾问、技师、工程师以及教授或教师，然而本质的性质都不超出中国自己创造之合目的的手段之范围。外国人的知识、主张或计划之影响——甚或规定中国自己创造的创造物，是把中国人之概括的或个别的同意、许可或核准作条件的。这条件是使非中国人成为中国自己创造的手段之关键，也是中国人随时保持了独立自主的主张自我之记号。不过，廿世纪的中国是廿世纪的世界之一部，也是十九世纪的历史遗产之继承者。创造的结果不仅需要踏上中国史上更进一步的阶段，并且须和廿世纪世界中的同种事物保有根本上的共通性。因此，单纯保有中华民族的血液和中国的国籍，显然还是不够创造的主体之资格。把人类认识的历史至于今日的遗产作观念的修养和更进一步的实验上的经验之获得，便成了创造的主体所必具的基本条件。

有了基本条件的中国人虽不失为主体的一份子，然而主体所保有的知识经验的性质还是一个值得留意的问题。事实告诉我们，纯粹观念的——根据书本或口头获得的知识固然免不了观念性应有的缺点，蕴蓄了不深刻、不丰富甚或不正确的毛病，就是观念的知识之经过实验而深化了的还是完全脱不了观念性，还会或多或少包藏了不正确的成分。道理是这样的，近代的现代的西洋科学之为物，大体说来，都是西洋人把西洋的事物作对象的调查或实验的经验之所得和西洋人的观念二事之综合体。这种综合体对于西洋一切的事物，纵使保有百分之百的真理性，拿来应用于中国一切事物之上，我们不仅不能妄想不变其成色之丝毫，并且不敢预言至少能够保有百分之几的真理性——尤其在社会科学方面，除了研究历史的部分外，它的对象和结论都是自由主义、个人主义或其更进一步的社会之现实。这在西洋都是不折不扣的真理，到中国便成了百分之百的架空。

一面认为历史的遗产之取得是自己创造的体之基本条件，同时却又肯定这些知识之非真理性。陈先生也许认为是矛盾，然而这不仅不是矛盾，并且也许还是自己创造论和全盘西化论不同之一点——假使肯定近代的现代的西洋科学之真理性，必然会坠入全盘西化论；在全盘西化论立场，也不能不肯定近代的现代的西洋科学是真理。我虽不想指摘陈先生一面主张全盘西化论，同时却又抱着"西洋科学是不是西洋的最好的东西，就没有一个正确的标准"的含糊态度，论理论事都是不应有的矛盾。然而我却不能不说明西洋科学是不是西洋的好东西。

假定所谓好之具体含义不是道德上的善、艺术上的美，而是知识论上的真或真理，我愿意说，西洋科学是真理也非真理，是好也不好。从一面看，西洋近代科学是特定的主体用特定方法和特定对象结合的结果。这种结果之产生，西洋近代现代的社会之需要和现实之日新月异虽曾不断予以督促和刺激，然而内容丰富的近代社会史和高度发展的现代社会之现实，同时又可算是西洋科学不断创造的产物。西洋科学的功绩是够伟大的。所以说，西洋科学是好的。从另一面看，西洋科学是西洋的历史、西洋的自然和西洋的社会怀抱中的东西，西洋科学内容的一切也是西洋的东西。西洋科学的前提和结论、思维和实践，都是西洋独占的。一切都是西洋自给自足的。我们若把这种具体的东西原封不动搬过来应用，在自然科学方面，或许会连特定工程中的一个小钉子也非采用特定的外国货不可；在社会科学方面，也许恨不得把所有的中国人变成或者假定他是西洋人，以便能和西洋科学的前提结论以及方案相符合。果然如此，独立自主的自我意识根本不存在，本质上不能超出买办的境界，结果是全盘西化。然而全盘西化是一件不可而且不能的事体，所以西洋科学要不得。

西洋科学之真理性和非真理性不是同一西洋科学之二属性，而是中国人眼中的具体的西洋科学和抽象的西洋科学各自之特质。具体的西洋科学是真理。这个认识只可通用于西洋。中国人眼中的西洋科学之真理性不在具体的西洋科学，而在抽象的西洋科学。换句话说，不在各个部门的西洋科学之实体，而在西洋科学所以形成之道；不在科学的一般性和科学的特殊性互相统一了的西洋科学之各部门或任何一门，而在西洋科学各部门中所含有之科学共通的原理。具体的西洋科学各部门的知识和经验，只可作为中国人自己创造过程中的借镜、观摩或参考，而不就是自己创造的指南针；具体的西洋科学各部门所得的结果或结论，只可作为中国人自己创造中增加勇气和自信的材料或故事，也不就是自己创造的指南针。自己创造的指南针或路线只是西洋科学各部门中所含有之科学共通的原理，也就是任何科学所以产生之道。总而言之，具体的西洋科学只是我们的前车，抽象的西洋科学才是我们身体力行、躬行实践的范围。在自己创造中接受西洋科学的抽象性，抛弃他的具体性，这是我们对于西洋科学之扬弃，也是一种自觉的选择。

抽象的西洋科学之内容或特质是什么？分析观察，属性之列举，可以多至无限。假使单从抽象的西洋科学和中国历史并现实间的关联来观察，至少应该提出所谓科学精神和科学方法二件事。对于真理绝对服从，换句话说，真理至上的精神，和对于一切的力——自然的伟力、历史的惰力、社会的势力、人类的野性等等绝对采取斗争的态度，拿来当作自己克服的对象之精神，算是科学的精神之二面，也是中国所无而西洋多有的东西。中国人几于［乎］什九是"现实的都是合理的"这一判断的信徒。中国社会也是什九任力而违理，崇拜现实而抹煞□（真）理。理论丧失了对于现实的指导性，现实多半不受理论的拘束，理论和实践脱了节。结果是，理论成了空想的别名，实践和盲动很少境界。所谓科学精神迄今不能逾越实验室的门墙分寸。这一切一切都和所谓科学精神恰恰相反。然而这种现实的转换——科学精神之保有乃是创造明日中国的文明文化之大前提。这个前提之形成，其自身又是一个创造主体——狭义言之，培植人材，广义言之，改造国民根性的过程。

国民根性之澈底改造，所需要之条件很多，其中重要条件之一却是科学的结论或结果之功利的实证。换句话说，主体自身也是文明文化之产物。因此，我虽认为主体必须培植和改造，却不是说必须等到主体创造成功之后才来创造新中国的文明和文化。新中国的文明文化和创造这文明文化的主体是互相创造的：主体改善了，所创造的文明文化必然会进步；文明文化进了步，主体也自然而然会有相当的进步。主体和文明文化二者间，一面是创造的起点，同时又是创造的终点。二者互为起点，互为结果，这中间因此形成了一个无限的创造过程。

说到科学方法，想起了昆明论坛上最近出现了一篇很有意义的文章，这便是《战国策》第十四期所载林同济先生的《第三期的中国学术思潮》一文。这篇文章是企图从历史的批判中产生一个今日应有的方法论。这种企图诚然是时代应有的反映。我对于林先生能和时代同呼吸这一点甚愿充分表示敬意，然却不敢肯定林先生的企图已经成了功，理由是：第一，我们没有法子发现代表三个时代的三个方法间之内在关联；第二，浅学的我，始终不觉得林先生所提出的"全体观"具备了方法论应有的体貌之轮廓，总觉得在文章所提示的范围内，至多也还只是一个方法论的一部分；第三，方法论是人类认识历史的遗产，近年中国输入和运用西洋的方法，不是表现为东鳞西爪残缺不全，便被肤浅地公式化。把这种历史和现实当作全对象，来从批判中抽出新的方法论，只要认为第一期和第二期的叙述不只是林先生那篇文章的点缀，那便不能不使人一面觉得劳多功少，同时觉得和西洋的方法论自身发展的全史也太无关联。

在发生的观点，科学方法——至少是完全的成熟的科学方法也是中国所无、西洋独有的东西。这里所谓科学方法包含各种技术和狭义的思维方法。我们需要接受西洋一切尖端的技术，我们也需要接受西洋的思维方法。单从表面看，所谓思维方法不外一部逻辑，实质上这逻辑本身并不是孤立的。一面和认识论有密切关系，同时和本体论互相呼应。这三者各自的重心和关系又有其独自的历史。我们接受方法论，量的方面必须取其全体，质的方面必须取其最正确的。假使自知我们的能力还不够将西洋的方法论作任何有益的修正和改造，唯一的要义便是把方法论之世界的水准当作我们的标准。过去之摘拾片断的作风，根本不足为训。

科学方法对于中国自己创造的意义是二重的：技术和思维方法之修习或把握是创造<创造>的主体之过程；运用技术和思维方法来对付所有的材料，却是新中国的文化文明之创造过程。技术和方法论是决定主体的创造力之因素，也是决定新中国的文化素质条件：基因所把握的技术和方法论之素质，以及运用方法和技术的能力之不同，明日中国的文化文明之成就可以非常优秀，也可以只是平常。

创造□主体运用科学方法来加工的材料，一切都是中国固有的。换句话说，思维或劳动的对象是中国的自然，中国人的历史、社会和思维。这本是当然的事。我们看见西洋人创造西洋文明文化的材料或对象原则上都是自己所有，原可类推而知，并且近百年来的中国，把自己的事物作对象也是早就有了的现象。最初把自己的东西作对象的创造，只有采矿、冶金和测绘等几件和中国的自然分不开的事情。稍后一点的中国哲学史和不久以前的中国社会史研究的对象，也是中国人的思想和社会。变法以来，法律解释家的研究对象——法律也是中国的。不过，若要求全责备起来，时至今日，把自己的东西作对象的作风依然不够广泛，不够深刻。今后的任务是用西洋的方法来克服中国的诸般事物和一切问题。这是创造新中国的文明文化之基本命题。

或许有人说，社会科学方面的事情或许应该如此，自然科学方面似乎用不着。我的意见是，用中国人的脑力想出克服中国的自然所保有的富藏或尽改良的能事之办法，再用中国的人力，依照办法把富藏变成中国人享用的财货或增加财货，变成中国民族产业的工具和原料，变成中国制造的机械或部分品，投入独立自主的社会经济生产过程中，变成中国民族物质的或精神的再生产之基本条件。这样创造出来的文明文化才是新中国的文明文化之本相，也是民族自我之具体的形质。这样的过程才是真正的自己创造过程。不问是不是自发的意欲之表现，抗战期中的现实似乎日益和这个目标相接近。这虽是一件极度艰难的事情，然而正是自己唯一的出路。西洋人创造西洋文明文化的过程也是辛苦备尝的。

中国人运用西洋的方法对中国的自然，中国的历史、社会、思维以及中国所有的一切问题而获取其成果，这是新中国的文明文化创造之过程。在建国的前提下，这种创造应该是普遍而澈底的。换句话说，思维或劳动的对象不仅是未开发的自然富藏（如采矿），并且包含已经开发或半开发了的自然（如变山野树木之自然的生长为计划的造林，改良土壤，整理耕地等等）；不仅是目前或将来的社会组织和社会问题之解决，并且包含了历史之整理（如过去社会之重新估价，过去的社会问题之再认识等等）；不限于目前的思想问题之批判和评价，并且包含过去的思想之再认识；不限于自然、历史、社会和思维，并且包含了表现次殖民地性社会、农业社会，甚或更早的社会应有的文明文化之既成品（如拆城，展街，改良便所，改良道路，由泥土的建筑变成木石钢铁水泥的建筑，改专制为共和，改家族本位为个人单位社会本位，改农业为工商业的农业，改旧道德为新道德，改旧法律为新法律等等）；不仅限于客观的一切，并且及于主观的事情（如提高知识水准，普及教育，保健卫生之留意，生活之向上）；等等。总而言之，广至无所不包，深至每一事物中都表现着近代的现代的色彩。并且每一事物的近代现代色彩和事物之其他部分间必然是互相调和、互相同一的。

或许有人怀疑，一切事物都须改造，这是原则，这原则有没有普遍妥当性？表现次殖民地性社会或农业社会文明文化的既成品有没有保存原状之余地？我的答复是，在历史的轮轨所之范围内，这个原则是普遍妥当的；不在轮轨圈内的事物，也有大体上保存原状的可能。不过，第一，总会有意无意或多或少有变更；第二，这样保存下来的既成品是很少的；第三，这样保存下来的既成品都是些很少的东西。理由是，这样保存旧物只有一种形态，这唯一的形态就是采用历史沉淀物的方式。在这个形态下，假使因为习惯太顽固致使大家十分愿意，西裤皮鞋套长袍马褂的作风固然保留得下来，就是宫殿式的建筑、写意的山水画、中国饭以及长袍、布鞋之类，都可随意留传至于民族子孙亿万年。然而这类事物本质上决不是中西文明文化交流后的化合物。相反地，正〔因〕为这些事物不是交流中互相冲击的焦点，根本落在冲击的漩涡之圈外，当作了历史的沉淀物，才有大体上维持原状的可能。假使这些事物就是当作中国固有的精华保存下来的，那便成了西洋文明文化比中国旧有的文明文化更低级，往年变法图强之举也成了叫历史开倒车。

　　事实告诉我们，写意的山水画只是把农业社会作背景的艺术。宫殿式的建筑距离使用钢骨水泥的程度甚远，只能和农业社会的一切相调和。长袍是脱离了生产过程的象征，旧士大夫特有的属性。在发生的观点，布鞋和农业社会的家庭手工业有关系，或者还和自给自足的农业经济有因缘。中国饭也是把农产品经过和农业社会的技术相称的粗糙之操作产生出来的食品。这样说来，与其认为这类东西是中国固有的好东西，不如认系农业社会的好东西，似乎较近真理，我们切断了它和历史社会间的关联来估价，它的价值便会因为抽象化了而成为无穷大。假使拿来和皮鞋、毛织品、各类西式短服、钢骨水泥的高层建筑物、面包、摄影等等的品质和技术相比较，可能给予我们的唯一印象，恐怕只有"低级"二字罢！

　　历史的沉淀物之保留，理论上是可能的，事实上也是常有的。不过决不可忽略，这样保存下来的旧物已经丧失了它固有的意义、性质和地位。理由是，纵使它还维持着固有形和质，它的社会意义、性质和地位已经由当代的文明文化之表现物变成了历史的沉淀物之表现者了。明日中国文明文化的总体中虽大不妨可以发现这类事物的存在，然而明日中国文明文化之代表者的地位已经让给运用西洋的方法创造成功的事物了。换句话说，明日中国文明文化的代表者虽是创造成功的一切新事物，若干历史的沉淀物仍不失为构成明日中国文明文化之总体的一分子。

　　把创造成功的新事物作中心的明日中国的文明和文化，第一不是中体西用论的产物，第二不是旧瓶新酒论之实现。因为自己创造的结果是方法、对象和创造的主体之思维或劳动的实践三者之综合体。中和西的对立在创造过程中变成了融合，这中间简直天衣无缝。不仅体是如此，用也是如此，所以和中体西用论根本不相干。又因为酒是新的，瓶也跟着新了，这不仅是澈底的新瓶新酒，并且酒固不失其所以为酒，瓶也会不失其所以为瓶。酒、瓶之间只有融洽，没有拉拢或拼合，所以和旧瓶新酒论也如风马牛之不相及。

明日中国的文明和文化，综合看来和原状复古论不一样，分析观察是复古，也不是复古。近百年来的中国和中华民族一向迷失了本性，遗忘了自我，精神上没有自信心和创造力，物质上成了外国的附庸，这都是海禁大开以前少见的事情。换句话说，这一切的一切和海禁大开以前是相反的。然而抗战胜利后的中国对外是独立自主的民族国家，固自不用说，就是新中国的文明和文化，因为创造主体是中国人，创造是中国人的意志之表现，创造的材料是中国的自然，中国人的社会、历史和思维等等，这个创造物便成了澈底的道地的国货。这种情形是自我意识之表现，也是自我之具体的形态。然而这并不算是开中国史上之先河，只是回复了固有旧风光，所以说是复活。

可是，抗战胜利、建设完成后的中国是廿世纪崭新的国家。一切建设的标准或理想是"迎头赶上"。创造中所运用的知识和技术是至于创造完成前一刹那为止的人类知识和社会全史的一切遗产。这样形成的新中国，他的社会经济政策不问是统制或计划，或二者兼施，表现的形态必然是固有的农业从属于新兴的民族工商业；统治关系不问是民主或独裁，必然是法治；社会关系不问是倾向于社会主义或倾向于团体主义，必然还会容有个人的概念和现象；所有权和契约之肯定及其扬弃之同时表现，也是不二法门；责任是对社会的，无过失或无责任能力也有一种责任；等等。这中间所含的工商业、法治、社会、个人、契约、责任等一连串国家社会组织的基本原则，都是海禁大开以前的中国没有的东西，所以不是复古。这种复古的成分和非复古的成分互相结合而成的新中国，当然不符原状复古论的名实。

明日中国的文明和文化，综合看来和全盘西化是截然二事，分析观察是西化，也不是西化。因为自己创造的方法是西洋的，参考资料也是西洋的，创造的结果中是随时随地、无孔不入地浸透了方法和借镜物的色泽风味的。从这点说，算是西化。可是用来创造的原料固然是中国的，创造的主体也是中国人，主体之创造的实践是一种中国人的人格的活动。在活动中随时随地保有着自我意识，这种意识随时随地、无孔不入浸透了结果的整体。从这点说，不是西化。这种西化的成分和非西化的成分之总［综］合体自然和全盘西化没有关系。

新中国的文明文化和中国过去的文明文化之关系怎样？和西洋近代现代诸先进国的文明文化间的关系又如何？这都是应有的疑问。假使简单来作答，我以为前者的关系是自己发展。理由是，社会由渔猎进为畜牧，再进为农业，更进为工商业，都是必然不可避免的。游牧时代的中国是中国，农业时代的中国是中国，海禁大开以后次殖民地时代的中国是中国，明日工商业时代的中国自然也还是中国。假使认为农业时代的中国是比游牧时代进步了的中国，那么，明日的中国也是比次殖民地以及农业时代更发展了的中国。

明日中国的文化和西洋各国的文明文化间的关系是伯仲关系，也是平等的同位关系。道理是这样的，假使我们把新中国的文明文化当作西洋近代现代的文明文化之上位概念，那固然是胡闹；反过来，把西洋的文明文化当作中国人文明文化之上位概念，也不免糊涂。只有把近代的现代的文明文化当作西洋各国的文明文化和新中国的文明文化双方共同的上位概念，才算正确的认识。这也就是说，任何国家的文明文化都是一个文明文化的整体，同时谁也只是近代的现代的文明文化全体中的一部分，而不是包含了别人的全体。这包含了任何国家文化文明的全体是各国文明文化所同有，而不是任何一国的文明文化之现实。将来的事实也会告诉我们，新中国的文明文化和西洋各国任何一国的文明文化都有同有不同。这相同的地方就是共同的现代文明文化这个上位概念所俟以形成的根据，不同的地方就是各个部分自身的特色。同和不同综合于一体是各自所以成为整体的缘故，互相成为伯仲的原因。

最后，我觉得我们预测明日是可以的。把推测的结果当指南针，以推进社会——甚或计划地加以某种限度的修正，也是可以的。然而历史自有它一定的法则，社会发展会自然而然表现着合法则性，决不容许任何人使用恣意的意志或强力拖使跟着自己跑。我们预测明日不是描绘个人恣意的主观的理想国，而是发现历史内在的客观的合法则性。推测所得的结论之内容，只有和客观法则同一或近似的才是真理或近似真理。不过，脱离了历史和现实，单纯描绘自己的理想国——甚或竟把感情当真理，只要不怕暴露了中国社会科学之贫困，那本是各人固有的自由，问题只在自己愿意不愿意。我诚恳表示，我敬陈先生，还想再添上一句，我也爱真理。至于谁的见解近真理，明日的中国社会自然会用事实来作答。

《今日评论》第 5 卷第 6 期，1941 年，第 85—89 页

# 答陈序经先生

冯友兰

　　我向来不好与人打笔墨官司，因为打这官司的结果往往是"后息者胜"，而双方亦易流于意气之争。不过读了陈序经先生对于我的《新事论》底批评（见陈先生的《抗战时期的西化问题》，《今日评论》五卷三期），我觉得特别冤枉，似乎有说几句话的必要。

　　陈先生批评我用底方法是，先把我的见解，作一叙述，然后而批评之，说他是矛盾。不过陈先生所叙述底我的见解实在并不是我的见解，只是陈先生以为是我的见解。他叫我替人受过，这是我所以觉得特别冤枉底。按一方面说，陈先生所批评底，既然不是我的见解，而只是他以为我的见解，我本可不负责任。但按又一方面说，《新事论》的初印本，既已绝版，而商务印书馆的印书又不易到内地，读陈先生的文者或不能与《新事论》对看。我所以觉得有说几句的必要。

　　陈先生说："《新事论》第一篇是《别共殊》。照冯先生的意见，文化可以分为共同与特殊两方面。所谓共同的文化，或冯先生所谓类型的文化，是人类共需的文化。所谓特殊的文化，就是每个民族的特殊的文化，前者可以改变，而后者不可以改变。这种区别，差不多在三十年前韦柏在其《社会学的文化观》一文里，已经解释。后来马其维在其《社会》一书，又加以说明。照韦柏与马其维的意见，我们可以区别文明与文化……"陈先生断定我的见解就是（或近于）韦柏与马其维的意见，所以下文叙述他们二位的意见，以为就是叙述我的意见，批评他们二位的意见，以为就是批评我的意见。其实我的见解与他们二位的意见，可以说是风马牛不相及。我所说共与殊的不同，是类与个体的不同，共与殊关系，是类与其份子的关系。陈先生文里，也引了《新事论》一段，其中明明是就类说，何曾与韦、马二位的见解有丝毫关系？陈先生在这一点所作底批评，大意是，我所谓共殊的区别，就是（或近于）韦柏二位所说，文明与文化的区别。"那么他一方面主张共殊的区别，一方面又有意或无意反对共殊的区别，这是一个矛盾了。"我现在已经说明，我的见解与韦柏二位的见解既不相同，又不"近于"，则陈先生的误会，似可以冰释。陈先生说："冯先生所说的共殊，究竟是不是近于体或用或精神和物质的区别，冯先生自己没有明白说出来。"这何必说呢？因为我所谓共殊，与这些区别，简直是风马牛不相及。陈先生又问："那么他所谓共同底文化，究竟是什么？所谓特殊的文化，究竟又是什么？在他的著作里，他并没有明显的列举出来。"我的回答是："《新事论·别共殊》一万多字，就是讲这些。若一万多字还不能讲明显，我没有法子讲得更明显。"

陈先生又说："冯先生在《赞中华》一篇里又好像以为道德是中国文化的特殊文化。"这又是陈先生以为是如此。我的意思是，照中国人的历史底传统，中国人特别崇尚道德。这与说"道德是中国文化的特殊文化"，究全不同。崇尚道德底人所崇尚者，可以是固有底道德，亦可以不是固有底道德。陈先生说："智识发展，技术进步，工业发达，则社会组织的本身也要起了变化。所谓组织社会的道德，也不能不受了影响。"这话正是我在《说家国》《原忠孝》二篇里所说底。我说我们要保存我们的崇尚道德的传统，并不是说，我们要保存固有底道德。你可以说，崇尚道德的传统，其本身就是固有道德。这是可以说底。不过说保存崇尚道德的传统，与说保存固有底道德，还是不同。说保存固有道德，则不能废除固有道德，而说保存崇尚道德的传统，则可以废除固有的道德。因为崇尚道德，所崇尚者可以不是固有道德而是新道德。

陈先生又说："冯先生好像以为道德是不变的，所以他说，在基本道德一方面，是无所谓近代化或不近代化的……然而同时他又说，忠孝可以说是旧道德……这又不是自相矛盾吗？我并非没有注意到冯先生所谓基本道德的基本两字，这就是说以前人讲忠孝，现在人也讲忠孝，所以在基本上仍然存在。"这又是陈先生以为是如此。我所谓基本道德者，是任何种类底社会所都必需有底道德，例如仁、义、智、信等，这是不变底。至于只为某一种类的社会所需有底道德，则不是基本道德，是可变底，例如忠孝等。现在我们虽亦说忠孝，但与以前人所说底忠孝，意义不同。这正是我在《原忠孝》一篇里所特别说明底。

陈先生又说："冯先生以为中国人之所以为中国人，必定有其特殊之处。而这种特殊之处就是中国人的文化。"在这一点，陈先生没有很误会我的意思，我的意思大致是如此。陈先生接着问："着马褂与穿胡服的既不失为中国人，难道戴洋帽穿洋服的，就不是中国人吗？信了孔孟，信了佛教固是中国人，信了耶稣的，难道就不是中国人吗？"我的回答是，他们仍是中国人，其所以仍是中国人就是因为他们的改变不是"全盘"的缘故。若一个人"全盘"改变了，他只能穿洋服戴洋帽，不能穿戴中国一般人所穿戴的衣帽。他只知有耶稣，不知有孔孟，只知有拿破仑、华盛顿，不知有汉祖唐宗，只知有莎士比亚、米尔顿，不知有李白、杜甫，如此等等，一直不知不能下去，则其人虽是人种学上的中国人，我们仍不能说他是文化上的中国人。

陈先生又说："我翻阅冯先生的《新事论》，觉得有许多处……犯了矛盾的病。"照以上所说底，我真疑心陈先生对于《新事论》，只是"翻阅"，如其不然，何以他把与我的见解毫不相干底见解，作为我的见解，同时又把我书中千言万语所要证明的见解，作为不是我的见解？陈先生如以《新事论》为有值得批评底价值，我希望他对于此书，不止于"翻阅"。如此则他所觉得底矛盾的病，或可减少，亦未可知。

　　陈先生的结论是："我个人以为他们的最大的缺点是，一方面既忽视了中国西化的事实，一方面又没提出一个具体的办法。"我的《新事论》明明大书特书地提出"工业化"的具体办法，其错误与否姑不论，但不能说是没有提办法。若说这办法并不具体，则比所谓西化，又似乎具体一点。所谓西化的事实，若是指的修铁路、办工场等，这些我并没有忽视，而且正是我的《新事论》所竭力提倡底，不过我不称之为西化，而称之为工业化。这并不是名词之争，我在《新事论》中已经说明。若说西化的事实，是基督教的传入之类，这真是西化，不过这些是有也可，无也可，我们也无须提倡他，也无须消灭他。信不信是个人的自由，与抗战建国，并没有什么关系。

　　陈先生说："主张全盘西化的人，并不主张被动的西化，奴隶的模仿，而是主张自觉的吸收，采用融化与创造的精神。""其实主张这些精神的人，已是有了西化的精神。"前一句话，我很佩服，后一句话，我非常反对。中国人虽穿了些胡服，拉了胡琴，吃了胡椒，坐了胡床，但没有废耕织而事牧畜，没有废宫室而住帐棚。这不能说是没有采择，宋儒的道学，受佛学的影响而成新系统，这不能说不是融化与创造。在这些时候，现在的西洋人的祖先，大部分还在树林中生活。陈先生对于西洋文化，既主张批评，则亦必以其中有是底，有非底；既主张采用，则亦必以其中有可采者，有不可采者。我们诚恳地希望陈先生把这地方指出来，以为国人的向导，而不必要底争论，也可以免除许多了。

　　　　　　　《今日评论》第 5 卷第 6 期，1941 年，第 83—85 页

教育问题及措施研究

# 论小学教师的待遇（上）

## ——一个普及教育的根本问题

### 陈友松

　　自国府颁布新县制，规定每保设立一国民小学，每乡镇设立一中心小学以后，百余万的新教师确成了最大的需求。教育部正筹开全国国民教育会议，讨论普及义教的妥善方案。师资当然是首先要解决的问题。我们切不可再蹈过去"莫问收获，但问耕耘"的政策，颠倒了经济铁则的因果关系，违反了人性之心理的社会的基本欲望，抑压了不直接参加物质生产者之经济平等的机会，只是从师范教育一端下手，而不首先大刀阔斧地制定并切实推行一种合理的公平的待遇制度，无形中使师范生或小学教师的地位降落到水准之下，有才智者视之为末路，为畏途，此萧伯纳的讽刺"能者干，无能者教"之所由起。四十年来的师范教育之所以劳而无大功，儿童教育之不发展与不普遍，其总因可以说是社会太忽视了小学教师的待遇问题。

　　一斗米的命。在百物跳涨、米价飞涨的时候，昆明市小学教育界某同志曾对我呻吟着说："我们只有一斗米（即云南的一石）的命，当月薪为十元的时候，米价正是十元一斗，等到加至二十五元时，米价跟着涨到二三十元。现在当局加倍发薪以为五十元可以过日子了，不料米价忽飞涨到五六十元，又恰巧只能购得一斗米，仿佛我们的命是生就了的，只值得一斗米！"至若各县的小学教师月薪仅得国币四元，只能买到一升"老米"。不仅是云南如此，各省□情形一向是同样可怜，不应当说可怜，实在是二十世纪的社会耻辱！各省小学教师的待遇事实，教育学者曾经有几十种的抽样调查，无庸详举。一九三四年第一次中国教育年鉴□载有二十六省市小学教师薪金统计，其平均数是在十元至三十元之间，乡村教师当更不如。约在同时有张钟元调查九省的小学教师生活，发现他们每周工作平均为三十五小时，多至六十八小时，而年薪则为四十至五百六十元，其中数为一九五元，即每月十六元二角五分。他们每人每年个人用费为一二二元，担负家庭用费为一五八元，有百分之五十以上的教师每年亏空八十余元，所以大多数负债累累。再据北平协和医院教授雷得（Bernard S. Read）估定，中国五口之家贫农的最低生活费用，应需一八七元之平均数，其中一五〇元为食物，二〇元为衣服，五元为住宅，五元为灯火，七元为医药、交际娱乐、教育等杂用。拿小学教师来比较，至少有一半尚在此贫农最低生活水准之下，可谓清苦已极！这还是平时的情形，小学教师在平时，虽然不能梦想到各级文官的厚禄，但仍可以对一般贫农苦力自豪自慰着说："他骑骏马我骑驴，仔细思想我不如，回转头见推车汉，比上不足下有余。"到了战时，因为收入固定而物价飞涨，小学教师的购买力，大有一落万丈之势，比之贫农苦力尚且有不如之感。曹刍氏说最近贵州安顺的小学教师，每月领薪十元，最多不过二十元；同时泥水工每日工价一元，木工工价最少每日一元二角至二元五角。贵阳的黄包车夫，每日收入有三元至七元之多；即在昆明一个理发匠或缝工，每月收入可达百五十元；一个厨夫除了膳宿外，可有月薪五十元以上；一个摆杂货摊的或卖烧饼的，一天可以做三十元的生意。然而根本为社会谋福利的小学教师的收入，则为社会所漠不关心，至于准备做小学教师的人——绰号"稀饭生"的师范生也同样有陈蔡之厄。以贵州为例，每月一元五角的伙食费不足糊口，遑论营养！不仅是有碍健康与学习效率，最坏的影响是他们对教师专业及服务的态度，无怪教育部某视导员说，进师范的多半是"破铜烂铁"！下一代的师资可以想见！二千万在学儿童之命运可以想见！普及教育之前途亦可以想见！这实在是一个严重的社会问题，其解决的理论与实际，不是简单容易的事，所以值得国民教育会议的深长考虑与专家的详审规划，作者在此短短的篇幅不过略抒若干愚见罢了。

小学教师专业的社会价值。我们必须要重新估定小学教师专业的社会价值，用大时代新时代的眼光，赋予以一种隆重的切实的地位！传统的教师地位之概念，是封建社会农业经济家庭经济所产生的概念，仅有一种空洞的伦理地位，什么"天地君亲师"，"师徒如父子"，固然冠冕堂皇，然自封建社会变了质，教师生活在货币与信用经济的时代，尊师重道的支票，必须兑现而换为切实的经济地位。在私产制度之下，财富集中的时候，教师是处在雇佣地位，其隐微的社会价值所应得的报酬，因所处的地位不利，每每受了剥削，浅识之流，甚至指教师为分利者或消费者，殊不知他们实在是一种生产者，他是传递并不断地发扬文化的使者。我们的民族文化是无价之宝，倘使没有民族文化，则一切物质财富"所为何来"？大时代的教师负有选择并传递民族文化给与儿童的重任，使每一个儿童能发展其天秉，即是人尽其才，发展全民族的天才。他是生产者之生产者。农工商各界科学与技术的生产人才，首先由小学教师培其本，广大强固之民心首先由小学教师植其基，这样他的报酬应当远在一般莞〔管〕理并参加物质生产者的报酬之上，"一个贤明的社会必能使教师专业充满着策励与诱掖，使能做超等教学的人不致为其他职业吸卷而去"（引杜威《文化协会》，一九三八年鉴一六六面）。以上是从生产方面说。再从消费方面说，经济学家已公认一国的经济繁荣，大有赖于劳苦大众之购买力，换言之，即是打破财富集中，即购买力换〔操〕纵在少数人之手的局面。一国的小学教师的购买力，是有同等的经济意义的。我国现有七十万小学教师，其总购买力至少有一万万元（按一九三六全国小学教费为一万万二千万），倘能倍之或倍蓰之，其购买力之大，将大有助于国民经济的繁荣。再从小学教师专业之品质上说，他的社会职任日益扩大，所需对于儿童与社会之专门知识与技能日益增加，决不是传统的教书匠所能应付的。他的待遇之低，其一部份原因，是在社会错认了。他应只是一个匠人，现代的观点，实在可以把他的专业提高到与医生、工程师的专业同等。我们增加教师的待遇，就可以减少医药费与监狱费，这一点是传统的政客们所未能远见的。提高小学教师的待遇，也就是提高儿童与社会的福利，只有第一流的人物和政治家能看得清楚，说得到做得到。胡适之先生的母亲是一个足以风人的榜样。他说："我的母亲在家计上是时时刻刻在节省的，但她坚决要向我的老师缴三倍于平常的学费，当时是大洋两块，这样她开始付他六元，逐渐增加到十二元，从这区区之数的增加，我获得了千倍的利益，两者是不可以相比的。因为那些付二元学费的儿童，所得不过是朗诵呆记，先生从来不费神解释所背诵的是什么意义，唯有我，因为多付了学费享受了稀有的益处，一字一句都给我解释了，即是把死文言用活的白话讲给我听，未到八岁我读书，几乎可以无师自通了。"（见 *Living Philosophies* p. 242 原文）

　　现在教师待遇问题，已经不是家事，而是国事。一国的政治领袖为民之父母应当像胡母一样，把教师的待遇视为国计民生的大事。在这一点，列宁实在是一个可以风人的榜样。远在一九二三年他说过，"有恒的有系统的坚持努力，把教师在文化上提高起来，给予以包罗完备的训练，为着真正的志业还有极端、极端又极端重要的事（注意他的语重心长），就是增进他的物质地位"。果然说得到做得到，现在苏联的小学教师的待遇，是任何国家的小学教师所不及的。以平均数来说，教师的年薪，比国民经济全部人员，包括工业、交通、建筑、农业各界的年薪，都要高些。在一九三七年，前者是一九六〇卢布，而后者是一七五五卢布。正薪之外，尚有所谓社会化薪，约等于全薪百分之四十五。我国在战时，当然无此财力来大量增高小学教师的待遇。然而可喜的事，是国家已有决心在这一方面努力了。最近蒋委员长发表《告全国小学教师书》，励以重任，并令各省当局尽□（量）提高他们的待遇，我们相信在最近的将来，必有一个切实的合理的公平的教师待遇制度出现，并有切实的财政方案以维持之。但这是一个专门技术的问题，我们不妨提出若干原则与实际办法来。

（未完）

# 我们需要的教育政策

钱端升

如果我们中国人今后数十年的重大工作为使国防巩固，国家独立强盛，使贫愚减少，人民充裕有力，更如我们将靠一个宽博有力、尊重人格的政党，组织一个民权与国权并重的政府，以完成这种工作，则我们的教育政策自须求与这工作及工具能配合。

首论教育的精神。

教育的精神不能与民族的精神分离。民族有民族固有的精神，也有民族可以吸取的精神。如果一个民族只有其固有的精神，而丝毫不能转变，则这个民族定将遭受淘汰。固有精神不易轻变，司教育者不能不顺此精神；但司教育者的另一大责任便是如何能使民族吸取新的精神，以图适合新的环境，以谋社会前进。

中国人的旧道德即是中国民族固有的精神。古圣贤所垂的教训往往即中国数千年来赖以维持久远的大道。孙中山先生在民族主义中所举的忠孝仁爱信义和平八德实是中国民族的美德，一点没有可以非议之处。大凡创业的雄主、中兴的功臣，以及盛世时人物，都具有这八德的多种或全体。不但过去是如此，即今后将使我中国民族重光，将使我中国民族在世界史上放一不同□（于）西洋文化的异彩，而使世界秩序一新者，也必是这八德。今之青年，或一般自命为前进的人物，一见这八个字就觉得不顺眼，好像八德是反动似的，好像八德与新时代不相容似的。那是由于两种缘故，第一因青年及所谓前进派者最易中字之魔术。若干字眼，如"左"，如"革命"，如"大时代"，可使他们兴奋；另有若干字眼，如"道德"，如"守法"，如"理性"，可使他们厌烦，甚而鄙弃。忠孝仁爱等一串字眼也是属于后一类的字眼。第二，因日常以忠孝仁爱等勖人者，己身未必能奉行忠孝仁爱等教训；日常悬挂忠孝仁爱信义和平八字匾对的衙署区所，其主持者又辄多背道而驰。久而久之，忠孝仁爱等字乃成为虚假的标记。但魔术本是人人所应严防，不应惑而不悟。因标榜忠孝者之不忠不孝，而遂诋及忠孝的本身则更是不合逻辑。究竟忠孝仁爱信义和平八德是否应长为中国的民族精神，须视其中有否不合于现代环境的原素存在。如果并无不合现代环境的原素存在，则八德自应为中国人民所力行。

但在八德中或任何其他旧道德中，近代盛行于西方国家的民族观念几不存在。即以忠字而言，忠于国家之忠与民族直觉性初不相同，古时忠字的意义本是消极的。我们固可将忠君之忠绎为忠国之忠，但我们不易将消极的涵义变为积极□（的）涵义。民族的观念不是中国民族固有的道德。三年多的抗战固然使中国人多得了一番强烈的刺激，我们不能否认民族的观念在中国至今还嫌不够普遍与坚强。而且有一部分人民的民族观念每作畸形的发展——或者也可说是畸形的不发展，他们往往可以对于某几个异族存着应存的戒心，而对于另外几个异族则一点没有戒心，一点没有彼我之界。这种畸形的发展或是畸形的不发展也将成为民族观念充分形成的一大障害。我们如知注意民族观念与国防建设间的关系（即民族观念一天不成熟，即国防建设一天不能完成），我们便应急令民族观念成为中国民族道德的一部分。

我以为必定人民能将八德与民族观念并重，然后人民能知国防建设的重要，而于国防建设完成之后，又不致置中国民族于全人类之上，而有倒行逆施之行为，犹如德国民族今日之所为。兼有两者之后，我们民族必可有自信力，必可生活团体化、生产工业化，而国防建设也可早日完成。但我们民族必将保持其雍容宽大的大民族的态度，而不致如暴发的暴日，其兴也勃，其衰也勃。

以上所言的好像是老生常谈。但今之谋国者或操教育之权者，实在甚少能兼顾及二者而对二者又兼具信心之人。他们或是急于将中国变成一个全盘西方的民族国家；或是日日提倡复古，大谈中国本位；或是今日倡西方，明日又主中国本位；或是对两者俱乏信心。结果则三四十年来受新教育的份子，其对于中国的贡献，始终未能有深固不磨的力量。我敢说，如果中国近年没有孙中山先生关于民族主义的垂教，而单靠三四十年来一班政治及教育领袖时时变更的所谓教育理想与民族道德，则中国今日必将完全如大海中飘摇的孤舟，一点不知何所适从。

我们今后的教育务须以民族应具的道德为依归。教育的精神即在使人民发展其固有的美德八德与立应充分吸取的民族观念。

但教育的精神的贯澈决不能以设置精神教育或修身或伦理等科目了事。道德的观念一方应由任教育者以身作则，一方应从国文史地等科目中间接灌输。大凡道德的观念俱不宜亦不能直接灌输。近年来凡是蒋先生对学生有所讲演每称精神训话，这种精神训话亦每有奇效。但蒋先生训话之所以能发生感化作用，乃因蒋先生可以彼个人的功业与修养作听众的准则，而不是因为彼之训话称做"精神"之故。我们试请一个贪污的要人讲廉洁，一个懦怯的要人讲勇敢，或是一个残忍的要人讲仁爱，假使也称为精神训话，决不能得到一点点的好的结果。过去国人对于精神及道德的教化总是偏于形式，所以每每有教而无化。我们今后亟须改变作风，而注意于潜移及默化。

教育的精神已经确定后，具体的学校教育我意拟分国民教育、升学教育、大学教育及技术教育四者。国民教育是所有国民应受的教育，大学教育是为传授并探讨高深的学术与学理，技术教育是为培植各种应用的与审美的技艺，升学教育是为训练青年升入大学或技术学校。

国民教育应求普及，故应为强迫教育，入学者不纳费。教育的目的在使人人得为中国人，得知为中国人之荣，且能相处为中国人，故民族的精神在此时期宜求尽□（量）灌输。国民教育的年限应视国家及人民财力而增长。此时宜先求普及，不宜求长。如学校不敷，则可利用所谓社会教育。

上所述者与过去所谓初等教育或国民教育若无分别。但实行国民教育的效力全看教育的精神，如无长期一贯的精神，国民教育好则为识字运动，坏则为有组织的糜费。过去的国民教育实际上常因太缺乏精神方面的注意，而空空如也。

大学教育根本就是质的教育而不是量的教育，即在英美富庶之国，大学也不能太多。美国之所谓大学，大多数仅是超等国民学校，而决不配称大学。大学应以少为贵。大学决不能发生重文重实的问题。而且大学既为传授高深学术、探讨高深学理的机关，则教学自由应无限制。大学如果是真大学，则无限制自由的结果也总脱不了教与学。只有大学不是大学而是宣传或营利机关时，自由才足以产生反动的宣传。中国现在不三不四的大学太多，假足以害真，如果假大学不取消，真大学难有望，高深的学术及学理也绝难在中国发展。

技术教育这［正］与大学教育相反。一重实用，一重学理。实用的学校自然应视需要而异。这时候与这地方的注重点可与另一时候与另一地方的注重点不同，我们可以重理工，我们也可以重法商或师资，这全要看当时当地的需要而定。

技术学校应分初高级。有些技艺只能有初级，有些只能有高级，有些可兼有初高级。大概今日存在的大学多半应改组为高级技术学校。改组而后，尚须认真其教学，并充实其师资与设备。我国现在技术或职业学校，数量种类俱嫌不敷。如此点不知注意，则国防的建设与民生主义的实现将俱难观成。

升学教育自然应准对大学及技术学校。大学的预算学校应严重考格，入学者且须具相当的天材。技术学校的预备学校应分二级，初级专为初级技术学校而设，高级为高级技术学校而设，年限俱不宜长。如我们的□□（技术）学校暂定三年，则初级技术预备学校一年或二年已足，高级技术预备学校则初级之上再加二三年亦足。盖技术预备学校之设，除训练国民学校毕业生使之作升学的准备外，更在予未来的技术学生以适应及自择的机会。分成二级，则学生的升学较可有伸缩的余地。至大学的预备学校，则数不宜多，而年限不能不长。中途退学者则可退入技术预备学校。

上述学制的目的与现今学制的目的迥异。今日的学制无一定的目的，泛言三民主义而不落边际，泛言国民道德与科学研究而两俱无成。我所提倡的学制，则其目的在使中国人永不失为中国人，在使中国有建设国防的人材，在使人民日趋于平等，而高深的学术与学理亦得与日俱进。

《今日评论》第 4 卷第 21 期，1940 年，第 328—329 页

# 我国教育制度应采用的组织原则

田培林

教育是人类团体生活中的一种原始的机能，所以到了近代，教育的事业，也渐渐的变作了国家组织系统中的一个重要的部门。因此在每一个重要的变迁时代中，教育事业的组织，也不免多少的跟着发生变动。鸦片战争之后，教育设施方面，添了些新的花样；庚子之役，更进一步澈底的把教育制度重新的订正一下；民国成立以后，又有一次变动；五四运动之后，过了不久，"六三三"的新学制又公布了；国民政府成立之后，也陆续的变动了几次；七七抗战以后，又入了一个新的时代，自然在教育方面，不能不有新的实现。新县制下边基础教育的普及，以及培养中学师资的师范学院的设立，在这些新的设施中，可以说是最值得称道的。中学教育是各级教育中的中心，所以每逢教育制度变动时候，总是在中学教育一段中特别注意。可是，如果只有教育制度的改变，而无适当的师资，任何好的合理的制度，也不容易发生什么效果的。过去几次的学制变动，都是没有合理的教师来担负实行新的学制的责任，结果都是走入了失败之途。抗战后，不冒然的作变更学制的行动，先作培养师资的准备，可以说是从过去的失败中得到的教训。至于共同的普及的基础教育，那是建立现代国家最不可少的条件。所以在抗战建国的时代中，军事第一的口号下，也不能不对于这一方面特加重视。此外如音乐教育的提倡，训导制度的实施，以及边疆教育、社会教育的推进，虽然都值得称述，可是比较起来，总不如中学师资的训练与基础教育的<不>奠定那样重要。

　　教育制度所依据的组织原则，虽然不能一一枚举，可是还不妨概括的来作一个分类。就教育史的演变来看，有许多国家的教育制度，是就已有的教育现象，如学校的种类，加以整理，制定出来一个系统。另外一个方向，是根据一种社会学的、心理学的或者其他的理论，先制定一种系统，然后再按照这样系统的制度来设立学校。前者的根据是事实，后者的根据是理论。因为是事实，就不免凌乱或者分歧；可是因为是分歧，就富有弹性，极容易适合实际的需要。因为是理论，就往往整齐划一，可是划一之后，就成为机械式的硬化，往往不能普遍的满足实际的需要。前者如同德国的教育制度，后者如同吾国新式的学校系统，都是很明显的例子。德国的教育制度，一直到一九三八年中学改制以前，都是在分歧的状况之下活动。原来德国最早的学校，只是由寺院学校改变的拉丁学校（后来的文科中学，乃由拉丁学校演进而来），以及含有国际性、宗教性的大学。这两种学校，可以统称为学者教育。后来第三阶级是市民在社会上取得了重要地位，因为学者教育不能满足他们实际的需要，于是乃有各种不同的实科学校。这就是现代的职业学校与中学校的起源，和拉丁学校以及大学，可以说彼此之间，没有甚么关系。再后一些，因为受了民族国家观念的影响，又把从马丁·路德以来掌握在教会手中的初等学校，收归国家直接办理。现在的国民学校，乃是由这个系统完成起来的。把这四种性质各别的学校，在尊重它们的特质与重要性的条件之下，连系起来，就成为德国的教育制度。再就这种制度中的中学教育来看，又可以看出来一些小的分歧。如同文科中学的主要课程，偏重在古文（希腊文与拉丁文）的方面；文实中学则特别注重现代的各种外国语文；高级实科中学把数学与自然科学当做主要的科目；德意志高级中学则又与本国的历史文学作为教学的目标。这四种中学各有其特殊的目标，又各有思想的背景，如新人文主义与理想主义为两种文科中学撑腰，启蒙思想为高级实科中学的后盾，以及德意志高级中学代表了国家民族的思想，所以各有其适当的稳固的基础。就是一九三八年教育制度改良运动成功之后，以国社党那样大刀阔斧的办法，仍然在教育系统中，不能不于德意志高级中学的旁边，再为文科中学留一适当的地位。所以我们可以看出，德国方面的教育组织，是先有了学校，再后才有学制系统。至于我国新式的学制发生，却恰恰走了相反的道路。"辛丑学制"颁布以前，虽已有新式的学校，但是这些新式学校，因为注重的是特殊技能的训练，所□（以）和辛丑学制不曾发生什么关系，至于辛丑以后的新式学校，却完全是依照政府颁布的法令，组织、设立起来的。民元学制变更之后，学校肄业的年限以及学校内部的一切，也立刻随着发生了变动。"六三三"的新学制发表之后，中学方面又完全换了新的面貌。我们的新式学校制度，在很短的历史上，虽有若干次的变更、改进，可是每一次所依据的原则，都是根据一种理想制定的，是自上而下的。所以就学校系统的图表上看来，表面上很合理，而且令人起一种整齐划一的美感。可是实际泥〔呢〕，真正能满足国家民族的需要么？能圆满的完成教育的使命么？怕是很成问题。

这次抗战以来，在教育方面，得到了新的认识，而且发布了许多新的施设，虽然比较已往几次教育制度的改进，有了更多的变动，可是并不曾冒然颁布变更学制的法令。这大概许是由于看到那种硬性划一、徒有表面的学制系统，只能供人欣赏而不能发生实验功用，所以才另换一个方向，不作整个的变更，而作局部的改进与适应。如同师范学院与社会教育学院的设立等等，都是很好的例举。

教育制度组织的原则，由划一的转变到"分别适应的"，至少，对于我们这历史久远、文化复杂而且幅员广阔的国家，可以说是找到了一种适当的倾向，不过，分别的适应，又有两条小的叉路，一个是"分工后的合作"，一个是"统一中的分化"。分工后的合作，目的虽在于合作，可是很容易陷入到分工后不能合作的错误中去。至于统一中的分化，乃是先有一个统一的概念，然后再在统一之中，去发挥分别适应的作用，因为一切分化的努力，都是限于统一之中，分化有约束，分化的就不至于成为分工而不合作或者陷于分裂的危险。我们的教育制度，在现在转变期间，立在歧路之间，就应该很审慎的去选择一条合适的、正当的道路去走。误入歧途虽然不能说是绝对的不能回头，可是无论就那一方面来说，都未免牺牲太大了。

现在的人类生活团体，因为文化关系的复杂，决不会再停滞在一种划一的范型中间。所以分工制度的效能，已超出了经济活动的范围，而应用到每一个方面，除非是文化单纯的到了落后的程度的人类生活团体，已不能不与分工制度发生一种不可解开的关系。这是历史演进中必然的现象，绝对不能避免。可是从另一方面来看，一个人类生活团体，尤其是现近的国家组织，于分工制度之外，又不能不进一步的去要求一种统一。一个国家如果没有一种最高统一的要求，这个国家恐怕就没有稳固的存在。这个"统一"，千万不要误会成为像分工制度实行以前的那种"划一"。划一的本质，是"机械的整齐"，统一乃是一种"有机的完形"。所以要求统一乃是向前的进展；至于划一，就成为一种开倒车的现像。这种开倒车的希望划一，不仅不"应该"，而且不"可能"。就我们所占有的领域来说，沙漠的西北能与岛屿的东南划一么？黑山白水所形成的东北能与黑白雪山对峙的西南划一么？我们过去教育制度的失败，还不就是种因于此么？至于统一，就可以免去了这种困难。在一个统一之中，每一个角落中的每一种特殊的活动，都是一方面满足其特殊的需要，同时也就是稳定了这个"有机的完形"的存在，助长了这个"有机的完形"的发展。如果有一种活动足以妨碍了"有机的完形"的存在与发展，那是不应该而且不容许的。所以满足特殊需要的特殊活动，只限于在统一之"中"，倒过来说，也只有在统一之中，才允许特殊活动的存在。一切特殊活动都是"为"一个统一的有机完形。能否对于有机完形的存在与发展有所供献，乃是批评一切特殊活动价值高低的标准。我们的国境虽然相当的广阔，我们民族的数量虽然相当的庞大，可是一个共同统一理想，那就是建国必成、民族必兴，总还可以笼罩得住。试问除了少数丧心病狂的人以外，有谁不愿意把他的一切活动的成就，供献给这个共同的理想？因此，这种"统一的分化"的原则，除了在其他方面可以应用以外，特别在教育制度的组织方面，应该加以注意。

总之，在过去我们的教育制度采用了划一的原则，结果不免令人失望。现在我们鉴于已往的教训，要转变方向了，我们要小心的不要再落在分工而不合作的陷阱之中，我们应该奔向统一的分化那条大路。

《当代评论》第 1 卷第 1 期，1941 年，第 11—13 页

# 说工读兼营

## ——大学变通论之一

潘光旦

　　抗战开始以来，最高的教育当局和主持各大学的人所最感觉痛苦的一点是，总想在这非常的一般局面之内维持原有的与一向认为正常的大学机构。大学的数目至今是一样的多，说不定还多了几个，旧的有取消的，或暂时停办的，但同时也有新的添置。播迁到内地的学校，虽在流离颠沛之中，院系的组织，学程的开设，师生的数量，图书仪器的设备，学分与学年的限制，必修选修的分配，上课、请假、休学等等的规则，一切以前所有的如今都完全依样的有，即使事实上有做不到的，表面上也不能没有。这种努力，这种知其不可而为的努力是值得赞美的。我们的教育政策似乎和外交政策很有几分相像，就是，同样的采取以不变应万变的铁的原则。

　　不过这种努力也可以引起两个批评。第一个批评是主持大学教育的人似乎存着一种心理，抗战不久就要过去，胜利不久就要到来，这是一个过渡的时期，或者可以说是一个蛰伏的时期，是易卦明夷所代表的一个时期，在这时期内我们只有隐忍，只能维持原状，只能勉力支撑一个已有的格局，只能做些抱残守阙、补苴罅漏的工作。这心理是值得批评的。抗战是总要过去的，胜利是总要到来的，但三年五年以至于十年八年是谁也说不定的，如此支撑下去，虽后大费心力，行见残阙越来越多，罅漏越来越大，安知前途没有一天，抗战还未成过去，而残阙罅漏已经多到一个无法弥补的境界呢?

第二个批评是和第一个的性质相彷的,不过更见得深刻一些。上文所说隐忍或苟安的心理据说是有民族性的根据的。据说我们的民族,因为灾荒的经验特别多,已经养成一种性格,此种性格的效用,教我们对于四周的环境,只能消极的应付,而不容易积极的制胜。我们目前抗战的军事,可以说是很够积极的了,但我们的大学教育似乎终于不免掉进了消极应付的窠臼,以前敌人作进一步的沦陷,我们的大学就作进一步的向内地迁避,有的大学迁避至四五次以上,这固然也是一种消极的应付,但这是我们不能责备的。敌人空袭的来到,大家〔学〕的师生全部向郊外疏散,空袭解除,又全部回来,照常工作,今日如此,明日也如此。这也是消极的应付,但这也是不应当责备的,因为要在这些地方化消极为积极,不是教育行政范围的事。教育行政至多只能减少消极的程度,例如学校迁避应作比较的一劳永逸之计,不要一而再、再而三的老是彷徨在旅途之上。又如空袭疏散的时候,学校可以叮嘱学生,要力持镇静,勿过事张皇等等。不过有的消极的应付与此种应付所引起的苦闷是可以避免的。例如,物价一天比一天高涨,调平物价的力量虽不在教育当局与学校当局的手里,但就能力所及而论,难道除了津贴、米贴、贷金、救济金,以及其它头痛医头脚痛医脚的方法而外,更找不到比较积极的、持久的制胜环境的措施?又如民族文化里缺少科学,国家人才里亟需技术的人才,理工两科的充实确属目前当务之紧,毫无疑问的,充实之法要不外多设理工院系,鼓励青年选择理工各科做专业,和增加理工各科的仪器与图书设备等途径,而若干途径之中以设备的充实最关重要。这一方面的设备是要向国外采购的,采购需要外汇,又需要交通路线,这两点又不是教育当局所能自由支配,使外汇一日不利于我,外国交通的路线一日不能畅达,难道我们这部分的教育工作就得长此停顿不成?就目前论,我们在这方面的积极的努力似乎是已经停止了,我们目前所在做的,似乎止〔只〕是鼓励青年加入理工科的一类消极提倡的工作，而即就此种只重格式不重内容的提倡功夫而论，又不免失诸轻理重工，根本忽略了工从理出的那一点。好像只要一经提倡，技术人才就会产生似的。此种努力的苟安将就、舍本逐末、避重就轻，和用贷金的方法来解决学生的营养问题，岂不是如出一辙？

　　本篇要说的话，一方面假定抗战短期内不会结束，假如短期内可以轻易结束的话，那结果对我们一定是弊多利少；唯其一时不会结束，我们也不希望它结束，我们在教育的设施上，好比其它方面的设施一样，必须有一些更进一步的积极的应变的办法。一方面也假定，即使抗战结束，而建国的工作正式发轫，我们在抗战期内所实施的变通的办法依然可以适用，依然不背于正常教育的原则。但兹事体大，决非一二人的思虑所能周遍，姑就管见所及，提出四个宽大的原则来：一是工读兼营；二是训教合一；三是通专并重；四是理实分途。至于这些原则的是否完全合乎事理，应该如何实施，实施时节的细目如何，当有待于专家的从长计议。本篇姑先就第一个原则说一说。

　　工读兼营的原则有人说事实上等于教养兼施的原则，而教养兼施的原则是目前的教育当局已经在实行中的。抗战以前，学校教育只管教，而不管营。抗战开始以来，清寒子弟激增，于是贷金、救济金、伙食补助、零用津贴等等的办法便应运而生。最近更有人就青年营养的问题，或发为呼吁的文字，或从事于营养化学的专题研究等等，足见主持教育的人于教育而外，事实上已经兼顾到养。这见解是似是而非的。真正的教养兼施是应当取工读兼顾或手脑并用的方式的。工读的工所生产的养是自动的养，而目前所谓教养兼施的养是被动的养，自动与被动之间，实在有很大道德的分别。目前所谓的养是等于救济，在名目上也很不客气的是救济。青年对于受公家救济的态度，可以说有三种，大多数是家境确属清寒而以受救济为无愧的，一小部分是并不清寒而不以受救济为有愧的，更有一小部分虽属清寒而是不屑于受救济的。对第一种青年，救济金一类的办法可以培养依赖与不劳而获的心理，对第二种青年更足以助长贪黩的习惯，对第三种青年则不免摧毁其自尊独立的傲气，都是很不健全的，都违反了正当的教育的原则。

工读的养是自动的。工读兼营的原则本有许多好处，职业教育运动的一批朋友提倡手脑并用的教育已有多年，认为只有这种教育才可以打破以前读书人卑视劳作的陋习，少数热心于教育试验的人也作过零星的提倡，例如上海的立达学园。工读自有其很大的教育的效能，我们是不怀疑的；不过时至今日，我们更不妨承认工读的经济的结果，而设法充分的与普遍的利用此种结果，特别是因为比起救济的政策来，这种结果要富有道德的涵义的缘故。

就事实论，目前实行工读的青年已经不在少数。大学生之中，完全靠家庭接济与公私补助的人比从前少了许多，有的在不妨碍课业的条件之下，在学校内外觅取短时间的工作；有的取得了学校的同意，得酌量少选学分，而在学校附近觅取比较长期而有薪给的工作；有的更进一步的向学校申请休学，在外就业一二年之后，再以储蓄所得做继续攻读的挹注。他们工作的种类也是不一而足，大抵除了高深的专门职业而外，目前我们都可找到大学肄业生的踪迹。工读兼营在目前已经不止是一个原则，而是一个事实，目前所缺的是组织，是合理的提调，是教育当局的承认而引为积极的政策的一部分罢了。

我主张工读兼营应该成为高等教育以至于中等教育的政策的一部分，并且认为特别应该注重生产的工作，例如园艺、畜牧之类。大学年限之内，应该划出一部分的时间，说是最初的两年罢，作为半工半读之用，或上半日工，下半日读，或每日每一学生应至少工作若干小时。其因经济情形特别困难或工作兴趣特别浓厚而愿意一面多做工作，一面延长求学年限的，也不妨设法加以容纳。

工读引起一些连带的问题，年限的问题就是一个。一向最少应读满几年的限制，当然不能没有；但可以延展至几年，或中间可以停顿几年，便大可不必限制；以前休学不得过二年的规定便可以取消，只要一个人有志力继续学业，又何必因年龄的缘故，加以阻挠？又一个是学分的问题，一个人最多应选习若干学分，当然要有规定，但最少的数量便可以不必限制。一个清寒有志的青年，因为同时要赡养家庭，愿意对于大学教育的完成，作一个七年或八年的计划，我找不到甚么重大的理由来劝阻他。假定大学的前期将采取一个一律的半工半读的办法，大学教育最少的年限，以及每年最多的学分等问题，事实上便须根本加以通盘的增损。

工读所引起的一个最大的问题是学校的环境，特别要是所做的工作是属于生产一类而势须学校当局加以通盘筹划而引为行政的一部分的话。这样的工作需要一个农村或半农村的环境，需要大量可以自由支配的面积，无论作农业生产的园地，或工业生产的厂房，比较大量的地亩是不可少的。大学的环境，就通常的情势论，本来是乡村优于都市，郊坰优于城阃，在抗战的今日与建国的将来，这种比较似乎更见得显然。

在抗战进行的前期里，大学以城市做环境是有相当的意义的。抗战期间后方生活的紧张状态或此种状态的缺乏，以及社会生活各方面的变迁，都是值得观察的。敌人对于城市的空袭，在这时期里也无须乎过于作安全的躲避的计画，因为空袭的身经目睹，在不损失个人生命的有限条件之下，就是一种教育，也许是今后教育的最重要的一部分。不过抗战已经进入相当稳定的段落以后，城市环境的价值就减少了。一则后方的社会生活也渐趋于稳定，成为一种战时的正常状态，实地观察的需要也减少了。再则敌人空袭的频数增加以后，临时疏散的需要自然加大，此种情形虽并不能减少我们的胆量，摧毁我们的志气，但有一层是不能避免的，就是心理上的厌倦。厌倦的心理是可以妨碍学业的进行的。为避免这种心理计，也为图书仪器一类的设备得以铺陈出来而供充分的利用计，一个比较久远的疏散的办法，或转移入乡村或山野环境的办法，还是有它的地位。

就大学教育对于建国的需要设想，乡村或山野环境的优于都市环境，更要见得明显。中国人口的十之七八是乡村人口，无论工业经济前途会发展到甚么程度，农业经济总是民族经济最基本的部分。不为别的，即为了和这十分之七八的人口发生联系，为了对民族的基本经济可以有些直接与不经转手的认识，大学青年应当拿乡村做他的教育环境。乡村与都市的文野程度原不能一样，但在中国，这差别□太大了。这种不应有的大差别是要教二三十年来的大学教育负责的。大学的所在地，既十之八九为大都市，而大学教学的内容，又几乎全部准备只教青年做城里人，而不做乡下人，于是成千成万从乡间吸引出来的青年就算是和乡村绝了缘。近年来乡村文明程度的特别见得落伍，这实在是最大的原因了。所以为乡村培植人才与保留元气着想，大学也应该选择乡村或山野的区域做它的环境。

最后可以说到工读兼营中工作的性质了。上文提过这种工作应当是生产的，即有狭义的经济的效用的。这种生产的工作又可以分为两类。一是一般的，即无论与前途的专业有无关系，凡属大学生，或凡属低年级的大学生，都应当参加。二是特殊的，即是与专业的准备有些关系的。理工科的学生可加入学校附设的工厂作工，或制造，或修理；法商科的学生可以管理合作社等等，可以说属于这特殊的一类。但我以为我们应当特别注意的是一般的一类，而这一类工作的性质是侧重于农业方面的。我们若不主张工读兼营则已，否则农业工作的结论是无可避免的。一则一样分配工作，只有这种工作最可以作普遍与平均的分配；再则根据上文乡村或山野环境之论，可知在这样一个环境里，最合逻辑的工作自然是属园艺畜牧等范围以内的；三则唯有这种劳作才可以教育青年对于民族的基本经济，可以有一个亲切的了解。当然农事劳作的优点还不止这几层。这种劳作最合于个人卫生，若是钟点不太多，并且根本可以看作一种游戏或改换作业空气的安排。最后，我们不要忘记，这种劳作的生产力是最直接的，最可以取得近功的。在目前的情势之下，在贷金救济的局面之内，每一大学生吃两碗白饭，也许一时还不成问题，

173

但菜蔬早就不敷分配，肉类的供给可以不必说，今后的大学生再想多吃几块肥肉，怕除了实行工读，实行兼事农业劳作以外，没有第二条路。

对于工读兼营的主张，我们发见至少有两个可能的质难。一是国家需才孔亟，工读兼营的结果不免延长大学毕业的年限，因而展缓人才的产生与供给。这质难是不容易成立的。我们承认国家举办大学生贷金与救济金之类，原有这种苦心孤诣存乎其间，但救济不是办法，上文已经说过，即使是一个办法，即使在道德的立场上完全站得住，试问十数元的法币，又能有多少大的贡献？这区区之数能维持残喘，则有之，要提高营养，则相去尚远。然则国家能"做好事做到底"，或所谓"送佛送到西天"么？事实上怕又不可能。既不可能，则大学毕业的年限，平均不免从四年展到五年六年，也是无可如何之事，自从有先修班的办法以来，这年限不已经展到至少五年了么？

还有一质难是，大学教育是很崇高的，他的目的在教人做人，教人消受中外古今一切文化的精华加以增进，如今主张工读兼营，岂不是与请学为老农老圃的樊迟犯了同样的毛病？这质难也是似是而非的。试问目前大学里职业准备的成分还少么？不少，在一般人的眼光里，大学根本是职业训练的一个场合，并且还抱憾它训练得不充分，以致大学出身的人不容易找出路！我个人平时对于大学的看法，也赞成陈义不妨较高，因为求乎其上，仅得其中。我一向并且不赞成专为职业而教育，教育的结果，做人原是第一，吃饭本领应是余事。但从教育与身心锻炼的立场，适当的劳作是有很大的价值的，这一层谁也不能否认。主张工读兼营的人无疑的应从这一层出发，作为他的基本的立场，劳作的结果而能有助于生产，能于生活的营养有所补益，那也是值得欢迎的一个副产品。工读教育不至于妨碍做人与通识的教育，以后别有讨论。

时至今日，大学的生活势非加以变通不可了，工读兼营便是变通的一个方向。西洋天主教寺院里的学者往往兼营农业，划时代的孟特尔遗传法则就是这样一个和尚学者的贡献。中国民族也原有耕读并行的理想，这理想是很健全的，民族不少的元气，就是经这个理想保全下来的。假若我们一面想呼应与实行这民族原有的理想，一面又承认适当的劳作，特别是在发育的年龄里，对青年有很大的教育的价值，还有第三面，即对目前抗战的环境与需要，真想力图顺适，自求多福，为甚么不把工读兼营的原则，有规模的实验一番？

《今日评论》第 5 卷第 2 期，1941 年，第 20—23 页

# 战时教育应有的新措施

吴　晗

　　从敌寇发动中原攻势，洛阳、郑州、长沙、衡阳、全州、零陵、桂林、柳州相继沦陷，半年多工夫，失了土地不少。敌寇□企图完成它的大陆运输线，完成它的大陆占领计划。之后，我们在报章上，发见成都九大学的提前结束学业方案，教育部命令近战区各校提前结业，本市云南大学已经得到部令，西南联合大学也决定将期考提前两星期举行。

　　在□（报）章上，我们也看到□（一）件□悲□可□□（叹）的事。□广西大学在烽火中，师生流离失所，一迁□（再）迁，最近也□是到了迁无可迁的地步了。湖南大学情况不明，曲江中□（大）也传□在迁来迁去，贵州大学迁到绥江，浙江大学似乎也在乔迁过程中，至于河南、湖南、广西三省的几十百所的培养青年的各级中学的命运，更可想而知了。

　　抗战八年，所受的苦痛不可说不多，惨酷的经验不能说不深。然而，这些苦痛，这些经验，似乎都白白糟蹋了，痛一定，经验一过去，依然粉饰升平，弦歌不辍，战时如平时，美言之曰镇定，其实骨子里是麻木不仁。教育和战争完全脱节，学校如乌托邦，如桃花源，亦如象牙塔，完全□（独）立于现实世界之外。

　　等到鼙鼓动地，炮火逼人，战争逼近身边，才恍然于战争所消灭的对象，原来也包括着受教育或在教育的人们。无勇无器，固然说不上卫

176

国，卫地方，卫举校，甚至自卫也不敢想□，只好走为上策，"最是仓皇离校日"，各奔前途，得不到交通工具，无衣无食无住所，被溃军，被游匪所掠夺凌辱，以千以万计的青年在流离颠沛中。

这一痛是八年来所受的大痛，这经验也是八年来的大经验。在痛中思痛，在经验中检讨过去和现在，亡羊补牢。如再讳疾忌医，我们这一代将为列祖列宗以至子子孙孙的民族罪人，万劫而不可复！

过去，显然有几个畸形的现象，为国人和世人所苦于了解的。

第一，现在的战时各国，不论是侵略者或被侵略者，学校的数量都在减少，方式之一是停办，之二是合并，□（之）三是变质，从教育学生转变而为教育军人，使之更合适于战争的需要。在我国，恰好相反，国立专科以上学校从战前的几十个，八年来增加而为一百几十个。学生的人数自然也照比例增加。国立中学也创设了许许多多。学校增加，学生增加，经费自然也在增加。然而，合理的师资和设备却并不能因之而有比例的增加，于是到处闹师荒，到处闹图书仪器荒，粥少僧多，政府一视同仁，于是又到处闹经费荒。除了有限的□（几）个有历史的破落户式的学校以外，若干新设的有的是有学生而无教师，有的点缀了几个教师而招不到学生，有的敷敷衍衍硬凑数，助教讲课，讲师捧场，有的索性节省经费，全部功课请他校教师客串。结果呢？大家都明白，教师标准如水之就下，学生程度自然也近墨者黑了。师生的水准一例低落，大学有如战前之高中，中学以下不问可知。

第二，战事起后，政府当局和社会名流特别爱惜青年学子，爱惜他们在学校中的子弟，用种种大义勉励学生继续求学，在兵役法公布以后，仍对学生制有免役和缓役之特权，甚至当目前军事危机最严重的关头，国家需要知识青年最殷的时候，还不忍用法律□（征）调，而采用志愿从军的方式。从政府对学生属□之殷说，在学的学生生活和学校的现行制度八年前就应□（该）有通盘的改革，以适合战争的需要，但是，在事实上，依然故步自封，战后和战前的一切，丝毫未变。课程

177

的内容减缩，内容依旧，□（种）类依旧，名目依旧，繁重依旧，甚至所谓军训之单调的开步走、立正也亦依旧！要有变动，也无非是名目上与门面上的增加，而实际内容的减缩罢了。

第三，留学政策在文化、在工业落后之我国，育才异地，原为不得已之权宜。在战前论者已深感非计，主张提高国内学术水准，必需科目采聘诸国外专家来华讲学之办法，至于机械、理化诸科，非有特殊设备及实习场所不可，也应该严格遴选真才，使造就一人即有一人之用。战事发生以后，这原则被放弃了，在战争正激烈时，政府派遣无数批之大量留学生，远计为战后建国之用，贵游子弟、市井浪人，也争先恐后，以求学之美名，遂避地之妙计。相对的英、美各国大学，合龄学生全部参加战时工作，或到□陆，或来东方，在学的除□（残）废和不合龄的青年以外，只有军人和□（出）国的避役壮丁，腾笑异邦，玷辱国体。

第四，政府一方面宣传民权主义，并一再声言，将实现民主，但今日的教□（育）政□（策）却与民权主义及民主政治多背道而驰。学术自由与信仰自由在一切学校中还谈不到。目前世界上只有德、义这类法西斯国家，才不许人民有自由的意志。就所见所闻的流弊而说，甚至有无知的党团员干预学校行政，破坏学术尊严的现象发生，而政府不能严加纠正。此于国于民，都无是处。

第五，战□（争）八年来，物价平均涨了一千几百倍，教师的薪给不过增加了五十倍，无法维持最低的生活。学生来自沦陷区的，出自贫寒的，虽然政府加□（倍）爱惜，为国育才，不惜费国库巨帑，予以津贴贷金，可是物价走得太快，贷金往往只能维持半数的供给。营养不良，体质日坏，师生同病，纷纷自求活命之道，兼差兼业，甚至经商设肆，学业荒废，信誉扫地，学道成为市道，学校成为商厂，穷病苦死，恶趣备尝，教育上尊严、清高种种形容词，都被物价一扫而去。命脉丧，国何以国？

现在，针对着这些□（状）态，我们具体地提出战时教育应有的新措施。

第一，过去重量不重质的政策应该澈底倒过来，成绩不好、师资和图书设备不够的学校一律停办，其余的学校同在一地，性质相同的应该合并。集中优良师资，集中图书仪器，将原有的教育经费维持几个好学校。同时，该建立一个新制度，废去人〔入〕学考试制度，经政府认可的小学毕业生，可以自由进任何中学，中学毕业生可以无条件进任何大学深造。各级学校的标准提高，课程加严，不及格的随时淘汰，各级学校毕业生的就业由政府全权支配，毕业即就业。

第二，在民主政府的全民动员之下，应该实施兵役法，合龄的学生，一律参加军队，成为国防军，役满后回原校继续学业。不及龄的青年，在校时应该学□（习）射击、驾驶、通讯、□护、战术的严格训练，使之不但平时可以卫身，必要时可以卫地方，卫国家，学校军队化。在这原则下，选修的课程可以减少种类，必修课程可以减少钟点，腾出一半时间使学校成为军营。同时学校也可以利用其他的一半时间，替国家的军队服务，把军队学校化，使每一个现代的国家军人，都可在大学中受短期的专门的训练，提高国军的技能学识和素质。

第三，国人出国应该严加限制，和抗战任务无关的一律不发护照，已在国外的学生和壮丁，凡合于役龄的，无论是贵游子弟，或是实业巨子，一律由大使公使馆登记，遣送回国服役，或者直接由盟邦商洽征用，参加进攻日本部队的军队中勤务，省去由国内派遣之烦。至于整批的留学生，在军事危机尚未解除、国境尚未尽复的几年中，应该在国内征服兵役，一来免得出国后被征，白糟蹋时间和旅费，二来省得在国外受人白眼，保持中国青年的尊严。

第四，在民主政治之下，党务应该和学校完全分开。参加政党与否应是个人的自由。国立学校属于国家，应置于党派的地位。也只有超出党派利益的学校，才能造就有独立精神、自由思想，为国家、为民族服务的人才。

第五，在上边几个原则都办到以后，学校数量减少了，学生数量也减少了，课□（程）种类减少了，时间也减少了，用原有的教育经费来维持经过新变革以后的好学校，教师待遇可以提高到维持生活水准的地步，学生膳食可以提高到足够营养的地步，师生同饱，不但经商营私的恶习可以根绝，连兼业兼差的弊病也可以肃清了，师道复尊，教育复兴，都不成问题了。

我们认为只有这样，才能使平时如战时，学校如军营，才能使教育与生活一致，学业与战争一致；也只有这样，才能说得上动员，才能使学校的生命、学生的前途得有保证，国家民族的命脉得以永存而不□（堕）；也只有这样，才能保证最后胜利之取得，和建国之必成！

《民主周刊》（昆明）第 1 卷第 3 期，1944 年，第 3—4 页

# 自由、民主与教育

潘光旦

本稿是从两次演讲的内容缀合而成的。第一次，《自由与教育》，是应自由论坛社之约为了纪念"五四"讲的；第二次，《民主与教育》，是应云南大学政治学会之约讲的，是"民主政治系统演讲"的一个。（光旦识）

人世间三角的局面很多，自由、民主与教育所构成的也是一个，并且是很重要的一个。除了天、地、人的三角，除了遗传、环境、文化的三角，大约没有比它更大更重要的了。这三角之中，自由很显然的是生命的目的，教育是达成目的的手段，民主可以说是运用这手段的环境。没有民主的政治与社会环境，自由的教育是做不到的。这至多是从事对于教育而对于政治没有直接的兴趣的人不得不有的一种看法。若在一个政治家或政治学者看来，教育也未始不是造成民主环境的一个手段。综合两方面的立场看，我们不妨说，教育需要民主的环境，而这种需要的满足，一部分，以至于大部分，也得靠教育的努力；期待着民主环境的来临，再实行以自由为目的的教育手段是不可能的，是不通的。

我们先讨论三角的两边——自由与教育，然后配上第三边——民主。

一年以前，我对自由的看法，曾经有所论列（《大国民报周刊》第二十六期）。消极方面，我认为我们决不能把自由与散漫混为一谈，因为散漫的人不自由，他不能随时集结；也不能与放纵混为一谈，因为放纵的人也不自由，他不能随时收敛。只会打游击战的人，只会打阵地战的人，是同样的不自由。一个拘泥的道学家，一个沉湎于声色、货利、权位的人，也是同样的不自由。积极方面，我又提出自由就是中庸，就是通达，如果我们把不偏不易的旧解释撇开，而把中庸的概念和经权的概念联系了看，甚至于当做一回事看（实际上是一回事，"中庸不可能"之理就是"可与立未可与权"之理），我们就很容易得到这样一个结论。我提出这一点来，目的端在指出自由一词所代表的看法并不是一个标新立异的看法，更不是相当于洪水猛兽的看法，我们大可不必因谈虎而色变。下文还是一贯的用自由二字，而不用中庸二字。

自由是生命的最大目的，个人要自由，社会也要自由；西方自希腊时代起，中国自先秦时代起，都有此看法。唯有自由的生命才能比较长久的保持它的活力，个人如此，社会也是如此。生命脱离了人力的控制，不再自由收放，自由分合，自由的斟酌损益、补短截长，是迟早要陷于死亡的绝境的。个人的不能尽其天年，民族社会的昙花一现，大抵可以近溯到这一层基本的原因。特别是在民族社会一方面，因为它不比个人，以常理推之，是没有甚么天年的限制的。

不过社会的自由终究建筑在个人的自由之上。一个建筑在奴隶经济上的社会，一个百分之一是独裁者，而百分之九十九是顺民所组成的国家，要维持长治久安，是不可能的，历史上既无其例，当代一二尝试的例子也正在很快的摧杀败坏之中。

个人的自由不是天赋的，是人为的；不是现成的，是争取的。以前西方的政论家认为自由是天赋人权之一；究竟有所谓人权，此种人权是不是由于天赋，我们姑存而不论，我们只承认人既不同于普通的飞走之伦，便不会没有自由的企求。飞走之伦，内则受制于本能，外则受制于环境，是说不上此种企求的。人也未尝没有本能，但本能可容制裁、疏导；人又未尝不仰仗环境，但环境可容选择、修润，以至于开辟、创制。能抑制疏导我们的本能，能选择、修润、开辟、创制我们的环境，就是自由，就是我们所以异于寻常飞走之伦的那一点"几希"，去此几希，名称是人，实际是禽兽。

不过这种应付本能与应付环境的力量，在人类也不过是一种"潜能"，而不是一种"动能"。要化潜能为动能，端赖教育。潜能之说，可能就近乎以前政论家的天赋人权之说，但要潜能变成动能，而发生实际的效用，却终须人工的培养，人工的培养就是教育。

教育不是我们一向有的么？既有教育，岂不是自由就接踵而来？这却又不尽然。教育是一个很中听的名词，因此它可以成为许多东西的代用的名称。宗教信条的责成是"教育"，《圣谕广训》是"教育"，社会教条的宣传是"教育"，一切公式的灌输都是"教育"。如果这一类的措施是教育，北平便宜坊中填鸭子的够［勾］当也就不失其为教育了。因为凡属经过"填的鸭子"，确乎在短期之内会有长足的发展，而可以派一种特殊的用处。这些当然不是教育。近代所谓教育正坐"填鸭子"的大病。吃是一些本能，鸭子有食必吃，不懂得适可而止的道理，于是就走上一条畸形发展的路。我们目前号称的教育又教了我们几许自动控制我们本能的理论与方法？我们名为受过教育，又有得几个能在声色、货利、权势的场合之中，周旋中节，游刃有余？

控制环境，未尝不是近代教育的一大口号。但环境不止一端，就在物质环境说，这口号是多少兑了现的，但若就所谓意识环境说，教育所给予我们的，不是一种自动控制的力量，而是往往把另一些人所已控制住的环境，强制的加在我们身上，我们连评论的机会都没有，遑论抉择、修正、开辟、创造。物质环境的多少还容许我们控制，不用说，也是三百年来科学昌明的一种效用，是科学传统的一部分。至于意识环境的不容许我们控制，而只容许我们接受别人所已控制住的某一种环境，接受别人的摆布，接受希特勒一类的人的摆布，那显然又是西方中古时代宗教传统的一部分。别人把规定好了的意识环境交给我们接受，教我们相安，也就等于被"填"的鸭子必须被圈在一定的范围以内，不能有回旋的余地一样。在圈定的极小的范围以内，接纳与吸收一种指定的事物，而且非接纳吸收不可，在接纳与吸收的一方面，一半因天性，一半因积习，终亦安于享用现成，不识挣扎为何物——这便是被"填"的鸭子与当代"受"教育的人所有的一种共通的经验。

自由的教育是与"填鸭子"的过程恰好相反的一种过程。自由的教育不是"受"的，也不应当有人"施"。自由的教育是"自求"的，从事于教育工作的人，只应当有一个〔责〕任，就是在青年自求的过程中加以辅助，使自求于前，而自得于后。大抵真能自求者必能自得，而不能自求者终于不得。"自求多福"的话见于《诗》《传》《孟子》。孟子又一再说到"自得"的重要，政治之于民众如此，教育之于青年更复如此。孟子"勿揠苗助长"的政教学说也由此而来。先秦学人论教育，只言学，不大言教，更绝口不言训，也是这层道理。（说详拙稿《说训教合一》，昆明《中央日报》，三十年五月二十六日与六月三日）

自由的教育，既着重在自求自得，必然的以自我为教育家的对象。自由的教育是"为己"而不是"为人"的教育，即每一个人为了完成自我而教育自我。所谓完成自我，即用教育的方法，把自我推进到一个"至善"的境界，能否到达这个境界，到达到一个何种程度，一个人不能不因才性而有所限制，但鹄的只是一个。自由教育下的自我只是自我，自我是自我的，不是家族的、阶级的、国家的、种族的、宗教的、党派的、职业的……这并不是说一个人不要这些多方面的关系，不要多方面生活所由寄寓的事物，乃是说教育的主要目的是在完成一个人，而不在造成家族的一员，如前代的中国；不在造成阶级的战士，如今日的俄国；不在造成一个宗教的信徒，或社会教条的拥护者，如中古的欧洲或当代的建筑在各种成套的意识形态的政治组续〔织〕；也不在造成一个但知爱国不知其它的公民，如当代极权主义的国家，以至于国家主义过分发达的国家；也不在造成专才与技术家，如近代一部分的教育政策。主要的目的有了着落，受了尊重，任何次要的目的我们可以不问；

无论此种目的有多少，或因时地不同而有些斟酌损益，我们也可以不怕——不怕任何一个次要目的的畸形发展。

自由教育，既以自我为主要的对象，在方法也就不出两句先秦时代的老话所指示的途径：一是自知者明，二是自胜者强。先秦思想的家数虽多而且杂，在这一方面是一致的。明强的教育是道家、儒家、法家一致的主张。更有趣的是，西洋在希腊时代所到达的教育理想也不外这两点。太阳神阿普罗的神龛上所勒铭，一则曰"认识你自己"，那就是明；再则曰"任何事物不要太多"，如用之于一己情欲的制裁，那就是强。就□（今）日的心理常识言之，明是理智教育的第一步，强是意志与情绪教育的第一步。惟有能自明与自强的人方才配得上说自＜己＞由。认识了整个的世界、全部的历史，而不认识自己，一个人终究是一个愚人；征服了全世界，控制了全人群，而不能约束一己的喜怒爱憎、私情物欲，一个人终究是一个弱者。弱者与愚人怎配得上谈自由？这种愚与弱便是他的束缚，束缚是自由的反面。话说到这里，我们口口声声说自由，实际上也就讲到了中庸。说到了自知自胜，也就是等于说自由教育的结果，不但使人不受制于本能，更进而控制一己的本能，以自别于禽兽。总之，这些都是可以和上文呼应的话。至于自明自强之后，再进而了解事物，控制环境，整饬社会，创导文化，所谓明明德之后，再进而新民或亲民，那都是余事，无烦细说了。自求自得的教育，亦即以自由为目的教育，大意不外如此。至于从事于教育的人，对青年所适用的努力，只能有侧面启迪的一法，而不容许任何正面灌输的方法，亦自显然，勿庸再赘。

说了自由教育的对象与方法之后，再说几句关于实际设施的话。人生的大目的，上文说过，是自由，是通达，是中庸。三事虽不失为一事，却多少也可以分开了说。生活是人与环境缀合而成的。如果我们的论议着重在人，或人在环境中的所以自处，我们不妨说生活的目的是求自由或求中庸。如果我们比较的着重环境，或人与环境的关系，那我们就不妨说，生活的目的在求通达。一个对外比较能通达的人，必然是对于一己的生活比较真能讲求自由与中庸的人。如今说到实际而有组织的教育设施，我们的注意点当然是侧重在生活比较外缘的一方面，我们就不妨更率直的说我们的目的在求通达。目前小学、中学、大学各级的学校教育，特别是大学教育，目的应该在求各种程度的通达。但理论上的应然是一事，实际的已然又是一事。我们今日所有一切学校教育不是不通达，便是似通达至〔其〕实不通达，严格言之，似乎根本不以通达为职志，一切技术与职业教育无论已，就是大学教育也无非是造就一些专才、一些高级的匠人，西洋有此情形，效矉的中国自更不免有此情形。目前实际教育的危机，最迫切需要改革的一事，我以为莫大于此。西洋把近代连一接二的大战争归咎到这种教育上的大有人在，我最近所选译的赫胥黎《论教育》一稿，便是一例。举世全是匠人，而没有几个通人，平时则为生计而铢锱必较，有事则操斧斤作同室之争，自然是不可避免的一个下场了。

最后我们约略提到教育应有的民主的政治与社会环境。人民两字并称互用，民即是人，也是西洋与中国的民主思想里共通的一点。无论我们对于民主一词作何解释，它的最基本的假定是：每一个社会的分子，每一个人，必须有自主与自治的能力，如果还没有，至少要从事于此种能力的培养。所谓自主与自治的能力，岂不是就等于上文所说自明与自强的能力？而所谓培养，岂不是就等于教育？所以上文早就暗示过，从教育的立场看，惟有一个真正民主的政治环境，始能孕育真正自由或通达的教育，而从政治的立场看，惟有真正的自由或通达的教育才可以造成一个真正的民主国家，二者实在是互为因果的。目前此种政治与教育，即在比较先进的英美，也尚待努力；至于中国，实际的努力怕一时还谈不到，不过，根据上文的议论，我们所祈求的是朝野人士有一番新的认识，知道自由教育与民主政治不但是不可分离的两个东西，而是一个健全的成国体的社会所必具的两个方面。

　　不过一面作原则上的认识，一面也不妨着手做几件实际的措施：第一，国家的统制应尽量的轻减，特别是在大学教育一方面；政府和其它有组织的社会势力应自处于一个辅翼的地位，特别是在经济一方面，而于意识一方面应力求开放，避免干涉。第二，应辨别教育与宣传是相反的两回事，宣传工作的扩大就等于教育工作的缩小，要真心辅翼教育，就得尽量的限制宣传，小学教科书应该大大的修正，就是一例。商业的广告与宣传是一邱［丘］之貉，也应接受同样的待遇。同时，各级学校应当把所谓解析意念（disociation［dissociation］of ideas）的技术教给青年与儿童，使不受宣传与广告的蒙蔽（参上期《自由论坛》《暗示的抵抗及其它》一稿）。第三，大学教育应增加共同必修的科目，即不能增加，也应鼓励学生尽量的学习，此种科目应为一些自然科学、社会科学与人文科学的基本学程，尤其重要的是人文科学。第四，技术教育也应该修正，我们必须把技术所引起的人事与社会影响一并讲授给青年学子。前两点与自由教育的方法有关，后两点与此种教育力求通达的目的相涉。诚能做到这几点，我们对于自由、民主与教育的三角联系，就尽了一些初步的促进的力量了。

　　　　《自由论坛》（昆明）第 2 卷第 6 期，1944 年，第 3—5 页

# 说乡土教育

潘光旦

　　十二年前有机会到江苏金山县去游览，因便在金山中学演讲一次，归后写了一篇稿子，叫《忘本的教育》，目的在说明近年来一般史地教育的不够多与不够活。八年前，为西南联大觅取一部分校址，有机会到云南玉溪县的九龙池，当时昆华中学高中部拉我讲了一次，□回来写了一篇《说本》的稿，显而易见是由于九龙池的水和饮水思源的旧话引起的。最近保山县为了修志工作，约联大、云大一部分同人前去帮忙，因便又有演讲的机会，我讲的题目之一是《务本的教育》，中间谈到的一个方面是乡土教育。归后，保山旅昆同学为他们的刊物索稿，即就当日关于乡土教育一部分的话引伸为此稿。《忘本的教育》《说本》《说乡土教育》前后三稿，所跨的时限虽有十二三年，立场只是一个，就是"务本之义"。这对于读者虽不大相干，对我自己，却觉得是值得省忆，把前后贯串起来，而在这里记上一笔的。（光旦识）

　　一切生命的目的在求所谓"教育"。这是百年来演化论的哲学所发见的一个最基本、最综合的概念。这概念的西文名词，我们一向译作"适应"或"顺应"。我认为这译名是错误的，误在把一种相互感应的过程看作一种片面感应的过程。人与历史的关系，人与环境的关系，都是相互的，即彼此之间都可以发生影响，引起变迁，而不是片面的。说历史与环境完全由人安排，是错误。说历史与环境完全支配着人，也是错误。近来常有人说到"历史的必然性"和"潮流必须顺应"一类的话，不止当看法说，更当做金科玉律说，显然是犯了后一种的错误，而此种错误的责任，我认为至少有一部分要归"适应"或"顺应"的译名负担。

其实演化论所揭橥的若干概念，文明人类的经验也早就揭橥过，说此种经验揭橥得不够切实，不够清楚，则有之，说经验中完全没有这些部分而无从揭橥，则不可。即如在中国人的生活经验里，"顺应"那个错误的译名所代表的概念我们很早就叫做"位育"。《中庸》上说"致中和，天地位焉，万物育焉"，后世注经先生又加以解释说"位者，安其所；育者，遂其生"，安所遂生，是谓位育，任何事物能安所遂生，能位育，岂不是恰恰可以代表演化论中那个译错的概念。同样一个译名，顺应或适应给我们一个错误的看法，即总像人在迁就，而历史与环境不是屹然不动，便是颐指气使的向人作威作福；位育则没有这些毛病。

教育的目的不止一个，而最概括没有的一个是促成此种位育的功能，从每一个人的位育做起，而终于达到全人类的位育。其实这最后所达到的境界，教育也大可以不管，因为，如果因教育的努力，而人人各得其位育，人类全部的位育是不求而自致的。

教育虽是一个人与历史、人与环境相互感应的过程，从教育的立场说，要教育来促进位育的功能，却不能不分一个本末宾主，因为教育的对象终究是人自己，而不是历史，不是环境。我们不得不假定人是本，历史是末；人是主，环境是宾。人也许是很无能的，也许在在不免受历史与环境的玩弄摆布，但我们不得不假定人可以修正环境，开辟环境，可以指引历史，创造历史；因为不如此，我们便无法施行教育，甚至于教育便根本没有了存在的理由，我们名为是人，实际上也尽可以浑噩一生，与鸟兽草木同腐，一任历史忘怀、环境埋藏就是了。

从本位教育的立场说，任何人的生命是在一个十字街头，是在一个四达之衢的中心。这十字街，这四达之衢，东西指的是空间，是自然环境成［或］地理环境：南北指的是时间，是往古来今，是历史。而十字街的交叉点是当时此地和与当时此地发生紧密接触的我，就教育工夫的本末宾主说，我是本，十字街头是末；而东西南北两街的延展至于无尽是本之末，或十字街头本身，因为去本不远，也不妨算是本，而延展的部分对它还是一个末；本末之分原是比较相对的。

所以讲求本末的教育才是真正的位育的教育，也才是真正的教育；不求位育、不讲本末的教育根本就不配叫做教育。此种教育也因此有由本及末、由近及远的三个步骤。第一步是关于人的，其间又可以分做两部分：一是关于一般人的，关于人与非人的界限分别的；二是关于个别的人的，关于我与非我的界限分别的。此一步教育的目的是在取得人对于自己的了解，淮［进］而对于自己控制。第二步就涉及十字街的交叉点与其邻近的地带了，这就是题目中所说的乡土教育了，包括乡土的历史与地理。第三步才是一般的史地教育。这两步的目的也不外先之以了解，继之以控制。这里所称的史地，不用说，都是最广义的，如果第一步里包括一切关于人与社会的学问，第二、第三两步里的"史"就包括一切的人文科学，而两步里的"地"就包括一切的自然科学。以此绳目前流行的教育，无分中外，可知大病所在，即是本末倒置，或舍本逐末，目前最受关注的是第三步。第二步，特别是在中国，在乡土观念一向很发达的中国，几于无人问津，中小学的教科书既成为国定，标准题材既须全国一致，又怎能容许师生注意到某一个角落的个别情形呢？第一步也是特别受忽略的，特别关于个人的部分，关于每一个人的自我了解与自我控制的部分，也就是全部教育中最最基本与主脑的部分。

关于本末先后的三步教育，第三步我根本不准备讨论。目前的教育有的是第三步，并且可以说第三步已畸形发达为教育的全部，此种教育的绝对的分量尽管有限，相对的分量却早就成畸形之势，成喧宾夺主之势。第一步我在别处另外已有讨论，这里也不多说，我准备特别提出来而多说几句的是第二步，即乡土教育，乡土的史地教育。

近代教育下的青年，对于纵横多少万里的地理，和于上下多少万年的历史，不难取得一知半解，而于大学青年，对于这全部历史与全盘的环境里某一个小角落，可能还了解得相当详细，前途如果成一个专家的话，他可能知道得比谁都澈底。但我们如果问他，人是什么一回事？他自己又是怎样的一个人？他的家世来历如何？他的高曾祖父母以至于母党的前辈是些甚么人？他从小生长的家乡最初是怎样开拓的？后来有些甚么重要的变迁？出过甚么重要的人才？对一省一国有过甚么文化上的贡献？本乡的地形地质如何？山川的脉络如何？有何名胜古迹？有何特别的自然或人工的产物？他可以瞠目咋舌不知所对。我曾经向不少的青年提出过这一类的问题，真正答复得有些要领的可以说十无一二。这不是很奇特么？个人家世除外后，其余的问题都属于所谓乡土教育的范围。

乡土教育可以有许多很显明的贡献，我不妨在此数说一下，此种贡献既属显明，原无待数说，但因为近年来我们太把这题目搁过一边，于是显明的也成了暗晦。第一点贡献是从本末宾主的原则来的，上文已经有过一番讨论。良好的公民要由教育产生，但目前流行的教育，即使办得极好，所能造成的公民是多少有些不着边际的，没有重心的"满天飞"的，找不到据点或支点的。因此，教育虽在他身上培植出一份力量，那力量不是无从施展，便是零星浪费，至多也不过是蜂拥麇集在少数区处。例如若干大都会，造成了历年来都鄙与城乡之间那种头重脚轻的不健全的形势，一部分古代的眼光认为这是对的，这是一种"强本弱末"之计，不但加以欢迎，并且还要运用政治力量强制的促其实现，例如汉代几次的把豪强富户移徙到京师和附近的陵寝地带。但近代需要不同了，民主政治的一部份基本看法应该是，民是本，政府是末，地方是本，中央是末，而就中国比较特殊的情形说，我们还不妨添上，乡村是本，市是末，农是本，工商终究是末。我们不准备踏上民主的坦途则已，否则第一步便应该清楚这种本末的关系，而第二步就是根据了此种关系把教育的努力转换一个方向，再作一番部署。所以，我们便必然的感到乡土教育的重要，而乡土教育的成效，便是合乎民主原则的一番新的强本而末也不弱的局面。

第二种贡献是乡土教育比较的最脚踏实地，正因为乡土教材是最脚踏实地，近代教育最注重科学方法，凡事要青年学子躬自观察，躬身体验，在自然科学一方面，这种观察与实验的一般的机会当然是有的。但在史地一方面，特别是比较狭义的史地，其注意所及既始终是一般的，即不是通国的，就是世界的，其所用的题料势必是十之八九限于现成的书本与图表，而躬自观察与体验的机会十不一二。如果地方中小学发达，而又能充分的注意到乡土教材，则此种机会无异是放在眼前，俯拾即得，而每一个青年，从儿童时代起，在出外升入大学以前，至少可以有八年十年的观摩与踏勘的训练。百年前，美国生物学家阿加西兹再三叮嘱青年们"要研习自然，不要研习书本"。中国教育一向专重书本，青年"读死书，死读书，读书死"的至今依然大有人在，在自然科学教料与教法尚未能充实的今日，要改革此种习惯，我认为最良好与现成的途径，是在中小学时代充分注意到乡土的史地教材与办法。

从对于乡土的认识，我们就进到对于乡土的爱好，这便是第三点贡献。中国人对于乡土，是一向具有极大的同情的，所谓桑梓之情或扮榆之情的即是，大约除了家庭戚眷的爱好而外，乡土之爱，在中国人的情绪生活里，要占到第一位，这原是很自然的。我们的问题决不在此种爱好的太少，而在太多与太滥，太不分皂白，而其原因正在认识不够，或不够客观；不够客观的认识所产生的爱好必然是盲目的，是感伤主义的，和母亲的溺爱，与情人眼里的出西施，属于同一范畴。这种盲目的爱好在社会生活上曾经发生许多不良好的影响，在政治上造成不少的弊病，在推行法治时成为有力的障碍，是谁都知道的。而凡百弊病的症结所在，总是一个私字，一种阿私，一种乡土之私，乡土之私虽比一己之私、一家之私大得一些，但也还是私，在请求大公的民主社会里是没有地位的。如今要在这方面"八么为公"，除了适当的乡土教育而外，我认为没有第二条路。乡土教育教每一个人对自己乡土有客观的认识以后，能够进而和别人的乡土作客观的比较以后，他的爱好也就容易成为有条件的，有制裁的，有分寸的，而不是一味的盲目的了。一般的论调总以为只要交通方便，来往频繁，此种盲目的爱好就自然趋于消灭。不错，消灭是必然会的，但应知上文所再三申说的根本的观念也就同归于尽，要培植此种根本的观念，适度的乡土之爱是有地位的，并且是必要的。上文已经说过，问题并不在此种爱的存在，而在它的浮滥。《诗经》上说："惟〔维〕桑与梓，必恭敬止。"具有恭敬的态度的爱好是有距离的爱好，是能明能远的爱好，乡土教育所要栽培的就是这种情绪。

一个人有这了〔了这〕样的情绪，他才不至于轻去其乡，这又是乡土教育的第四点的贡献了。中国人，就绝大的多数说，是安土重迁的，在以前轻去其乡的现象是不多见的，除了"时难年荒世业空"的形势之下，"羁旅西东"或一般移民的活动总属例外，不过轻去其乡的现象近代已一天比一天流行。这其间原因不止一端。交通的方便当然是一个，地方政治不清明，乡村的得不到保障，致使经济濒于破产，当然也是一个。但从本文的立场看去，更重要的一个可能是一般人对于乡土的爱好，浮滥的情形虽未改，而淡薄的程度则有加。一个人在别处遇到同乡，周旋，拉拢，援引，攀附，可能是不减当年，但若教他回到家乡，替桑梓谋些福利，他总觉得有几分不屑。如果他的年龄已属向暮，他可能想起"树高千丈，叶落归根"的老话，及时遄返家园，于享受一些残年清福之后，终于加入祖宗的邱垄。但近来此种情绪亦已日见削弱，而实行归老的也日见减少。即使不减少，试问，对于桑梓的繁荣又有得几许实惠？总之，在这一类轻去其乡的人的心目里，似乎是故乡已经没有甚么值得留念的地方；至于终于归老归死，也无非是一种感伤主义的表现罢了。

故乡真无一事值得留恋么？不，无论就任何人的故乡说起，值得留恋的地方正多，问题是在他的童年与青年时代，我们没有把家乡情形，包括广狭义的史地在内，充分的介绍给他，让他观察、鉴赏，让他留下一个深刻的印象，觉得前途值得继续观察研究的是些甚么现象，值得维持助革的是些甚么事业，值得探讨解决的又是些甚么问题，这又是回到乡土教育的话了。如今乡土教育既不存在，则此种印象自无从取得，及其为就学就业而暂时寄寓他方，他对于家乡的问题事物，也就不会再有心存目想的机缘，家乡对他也再无吸引的能力，而同时异地的风光情调却又不断的与以刺激诱惑，终于教他对于乡土的关系，由淡漠而忘怀，由忘怀而懋置。约言之，就地方福利而论，地方中小学不能运用乡土教材的结果，是断送了人才，驱逐了人才，决不是造就了人才，此种忘本而不健全的教育愈发达，则驱逐出境的人才越多，而地方的秩序与福利愈不堪问。

近年来国计民生的大问题之一是地方的凋敝和农村的衰落，大家都看到这问题，但一般人对于这个问题的分析似乎始终限于经济与政治两个方面。此种分析实际上没有能尽这问题的底蕴与症结。底蕴与症结所在，我以为直接是人才的，而间接是教育的。如果农村中比较有志力的份子不断的向城市跑，外县的向省会跑，外省的向首都与通商大埠跑，人之云已，邦国殄瘁，试问地方又安得而不凋弊，农村又安得而不衰落？地方政府的混浊，农村经济的破落，后来虽也未始不成为人口漂流到都市的重要原因，而当其初，则显然是人口中比较有志力的分子轻去其乡之果，至于此种分子之所以轻去其乡，则我以为缺乏乡土教材的中小学教育实负始作俑者的责任。所以这就是我们的结论了，要纠正目前头重脚轻、末强本弱的大病，而企求每一个国民得所位育，地方得所位育，以至于通国得所位育，很大的一部份的工作应从乡土教育入手。

《再生周刊》第 117 期，1946 年，第 7—10 页

# 人才培养探讨

# 论导师制

冯友兰

我没有学过教育学，没有办过中小学，所以对于中小学教育完全是外行。本篇《论导师制》是就大学教育说。这是要先请读者注意底。

"导师制"是一个西洋底名词。推崇此制者，多引英国的牛津、剑桥二大学为例。我们先说牛津、剑桥二大学的导师制的来源。我们设想，在北平的西山，某皇帝在某处设了一个禅院，里面有一处僧寮、一座佛殿、一座经楼、一座斋堂，然后再招了许多僧众住在僧寮"修行"。佛殿供他们拜佛，经楼供他们念经，斋堂供他们吃饭。另外有一个贵妃，在附近底地方，也修了一个禅院，其中布置大略相同，也有许多僧众在内。以后大臣、太监，都照样在附近设些禅院。如是西山某处，有了许多底禅院。他们的内容及性质，大都相同，但是各自独立。我们再设想西山这些禅院，常常合请外处的高僧来长期"说法"，各院的僧众都去听，或合请这些禅院中的僧众之有名望者长期"说法"，各院的僧众都去听。这样久了，各禅院即于它们之上，设一个总办这些请人"说法"底机关。由这机关从别处或各禅院聘请固定"说法"底人。后来这些"说法"底人，不止说佛经，而并且讲别底学问。因为亦讲别底学问，"俗人"子弟亦来上学听讲。这些俗人子弟分住在各禅院内，受各禅院的高僧指导管辖。这样即有许多人住在西山，修行，讲学，上学，于是西山便成一个文化中心了。如此等文化中心，称为大学，则我们便可名此为西山大学。牛津、剑桥大学的各院原来即是这些禅院一类底机关。牛津、剑桥大学各院的"学侣"，即是在这些禅院里修行底一类底人物。牛津、剑桥大学，即是这些禅院之上底公共机关。牛津、剑桥大学的教授、讲师等，即是这公共机关所请底"说法"人。牛津、剑桥大学底学生，即是来上学底"俗人"子弟。牛津、剑桥这一类底大学，与中国原有底书院，都与宗教有关，分别是，这一类底大学是直接从宗教机关演变出来底，而中国的书院，则是从当时底宗教机关摹仿来底。

　　牛津、剑桥的导师制，是这样底形成底。这样底导师制是不易学亦是不必学底。为什么是不易学？因为牛津、剑桥的各院的学侣，本来都是各院自家有底，在昔他们本来除修行外无他事，现在除研究外无他事，他们的数目，本来相当底多。所以各院将那些"俗人"子弟，分配几个在他们每一人的名下，让他们常常约他们来谈，问他们听讲演懂不懂，在这里住有没有困难，这并不十分耽误他们的修行或研究的时间。但是在没有牛津、剑桥的历史底大学中，那里来这些"学侣"？若宽筹经费，也聘这些"学侣"，固亦可行；若此而办不利，只把这些工作，硬加在已有底教员的身上，这些教员，恐怕亦只得奉行故事而已。英国、美国新兴底大学，不学牛津、剑桥者，经费不足是一原因。

　　为什么又是不必学？这又从两方面说。先从学生的知识获得一方面说，学生听了教授讲演以后，还有人再帮助温习，当然对于学生是很有益底。我们知道，有许多富家，一面送子弟上小学，一面家里请先生，学生下课回来，家里先生再帮他温课，叫他读补充底书籍。这当然对于学生是有益底，然亦不见得不如此，学生即必不能有很好底成绩。就小学学生说，已是如此。就大学学生说，这种帮助，似乎更不是必需底。在一般学校中，学生如果不是十分地不行，如果不是十分地不用心，教员所讲总不至于跟不上，即有不懂，而问难的机会在一般情形中，总是有底。

　　就学生的行为一方面说，在行导师制底学校内似乎对于学生的行为或所谓"做人"者有所指导。推崇导师制者，大概都注意在这一方面。

不过在这一方面，事情亦不如是简单。

"做人"是一个比较形式底名词。什么是"做人"？怎里［么］才算"做人"？不是很容易说底。原来牛津、剑桥的"学侣"，以及我们从前书院的"山长"、私塾的先生，教人"做人"，是比较容易底，因为在那些时候，人的一举一动，都有一定底规矩，写在"圣经贤传"上，导师可据以指导学生。但在我们现在底时候，这些一定底规矩是没有底。无所依傍而指导人"做人"，并不是一件容易底事情。

在现代式学校里，尤其是大学里学问分工，极其细微，一个教授，可只对于他所专长底那一点有深刻底研究，在别的方面，他可以所知很少。有人说，所谓专家者，即对于很少底东西所知很多。一个专家，除了他所专长外，在人情日用常识方面，可以比他的学生所知还少。有一位在德国的学生前年告诉我，说他的教授曾问他，中国的皇帝，现在好不好。这位教授对于现代政治底知识固然陋得可以，但这是不足为奇底。他的学生要跟他学底，是他所专长底那一点，并不是现代政治。

以牛津、剑桥的导师说，他们的地位似乎已非昔比了。因为学生人数的增加，每导师所指导底人，有五六十人之多。每一个学生，在一个星期内，亦不过能与他的导师接谈一两个钟头。教师所谈底大概亦是关于知识底问题居多。因为现在各种政治上、社会上底问题太复杂，而这些问题，都与学生的现在或将来底行为有关。对于这些问题，不能与学生以满意底解答，而欲指导其行为，是很困难底。但解答这些问题，又非每一个担任导师底人所皆能。如上所说底德国某教授，若谈到政治问题，大概他的学生可以比他知道得多。他如何能在这方面，指导他的学生，作他的导师？

至于有什么方法可以使学生在道德方面得到好底影响，我于《新事论》中，另有详论。现在所可说者，即教育当局现所拟推行底导师制，在大学教育中，大概不容易有成效底。

# 君子与伪君子

## ——一个史的观察

雷海宗

　　观察中国整个的历史，可能的线索甚多，每个线索都可贯串古今，一直牵引到目前抗战建国中的中国。"君子"一词来源甚古，我们现可在［再］用它为一个探讨的起发点。

　　"君子"是封建制度下的名词。封建时代，人民有贵贱之分，贵者称"士"，贱者称"庶"，"君子"是士族阶级普通的尊称，有时两词连用，称"士君子"。士在当时处在政治社会领导的地位，行政与战争都是士的义务，也可说是士的权利。并且一般讲来，凡是君子，都是文武兼顾的。行政与战争并非两种人的分工，而是一种人的合作。殷周封建最盛时期当然如此，春秋时封建虽已衰败，此种情形仍然维持。六艺中，礼、乐、书、数是文的教育，射、御是武的教育，到春秋时仍是所有君子必受的训练。由《左传》《国语》中，可知当时的政治人物没有一个不上阵的。国君也往往亲自出战，晋惠公竟至因而被虏。国君的侄兄弟也都习武，晋悼公的幼弟杨干最多不过十五岁就入伍，因为年纪太青，以致扰乱行伍而被罚。连天子之尊也亲自出征，甚至在阵上受伤，如周桓王亲率诸侯伐郑，当场中箭。当兵绝非如后世所谓下贱事，而是社会上层阶级的荣誉职务，平民只有少数得有入伍的机会，对于庶人的大多数，当兵是一个求之不得的无上权利。

　　在这种风气之下，所有的人，尤其是君子，都锻炼出一种刚毅不屈、慷慨悲壮、光明磊落的人格。"士可毅〔杀〕而不可辱",在当时并非寒酸文人的一句口头禅,而是严重的事实。原繁受郑厉公的责备,立即自杀。晋惠公责里克,里克亦自杀。若自认有罪,颇君上宽恕不责,亦必自罚或自戮。鬻拳强谏楚王,楚王不从;以兵谏,楚王惧而听从。事成之后,鬻拳自刖,以为威胁君上之罪罚。接受了一种使命之后,若因任何原因不能复命,必自杀以明志。晋灵公使力士鉏麑去刺赵盾,至赵盾府后,发现赵盾是国家的栋梁,不当刺死,但顾到国家的利益,就不免违背君命,从君命,又不免损害国家,所以这位力士就在门前触槐而死。以上不过略举一二显例,类此的事甚多,乃是当时一般风气的自然表现。并且这些慷慨的君子,绝不是纯粹粗暴的武力。他们不只在行政上能有建树,并且都能赋诗,都明礼仪,都善辞令,不只为文武兼备的全才。一直到春秋未〔末〕期,后世文人始祖的孔子,教弟子仍用六艺,孔子自己也是能御能射的人,与后世的酸儒绝非同类的人物。

到战国时,风气一变。经过春秋战国之际的一度大乱之后,文化的面目整个改观。士族阶级已被推翻,文武兼备的人格理想也随着消灭。社会再度稳定之后,人格的理想已分裂为二,文武的对立由此开始,文人称游说之士,武人称游侠之士。前者像张仪以及所有的先秦诸子,大半都是凭着三寸不烂之舌,用读书所习的一些理论去游说人君。运气好,可谋得卿相的地位;运气坏,可以招受奇辱。张仪未得志时,曾遭楚相打过一顿,诬他为小偷。但张仪绝不肯因此自杀,并且还向妻子夸口,只要舌头未被割掉,终有出头露面的一天。反之,聂政、荆轲一类的人物就专习武技,谁出善价就为谁尽力,甚至卖命。至于政治主张或礼仪文教,对这些人根本谈不到。所以此时活动于政治社会上的人物,一半流于文弱无耻,一半流于粗暴无状。两者各有流弊,都是文化不健全的象征。

到汉代,游侠之士被政府取缔禁止。后世这种人在社会上没有公认的地位，但民间仍然崇拜他们，梁山泊好汉的《水浒传》就是民间这种心理的产品。汉以后所谓士君子或士大夫完全属于战国时代游说之士的系统。汉武帝尊崇儒术，文士由此取得固定不变的地位。纯文之士，无论如何诚恳，都不免流于文弱、寒酸与虚伪；心术不正的份子，更无论矣。惟一春秋以上所遗留的武德痕迹，就是一种临难不苟与临危授命的精神。但有这种精神的人太少，不能造出一个遍及社会的风气。因为只受纯文教育的人很难发挥一个刚毅的精神，除非此人有特别优越的天然秉赋，可惜这种秉赋，在任何时代，也是不可多得的。

至于多数的士君子，有意无意中都变成伪君子。他们都是手无搏［缚］鸡之力的白面书生。身体与人格虽非一件事，但一般的讲来，物质的血气不足的人，精神的血气也不易发达，遇到危难，他们即或不畏缩失节，也只能顾影自怜的悲痛叹息，此外一筹莫展。至于平日生活的方式，细想起来，也很令人肉麻。据《荀子》记载，战国时代许多儒家的生活形态已是寒酸不堪。后世日趋愈下，汉代的董仲舒三年不涉足于自己宅后的花园，由此被人称赞。一代典型之士的韩愈，据他的自供，"年未四十，而视茫茫，而发苍苍，而齿牙动摇"。这位少年老成者日常生活的拘谨迂腐，可想而知。宋明理学兴起，少数才士或有发挥，多数士大夫不过又多了一个虚伪生活的护符而已。清初某理学先生，行步必然又方又正，一天路上遇雨，忽然忘其所以，放步奔避，数步之后，恍然悟到行动有失，又回到开始奔跑的地方，重行大摇四摆的再走一遍。这个人，还算是诚恳的。另外，同时又有一位理学先生，也是同样的避雨急走，被旁人看见指摘之后，立刻掏腰包贿赂那人不要向外宣传！这虽都是极端的例，却很足表现普遍士君子社会的虚伪风气。这一切的虚伪，虽可由种种方面解释，但与武德完全离脱关系的训练是要负最大的责任的。纯文之士，既无自卫的能力，也难有悲壮的精神，不知不觉中只知使用心计，因而自然生出一种虚伪与阴险的空气。

我们不要以为这种情形现在已成过去，今日的智识阶级，虽受的是西洋传来的新式教育，但也只限于西洋的文教，西洋的尚武精神并未学得。此次抗战把这种情形暴露无遗。一般人民，虽因二千年来的募兵制度，一向是顺民，但经过日本侵略的刺激之后，多数都能挺身抵抗，成为英勇的斗士。正式士兵的勇往直前，更是平民未曾腐化的明证。至于智识阶级，仍照旧是伪君子。少数的例外当然是有的，但一般的智识份子，在后方略受威胁时，能不增加社会秩序的混乱，已是很难得了。新君子也与旧君子同样的没有临难不苟的气魄。后方的情形一旦略为和缓，大家就又从事鸡虫之争，一个弹炸就又惊得都作鸟兽散。这是如何可耻的行径！但严格讲来，这并不是个人的错误，而是根本训练的不妥。未来的中国非恢复春秋以上文武兼备的理想不可。

征兵的必要，已为大家所公认，现在只有办理方法的问题。目前的情形，征兵偏重未受教育或只受低级教育的人，而对知识较高的人几乎一致免役。这在今日受高深教育的人太少的情况之下，虽或勉强有情可原，但这绝非长久的办法，将来知识份子不只不当免役，并且是绝对不可免役的，民众的力量无论如何伟大，社会文化的风气却大半是少数领导份子所造成的。中国文化若要健全，征兵则当然势在必行，但伪君子阶级也必须消灭。凡在社会占有地位的人，必须都是文武兼备、名副其实的真君子。非等此点达到，传统社会的虚伪污浊不能洗清。

《今日评论》第 1 卷第 4 期，1939 年，第 4—5 页

# 学生运动的末路

林同济

　　五四之日，国内各学校循例开纪念会。我应着某大学的学生自治会的邀约，于早晨八时到会。入会堂，则见得堂内寥寥几个人，零星散坐。等候了二十多分钟，同学珊珊［姗姗］来到的，不过半百。会序照例，主席读遗嘱，教授演讲。会堂外细雨潇潇，寂寞打庭树，十足地象征了当时冷落风光。我不禁感触于心——感触到今日的五四，与二十年前的五四，竟有如是的区别。二十年前的气象，如彼热烈；今日的气象，如此销沉！

　　无疑地，大家都应当承认今日一般大学生处境的困难。在物价狂涨之下，起居饮食，在在发生问题；然而他们了解时代之维艰，抗战之必须到底，都能够咬着牙根，忍苦，镇静，坚持，这不能不说是可赞可扬事。还有一部份青年，更能够把这个消极的忍耐，涣［焕］发为一种积极的奋斗，到战线上，到战区里，直接间接，担起抗战工作。这更是可歌可泣的英风。在今日的中国社会里头，最令人起敬的，就是英勇作战的农家子弟；最令人感得有希望、有光明的，依然不出学生。

　　然而同时横在我们的眼前的，也有一个不可否认的事实，学生还是可爱的青年，却是学生竟然完全失丢了推行青年运动的活动力。青年运动是二十年前学生界的光荣，到了今日，只成为了学生的一页婆婆回顾的历史。

细察目前各大学内的学生思想生活，有两三点值得特别提出批评的。

（一）动力不在本身的自觉，而在外来的迫促。五四时代的青年运动，是学生界自觉自动的运动，发起于学生界而磅礴于各社层的。换而言之，学生站在社会的前面，来领导社会的。所以尽管内容五花八门，深浅互出，却都是学生自有活力的表现，充满了朝气，充满了创造欲望、创造机能的。现在好像是恰恰相反了。大多数学生除了每日逐队上班，对付月考、期考之外，本无所谓思想生活之一物。其余少数同学们，虽然也颇有种种的组织、种种的课外活动，但是十之七八都缺乏独立性、自动性。动力不发自学生的本身，而发自社会中各种势力的发示与督促，也就是说学生不再领导社会，社会反而领导学生。

社会居然站在学界的前面，从一方面看去也许是中国进步的表征。但是从学界的立场看去，学界所处的天然地位，最容易与世界各种新潮流接触，让社会来领导学界，是学界之羞。

这点恐怕是必然的，此后我们的民族文化，如果要求作再进一步的崭新表现，学界还应当再迈过了社会，担当第二度的前驱。这使命学界应当认清。像目前忙无主意，只是半醉半醒地随着公例开会，听着部令游行，发冠冕堂皇的宣言，喊陈腐不堪的口号，如果这是表现社会的起色，同时也表示了这起色不会有偌大的将来。我们青年们必须认清自家的岗位，再深深体验目前抗战局面的各面涵义，本着自觉自动的力量，为民族呼唤出一个伟大的思潮。时代比二十年前更伟大，到处都有"新大陆发现"的可能。我们没有理由雌伏在那里苟安，丧志，销沉，颓萎。

我们绝对不能对有一般学者的主张，表示同情。他们主张是一种"温室"主义，一面反对社会上一切政治经济的潮流侵犯到"校园的纯净"，一面也反对任何大学生越过了校园的界限而参加到社会上的是是非非。把学生当作一盆冬日之花，紧紧地封藏在温室里。这种作风充分地表现出"象牙塔"的心理，不但事实上是不可能，并且功用上也毫无足取。温室之花是没有独立的活力的。我们必定要把窗户洞开，让四方八面的烈风暴雨飒飒地打将进来，在那无情的撼荡之中，建立起一副铜筋铁质的头脑。要恢复学生思想生活的创造机能，用古教会的老办法，把生徒锁在和尚庙尼姑庵里面，苦诫其非礼勿视，非礼勿听，是绝对误谬的。办大学，不是要制造尼姑和尚的，要的是锻炼出一种顶天立地之人。让青年们在外力的万般尝试之中自家决择或镕化出一个满意的宇宙观！我们要扶助他们的，只是一个独立衡量的意志。

（二）对象不在社会上的现实而在校头墙头的壁报。这是可怜的现象。五四时代的学生运动，充满了向外发展的魄力，它是由反抗外侮内奸而转到整个民族文化的改造。五四时代青年们的眼光绝不肯局限于校园的四壁，他们是以整个校园为单位，聚精会神地向社会的传统、社会的现实进攻。且莫管他们见地如何，他们的派头是大的。惟其如此，所以能浩浩襄襄蔚为一时的新的领导力。不论是消极的打倒、积极的提倡，一举一动都含有历史上的价值。目前的抗战局面，它的伟大性、刺激性，比五四时代的山东问题，晓不得要加强若干倍，却是三十三个月苦战死战的结果，迫出来的学生运动，模样究竟如何呢？在各个大学的墙头到处发现的是壁报。在千篇老调之中，时不时就爆发出学生各会社间互相攻讦、互相漫〔谩〕骂的文章。漫〔谩〕骂之不已诉之于武剧。于是你撕我的纸张，我涂你的字句，闹得目红耳热，直令人联想到衰败家庭里一群丫头子的吵嘴忙！莫须有的细故，便可以把五六个团体混起来殴打一场。二十年前堂堂皇皇的运动，难道就剩下这几出丑角戏？

青年们，抬起头来！看一看宇宙的广漠！打架也要找个大对头。只看四围的社会里有多少罪恶、虚伪、丑秽，比五四时代更是变本加厉！为什么不向着这些进攻？为什么不跳出卧房校墙外，把五四时代所赠予的真美善的希腊三宝，向四周的环境散播？如果不能为社会除一个害物，打一场不平，何妨且提起一个锄头，把你们房前那块烂土，犁成了一片菜园？纵然不能影响到民族的命运盛衰，以比于那些墙头笔战、床下张拳，岂不是还可以增加点生命的活力？空间究竟无限的，"欲穷千里目，更上一层楼"。大家可能登高一层楼，放一放眼界？

（三）在这里，我们要提出第三点了，就是思想右倾与左倾问题。青年们的思想生活，动力既然不能够操在自己的手中，对象又不能够发展到社会的现实，究竟内容是不是可以差强人意呢？青年们之所以为青年们，最基本就是思想上必须富有冒险性、进取心。今日的中国青年们，思想太陈腐了，太口号化、公式化了。哀莫大于心死。傀儡是做不得的，思想上做傀儡是最不可原谅的罪恶。五四时候的青年，思想尽管深浅不齐，精神始终迈进。今日的青年，来得却安闲省事了，无论天文、地理、政事、文学……拿过手来，统用两字对付——不为"左"，便为"右"。左右两字是解释宇宙间万象的神符，就譬如中国八卦先生只紧握着阴阳两字便可以由天地解说到五脏心肝。

整个的思维术，停滞在"左右"两字的平面上，而恬然贸然还在那里指天尽［画］地，自命为时代先驱——这是个可哀的现象。

是可哀更是可怕。因为十数年来世界大政治的演变，恰恰是把"左倾""右倾"两名词弄成为毫无意义的空符号。这是个世界历史上的大转变时期，一切的一切已经迥非十年前的一切。如果我们还是一味地苟安自足，偷懒因袭，苦抱前期的神话供奉为最新的真理，天演律是无情的，终要把我们淘汰于人间。

左右两字在马克斯、俾斯麦时代是有它的意义的，在列宁、克拉孟梭时代还有意义的，到了希特拉、史太林的时代，则完全失去了当日的社会背景而成为国际大政治上的一种方便的面具了。目前各国，最左的是苏联，最右的是纳粹德国，然而把这两国的政治经济制度相较，比那一国的，都近似得多。名义上，为策略方便起见，可以自命为左，自命为右；实际上整个世界的中心潮流，只有朝着一个方向推进的——要建设道地的"战国式"的国家。因为了内在传统、外在环境之不同，各国推进的速度互异，决取的形式也有差；但是如何把整个国家的力量，组织到最高度的效率以应付战国时代势必降临的歼灭战、独霸战，这必定是，也必须是，此后一切有作为的国家的无上企图。左右倾是不同的口号，国力集中化、组织军事化乃公共的路途。战争经济（Warfare Economy）可以与厚生经济（Welfare Economy）并行不悖，则厚生经济可以存在。战争经济如果与厚生经济冲突，则厚生经济必当牺牲。哥布罗说过了，二者不可得兼，舍黄油而取炮弹。这话是不好听，不应当，但是历史的逻辑从来就不会是一个悦目称心的女郎。如果这次欧洲战局有一个必然的结果的话，那就是继续着上次欧战所展开的"战国作风"，把它在各方面更加强地"战国化"。理想家梦想国际大同，政治家必须厉兵秣马！

在这个注定的世运上，青年们只有一条路可走——向"深"处"高"处努力，好挟着国家兼程"前"进，再也没有机会在路旁蹒跚，"左"倾"右"鳖！

左右倾原来是十九世纪自由主义、资本主义时代的奢侈品。廿世纪的全能战、歼灭战的无情时代，已不允许这个奢侈品的存在。如果时代是无情，人生的理由即在无情中求意义。

《战国策》第 4 期，1940 年，第 36—40 页

# 品格教育之最近趋势

陈友松

　　品格是个人或一民族适应社会环境的思想与行为之伦理式型。在个人为人格，在民族为民族性或国格。中西哲人，欲化民成俗，必以适当的品格或人格为前提。例如配师大洛齐以人格之发展为教育之目标，赫耳巴特以道德为教育之鹄的。古希腊斯巴达之教育在训练自卫、勇敢与爱国的品性。雅典之教育宗旨，为人格与审美的修养。英国教育，首重自靠自治、诚信公平等公民或士君子的道德。其他现代各国，无论是社会主义的、民治的或极权国家，无不以适应某种环境之民族品性为教育之侧重点。然其所侧重之民族品性的哲学，自全体人类福利之立场观之，是否有当，则为另一问题，亦即是品格教育之根本问题。吾国自古即重视品格教育，例如"教以人伦"，"敬敷五教在宽"，是夙以明伦为教育宗旨的。六艺中之礼乐，即是德育之基而与现代之心理学相吻合者。至于孔子而集大成，儒家之教育思想，至为当时极完备之人格教育，所谓格、致、诚、正、修、齐、治、平，以修身为中心，演成吾国极伟大之政治与教育的哲学，为吾民族之极珍贵的遗泽。此种高超的民族道德理想，倘发扬光大，对于现今世界浩劫之拯济，将有莫大贡献。盖旧道德之德目，虽必须因文明之变迁而变迁，但其本质，则不可变。吾先哲所谓"天不变，道亦不变"，又云"道济天下之溺"，实非复古与夸大的议论。最近已有西哲感于世界之混乱，实因物质文明之发达，过胜于人类精神道德之发展。因之大声急呼宇宙永久价值之不可忽视，并阐明价值在事实世界之地位（The place of value in a world of facts）。英国教育家亚当士，最近分析此次大战之根本原因，第一在人类精神与道德价值之崩溃，可知品格教育实为世界当前之一大问题。兹以一民族而论，我中华民族之道德□想既如此高超。何以自兴学以来，民德日偷，官德日邪，元恶大奸，比比皆是？诚如战时各级教育实施方案所云："新教育之病根，不外数端，学校侧重书本之讲授，而忽略德行之指导，此由于修己合群之德育来加重视者一也。"总裁甚至称之为亡国的教育，故中枢年来特别重品格教育。在学校方面则有整顿学风令，有导师制之推行，有六艺教育及"生之原理"之阐明。在社会方面，则有新生活运动与国民精神总动员之推行，以"精神重于物质"为口号，发扬我民族固有之美德——忠、孝、仁、爱、信、义、和、平，及礼、义、廉、耻，至大至刚至中至正之品性。复勉全国教师为"冲坚摧锐的前线战士，为筚路褴褛的开路先锋，为移风易俗的社会导师，为继续存亡的圣贤豪杰"，于是抗建精神，日益旺盛，必胜必成之信念，实置根于此。然而理论精神，固风靡一时，为吾国继往开来之伟大领袖所倡导于前，但实行之效率、踏实与贯澈，则其问题实千头万绪，不可不假以时间，应为全国教育者今后不可避免之大任。

吾人必须检讨吾国固有品格教育方法之缺陷，而求其改进于教育科学的新发展。固然，如陈立夫先生所云，一方面不可"厌弃过去狂骛欧风"，然在另一方面则必须"准备对中国过去的学问、礼制与文物等等，用科学方法，加以考察，然后将好的荟萃起来，坏的剔除开去，便合于现在时间与空间的需要"。富伯宁君在《吾国古代导师制之精神》一文中，曾有精当的议论谓中国几千年对于人心深渊之体会，应密切注意，但西洋对人格品格问题之科学研究，成果亦当采取。过去批评吾国新教育者，动辄谓杜威之浅薄的实验主义与自由主义，尤其是□教育无目的，与间接之道德教学说对吾国有流毒。实则其问题不在杜威学说之本身，而是吾国人囫囵吞枣一知半解之所致。读过古梅著《中国新教育背景》者，当知尚有许多社会经济的因素在内。杜威思想所支配之美国对于道德教育近已视为焦点问题。在其一八三九年之名著《自由与文化》书中，杜威阐明"民治之问题实一道德问题，……任何隐蔽社会问题之根本的道德〔的〕本质<的>可是有害的"，他希望科学更能给予我们以较多的道德价值以代替科学前时代之道德价值——事实上许多的道德已毁灭了，科学应厘定新的人类价值。他又主张人类关系之实验，此类科学实验在美国学校中已有显著的进展，吾国教育不可不迎头赶上。忆丁文江氏有一次在《大公报》论道德问题颇得其旨。

品格之科学，在西洋已从三方面为出发点有长足的进步。第一是从生物学的遗传研究，探讨个人品格与民族特性之遗传的因素及其改造方法，即是优生方法，潘光旦先生是吾国此学的先导。第二是从心理学或社会心理学与生物生理学密切携手探讨行为及人格之本质，形成与改造的技术，如桑戴克之个性研究，佛洛特心之分析，塞斯敦亚耳坡等人之人格测验。各种盛行之诊断测验心理卫生与疗治以及美国全国学校所认为中心设施之指导（Guidance Program）皆已有相当成果。第三是从社会学研究人格之群性及社会关系的因素。有从儿童之整个环境研究者，在德国称为教育环境学。有从方位心理的社会心理学研究者（Topological Psychology），如布郎（Brown）之研究人格形成，实由整个"社会位域"（Social Field）的结构，谓现代科学已证明："没有无遗传的环境，也没有无环境的遗传。"有从人类学及民族社会学入手探讨民族特性之形成，并比较各民族之优劣，因而建议民族改造方案者，在吾国最近则有庄泽宣、张君俊等对此问题有系统的贡献。中国科学社对于民族复兴之科学方法的探讨，亦为吾国玄学的笼统的品格理论之有力的反证。可见品格教育之学术的基础，是精深博大，而且已有显著的科学系统，非徒缕述抽象德目、谆谆告诫所能收效。故品格教育之实施技术的现代化，亦为吾国各级学校今后应有之努力，评论教育学术者，咸谓过重技术方法，然则技术方法岂可废哉！否则有似和尚之终日念阿弥陀佛，无积极的社会行动，更无积极社会活动之方法，其于世道人心何补！

社会经济的变迁使发展优良品格有许多困难，青年与成人之道德标准形成新旧的分野，科学的探讨发现儿童与青年没有统一的道德标准，并且人格之调整必须开始于婴年，优生与"胎教"之必要亦为现代科学所证实。吾国教训合一之合理论亦为最近教育心理与社会学之结论，一九三五年美国全国教育行政学会曾以品格教育为其年鉴之专号，其实施原则如下：

> 我们研究品格教育的立场，是认品格教育非学程中之另一科目，也非一种谋外活动，而是一切教育应归宿的鹄的。它不是在教育宗旨与目标中一种独立的分开的东西，实是一切宗旨与目标之内在因素。……广博言之，一切协助个人调适他的行为以应社会生活的要求的工作——在学校、家庭、宗教以及其他社会团体——都是品格教育的范围。在学校内，一切设施如教育指导与编组，诊断测量与补救教学，心理与体格健康，和一切社会化活动都对品格发展有其贡献。

美国现在各教育厅皆设有品格教育之机构从事实验研究或指导工作，其方案是：一、统合一切与品格教育有关的机关或力量；二、在课程内给予人格发展以较大的侧重；三、调整课外活动使能较直接的对于学生应付逐日生活的能力有其贡献；四、由全体教师并聘请专家供给个别指导；五、调整师范教育使适应品格教育之设施；六、促进家长教育。其实验与研究工作也有很多值得我们取法的地方，本来品格是极难研究的对象，第一是把捉并认清所要研究的品性，第二创制客观的测量度以测量各种影响习惯养成之成长限度。为解决此种困难，研究者正注目于特殊情境中的行为问题，并已能改善他们的测量方法。最近有一个诊疗研究是其一例，他们发现"最妙的品格教育方法是避免或减少个人的道德的和感情的冲突"，"如果惧怕惩罚与好胜心是欺骗的动机，则取消惧怕惩罚或废除个人竞赛之动机，便是品格教育的任务，而不在直接处置欺骗行为"，还有许多较专门的探讨和新的设施，载于文献者已有千百种，吾国在此积极提倡导师制与品格教育之时，实有充分发挥此种学术之必要。

《今日评论》第 4 卷第 4 期，1940 年，第 57—58 页

# 论品格教育

潘光旦

　　只有可以陶冶品格的教育才是真正完全的教育。这一层近来很少人了解，连教育家自己都不大理会。本刊第四卷第四期里陈友松先生的一篇《品格教育之最近趋势》，不能不算是空谷足音了。

　　品格的概念从品性的事实产生出来。人与人之间有比较相同的通性，有比较互异的个性，通性虽同，也有程度上的不齐，而个性之异，虽也不外程度上的差别，若就其极端者言之，则判然几乎有类别之分。凡此我们统称之为流品。流品原是生物界的一大事实，在研究有机演化的人看来，是第一个大事实。流品的从何而来，即变异现象的从何而来，至今还有一个久悬未决的问题。到了人类，流品的事实，似乎不但没有减少，并且大有增益的趋势。平等主义的理想家在这方面的愿望与努力可以说是全不相干。距今三十年前，英国演化论与遗传学大家贝特孙（William Bateson）在澳洲的不列颠科学促进会演讲《生物的事实与社会的结构》一题，所反复申论的就是这一点。

　　生物有流品，是有机演进的基本的条件；人类有流品，是社会演进的最大的因缘。不过生物演化的过程中，物类各有维持其品种的特性的能力；社会演进的过程中，亦有维持其秩序与统一的需要。换言之，异中有同，变中有常，纷纭中有条理秩序，万流歧变中有典型规范，原是一种自然的趋势，到人类，尤其是文明社会，更不免有一番自觉的企求与努力。品性与流品的事实而外，我们从此就多了一个品格的概念。格就是典型、规范，就是标准，不达此标准的人，就是不及格的人。

这格式或标准是甚么？这不是一个容易答复的问题。伦理学或人生哲学的存在，一大半是为答复这问题的。不过就经验与常识的立场说话，这答复应该是不太难的。标准的需要是从群居生活来的，群居生活何以要有个品性的标准？群居生活的第一个要求是和。要人人有何种品性，或最大多数的人有何种品性，才可以取得共同生活的和，便是问题的核心了。上文说过人与人之间有相同的通性，也有互异的个性；通性之同宜若可以帮和的忙，但不一定，因为利害冲突是最普遍的一个现象，而同行嫉妒或文人相轻一类的事实，也是数见不鲜。至于个性之异，宜若是和的一大障碍，但也不一定，因为分工合作、贸迁有无一类的团体活动就拿它当最后的基础。

要通性之同维持群居生活之和，我们的民族经验及先贤遗教曾经留下一个行为的标准来，就讲絜矩之道的一个恕字，要个性之异推进群居生活之和，并且推进到一个更高的境界，我们也早就有一个标准，就是一个明字。要行明行恕，还有一个先决的条件，就是个人能自知裁节。《左传·隐公三年》说："明恕而行，要之以礼，虽无有质，谁能间之？"这是民族遗教里明恕并称的最好的例子，而"要之以礼"的"礼"是一种节文，所以帮助个人的内心的裁节的。人与人的关系，因明恕两标准的见诸实行，而能到达一个"无人能间"的程度，不能不是和之至了。好比孔子答子张问，人我的关系要到一个"浸润之谮，肤受之诉不行"的境地，才配叫做明。人我关系到此，要求其不和，也是不可能的了。不过到了后世，明的标准似乎越来越晦，甚至于和恕的标准混做一事。后世社会秩序的维持，虽得力于恕字的不断的讲求，而此种秩序的未能进入一个更高的境界，说不定明字的中途暗晦要负很大的一部分责任；科举时代考场前面"明远楼"的一块匾额似乎始终只是一块匾额，一个口号。

　　不过这是一些旁出的话。好在明的标准虽晦，却并没有消灭；社会生活到今日，复杂的程度加深了，流品的变化加多了，分工与专业的需要也一天大似一天了，这明的标准似乎更有确立的必要。今日社会的病态，大之如种族间的猜忌，邦国间的倾轧〔轧〕，阶级间的斗争，信仰间的排挤；小之如人我间利害兴趣的各不相容，一半虽出于不恕，另一半却出于不明。所以当务之急，实莫过于把明恕的行为标准再有力的揭橥出来，尤其是明的标准。就我们的民族的遗教说，固然有些必要，在西洋也正复一样；基督教传统的教旨里所称的金律，同样的只顾到了恕字，而忽略了明字。

　　明恕是行为的标准，能实行明与恕的品性才是合乎标准的品性，才是我们应有的品格。能明能恕的品性可以说是一切道德品性的总汇，至少是个纲领，孔子不承认〔恕〕是一言而可以终身行之者的么？

　　能明能恕的品格从何而来，这是我们要答复的第二个问题。一切品性的源泉不外两个，一是遗传，一是教育，行明行恕的品性当然不是例外。这种品性假定一个充分健全的体格，一个相当高度的智力，一个比较稳称的情绪，一个比较坚强的意志，一个比较丰富的想像的能力，等等。这些都自有其先天的根柢，如果根柢太薄弱，后天的教育是不能无中生有、化弱为强的；但若只有根柢，而不加以后天的培养，使它们充分的发展，当然也是徒然而极不经济的。如何从遗传方面来加强此种根柢，或蓄育有此种根柢的人，不在本篇的范围以内，我们搁过不提。我们要讨论的是，如何就已有而现成的根柢，加以培植启发，那就是品格的教育。

　　假如心理学的研究对象是刺激与反应，教育的研究对象便是刺激与反应的有目的的控制。品格的教育也不能外是。在品格教育里，刺激的控制，至少就我们以往的经验说，是比较的简单，就是，于一般的教明教恕而外，供给实际的能明能恕的榜样，而所谓一般的教明教恕，其实也逃不了师道的能以明恕的行为先人。以道先人者谓之教，最有效的教育方法是所谓身教，一切教育如此，明恕的品格尤其是如此。这一点貌若简单，其实并不，至少近代教育在这方面的努力，倒反赶不上前代的努力，并且似乎根本上还不很了解；近代青年品格的有退无进，以及一般道德生活的水准的低落，都不能不归咎到此种了解与努力的缺乏。

至于反应的控制，问题显然更复杂了。上文说过，通性虽同，而程度上亦大有不齐，简〔个〕性各异，其极端者且判若两类，个体的不同如此，而欲求反应的比较整齐划一，或虽不齐一，而浅深长短之间，可以收相须相成之效，事实上是不容易的。不过前代从事于品格教育的人至少有一个入手的方法，就是特别注意于意志的培养，让意志来统制理智、情绪、想像等其它方面的心理活动。这就回到上文所提，个人裁节的那个条件了。《大学》的诚意正心，《中庸》的明善诚身，《孟子》的收放心、以志帅气、善养浩然之气，其实全都是养志与自我裁节的功夫，到了阳明一派，甚至于连格物致知也成为这功夫的一部分。养志与自我裁节的功夫原应有消极与积极两方面，消极主收敛主省约，其结果是律己紧一步；积极主扩充主博大，其结果是待人松一步。《孟子》的以志帅气，是兼消极、积极两面说的。所谓收其放心，显然是消极的；所谓善养浩然之气，可以说是积极的。不过消极的功夫易做，积极的功夫难成，所以历来儒家与理学家大抵收敛有余，扩充不足，不谈修养则已，谈则似乎始终在慎独、毋自欺、反求诸己上用力；其专讲明心见性的几于〔乎〕和禅定没有分别，这当然是消极之至了。消极之至，就根本成为一种反社会的功夫，人我的关系到此是减少到了最低的限度，群居生活的和不和是谈不到的了。

不过当其不过于消极的时候，这种收敛的功夫是有很大的社会意义的。谦恭，廉让，一般的礼节，全部的制度，全都建筑在此种功夫之上：礼、节、制、度这一类字眼的本义原全都有收敛的意思。这些都是形于体外而见诸行为的；要形于体外见诸行为而不失诸虚伪造作，必须内心先有一番长久的修养功夫，所谓慎独、不自欺、反求诸己等便是这功夫的所在了。《易经》上"敬以直内，义以方外"的两句话，所指其实就是此种内外兼赅、表里相应的功夫。所谓道德的"德"字是这种功夫的总称，所以"德"字训得，是内得于己，外得于人，而内得于己是入手处，所以"德"字的原字是从直从心，和正心诚意的正心二字完全是一件事。凡用收敛功夫而能内得于己的人，只要不过其分，只要克己而能复礼，即克己而能归于适当的分寸，是不怕不能外得于人的。我们即从普通的物理说，所得的结论也复如此。两物之间，彼此收敛过分，结果是发生不了关系；但若伸张过甚，或流放过甚，结果是磨擦、排挤，以至于冲突。最合理的安排是有事时接触，无事时彼此收敛几分，中间留些回旋的余地，也正所以为有事时接触地步。明此道理与行此道理的人是内得于己、外得于人的人，也是以独则足、以群则和的人。

讨论品格教育到此，我们就可以有一个初步的结论。一方面我们既有了明与恕的两个行为标准，一方面我们又有了一个训练意志让个人知所节取的入手方法，目标有了，方法也有了，其□（他）较细的节目我们可以不论。知明知恕，是不容易的，能明能恕，也许是更难，也许两者是一样的难易，也许，照阳明学派的说法，两者根本是一回事。无论如何，意志与节取能力的训练是绝不可少的。一个人要了解别人同于我的通性，知人我之间随时随地可以发生名利物欲的冲突，而于智力情绪的运用施展上，预留地步，是需要相当强大的意志力的；至于领会别人的个性，承认别人的见地，尊重别人的立场，所需要的自我制裁的功力，不用说是更为巨大。约言之，不论明恕，谁都先得做些制裁的功夫，做些虚一以静的功夫，这种功夫多少是带几分自我强制的性质的，而自我强制非运用坚强的意志不为功。孔子说过，"强恕而行，求仁莫近"，就是这个意思。我们不妨补充一句，恕要强，明也许更要强，须得强恕与强明并行，才真正可以几及仁字所指的道德的境界。

总之，品格教育是三部分合成的：一是通性与个性的辨识；二是明与恕两个标准重申与确立；三是个人的修养，特别要注意到意志与制裁能力的培植。

这种品格教育是从中国原有的道德教育系统里抽绎出来的，不过作者认为它的价值并不因时代的变迁而有所贬损。实际上近代教育家不谈品格教育则已，谈则也免不了走上这条前人大致已经踏过的路，所能增益的不过是一些整齐与细密的程度罢了。中国文化向重经验，也自有其数千年的阅历来做考验的资料，一般的文化如次〔此〕，教育尤其如此；一般的教育如此，品格的教育尤不能不如此，就因为品格教育特别着重身教，而身教不能不先〔拿〕体验做张本，侈谈理论是不生效力的。

何以言近代的品格教育不免走上前人多少已经走过的经常之道？就上文所说三部分的第一部分说，通性的辨识是由来已久的，文化经过一度剧变，例如中古时代末造神本思想的文化转入人本思想的文化，或文明的领域一天比一天扩大，人对人类的认识由宗族的展开而为部落的，为邦国的，为世界的，此种通性的辨识也就跟着演变扩大。自心理学的昌明，通性的辨识更获得了科学的申说。至于流品与个性的辨识，情形也正复类似，中途虽曾再三因平等理想的流行，而转趋暗晦，但事实最称雄辩，冥想终不敌常识，才性之悬殊，竟有若跛鳖之与六骥足，是谁也瞒不过的；而近代心理学，尤其是才能心理学或气质学等派的努力，所已发挥光大的要远在平等理想论者所能遮掩讳饰的之上。总之，及今而言通性与个性的辨识，实在要比前代容易得多。

至于第二部分，明恕两标准的重新确立，我们如必须说待时乘势的话，也并不是办不到。恕的标准原是中西道德哲学的共同出发点，早就有比较稳固的基础。至于明，虽亦曾因流品的讲求与否而时有显晦，到了近代，作者以为是再也暗晦不来的了。为甚么？因为科学文化的最不可磨灭的精神就是明的精神。明就是客观。假如自然科学的发达是滥觞于人与物的客观的明晦之上，使前代的拟人论与人类中心论一类的思想无所再施其技，则社会科学，包括社会学与教育学在内，势必以人与人的客观的明晦做第一个先决的条件。明与恕都可以说是客观论的一种，不过恕是相对的客观，因为人我相通的品性，是可以"以己度"的，人我可以相比量，所以说相对；至于明，则是绝对的客观，那就和科学方法里的客观论毫无分别。有近代的科学精神倡导于先，明的标准是不难重新确立的。

最困难的还是第三部分，即个人的修省，特别是意志与裁节能力的培植。这是一个讲求集体生活的时代，以不能适应潮流为可耻的人，最低的限展［度］也喜欢高谈社会化，甚或主张各式的社会主义，再甚则以极权主义为集体生活的最高方式。这种人是无须乎个人的修养的，更无须乎意志与裁节力的培植。在它们的品格观念里，服从是最高的美德，甚至于唯一的美德；能无我，能舍己从人，能以众人或代表众人的人的主张为主张，便是他们的修养；团体的意志或团体代表人的意志便是他们的意志。自卢骚以来，政治思想家侈言所谓一般意志。这一般的意志究属是不是一个事实，但个人意志的日就扫地以尽，修养培植的需要已一天少似一天，却是一大事实。这是困难一。

近代还有不少的人恪信个人主义。我们顾名思义，宜若个人主义可以讲求一些个人的修养和制裁能力的培植了。但事实也很不然。个人主义是建筑在权利与义务观念之上的，但这还是理论，若言事实，则不妨说它是完全建筑在权利观念之上的。从权利观念出发的人我关系，绳以上文的讨论，实在是很不健全的一种关系，这种关系，凭借了分子间的彼此牵掣，相互克制而不是每个人的自我克制，其总和最多不过是群居生活的暂且的相安，而不是比较持久的协调。权利观念的不足以维系社会关系，国内的贤达早就有人讨论到过，例如梁启超先生和罗文干先生。国外社会思想界也颇有人主张以社会效率的观念来替代权利观念，那又不免和集体主义的见地很相接近了。总之，个人主义既从个人的权利观念出发，而又尊尚自由、力主自我的表现等等，是极容易走上流放的一途，而和上文所讨论的收敛与裁节的精神根本相反。这是困难二。

其它零星的困难尚不一而足。例如十八世纪以还浪漫主义的思潮和它所引起的种种解放运动是和个人主义与自由主义沆瀣一气的。又如，即就心理学说的范围而论，至少福洛伊特的精神分折〔析〕一派也有欲力解放与自我解放的主张。在此派的批评家虽承认相当的解放固属重要，适度的裁节与克制也属万不可少，不过这种持中之论，总还是少数人的见地，未邀许多人的公认。再如，近代教育追随了这种种思潮与运动之后，自身对于这方面问题的严重，还没有充分的觉悟，自然也是困难之一，并且不止是一个零星的困难。目前的教育对于一般的个人修养，既所忽略，对于意志与制裁力的锻炼，更在所不论不议。西洋一部分的批评家认为近代学校教育的一大功能是教有志力青年浸淫沉湎于知识欲中，使没世不能自拔，此虽不免言过其实，但学校教育的只能作知识的授受，而全不理会它方面心理生活的诱导，是我们久已知道的。

不过，<困难虽多>其所由产生的困难虽多，品格教育的中断或未能继续演进，安知不是根本原因之一？困难既从不讲求品格教育而生，及其既经发生，讲求自更不免日见不易措手，则我们及今诚能排除万难，对此种教育作有力的推进，所有的困难与此种困难所引起的其它生活方面的问题，岂不是就可以迎刃而解？是的。从明恕的立场看，集体主义的思想是比较的恕而不明的，个人主义的思想则是比较的明而不恕的；换言之，个人主义容易忽略通性，而集体主义容易忽略个性，这一点在目前欧美的社会生活里很方便的可以找到证明，无烦多事申说。即就近代盛称的一个社会理想——各尽所能，各取所需——说，个人主义的可能成就，侧重于各尽所能，集体主义则侧重于各取所需。各尽所能近乎明，各取所需近乎恕，名言虽有不同，而所指的实在是同类的人伦关系。至于浪漫主义一类的思潮与其引起的种种文化问题，在一个健全的品格教育之下，也是无从发生，即或发生，也可以不至于趋于淫滥，而成为感伤主义、堕落主义等等的末流，也是不待赘言的。

归结上文，明与恕是品格教育的两大标准；明与恕都要我们待人放宽一步，不过在待人能放宽一步之前，先得律己收紧一步。放宽与收紧都是一种分寸与裁节的功夫。必须有善自裁节的个人于先，斯能有和谐与协调的社会于后。这原是中国礼教文化的中心精神，也是我们品格教育应有的鹄的。目前流行的各种思潮里，集体主义失诸不明，个人主义失诸不恕，而浪漫主义失诸不知裁制，我们实施品格教育以后，目前世界的文化潮流也才有澄清的希望。

《今日评论》第 4 卷第 6 期，1940 年，第 84—87 页

# 英雄崇拜与人格教育

贺　麟

## 一

陈铨先生在《战国策》第四期发表《论英雄崇拜》一篇文章以后，引起各方面不少的同情和攻击。攻击陈先生的人，大都从某种政治的立场说话，误认英雄崇拜的提倡，即是为法西主义张目。其实英雄崇拜，根本上是文化方面、道德方面，关于人格修养的问题，不是政治问题。站在政治的立场去提倡英雄崇拜固不对，站在政治立场去反对英雄崇拜亦是无的放矢。

但是陈先生的文章亦自有其引起误会招致反对的地方。

陈先生那篇文章里边，对于名词，似乎解释得不够清楚。什么是英雄的本质？什么是崇拜的意义？假如不清楚说明，一般的人很容易误会，以为崇拜英雄，就是崇拜武力，崇拜霸王，崇拜侵略，其实两者风马牛不相及。卡奈尔是第一个大声疾呼地提出"英雄崇拜"的人，在他的书里面，英雄是诗人，是宗教家，是各式各样出类拔萃的人物。关于英雄的帝王，他只提出拿破仑一人作代表，然而卡奈尔并不崇拜他的武力，只崇拜他政治军事的天才。太史公对于项羽，推崇备至，特别破例替他写"本纪"，但是太史公对于这一位霸王所崇拜的，并不是他拔山扛鼎的气力，也不是他坑秦卒二十万的凶残，乃是他的勇敢豪爽和其他表示英雄气概的美德。

陈先生的文章里边，尤其不能令人同意的，就是他似乎认为英雄崇拜和民治主义是相反的。其实英雄崇拜不但和民治主义不相反，而且是实行民治主义不可缺少的条件。在一个民治主义社会中间，人与人之间，必须互相等重，互相钦佩。假如每一个人，都自己以为自己是英雄，不崇拜任何的英雄，那么民治主义绝对不能推行。就事实方面来看，在民治发展的国家里边如像英美，一般的人民，对于政治领袖、电影明星、打破纪录的飞行家，那一种狂热的崇拜，是还［远］在许多半封建社会之上的。

陈先生似乎认为崇拜英雄和理智活动根本冲突，所以他发现中国的农民百姓、没有受过新式教育的人还知道崇拜英雄，而中国的知识阶级都反而心高气傲、仇恨嫉妒，好像智识愈发达，就愈不能够崇拜英雄。其实崇拜英雄，需要相当智识，必有智识，方能认识英雄，因此也方能够崇拜英雄。智识不唯不是崇拜英雄的障碍，反而是崇拜英雄所不可少的条件。提倡崇拜英雄，决不是反理智、反理性、反学术文化以回复原始时代的自然状态。

二

英雄概括来说，就是伟大人格，确切点说，英雄就是永恒价值的代表者或实现者，永恒价值乃是指真美善的价值而言，能够代表或实现真美善的人就可叫做英雄。真美善是人类文化最高的理想，所以英雄可以说是人类文化的创造者或贡献者，也可以说是使人类理想价值具体化的人。

英雄不但指豪杰之士，而且包括圣贤在内。中国过去特别崇拜圣贤。因为中国特别注重道德，所以特别崇拜道德价值的实现者。英雄这一个名词，含义比圣贤一名词较广，他包括文人、宗教道德家、政治家、科学家和预言家。英雄崇拜的名词比圣贤崇拜的名词好，因为英雄崇拜不仅崇拜上文庙吃冷猪肉的人，只要有本事进其它的庙的人，也一样地在崇拜之列。英雄崇拜比圣贤崇拜更积极，更有生气，更有战斗的精神——圣贤表示静穆圆满的图画，英雄却表示生活上的战斗性和奋斗性。譬如当我们说孔子是圣人，我们便想到他是大成至圣万世师表的圆满性；但当说孔子是一个英雄时，我们便想到他一生发奋忘食、自强不息、战胜种种困难的经历。所以我们认为与其提倡崇拜圣贤，不如提倡崇拜英雄，较能表示近代精神。

崇拜和佩服有别，佩服是佩服一个人的绝技绝学，佩服他惟一无二的特长。譬如一位拳师善于打拳或一位学生说满口流利的英语，我不会打拳，也不会说英语，我佩服他们，但是我未必崇拜他们。佩服是佩服别人所有自己所无的。太史公没有游侠的本事，他佩服游侠。许多的人，自己没有钱，佩服别人有钱；自己不会跳舞，佩服别人会跳舞；自己没有学过逻辑，佩服别人会耍逻辑。这一切佩服的对象，同自己的精神生活，并不发生密切关系。

至于崇拜却不是崇拜别人所有自己所无的，乃是崇拜别人和自己所共同有的。别人有，自己也有，不过别人所有或比我自己深切著明，足以代表启发我之所有。所以我之崇拜他，多少含有同声相应、惺惺惜惺惺之意，以勇崇拜勇，以仁崇拜仁，以智崇拜智，这是完全一种精神上互相吸引沟通的关系。所以黑格尔说："崇拜是一种精神与精神的交契。"这个说法在中文里的意思也合得了。孔子说："祭如在，祭神如神在。"就是说，在崇拜神灵的行为里，我的精神与神的精神相交契。同样崇拜祖先就是自己的精神与祖先的精神交契。真正的崇拜，就是自己的精神与崇拜对象的精神相交契，因为这样，所以崇拜的对象，也就是自己精神上所寄托、为自己内心深处之所企望仰慕者，一旦得着崇拜的对象，自己的精神也就因此得着安息之所。□□□□（所以崇拜）的对象，就是意志的目标，也是追效的模范。

所以必定要有精神生活和修养的人，方足以崇拜，□□□□□安顿
的人，方足以言崇拜。

# 三

□□□（现在我）们进一步讨论，什么叫做崇拜英雄。

□□（崇拜）英雄和服从领袖不同。服从领袖是实用行为。为着
社会组织、法律纪纲、行政效率，我们不能不有领袖，我们不得不服从
领袖。假如领袖是英雄，我们固然是服从。有时领袖虽不是英雄，但为
实际方便计，亦须服从之，因为不服从领袖，就没有坚固的团体组织。
团体涣散，国必乱亡。

一个人服从领袖，他就是一个国家良善的公民，一个团体忠实的份
子。至于崇拜英雄，乃所以修养高尚的人格，体验伟大的精神生活。简
言之，英雄崇拜不是属于政治范围的实用的行为，乃是增进学术文化和
发展人格方面的事。

谈到个人修养，古今中外的哲人，大都主张要先找一个模范的人格
来作追效的对象。程子提出"志伊尹之所志，学颜子之所学"作为他
努力的方向。西洋人讲修养，首先注意"基督的追效"（The Imitation of
Christ）。许多宗教能够成为宗教，就是里面有伟大的人格，值得一般人
仿效。许多政党能够发起伟大的政治运动，就是因为里面有伟大人格，
可以作一般人的模范。希腊的斯多噶学派，道德理想甚高，宗教意味极
浓，但不能够像基督教那样成为宗教，就是因为虽有主义，而缺乏人格
可以与耶稣比拟的伟大人物。

崇拜英雄基于认识英雄。没有思想、学问、智识、眼光，就不能够
认识英雄，因此也更说不上崇拜。因为认识英雄是很难的，所谓"千里
马常有，而伯乐不常有"。世界上的英雄甚多，然而真正能够认识英雄
的人并不多，英雄本身已经不容易认识，他们又常常不愿意为人认识。

如像韩信连跨〔胯〕下之辱都愿意忍受，谁能够想像他是英雄呢？曹操和刘备杯酒论英雄，曹操说："天下英雄，惟使君与操耳。"刘备大惊失色，骇得把筷子都掉下来了，他连忙说他怕雷，使曹操不认识他。英雄在未得意的时候，都喜欢用烟幕弹来掩藏他本来的面目，这种特殊的"英雄心理"往往增加认识的困难。

英雄素来不讨好群众，他更不怕群众误解。群众的误解，反而证明他的伟大。爱默生说："作伟大的人，就是被误解的人。"（To be great is to be misunderstood）所以只有英雄才能够认识英雄，只有英雄才能够崇拜英雄。所谓"同声相应，同气相求"，群众虽然起初常常误解英雄，但是经过相当时间，或者英雄死后，群众仍然会认识他、拥护他、崇拜他。然而真正的英雄，却能倔强特立，决不因为急于要人认识而谄众取宠，失其素守。

英国有句名言说："没有一个人在他仆人眼里是英雄的。"依照黑格尔的解释："这并不是英雄不是英雄，乃是由于仆人只是仆人。"仆人所以不能认识英雄，正因为他自己不是英雄，由是足见凡是替英雄当走狗作奴隶的人，不能算是崇拜英雄的人。他们自己的人格中，没有英雄的成分，他们不能认识英雄，他们和英雄没有精神和精神的交契。

凡是根本反对英雄、抱定主张绝对不崇拜英雄的人，就是"英雄盲"，这和生理学上所谓"色盲"是一样的。害"色盲"的人，睁起眼睛，看不见某一种颜色。害"英雄盲"的人，睁起眼睛，看不见英雄。英雄是人类理想价值具体化，"英雄盲"就是"价值盲"，"价值盲"是一种精神病态。反之，凡是能够崇拜英雄的人，就是不害"价值盲"的人，他不但能够认识英雄，而且能借崇拜英雄，扩充自己的人格，实现自己潜伏的价值意识，发挥他自己固有的"英雄本性"（Heroism）。

一般反对英雄崇拜的人，大概基于两种错误的心理。第一，他们以为崇拜英雄，就是作英雄的奴隶。他们不愿意当奴隶，所以不愿意崇拜英雄。第二，他们自己想当英雄，故亦不愿承认别人是英雄，不愿崇拜其他的英雄。他们误以为凡是英雄都是高出一切、唯我独尊的。但是照上文所说，崇拜英雄绝对不是当奴隶，奴隶根本不能崇拜英雄。只有自己是英雄，才能够认识英雄，才能够从崇拜中和英雄发生精神上的交契。明白这种道理，这两种错误的心理，或许可以纠正过来了。

进一步，我们还可以说，英雄崇拜是极自然的，同时也是不可逃避的心理事实，因为每一个人内心都有崇拜英雄的驱迫力，都有其英雄本性或价值意识，都多少具有认识英雄能力。假如一个人笑骂一切人，鄙视一切人，绝对不崇拜英雄，那就违反了他的本性，他心理上一定有一种病态，他精神上一定会感觉到一种空虚和痛苦。

就另一方面说，英雄本身也有一种魔力压力，使得凡接近他的人，不能不崇拜他。张良会见汉高，就说："此天授，非人力也！"清末许多革命党员和孙中山先生一见面，立刻就抛弃一切，投身革命，这可以说英雄本身力量，不崇拜他几乎是不可能的事情。在这个地方英雄有点像美人，崇拜颇近乎爱慕。一个<人>感情热烈的人遇见了真正的美人，不爱慕是不可能的。一个有英雄性的人，遇见了真正的英雄，不崇拜也是不可能的。

崇拜英雄既然是普遍的必然的心理事实，所以最要紧的问题，倒不是应不应崇拜英雄，乃是怎么样利导人类崇拜英雄普遍的心理，使大家崇拜真正的英雄，不要盲目地崇拜虚伪英雄。孔子说："非其鬼而祭之，谄也。"我们也可以同样说："非其英雄而崇拜之，奴也！"愿意崇拜英雄，是事理的必然，由学养由认识而崇拜所应崇拜的英雄，且依理性的指导，崇拜之得其正道，才是真正的理想。

这里可以附带解答一个问题：通常人总觉得崇拜与批评，正相反对，崇拜的对象即不是批评的对象，假如对于英雄一味崇拜，不加批评，思想学问怎样能进步呢？但是事实上崇拜不惟不能消灭批评，而且可以产生批评，只有从崇拜中产生的批评，才是真正的、积极的、同情的、辩证的批评。费希忒崇拜康德，朱子崇拜程子，尼采崇拜叔本华，他们对于所崇拜者的学说都曾由同情的批评而促其发展与进步，所以凡是青出于蓝的批评，都是基于崇拜的批评，也就是同情的批评，内在的批评，亦可以说是自我的批评。

# 四

英雄崇拜者和被崇拜者间的关系如何，是我们现在须要进而讨论的问题，根据事实可以分为四种不同的关系来陈述。

第一种是生者崇拜死者。如像孔子崇拜周公，孟子崇拜孔子，朱子崇拜周程，子孙崇拜祖先，这都是在古人中间，找出追效的模范，同他们发生精神和精神的交契，这叫做"尚友千古"，也可以说是"抗志希古"。

第二种是下崇拜上。如像臣崇拜君，地位低的人崇拜地位高的人，学生崇拜先生，费希忒崇拜康德，波斯卫崇拜约翰生，李白崇拜韩荆州。李白总可算得睥睨一世、笑傲王侯、超出尘俗的大诗人了，然而他《上［与］韩荆州书》说："生不愿封万户侯，但愿一识韩荆州。"活画他这一种崇拜英雄的心理。

第三种是同僚的崇拜，这一种崇拜多半是朋友的关系。鲍叔崇拜管仲，徐庶崇拜诸葛亮，杜甫崇拜李白，尼采崇拜瓦格勒，他们自身都有高尚人格，对朋友发生高尚崇拜的情操。真正的友谊，必须有崇拜，才能够"久而敬"，不然就会流入狎狎。

最有趣最重要，但又最为人所忽视的，乃是最后一种，就是上崇拜下。如像刘备崇拜诸葛亮，三顾茅庐，成为千古的美谈，又如左光斗和史可法两人的关系，也足供上崇拜下的例证。当时史可法还是考试的童生，左光斗却是名高望重的提学使。有一天左光斗微服出游，看见一位青年在一古庙中酣睡，桌上摆得有他自己作的一篇文章，左光斗读完以后，不胜惊佩，怕青年受了凉，把自己的貂裘解下，亲自替他盖上。到考试交卷的时候，他认出这一位青年，就是史可法。他当面发史可法第一，请他到家里吃饭，与他家里的人相见。他说他的儿子不行，国家大事将来只有托付史可法。这是老师崇拜学生。君子有三乐，其中有一乐，就是"得天下英才而教育之"。假如一个处于师地位的人，不能在学生中发现英杰之士而尊重培养之，认为所有学生都毫无希望，那么他就有亏师道，不能琢育出任何人材，他的教育生涯就是一个大失败。

生者崇拜死者是"古道"，下崇拜上是"忠道"，同等崇拜是"友道"，上崇拜下是"师道"或"君道"，亦可称领袖之道（Leadership）。真正的领袖，无论古今中外，并不是全知全能的超人，乃是虚怀若谷，认识英雄，崇拜英雄，而能以至诚结纳贤豪，得其死力之人。用旧话来说，领袖乃是礼贤下士、知人善任、宏奖人材之人，据我们看来，实即最能身体力行崇拜英雄之理的人。

# 五

末了，我们可分作三方面来结束关于英雄崇拜的讨论。

就理论言，有许多学术艺术文化的工作，都必须以英雄崇拜为前提。史学方面的人物志和传记文学，没有英雄作题材如何会写来有声有色？小说或戏剧大半有主人翁，没有英雄性格的刻画，如何能感人？艺术方面的人物画，没有英雄作对象，如何能有杰作？

就个人修养言，我们明白英雄崇拜的理论，必须力求虚心认识英雄，崇拜英雄。自己不可先以天才、领袖、英雄自居，目不可空一切，忘［妄］自尊大。须力求虚心理会认识古今中外第一流人物，因为英雄是不可以勉强的，不可以自命的，也不是有夸大狂的人。

就教育方面言，假如抹煞英雄崇拜，就无异于抹煞人格教育；不注重人格教育，一切教育的学术工作，就会成为机械化、工场化、商业化。教员和学生，教员和教员，都没有精神交契、人格感召的关系。这一种非人格（Depersonalization）的趋势，使得学校生活枯燥苦闷，无意趣，无生命，实是中国近代教育最大危机。一种学问的继长增进，并不是由于机械式的自然演化，其有赖于负荷此门学问<的>之精神感召，实非浅鲜。西洋大学中，各种学术能有悠久的传统、良好的风尚，老教授们人格的感化鼓励，实是最大推动的力量。所以我们认为精神与精神的交契，人格与人格的感召，是英雄崇拜的真义所在，亦是推动并促进学术文化使之活跃而有生气的主要条件。

《战国策》第 17 期，1941 年，第 1—9 页

# 今日青年的际遇和使命

蔡枢衡

常听到人说："古人对人的态度是隐恶扬善，今日人们相互间是隐善扬恶。"言下并常表示一种非难世风浇漓、人心不古的神气。

从各人的观点看，扬人之善和扬人之恶都是具有一定的原因的；扬人之善决不是无因，扬人之恶也不是无故。若说扬善是同情心或友爱感情的产物，扬恶便是憎恶感情的产物，有时还算对于没有同情心的人之一种抗议。在扬善者或扬恶者本身，扬善或扬恶的价值是同一的。

善恶之隐扬对于被隐被扬者是具有社会的荣誉或制裁的意义的。隐扬善恶者所以隐扬他人善恶的的目［目的］，常是希冀对方受到一种社会的制裁或荣誉——扬善的时候有时或只愿说良心话，扬恶的时候却常希冀对方的社会地位因此降低。因此，个人的善恶之隐扬是暴露矛盾，也是调整社会关系的楔［契］机。社会生活和社会关系之进化和进步，就是这样产生出来的。

有些人欢喜隐善扬恶，有些人喜隐恶扬善，也有些人欢喜隐善隐恶，还有些人欢喜善恶并扬。隐善隐恶是一种自扫门前雪的作风，动机是消极的自私自利，本质上是一种反社会生活的态度。隐恶扬善和隐善扬恶都不免有所私，对于社会都算一种欺骗。扬善扬恶者本身是利害参半的，对于社会却是有益无害——只要所扬者是事实，张扬的态度能公正。

　　我赞成用公正的态度张扬他人善恶的事实，不过须以和社会生活有关的事项为限。这种作风，在社会生活的观点，算是一种极道德的行为，因为善恶是对称的，没有善就无所谓恶，各人的一切也是矛盾的统一。有所长必有所短，有所精必有所疏，有对的也必有不对的。只要普通人不都是圣人贤人，只要任何人或多或少有贤不肖之分，以及七情六欲之蔽，他的言行必不时时刻〔刻〕和天秤般平衡，而常常是旁观者清。因此，"清议""浊议"都可成为指迷的南针，有益于人世。

　　指摘善恶不是造谣，也不是随心所欲向人掷污泥，蓄意陷人是会遭天诛的，相信曾参杀人的谣言，算是识力不足，粗心浮气，以耳代目。

　　在这个前提下来谈青年所受和应受的褒贬。

　　五四以来的中国青年成了一种被人另眼看待的存在。北伐成功前的军阀对于青年的感想是怕和恨，三民主义的精神却是爱护青年、重视青年的。抗战开始后，后方青年猛烈要求实施战时教育。年来物价的旋风，使得若干青年手忙脚乱，崇崇于衣和食之追求。

　　有些评论家因此常说青年无志，一般说来，这自不是公平之论。不过，至多也只可说是不公平。这和隐善扬恶总是二件事，这只是因为爱之深，所以责之切。可是在爱莫能助的时候，责之切也未必有益。爱之适以害之，所顾虑的是或许旁午沿生，造出曾参杀人的谣言来。

　　有些人因为有些青年不会鞠九十度的躬，没有是非心的"是"答的不爽快，或者依势应答"是"的，而出乎意外答了"否！"暗暗犯了"大逆不道"。因之，借事生风，对青年大加贬斥，这是一件极不公正的事。这常常好像自己根本蓬头垢面不洗脸，别人没刷牙齿便说不卫生，到处宣传，中了宣传毒的便倒眉三代。

　　今日青年的际遇是喜怒哀乐并陈之剧的场面，唯一的原因由于今日中国还是过渡期，更兼战时和后方二种特征。然而青年的前途是十分光明的，明日中国是青年人的中国。

　　正因此故，青年的使命是很重大的，抗战固然还要青年人继续致力，建国至于完成尤其是今日青年待负的使命。

有益的批评苦口而利病，必须用宽大的襟怀接受；无理的要求，不妨采取严整的态度去反抗，这是自己修养之路，也是完成使命的方法。

《民族与国家》创刊号，1942 年，第 19—21 页

# 大时代在等着青年们

曾昭抡

八寨、独山、六寨等处相继收复以后，敌军大部退至黔桂边境。贵州战事，暂得转危为安。四川、云南，更无立即感受威胁之险。回想一两星期前西南大后方一般人士那种手忙脚乱，大家都想争先逃难的情形，不禁令人哑然失笑。敌人此次退却，一方面固因黔境我军防务增强，不能继续乘虚伸入；另一方面，则实因日军在我国西南各省作战，其主要企图，在于打通其所谓大陆交通线。至于窜扰黔桂边境，不过是军事上的一种余波，遇到相当阻力以后，即适可而上［止］，此种情形，与两年半以前腊戌失陷后之窜扰滇西，正复相似。因此今日战局，虽暂趋安定，我们绝不可以此自骄自满，偷图苟安。事实上以云南而论，广西失陷以后，滇省东南两面，均被敌军包围，西南角上，威胁亦未曾解除。敌人将其急切图谋的大陆运输线完成以后，次一步动作，很可能又是针对中国，到那时也许会直接进攻云南。在今日情形下，徒事慌乱，固可不必；认为从此可以高枕无忧，则更属危险。回顾两年半以前，腊戌初陷，敌人长驱而抵怒江，当时人心恐慌情形，亦与此次黔境告紧时相彷佛，所差者不过在于程度方面之有别，及后我军抗敌怒江，令敌军无法飞渡。曾几何时，而昆明市上，又复花红酒缘［绿］，歌舞升平，忘却卧榻之旁，仍有敌人酣卧。此次西南军事突紧，直接责任，虽在于前方一部份军队抗敌不力，间接的或者更大的责任，则当归之于

235

后方人士之麻木、苟安，与对国事缺少关切。此次敌人侥幸未来，实予我等以改过自新的机会。今日盟军虽在欧亚两洲，到处胜利频传；中国战场的前途，则有赖于我们积极争取。敌人暂向后撤，又给我们一次振作的机会。这次也许就是最后的一次，再要丢掉，后悔可真晚了。

时局紧张声中，一般青年们，一度感觉彷徨。目前西南战局虽得暂趋安定，前途实仍多隐忧。环观国际形势，同盟国家必获最后胜利，诚属必然之事。日寇何时得以完全击溃，则尚无把握。就中国本身而言，抗战七年有半，结束一时仍少希望。胜利期间愈形接近，我们的处境亦将愈益艰苦，此乃大家所公认。因此未雨绸缪，我们对于将来可能发生的事件，不得不事先有所准备，以免临时慌张失措。关于准备方面，应该做与可以做的事情很多，其中很重要的一部分，在于心理上的准备。关于此点，兹特略陈一二。

第一，我们要想应付未来可能发生的重大事变，首先应当屏除逃难的心理。过去几年，敌人快要打到那里，我们就事先躲开，敌人进一步，我们就退一步，例如以今夏湖南战事发生后的情形而论，许多同胞，从长沙逃到衡阳，从衡阳逃到桂林，从桂林逃到独山，从独山逃到贵阳，现在又要从贵阳逃到昆明、重庆了。在这次大逃难当中，许多人倾家荡产，许多人拖死在路上，许多人弄到妻离子散。试问这样奔逃，对他们自己有什么好处，对于国家有何裨益？当然我并不是责备一般难民。凡是肯倾家荡产来逃难的人们，总算是爱国份子，要不然他们很可以乖乖地在敌人统治下做顺民，此处所要提出的，是如此无止境的逃难，终久不是办法。比方此刻在昆明的外省人，好些是从华北和东三省来的，我们已经从国家最辽远的一只角逃到另一只角，再退真要退上喜马拉雅山了。是的，我们决不能再逃。我们必须从新考虑自己的立场，站起来做一点直接有益于救国的事业。当然敌人如果打到一处地方，我们不得不暂时离开，以免为人所宰割，例如桂林失陷之时，我们不得不撤离该处。我所主张的，是撤离的一着，不应再把它当作逃难的起始，而应将其作为抗敌工作的准备。换句话说，今后我们应该努力争取在敌后抗敌的工作，而不宜退向我后，企图继续度一种安逸的生活。

第二，在必要的时候，我们应该不惜放弃固有的职业。目前后方城市中，每个人有自己的职业、自巳〔己〕的岗位。就一般人而论，一时殊无理由，放弃固有的工作，另谋出路。不过我们不要忘记，每个人除开自己职业的岗位而外，还有国民的岗位。老实说，大家都有惰性，放弃固有的职业，不是一件容易的事，然而在国家危亡之际，我们应当把国家的前途，看得比自己的利益更些，及时而起，勿再迟疑。何况国土日蹙，再向后退的时候，我们现在所贪恋的职业，未必就能继续下去。

第三，我们应当根绝享乐的心理。抗战以来，前方浴血抗战，一般后方人士，则反大多从事享乐。此等畸形现象，久为外人所诟病，亦爱国者所最痛心。而尤堪忧虑者，崇尚享乐、贪图安逸、得过且过的心理，在后方青年中相当普遍，甚至往往有甚于中年人，遂令人有世风日下之感。今后如何能大家立志，誓改前非，实在值得注意。关于此点，当然并不是说，我们应该屏绝一切娱乐，偶尔去看一两次电影、听听戏，借以调剂一种严肃的生活，并无可加以反对的理由。此处所要特别指出者，是青年们绝不可以享乐为人生的目的。在日常生活中，总要把国家民族的大前提，放在心里。这样如有必要，改变旧时生活，比较可以轻而易举。

第四，我们应当排除失败主义的心理。半年以来，南北两大战场，我军节节败退，此中理由固多，失败主义的充斥，实为一种重要因素。今日在一部分前方部队与后方民众当中，失败主义相当普遍，实乃不容讳言的事实。比方说前两星期贵州战局最紧张的时候，不但后方几处大都市，张皇万分，各处州县，甚至一般乡下人，都在计画如何逃难。幸亏这次敌人没有来，要不然，广西之事，可作前车之鉴。古今中外一切战争，凡一交战国家充满失败主义者，大败即不在远。难民比敌人跑得快，谣言比难民跑得更快，这是何等危险的现象。为今之计，我们应该大家下个决心，屏绝一切失败主义，万勿轻信谣言。不但自己要做得这点，而且要帮助别人也做到。中华民族是有办法的，只要你知道如何运用它。

最后，我们对于政治，应有正确的认识。国内政治，难满人意。〔近〕年来我国对日作战的不断败退，政治因素，尤重于军事，这些都是大家公认的事实。不过讲到政治问题，我们决不能以袖手旁观、肆口谩骂了事。此等诮〔消〕极批评，成效有限。我们所需要的是一般正直的人士、热血的青年，大家献身于政治。一国政治之不良，政府不过负一半责任，人民也要负一半。若要大家不从积极方面努力，我们决不能期望中国政治变得更好。现在该是大家努力的时候了。

大时代在等着青年们，青年们不可自误。

《民主周刊》（昆明）第 1 卷第 3 期，1944 年，第 5—6 页

# 写给学科学的青年们

曾昭抡

战争总算是胜利地结束了。今后大家的任务，在于如何将一个簇新的中国，从劫后残灰中建设起来，使其成为人民安居乐业、自由平等的国家，并且对于安定世界，维持长久和平，有所贡献。横在我们前面的问题，不是简单的复员，更不是复原，甚至不单纯地是复兴，而是如何改造整个国家，令其成为一个康乐的、强盛的、自由的、平等的、民主的与现代化的中国。过去几千年当中，也曾有几个时期，中国确是世界上最大强国之一，人民也享受太平的幸福。汉唐盛世，元清初年，是其中最显著的例子。然而我们从来没有过政治上的民主，人民与统治者一向不曾处于平等的地位。贫富悬殊的现象，虽为儒家所不赞助，但是经济上大家应该平等的原则，在中国却始终未被承认。我们今天的任务，首先在于将中国变成一个自由平等，人民可以充分享受幸福的国家。至于如何强大，尚属次要。假如一般人所谓复兴，不过是指恢复汉唐盛况，使中国国威远扬海外，甚至支配世界，而不顾及人民的自由、平等与安乐，那是我们所不敢苟同的。实在说来，在五十年代的今日，当全世界人民都已觉悟这是人民世纪的时候，唯一使中国强大起来的方法，是首先承认人民是中国的主人翁，将我们一切努力放在维护人民利益与改善人民生活上。要不然，所谓复兴，根本就不可能。即令可能的话，一种暂时的强大，也保持不了几天。希特勒与日本军阀的失败，对此应该是很好的教训。

中国，立国数千年，迄今仍然保持独立国家的地位，这不是一件偶然的事。中华民族，自有其特出的优点与美德，所以经得住熬煎，能将四千年的古国，维持至今不堕；而且不但不似昔日埃及、罗马之没落，反而在若干方面露出蓬蓬勃勃的生气，如此次抗战中所显示者。我们对于中华民族的未来，绝无可以悲观的理由。但是谁也承认，如果中国想要立足于现代国家之林，取得并且保持其应有地位，我们不得不从许多方面，将国家予以澈底改革。中国人是没有问题的，成为问题的，是目前流行的若干制度与作风。中国脱离封建时代，可说有许多年了，但是封建时代的制度、作风与思想，残留在我国社会，一时还不容易铲除。近年来不幸又吸收了许多法西斯主义的毒素。这些毒素，在国内多数区域，经过二次大战，不但未曾消除，反而蔓延起来。将一个半封建的、充满着机会主义的、带有法西斯政治色彩的中国，改造成为真正自由平等、物产丰富、分配洽当的国家，这是现代青年伟大的任务。这种任务如此重大，当然不是任何一个人或者少数人所能妄想担负起来。但是如果我们能在此种运动中，担起自己所能担任的一份，那是很光荣的，对社会是很有益的。事情不论大小，只要朝这个方向配合着做去，便是很有意义。此刻说我们处在一个大时代，决不是夸大之词。战争虽已完结，前途尚有十年的艰苦期间，但是能够参加这种划时代的建国工作，真是千载一时的机会。

改造中国，我们所需要的是什么？发生在二十多年以前的五四运动，早已明白地指出，民主与科学，是中国建国的光明大路。时至今日，这种基本要求，并未变更。二十余年以来，我国在科学上，虽然一度略有进展，究属非常有限。说到民主的话，不幸不但并无进步，反有背道而驰的倾向。到了今天，我们只有重新提出这两个口号来，作为大家共同奋斗的目标。民主与科学，同为使国家走上现代化所不可缺的因素，二者也是相辅而行。没有近代科学，我们的产业，便会永远滞留在一种中古时代的情况，如此物资无法丰富起来。在这种情形下，无论分配如何公允，结果只有大家都穷，绝谈不到人民如何享受幸福。另一方面，如果经济制度不能采取民主，无论物资如何丰富，结果只有少数人可以享福，广大民众却始终在饥饿线上挣扎，眼看阔人用不完、吃不了的东西，大批当作废物一般地抛弃。所谓经济民主，当然脱不开政治民主。少数人把持一切的独裁或寡头政治，从本质上说，根本就不会□□人民的利益。惟有人民成为国家的主人翁，到能顾到他们自己的利益。科学也解放人类的劳力。这点联上产业的发达，使人们得有闲暇的时间与多余的物资，可以从事于更进一步的科学研究，并且从事于政治生活。同时民主政治的实施，使一国内每个人，在不妨害社会秩序与适当的集体生活之范围以内，充分发展其个性，充分享受自由，如此更行加速科学的发达，多多为人类造福。相反地，独裁或者不民主的政治，多少不免统制思想，限制言论出版、结社、集会的自由，以此妨碍学术的发展。当然，社会科学所受此等妨害最大，自然科学与应用科学则较少，但是亦非毫无影响。尤其值得注意的一点，是不幸科学脱离了民主，其结果不但不能造福人类，反而可以成为屠杀人民、巩固反动政权的工具。希特勒底下的德国前车之鉴不远。

今日中国的科学青年，应当负起科学与民主双层任务。一方面应该不断研究科学，站住自己的岗位，以其专门学识，贡献于社会的改造。另一方面，不要忘记，自己也是中华民国的国民，对国家对人民负有责任，同时自己也有一份应得的权利。既然这样，对于国家大事，切不可袖手旁观，采取一种消极的态度，听天由命，尤其不可将其专长，与人民公敌结缘，加强了压迫人民的势力。假如因为要潜心研究科学的关系，时间不许可你成为一位民主斗争的斗士，至少也应该对民主运动采取一种同情与关切的态度，对国家履行公民应尽的责任。如果愿意批评政治的话，应本科学精神，持公平态度，不要以为谈科学要规规矩矩，谈政治却可胡说八道。漫〔谩〕骂或者漠不关心的作风，以及顽固思想，如果不幸存在，应当努力革除。只有这样，才能成为新时代的一位典型人物、社会上一位有用的人才。

中国未来几百年的历史，有赖于今后二三十年的努力，青年们不要放弃自己的责任。

《民主周刊》（昆明）第 2 卷第 14 期，1945 年，第 4—5 页

# 青年已尽责

费孝通

青年是长成了。这次反内战争民主的学生运动中充分的表示了青年们感情和理知的调洽、行动的纪律。从十一月二十六日半夜枪声开始到十二月二十六日各报发表罢联的复课宣言止，刚刚是一个月。这一个月里昆明的几万学生有组织、有步骤的在最黑暗、最暴戾的势力下，为和平、民主而工作，造成了中国历史上一章最伟大的史诗，中国民族复兴的界石。

没有人能逃避历史的唤召。一个月之前，中国人民经了八年的血战，期待着和平幸福的降临时，被内战的噩耗所震醒了。可是违反人民意志的权力，利用了一切现代化的技术和武力，拑〔钳〕制着人民意志的表达。老百姓被御用的造谣通讯社所欺弄，被租借来的坦克、冲锋枪所威吓，在惶惑，在发抖，在消沉。历史的使命于是降到青年的头上，要他们喊出人民的呼声，要他们戳破阴谋者的大谎，要他们否定建立于武器上的威权，要他们挽转已站在悬崖上即将堕入深渊的国运。这使命是严重的、惨酷的，也是神圣的、光荣的。这使命降到青年们头上时他们是无可逃避的，无从推诿的。

历史要用青年的血来做见证，十多年来那种袤〔蠹〕贼人性的反动教育消蚀不了几千年来培养累积的国格。威胁利诱在过去的岁月中一步步的迫向流亡无靠的青年，可是这一切的黑暗像春朝的轻雾般，怎经得起正义的光芒？历史要青年恢复民族的信心，更大的任务要他们担负。

这一个月，血的教育是深刻的，每一秒清算了每一年。青年们接受民主和正义的洗礼，牺牲者用生命洗清了民族的罪过。

怎能不使人惊讶而感动？被视为血性方刚、感情昂激的青年人，能临危不惧，在枪声，在血泊里镇静得像久战的勇士；在欺骗，在侮辱里坚定得像虔诚的宗教徒。他们的年纪似乎支持不了他们的任务，可是历史表演了奇迹！

青年的处境是困难的，他们应该是为未来社会服务的人。但是懦弱的成年人在历史的唤召下踟蹰，甚至背叛了；历史不能不再度忍痛预支时代的资本，把青年送上祭台。青年们在这历史的忍痛中发生了矛盾，他们明白这是资本的预支。为学业，为自己的准备，他们要忍辱，但是，忍已无可再忍，忍了这漫长的八年了！成年人还是这样，背叛成了风气，无耻已成了习性。于是，他们来担负了应当并不是他们的责任。

多少侮辱青年的人，不自觉罪过，不自疚无能，责备学生们不安心学习，旷费宝贵的光阴。青年人把事实答复了他们，他们的罢课是不得已的，是忍痛的，为的是应当出头的人不出头，应当说话的人不说话，应当牺牲的人不牺牲，他们才出头，才说话，才牺牲，他们比别人更明白，他们还有更大的任务在未来。他们也比别人更明白，处在这时代的转角需要更大的准备、更多的知识、更强的毅力。现在的成年人若是在这谴责之下还不醒悟，还不站起来，不但辜负了青年们的牺牲，而且将无法逃避的受到淘汰的悲惨结局。

学生们在"为尊重各界人士及各校当局意见，宣布复课"了。尊重两字加重了各界人士和各校当局的责任。青年学生们这样复课是光明的，可是也是一个对于劝告他们复课者十分严重的试验：成年人的意见值得青年学生们的尊重么？事实要答复这问题，也将答复成年人这一代是否将被时代所淘汰的问题。

时代发展得太快，人家几百年的路程，我们得在几年中走完。仓皇忽促也许是免不了的，仓皇忽促中也不免有疏忽，有错误。我们会为这次青年学生的爱国运动担心，因为我们当初还以为仓皇忽促应该是青年人，谁知道事实并不如此。青年们却表现了镇静和坚定，理知始终把握住他们的感情，纪律始终围范住他们的行动。仓皇忽促到甚至不能自恃的到是年纪大、修养有素的一代。青年们能尊重年长的人是一种合理的事，若是年长的一代放弃被尊重的资格那才是一件不合理的事。我们自然只有诚恳的希望两代之间能维持着尊重和值得被尊重的关系，使中国能在合理的道路上得到进步。

反内战和争民主是一件长期的工作。没有人会相信一个月，几万学生的罢课就会有圆满的收获，所以学生的复课并不是这长期运动的结束。一个月的罢课一方面是学生对于现状的一种严重的抗议，一方面是青年对于成年人的一种痛心的谴责。除非成年人能在这谴责之下觉醒过来，担任起他们应有的责任，为反内战和争民主而工作，青年们还是要应历史的需要，忍痛的预支时代的资本。那时候，若是上一代更明白的表示出不值得青年人尊重，甚至成了阻挡中国进步的力量的时候，青年们所带来的新时代中，这年长的一代将要没有他们的地位。不错的，青年们会为此付出更大的代价，但是若是这代价不能不付时，历史也不会姑息和吝啬的。

学生们复课了，他们说得很清楚："本市中等以上学校学生在此郑重声明对反内战争民主工作自当继续努力。"这是可以信任的，他们过去一个月来所表现的纪律和勇敢，保证了任何反动的势力决没有击溃他们的机会。在他们更长期更有效的反内战争民主的工作却更需要各界人士的同情、支持和参加。千万个青年的眼睛望着成年人的一代，经了他们的谴责，还保持他们的尊重，成年人的责任是无法卸却了，青年们在等待他们！

《时代评论》（昆明）第 9 期，1945 年，无页码

# 学院与学科建设

# 师范学院的存废问题

陈序经

　　近年以来，教育当局，除在好几个国立大学加设师范学院之外，还开办独立的女子师范学院，这不只是抗战以后的高级教育上的一种值得注意的事件，也是我国近代整个教育上的一种很为重要的设施。

　　这种设施，从教育当局看起来，自有很多的理由。主要目的虽然在于提高师资的训练，然而照我们的意见，这种设施，在目前的中国，而尤其是在抗战的时期，在理论上，固未见得很健全，在事实上，又有很多的困难。

　　我们首先要指出，在我国师范教育的提倡，并非最近的事情，在满清末年，南洋公学所设立的师范科，与政府在北平所开办的优级师范，以至民国元年在各处所倡办的高等师范，不但在教育史上占了重要的地位，而且可以说是我国的高等教育的□矢。其实，在那个时候，除了京师大之外，所谓高等教育，所谓最高学府，无非就是优级师范或高等师范。

　　在目的上，在性质上，现在的师范学院，既非大异于从前在北京、南京、广东、武昌、成都、奉天各处的高等师范，而且后者却是现在好多国立大学的前身。其实，除北京高等师范外其他的高等师范，都改为国立大学。南京高等师范改为东南大学，后来又改为中央大学，广东高等师范改为广东大学，后来又改为中山大学，以及武昌高等师范之变为

249

武汉大学，成都高等师范之成为四川大学，奉天高等师范之立为东北大学，是中国高等教育史上最值得我们注意的事情。所以大致上，我们可以说，中国的高等教育的发展，是从师范教育而趋于大学教育，因而师范教育在中国的教育史上所占的位置，是很重要的。

在大学教育尚未发展的时候，优级师范或高等修范，对于中国整个教育，有了很大的贡献，是无可疑的。因为这不只是中学以至一些小学的师资来源，而且是研究比较高深的学问的学府。二十年前，除了教会所设立的学校之外，在一般国人自立的中学里的校长与教员，大多数是出身于高等师范。直至现在，还有不少的高等师范毕业生，在中学里服务。又在那个时候，所谓最高的学府，既差不多就是高等师范，出［除］了出国留学之外，欲在国内研究比较专门的智识，也只有高等师范，能够稍为满足这种欲望。

高等师范之改为大学一方面可以说是中国高等教育上的一种权宜的政策，一方面可以说是中国高等教育上一种进步的表征。我说这是一种权宜的政策，因为高等师范，已略奠大学的基础，稍具大学的模型，改为大学，无论在人力上或财力上都比较的便宜。我说这是一种进步的表征，因为在高等师范里，不但学科不多而缺乏专门的分类，而且高等师范的主要目的，既是培养中学的师资，那么高等师范的学生，与其说是为着研究而研究不如说是为着教人而研究。教授中学学生所需要的学问，在比较上是普通的，而非专门的，只有主要是为着研究而研究的大学里，始有机会去讲求更深的学问。

大学的目的与师范的目的固有其不同之处，可是大致上，大学可以代替师范的任务，而后者却不易负起前者的使命。所以大学里所教的好多学科固为高等师范所没有，而后者所有的各种学科，都可以在前者中开设。此外大学里的教育学系，在某种意义上，也可以说是高等师范的缩影，虽则我们应该指出，以往的教育学系，不但其本身有了多少的缺点，就是与其他各系的关系上，也少有合理的联络。这一点我们不必在这里加以讨论。我们所要特别说明的，是我国现在的好多大学，既是从高等师范发展而来，同时大学而尤其是大学的文理学院，既可以代替高等师范的任务，实现高等师范的目的，那么师范学院的增设，在目前的中国，而尤其是在抗战的时期，可以说没有□□（绝对）的必要的。

其实，自从高等师范改为大学之后，大学本身固有了很大的发展，就是在供给师资上，也有很大的贡献。二十年来的中等学校的增加，可以说是中等教育的发展的一种表示。然而这些中等学校的师资的来源，主要却是出自大学。我所以说大学可以代替师范学院的任务，与实现师范学院的目的，不但只有理论上的根据，而且有了事实上的证明。

不但这样，若再从师范学院的内部的组织方面看来，师范学院的增设，不但与大学，而尤其是大学的文理学院有了重复的弊病，而且引起好多的困难问题。就师范学院所设立各学系来说，根本上，这些学系并不大异于大学里所设立的各学系。国文、英文、教育、数学各系，可以说是各大学所常有的学系。所谓史地、理化、博物三系不外是大学里的历史、地理、物理、化学、生物、地质、矿学等系的缩影；音乐、体育、家政各系也可以在大学里设立；至于公民训育系的公民部分，可以归并于大学的政治学系，而训育方面，又可以归并于大学的教育学系。

我们承认，在各学科的题材的选择上与各学科的教授的方法上，师范与大学固有其不同之处，因为正像我们上面所说，前者是为教人而研究，后者是为研究而研究，可是我们应该明白，无论是为教人而研究，或为研究而研究，对于这些学科，都要有充分的认识。这是两者的根本相同之处。大学而特别是大学的文理学院，既已经或可以设立师范学院所需要设立的各系与各科，在大学里增设师范学院，岂不是有了重复的弊病吗？

若说师范学院的学科的题材与教授的方法与大学的学科的题材与教授的方法有了根本的差异而要有特殊的教授去教授，那么这些特殊的教授不但在现在的情形之下不易找出来，就是将来怎的能够培养出来也成为问题。而况所谓师范学院的教授，既就是现在的大学里的普通教授，那么这些教授，既可以在师范学院当教授而开设所谓教人而研究的学科，他们若为实际上的需要起见，也可以在大学的各系里开设这些学科。质言之，与其在大学里加设一个师范学院，不如在大学的各系加设所谓为着教人而研究的学科，使一般有志从事中等教育的学生，得以选读。这种办法，一方面固可以实现师范学院的任务，一方面也可以节省了不少的财力与人力。

师范学院设立了那么多的系，不但教授必需增加，而且每系必□□系主任。假使系主任是由大学原有的系主任去兼，则系主任在行政上所费的时间必定很多，结果对于学问工作，固必受其影响，对于行政工作，恐怕也难免有其疏忽之处。假使系主任是别行聘任再加上每系的办事人员，结果是行政人员以及其有关的设备必然增加，而大学的经费也必增加。此外师范学院有了好多系如史地、理化、博物所包括的根本不同的学科，至少在两科以上，专于历史者，未必长于地质以至矿学。每系的主任不只是系行政上的领袖，而对于其系的学科，应有充分的智识。假使以一个历史学的专家，而为史地系主任，他虽对历史方面的确有了充分的认识，然他对于地理，也许不是学有专长。以一个学乏专长的人去作当系主任，不能不说是一种缺点。

上面所说是稍为偏重于理论方面。若再从事实方面来看，设立师范学院的目的之不能实现，更是一件很显明的事情。

师范学院设立的目的，是要提高中等教育的师资的程度。反过来看，提倡师范学院的教育当局，好像以为在现在的普通大学里所培养的文理法各院的学生程度是不足以为人师的，所以才加设师范学院。同时又增加了师范学院的修业期限为五年，比一般大学的修业期限多了一年。然而若照这数年来的事实来看，究竟这种目的是否已经达到，或是否能够达到，实在是个疑问。照一般人的观察，师范学院的学生的程度并不一定较高于大学的其他学院学生的程度。其实在教育部办理统一招考的时候，对于师范学院的新生的录取，并没有而且不易去提高其入学考试的程度。入学考试的标准既并不提高，想在入校以后而提高其程度，也非一件容易做到的事情。最近国立武汉、浙江、中央、西南联大四大学联合招考新生，投考师范学院的学生的程度，也未见得较高于投考其他各院的学生的程度。若就考上的人数来看，西南联大仅有五人，而中央大学也不过廿余人，这是很值得教育当局的注意的。

此外师范学院的设立的目的也可以说是注重于学生的人格的训练。换句话来说，就是训练出良好的师资的人格，以为中学学生的模范，因此之故，在师范学院里，对于学生日常生活的管理，与良好习惯的养成，都要特别的加以注意。然而我们也得指出，师范学院的学生，固要有良好的人格，难道别的学院的学生不要有良好的人格吗？作教师固要良好的习惯，作文学家、法学家，以至作商人，作国民，就不要良好的习惯吗？而且师范学院既为大学的学院之一，大学的学风若不良善，则师范学院是否能"独善其身"，也是一个疑问。这也是很值得教育当局的注意的。

最后，师范学院设立的目的，又可以说是救济一般贫苦的学生。师范学院的学生，除了免缴学费、宿费外，还有饭费的津贴。在抗战以前，这种办法对于一般贫苦的学生，未尝不是一种优待的办法。不过抗战以后，各国立大学的学费，既皆免缴，而津贴、贷金之给与大学各院的学生的，往往占了学生的总数之一半或多半。凡领贷金或津贴的学生有时除了膳费外还剩多少以为零用，结果是所谓师范学院的学生的特殊权利，却变为一种普通的权利，或大家所共有的权利。师范学院的学生既没有特殊的权利，而照教育部的定章，毕业以后，却有在中学服务多少年的义务。此外，师范学院的修业期限，既定为五年，比之普通大学多了一年。就平时而论，除学费、宿费、膳费三者之外，衣服、文具以及各种杂用所需的款项，往往比之前三者为多。师范学院的修业期限既多了一年，不但这一年内不能出而作事以求入息，反而增加了这一年中的衣服、文具以及各种杂用。在这种双层耗费之下，所谓救济贫苦学生的目的，既不能达到，反而增加这些学生的负担，这又是很值得教育当局的注意的。

总而言之，在目前的中国，而尤其是在抗战的时期，师范学院的增设，在理论上固然未见得很健全，在事实又有很多的困难，这是提倡这种制度的教育当局所不当忽视的。而况抗战以后，一般原有的大学的各学院，因人力与财力的缺乏，维持原来的状况，已成为事实所不许；再要增设师范学院，不但师范学院的本身的人力与财力很为缺乏而难于发展，而且恐怕直接上或间接上还会影响到原有的其他学院的发展，这<是>又是提倡这种制度的教育当局所要特别加以注意的。

《当代评论》第 2 卷第 2 期，1942 年，第 21—23 页

# 社会学的科学研究

李树青

## 一 何谓科学

美国北达科塔大学社会学教授吉勒特氏（Prof. J. M. Gillette）曾经对科学的本质作过如下的叙述：

> 一个科学是某些现象范围内具有代表性的资料团体，按照其自然具有的、先后相随的与同时存在的关系，加以适当的描写、组织及解释，并在显示其用以搜集与表现资料的重要的与特殊的方法。（《乡村社会学》三版第二六页）

根据这个定义，我们可以把科学的性质，分作以下三方面来加以说明。

第一，一个科学是某种现象范围以内资料的代表团体，而并不是一切现象或现象范围内的一切资料。这里面包含有两个限制的条件：一个〔是〕现象范围的限制，另一个便是资料的限制。因此，吾人着手对任何问题作科学分析时，首先便应该确定研究现象的范围，例如物理学限于物理现象，社会学限于社会现象等。其次，在已经分析后，又必须选定具有代表性的资料，不能巨细不遗、盲目地搜集一切的资料。因资料浩如渊海，而吾人的精力与时间有限。倘如研究任何一个问题，便在搜集该问题内一切琐细资料，必致毕生鞠躬尽瘁，而研究一无所成。从事于社会科学研究的人，尤其如此。惟资料的选择，必须有充足的学识为其后盾。倘如选择下来的不是具有代表性的资料，这一着棋下错以后，即全盘的分析，无论如何细密，也将全无是处了。

第二，便是如何分析这些搜集到的资料。分析的过程是把这些具有代表性的资料，按照其间的各种关系，加以适当的描写、组织与解释。所谓资料中间的关系，大约不出三种，即自然具有的，先后相随的与同时存在的。先后相随普遍称为因果的关系，而同时存在则系对等的联系。分析清楚以后，再加以适当的描写、组织与解释。描写是科学分析中间最初步的工作。但有描写而无其它进一步的工作，那只能算作一篇报告，算不得科学研究。所以在描写以后，还得继以组织与解释。组织是把紊乱与冗繁的资料，弄成有系统与有□（条）理。解释则在透彻说明资料所代表的意义，以及其间的复杂关系。这两步工作是科学分析中间的中心工作，因为这两者，非充分了解资料内容并具有丰富学识的人，不能作得成功。

第三，一个科学还离不开其重要的与特殊的方法。这种方法的应用，就在搜集资料与表现资料上显示出来。搜集与表现，同样重要，同样需要适当的方法。搜集时的方法错误，则无法得到具有代表性的资料；表现的方法不对，则无从使人了解资料所代表的真正意义。因资料本身的性质不同，其所使用的方法，也不能完全一致。在自然科学中，每种常有其独殊的方法，在社会科学中仍复如此。当然，在不同的社会科学中有时亦使用相同的方法，如推论法、归纳法及演绎法之类，但主要的还在乎资料本身的性质。

## 二　科学方法的步骤

科学方法的种类虽多，其应用范围亦不尽同，但其中却有一相同之点，即一切科学方法，在利用时，经历几个相同的步骤。关于这种步骤，每家说法多不相同，撮其大要，约可分为以下四个阶段。最先是观察与搜集事实（The Observation and Collection of Facts）。在这个步骤里面，包括问题的确定与资料的观察与搜集。在观察时，资料的范围愈广愈好。在搜集时，却只搜集具有代表性的资料。选择即在这一步骤里完成。其次为资料的分析与分类（Analysis and Classification）。这一步骤的意义，在发现事实或资料中间的关系，而加以适当的描写、组织与解释。在科学方法上这是最重要的步骤之一。假如这个步骤作得不够充分，则整个分析全然失去意义。复次为资料的比较与证验（Comparison and Verification）。这一步骤也颇关重要，但许多应用科学方法从事分析问题的人，却常常把这个阶段忽略了，因而所得的结果，也随着发生问题。因为资料经过以前两步分析以后，可能即得有结论，至少亦已看出结论的方向。但这个结论是否可靠呢？不加比较与证验是无从知道的。比较与证验约可分为三类：一类是顺证，即再试行分析性质相同的资料，比较其结果是否相同；另一类是反证，即研究性质相反的资料，比较其结果是否相反；还有一类可名为旁证，即比较中性资料看是否结果也系中性。经过这一次的测验以后，分析的人对他所作分析的结果，可以自信其具有颠扑不破的确实性了。然后再进行最缓［后］一步工作，便是求得结论或通则（Conclusion and Generalization）。分析问题的结果，谓之结论。由科学方法分析的结果，因为经过以上三个步骤，同时应又具有通则的意义。所谓通则，即以后再行遇到同类的资料与问题时，勿须再加分析，根据这个已有的结论便可加以解释了。

## 三　社会的定律

经过科学方法各种步骤分析一个问题的结果，所求得的通则，倘若用一个自然科学上常用的名词来说，便是定律。不过社会科学里面的定律，却与自然科学不同。自然科学的定律是具有必然性的，社会科学的定律则只具有概然性与或然性。这是研究社会科学的人最大的困难所在。

但所谓社会科学的定律，毕竟在说明些什么呢？剑桥大学的权威教授马塞勒（Prof. Alfred Marshall）曾经给下过一个最确切的定义。马氏的原文是：

> 一个社会科学的定律，或社会律，是在说明社会的趋势；这就是说，这种说明是在社会团体这些份子间，在某种条件下，可以期望其发生某些行为的趋向。（《经济学原理》第八版第三三页）

一个社会科学的所谓定律，仅在说明社会的趋势。严格的说，能否算作定律，都不无讨论的余地。许多由上述科学方法而分析得到的结论或通则，我们引用，是由于实际上讨论便利的原故，并非承认其具有普通的必然性。若不然就得经过繁琐的征引与冗长的说明，使讨论问题变成一件可怖的麻烦的事情。

因为社会定律的性质如此，所以在引用时便得格外注意。这种定律里面含有三个限制的条件：第一是社会团体与其份子的限制。不要说不同的社会团体，不能无条件的征引定律，就是相同的团体，其内部组成的份子一经变异，也不能随意引用。份子的差异，有数量、品质、性比例、年龄组合、职业等等，都须加以考虑，所以，在社会学的研究探讨中，必须随时注意时间与空间两个原素。空间的差异是社会团体本身的差异，时间的差异常造成同一团体内组成份子的差异。这两个原素在社会科学上常常具有决定的意义。其次为现存条件的限制，即行为的可能发生，只限于某种既定的条件。说某种，便不是任何条件，均可引用定律来加以说明。最后，便是这些份子可能发生的活动或行为，也是有限制的，即这类行为与前面的条件具有因果的关系。某种条件只限于某种行为，并不能用以说明其它的事情。此外还有必须注意的一点，就是在某种条件下所可能期望发生的行为，必须是正常的行为。所谓正常，系根据当时环境与条件而定。疾病是一个普通人的反常行为，但在一个人悠久的生活岁月中，偶然患病，到也是极其正常的现象。反之，若从未生病，到又可认为反常。所以这里的所谓行为，非正常的行为自然无法纳入定律，就是正常行为也要看守［定］律所关涉到的情形如何。胶柱鼓瑟式的解释与征引，常会发生纰缪的。

定律里还有一点必需的笔墨，也得在这里交代清楚的，即社会团体与其份子全然固定了，那么在某种条件下所可期望其发生的行为，还只有一个或然性，而不含有必然性。定律上说"可以期望"，说"趋向"，便已经表示出概然性来。所以社会的定律只在说明社会的趋势，至于实际上是否果如定律所说，还要看其它条件的影响程度如何。在自然科学上，有时也不免此类情形。马塞勒氏对此有一段极其扼要的说明，他以自然科学中比较最确实的天文学为例，天文学家可以根据日球与月球的作用，按照月圆与月缺的情形，预先测出伦敦桥每日某时的潮水应有若干尺。这个说明也只是或然的，因为他仅能测量并说明日球、月球与潮水的关系，却并不包括气候的原素在内。倘如在泰晤士河上游落了一阵倾盆大雨，或是在德意志海岸吹起一阵强烈的东北风，可使在伦敦桥某时的潮水，较预期的尺数相去甚远。一个社会的定律，其所遭受其它条件的影响，较之伦敦桥的潮水，还若复杂万分。所以一个社会科学的定律的构成与征引，比较自然科学为尤难。

# 四 客观的态度

一切科学研究，除去科学方法以外，研究者本身的态度也相关基［重］要。科学方法必须加上客观态度，然后才能使所分析的对象，得到正确的结果。一般人所最易违犯的弊病，即是把结论放在研究的前面，或是利用事实来说明他的假定。这还算不上最严重的错误，因为人们的从事研究一个问题，通常都是对某种结论或假定发生兴趣，然后才着手研究，否则他也许根本就不从事研究了。严重错误在他对于预定结论的固执与偏爱，把车放到马的前面，结果便只好走上曲解事实的一途。正如一个戴着有色眼镜的人，断然声称宇宙间的一切事物，都和他所戴眼镜的颜色相同，是一样的。美国社会学家老前辈罗斯教授（Prof. E. A. Ross）在他的《社会约制》一书的序言里说过：

> 在进行此种工作时，我没有其他想念，除去探究事物的实在情形与报告我所探讨到的一切，我并未与我假定结婚，也未与我的结论发生爱情，后来的人倘如真能用科学精神研究我所讨论过的问题，则其使我欢娱的程度，也并不在他个人的欢娱以下。

哈佛大学的邵罗坚教授（Prof. P. A. Sorokin）也曾表示过同样的意见，他说：

> 试验着要面对事实，自然我完全没有注意到我所作的说明是"反动的"抑是"过激的"，"乐观的"抑是"悲观的"。那些说明的真实与否，才是科学上唯一重要的事情。（《社会移动论》序言）

这种严正的不曲解事实与不阿谀流俗的态度，就是治社会科学的人所必需的条件。

但所谓客观态度毕竟应该如何解释呢？韩肯斯教授（Frank H. Hankins）曾经给以如下的定义：

科学客观的意义是说观察与解释完全按照事实的真象，不管观察者的利害影响、从前判断或是感情的偏向如何。（所著《社会学导论》第五页）

这种所谓科学的客观态度，在自然科学上是比较容易的；但在社会科学，尤其是社会学，则甚难。自然科学是人在观察物质现象，其研究的结果，除非具有何种特殊或例外的情形，不会发生上述问题的。社会学研究的主要对象是人类本身间的相互关系，这里面的困难，就多得很。每个研究者对他自己所隶属的宗教、种族、经济组织与政治制度等都很难作一个纯粹客观的分析，因为他个人的感情与社会的舆论，都不容许他作一个较坏的结论。美国南部有些守旧的基督教派，直到目前还禁止阅读达尔文的《演化论》。此类事例，多到不胜枚举。

阻碍客观态度的最基本的原因，就是人在究研人类本身的相互关系问题的性质，很少不使人发生感情的偏向与利害的关系。研究者一经触进这类的罗网里面，个人的理智自然而然为其掩蔽，再也无法得到确切的与公平的科学结论了。苏东坡有一首咏庐山的诗，后两句有云："不识庐山真面目，只因身在此山中。"治社会学的人之不易应用科学的客观态度，正和这两句诗的意义完全一样。

# 五　研究社会学的困难

根据韩肯斯教授的分析，研究社会学有三个基本的困难：（一）因果的繁复，（二）偏见的陷阱，与（三）社会理论的相对性。以下试逐项述之。

第一，社会学所研究的基本对象，是人群中间各种复杂关系以及由之所引起的社会行为。这种关系与行为，繁复纠纷，不是任何一条简单的因果律所可完全解释的。例如社会上一个自杀案或一个离婚案，若拿着当个人案件分析时，虽然也并不一定单纯，但尚易寻绎其间的因果关系，但社会学所最注意的是一般的而非个人的现象。治社会学的人有时固然也作个案研究，这种研究的目的，是希冀着从个案较详尽的分析里，发现社会一般的规律来。因此，他们对任何一个问题的分析，都须探索到地理的、生物的、心理的以及文化的种种原素，从各方面求得其间的可能影响与关系。当然这不是应用简单的因果律所能解释得了的。

一个〔人〕的人格，必然受有家庭的影响甚大，而家庭又必然受社会上一搬［般］的风习与制度的支配。任何社会的风俗习惯与制度的生成，都是渊源有自，不知汇集了多少年代与多少人士的理想与行为，才造成现在的样子。因为相沿已久，人们便遵照而行。这里面常是没有是非可讲，也无道理可问，然而对于人类行为的支配力，却是异常之大的。社会学研究的对象，风俗与制度也是主要的课题之一。这种研究，显然就是一件极其困难的事情。

在社会学的分析里，除去材料或现象本身的因果关系复杂，使人感觉迷惑外，还有资料的不固定性与不可靠性，重要与代表性资料的缺乏，以及资料的选择与解释的不毂确实等等。这些都是治自然科学所不常发生而治社会学所经常遭遇的难题。

第二，治社会学还有一个最可怕的陷阱，便是偏见。我们知道，偏见总是与社会问题结着不解之缘，其中原故，可以分成以下数点：（一）社会上的风俗习惯与典章文物等，一经形成，对人的态度与观察的影响，实具有一种潜移默化的力量。社会上可谓没有一个人对于一切日常的事务完全使用理智的，换言之，都在不知不觉之中接受了传统所给留下的结论。这是一个最有力却不一定合理的结论。传统影响的有力，一面由于社会问题的复杂，不易剖析清楚；另一面则由于传统态度的根源是社会制度，因而一切遗留下来的教训，皆促使人们加以尊敬。我们常遇见有些研究自然科学的人，对于自己所研究的物质现象，颇能应用科学方法与客观态度，但一经触及社会问题的范围，他便极其主观与偏执起来，这便是受了社会传统束缚的结果。（二）在社会学研究的领域内，认识事实，便是一件极其不易的事。忽视与知识不足都有影响，再加上感情作用，更使理智遭受蒙蔽。本来社会传统与无知就是相并而行的。我们一朝承认人是由上帝造的，再也无法发现物种由来的道理；一经承认心是理智的主宰，也就无从发现大脑与神经中枢的作用。人类的所谓知识，总是包含着两个部分：一部是经验过与实证过的既知事实，另一部是传统的教训而我们相信的事实。假如把生活中间的事物加以测验，看那些是真正知道的，那些是相信的，那么立刻便可以发现，前者主要的是些物质现象，后者则系社会现象，如家族、道德、理想、宗教教条等。人们对于知道的现象中，很少有感情作用□杂其间；反之，对于相信的事物，则存在着极大的感情成份在内。这样，便使偏见总有活动的余地。（三）社会秩序的建立，离不开国家、种族、宗教、家族与经济制度种种概念。这种概念，全然和感情作用密密层层的联系着。人们很易比较两个化学原子之间的优劣，但却极难比较两个宗教教义之间的高低。其症结所在，就因为后者有感情作用在后面作祟。爱国心、宗教信仰、种族关［观］念等，都是人们偏见的渊薮。例如政治与宗教上的派别，为我们所司空见惯的是入主出奴式的解说，很少听到理智而公允的议论。（四）人类的精神活动，原是飘忽不易捉摸的，这在我们日常生活中也可以自行察觉，因而在我们分析事物时，判断常会不自觉地跳到事实的前面。在未着手分析以前，我们也许毫无成见，十分客观；等到既经着手以后，人类精神的习惯总是倾向于预作结论，然后再来看结果是否相符。这样一来，自然影响到从事分析时的态度，因而研究时的推想力（The Reasoning Power）主要地成为证实从过去得到的精神态度的工具，并非在作一个公正不偏的分析。这就是说，研究者已有成竹在胸，然后利用推想力去寻求一个"好"的理由，而非"真"的理由，当然，这种研究态度，早已离开客观而进入主观的领域了。（五）最后一个陷阱，是心理上的偏见，使研究者不易认清事物的真象。现代的心理学早已证明，人并不是一个十分理智的动物，如同从前所假定的那□（样）。欲望与感情不仅是人类行为的主要动机，并且还支配着人的观察与思想。此种精神上的癖好，总是深深地潜藏在意识之中，使治学的人受其蒙蔽而不自觉。

　　为着要避免坠入上述种种偏见的陷阱，所以当我们进行分析社会（此处原文似有漏行——编者注）时，必须随时警觉，注意如何自占有极少的事实、强烈的感情作用与无从复验的幻想中来逃避现实，直到已经约束住欲望与感情，占有很多证验过的事实与有条理有根据的思索。在我们能以冷静地对社会生活具有充分的知识与了解时，那么总有希望作科学的分析而不致为偏见所囿了。

　　第三，在实际社会生活里面，我们可以经常体验到的事实，即社会现象的相对性，没有绝对的价值。一切社会事物经常在变迁之中。社会生活中不同时期便有不同的时尚，这种时尚的变迁，更是白云苍狗，变幻莫测。所以在某一时期内社会上公认为对的事物，等到事过境迁，世风转移，也许不以为甚对或竟以为非了。研究社会学的人必须注重时间与空间两个原素，这里也是一个重要的理由。

　　虽然具有上述种种困难，但社会学的研究与分析，也并<到>不是完全没有共同基础的。人类的遗传特质在不同世代与不同种族间便没有多少的差异。人类的基本需要也是到处一样。心理学上的定律，显然也可应用到不同的时间与空间，无论对一个人或是社会，全然如此。就是社会上千差万别的文化，使我们最感觉迷惑与棘手的，也还有可资分析的线索，即所有文化，无论是原始的或是现代的，都是人类适应环境与满足需要的产物。因此，在这些不同文化中间，常存在着一种普遍的模式（A Universal Pattern），显示其共同的特质，并浸染上集体行为的普通原素。因为社会现象的因果律过于复杂，将来社会学的发展，也许始终无法达到自然科学的地步，即根据某些原因借以确切推定将来的必然结果；但我们相信，假如一个治社会学的人，真能应用严正的客观态度与科学方法，谨慎地与冷静地去分析事实，则他所作的结论或预测，也未尝不能对社会生活的不久将来，指出一个确实的方向。

《自由论坛》（昆明）第 1 卷第 3 期，1943 年，第 3—6、14 页

**图书在版编目（CIP）数据**

西南联大社会学 . 第一辑：全二卷 / 尤伟琼主编
. --北京：社会科学文献出版社，2022.12（2024.3 重印）
ISBN 978-7-5228-1159-8

Ⅰ . ①西…　Ⅱ . ①尤…　Ⅲ . ①社会学-研究　Ⅳ .
①C91

中国版本图书馆 CIP 数据核字（2022）第 229737 号

## 西南联大社会学　第一辑（全二卷）

主　　编／尤伟琼

出 版 人／冀祥德
责任编辑／陈肖寒
文稿编辑／李蓉蓉
责任印制／王京美

出　　版／社会科学文献出版社·历史学分社（010）59367256
　　　　　地址：北京市北三环中路甲 29 号院华龙大厦　邮编：100029
　　　　　网址：www.ssap.com.cn
发　　行／社会科学文献出版社（010）59367028
印　　装／唐山玺诚印务有限公司

规　　格／开　本：787mm×1092mm　1/16
　　　　　印　张：36.5　字　数：496 千字
版　　次／2022 年 12 月第 1 版　2024 年 3 月第 2 次印刷
书　　号／ISBN 978-7-5228-1159-8
定　　价／198.00 元（全二卷）

读者服务电话：4008918866

西南联大
社会学

主　编　尤伟琼

本卷编者　徐珺玉　尤伟琼

第一辑

社会卷

社会科学文献出版社
SOCIAL SCIENCES ACADEMIC PRESS (CHINA)

# 总　序

　　西南联合大学是全面抗战初期由平津沦陷区的国立北京大学、国立清华大学、私立南开大学等三所著名大学联合组成的战时高等学府。1937 年 11 月 1 日，这所学校在长沙开学时命名为"国立长沙临时大学"，1938 年 4 月迁云南后改名为"国立西南联合大学"。1946 年 5 月 4 日，举行结业典礼，三校北返。

　　西南联合大学在中国现代教育史上是一座丰碑。它仅存的八年半间，是全国人民为挽救国家同仇敌忾抗击日本帝国主义侵略的关键时期，联大师生在极端困难的环境下忍饥挨饿，身怀崇高使命，牢记"刚毅坚卓"，心系"天下兴亡，匹夫有责"，努力办学，刻苦探索，为保存和传承中华文化和学术星火做出了巨大努力与贡献。

　　今天，西南联大成为一个具有特殊意义的名字，党和国家领导人在多个场合给予高度评价。2020 年 1 月 20 日，习近平总书记在国立西南联合大学旧址考察调研时深有感触地说，国难危机的时候，我们的教育精华辗转周折聚集在这里，形成精英荟萃的局面，最后在这里开花结果，又把种子播撒出去，所培养的人才在革命建设改革的各个历史时期都发挥了重要作用。这深刻启示我们，教育要同国家之命运、民族之前途紧密联系起来。为国家，为民族，是学习的动力，也是学习的动机。艰苦简陋的环境，恰恰是出人才的地方。我们现在教育的目的，就是要培养社会主义建设者和接班人，培养有历史感责任感、志存高远的时代新人，不负韶华，不负时代。① 这是对西南联大历史和现实意义的高度概括，西南联大成为中华民族精神的重要践行者和重要创造者，西南联大精神成为伟大中华民族精神的重要组成部分和重要代表。

随着西南联大在昆明的建立，西南联大社会学也重新组建。在西南联大办学之初，社会学并非独立设系，与历史学合称为历史社会学系，隶属文学院。1940 年 5 月 14 日社会学独立成系，改隶法商学院。西南联大社会学系的师生数量不多，但有一批享誉国内外的知名学者任教，教授有潘光旦、陈达、李景汉、吴泽霖、李树青、陈序经、陶云逵、周覃祓、费孝通，讲师、助教有瞿同祖、袁方、全慰天、藤茂桐，毕业九届学生共 91 人。社会学者们在组建社会学系继续社会学教学工作的同时，创建了清华大学国情普查研究所、南开大学边疆人文研究室和经济研究所，参与云南大学社会学研究室（魁阁）等社会学研究机构，对西南边疆社会进行了大量调查，开展了一系列具有开拓性质的研究工作，取得了一批在国际社会学界产生重要影响的学术成果。

费孝通先生曾经说云南是中国社会学的摇篮，这里是当时中国社会学的中心。清华大学国情普查研究所于 1939 年和 1941 年组织开展呈贡县人口和农业普查，这是中国近代最系统完善的人口和农业普查，奠定了新中国成立后全国普查性工作的方法和技术。南开大学边疆人文研究室和经济研究所建立之初就以实地调查为途径，以协助推进边疆教育为目的，为当时云南省石佛铁路的修筑开展了长达 10 个多月的沿线实地调查，这是中国第一次对西南边疆地区开展的大规模、长时间的综合考察，取得了丰硕的调查研究成果；主办学术刊物《边疆人文》刊发调查研究成果，累计发行了 4 卷 19 期，内容涉及自然人文环境、少数民族文化概况及人们日常起居、西南边疆民族语言文化、文化人类学、体质人类学等，是研究中国西南边疆政治、经济、文化的重要而有力的史

---

① 《鉴往知来，跟着总书记学历史：西南联大的苦难辉煌》，人民日报客户端，2020 年 1 月 24 日。

料。魁阁从 1938 年到 1946 年培养了许多优秀的调查研究者，完成了一套实地调查的研究工作，包括农村、工厂和少数民族社区，为社区研究做出了榜样。在砥砺前行中，学术团体之间亲密无间，相互协作，探索和创建了社会学中国化的道路。

西南联大在云南办学的八年期间，正是全面抗战的艰难时期。在极端艰难的教学、科研和生活环境下，西南联大社会学系师生始终坚持教育救国、抗战报国的信念不动摇。他们身处边疆，却仍展现出知识分子身上的坚韧毅力，在困境中奋而向前。我们可以从费孝通先生的话中体会到联大社会学者们共同的心声："我们搞社会学不是为了其他的东西，就是为了要使我们中国的社会更好。什么叫好？各人有自己的看法，大家不一定相同，但有一点大家都清楚，我们的国家不能这样穷，这样弱，我们的中国人不能在现代世界上处在落后的地位，我们在今后的世界上不能低人一等，我们中华民族应当重放光明。"[①] "我们对自己的国家有信心，对自己的事业有抱负……我当时觉得中国在抗战胜利之后还有一个更严重的问题要解决，那就是我们将建设成怎样一个国家。在抗日的战场上，我能出的力不多，但是为了解决那个更严重的问题，我有责任用我所学到的知识多做一些准备工作，那就是科学地去认识中国社会。"[②]

西南联大社会学师生为着这一共同理想身体力行，他们虽然生活上极端艰苦困难，却始终把关注的目光投向边疆发展，投向国际学术前沿，投向国家建设发展宏图，深耕社会学调查和研究。他们收集的翔实资料、积累的学术经验和形成的丰硕成果，不仅在国内、国际上具有重要影响，也成为现代西南边疆研究和开发的先声，为中国人类学、民族学等学科的建设发展做出了长足贡献。

---

① 《一代良师》，《费孝通全集》第 13 卷（1988—1991），内蒙古人民出版社，2009，第 59 页。
② 《〈云南三村〉序》，《费孝通全集》第 12 卷（1986—1987），第 377 页。

为了更好地继承和弘扬西南联大社会学"从实求知""志在富民"的优秀传统，作为西南联大血脉和延续的云南师范大学法学与社会学学院，以义不容辞、责无旁贷、全力以赴的使命和担当，于2019年开始了有关西南联大社会学史料的收集整理工作，编辑成文集，形成多卷本《西南联大社会学》。

西南联大历史始于1937年7月，止于1946年10月，鉴于研究和发表时间的延后性，《西南联大社会学》将史料刊发时间界定为1937年7月至1947年12月。史料收集来源有隐藏在老刊物老报纸里的论述，也有海内外和不同部门的档案文献，需要整理者具备相应的专业知识和校勘鉴别能力。作为西南联大社会学的传承者，只有一个愿望，保存西南联大社会学完整历史，总结西南联大社会学优秀遗产，弘扬"从实求知""志在富民"的西南联大社会学精神，为社会学中国化的繁荣发展，为现代化中国建设和中华民族伟大复兴做出有益贡献。

尤伟琼

2022年5月31日

# 目　　录

## 劳工研究

# 编选说明

《西南联大社会学》第一辑共两卷，分别为社会卷、文化教育卷。

社会卷编选的是国立西南联合大学贺麟、潘光旦、冯友兰、吴晗、费孝通、张之毅、陈序经、谷苞、李景汉、史国衡、袁方、张荦群、林同济等先生关于抗战、民族与中国的道路探索，农村研究，劳工研究，优生优育的部分研究成果。该系列成果是研究近代中国道路探索、农村现状、劳工政策的重要史料，也是明晰近代中国社会问题、了解农村发展、探讨社会建设的重要资料。社会卷所编选的文章，均发表于民国时期在昆明发行的期刊。

文化教育卷编选的是国立西南联合大学林同济、田培林、陶云逵、贺麟、陈之迈、冯友兰、雷海宗、陈序经、伍启元、蔡枢衡、陈友松、钱端升、潘光旦、吴晗、曾昭抡、费孝通、李树青等先生关于文化基本研究、国民品性研究、中西文化比较、中国文化的出路、教育问题及措施研究、人才培养探讨以及学院与学科建设的部分研究成果。该系列成果是研究近代中国文化和教育发展的重要史料，也是明晰近代国民品性、了解近代文化教育、探讨大学建设的重要资料。文化教育卷所编选的文章，全部选自民国时期在昆明发行的期刊。

本辑收录的文章，发表时间均在 1937 年至 1946 年之间，大致以国立西南联合大学（包括国立长沙临时大学）存在时间为断，此时期亦可称为西南联大时期。联大师生发表在 1937 年以前、1946 年以后的文章不在收录范围。凡收录的文章，文后均注明来源及发表时间，便于读者查访原文。

本辑对所收录文章的整理，以最大限度尊重原文、保持原貌为原则，尽量不做改动。对于原文字迹漫漶不能辨别者，按原字数加□表示，方框后（）内之字为对字迹漫漶不能辨别者之猜测。原文有明显错误者，在原字后以〔〕括注正字。原文有明显脱漏者，在相应的位置以〔〕括注脱漏的字。原文的衍字，用<>标出。

关于标点符号的使用，由于民国时期的用法与今日不尽相同，整理时按现今用法做了适当修改。

关于图表，由于原稿图表所占篇幅较大，为方便读者查阅以及排版美观，编者对表格的格式布局做了局部调整，表格数据内容未进行改动，特此说明。

关于数字使用，为保留原貌起见，一律不改动。

资料整理中，有个别内容难以理解或原文有误，但为尊重原文起见，不便改动，略做说明。

抗战、民族与中国的道路探索

# 抗战建国与学术建国

贺　麟

中国多年来内政外交的病根，就在缺乏一个可以集中力量、统一人心、指定趋向，可以实施有效，使全国国民皆可热烈参加工作的国策。而目前中国国民党临时全国代表大会，却正式公布了这样的伟大的中心国策。这国策就是"抗战建国"。抗战建国就是中华民国当今集中力量、统一人心、指定趋向的中心国策或国是。这国策不是空言，不是理想。它是已经在实施着，而且已经实施得有效可验。在这伟大的国策指导之下，全国国民已经热烈奋发地参与着，或正在准备参与着。这个国策从远看可以说是积民国成立以来二三十年的经验与教训，从近看可以说是积卢沟桥事变以来几个月艰苦支持、死中求活、败中求胜的经验与教训，而逐渐形成的至当无二的国策。

中国过去许多〔年〕皆执迷于"武力建国"的政策下，历届政府当局皆欲以武力统一来执行建国大业。但武力建国实即"内战建国"。内战建国实无异于内战亡国。自淞沪抗战以及喜峰口南口抗战之后，中国曾经过短期的过渡时期，我们徘徊于"一面交涉，一面抵抗"的政策之下。但交涉无要领，抗抵无决心，无全盘计划。在这焦灼烦闷的时期中，举国上下渐有了新觉悟。几年来在蒋委员长艰苦卓绝的领导下，确立了自力更生的国防建设、经济建设，统一团结的和平建国的政策。有了自力更生、和平建国的准备，有了长期抗战的决心，有了举国一致拥戴的领袖，有了半年多与敌军周旋的阵地战、游击战、运动战的经验，我们才迈步踏上了抗战建国的大路，亦即一面抗战，一面建国，一面建国，一面抗战，抗战以图建国，建国以利抗战，"抗战胜利之日，即建国大业完成之日，亦即中国自由平等之日"（临全代会宣言）的大路。

我说抗战建国是条大路，因为世界历史昭示我们，对外抗战，实为任何一个内部分裂的国家，建立成为自由、独立、统一的近代国家，任何被压迫的民族，打倒异族的侵凌，发皇光大复兴起来所必经的途径。在古代纪元前五世纪时，希腊民族的奋起，战胜了破坏人类文化的侵略者波斯帝国，建立了文物学艺光明灿烂的新希腊。在近代，十九世纪初年，散漫的普鲁士各邦，被拿破仑军队侵占，即在几年之后的解放战争里，终于摧毁了拿破仑的霸图，奠定了统一的近代德意志的基础。至于十八世纪末华盛顿领导的美国独立战争，十九世纪中意大利三杰之反抗法国的压迫，统一地理名词的意大利的建国运动，无一不是因对外抗战的胜利而建立起独立自由的近代国家。而当十八世纪初年，俄国在大比得领导之下，在二十一年的长期北欧大战争里，一面对当时的霸国瑞典抗战，一面实行内部经济、军事、政治、教育各方面的改革与建设，终于永远推翻了岛国瑞典在大陆上的霸权，而建立起新俄罗斯帝国。尤足资我们抗战建国推翻岛国日本称霸东亚大陆的借鉴。这些抗战建国的先例，足以证明我国之不得不走上抗战建国的大道，乃是历史的必然的命运。是的，抗战建国是我们当前的国策，是历史的命运，也是民族复兴的契机。

在这伟大的，在中国全部历史上开新纪元的抗战建国运动中，我愿更进一解，贡献一点学术建国的意见。

真正讲来，以军备薄弱的中国，对军力雄厚、世界第一等强国的日本抗战，若果中国能获最后胜利的话，那必因除以军事的抗战、经济的抗战有以制胜外，又能于精神的抗战、道德的抗战、文化学术的抗战各方面，我们都有以胜过日本的地方，或必须我们主持军事，运用经济，有了深厚伟大的精神力量，足以胜过日本的地方。就道德抗战言，日未［本］已是整个的失败，已成了正义人道的公敌、国际公法的罪犯。就精神抗战言，日本的军心、士气、民意均不振奋，武士道的精神已不复存，日俄战争时之内外一致、同仇敌忾，更不可见，只表现着军阀的骄横，兵士的残暴兽行。就文化学术言，除了崇奉武力及与武力有关之科学技术外，我们看不出日本文化的创进与发扬。日本学术界对人民生活、国家政策，并不居领导地位。日本的侵略行为，只暴露出日人模仿西洋文明之流弊与食不消化。以文化学术在世界上列于第三等国的日本，政治军事一跃而居一等强国之列。先天不足，本末倒置，实为日本的根本危机。盖学术文化的一等国，政治军事虽偶遭挫折，终必复兴。譬如德国在欧战后，□（政）治军力虽一落千丈，但学术文化仍居一等国地位，故终将复兴为第一等强国。因学术文化，所以培植精神自由的基础，一个精神自由的民族，军事政治方面必不会久居人下，而学术文化居二三等国地位，政治军备却为一等强国的国家，有如无源之水、无本之木，若不急从文化学术方面作固本浚源工夫，以期对人类文化、世界和平有所贡献，终将自取覆亡，此乃势理之必然。历史上以武力横行一时而学术文化缺乏根基的民族，终至一蹶不复振的例证甚多。

　　老实说，中国百年来之受异族侵陵，国势不振，根本原因还由于学术文化不如人。而中国之所以有复兴建国的展望，亦因中华民族是有文化敏感、学术陶养的民族，以数千年深厚的文化基础，与外来文化接触，反可引起新生机，逐渐繁荣滋长。近数十年来，虚心努力，学习西洋新学术，接收西洋近代的结果，我们整个民族已再生了，觉悟了，有精神自由的要求了，已决非任何机械的武力，外来的统制所能屈服了。所以我们现在的抗战建国运动，乃是有深厚的精神背境、普遍的学术文化基础的抗战建国运动，不是义和团式的不学无术的抗战，不是袁世凯式的不学无术的建国。由此看来，我们抗战之真正最后胜利，必是文化学术的胜利，我们真正完成的建国，必是建筑在对于新文化新学术各方面各部门的研究、把握、创造、发展、应用上。换言之，必应是学术的建国。必定要在世界文化学术上取得一等国的地位，我们在政治上建立一自由平等独立的一等国的企图，才算有坚实永久的基础。

我愿意提出"学治"或"学术治国"的观念以代替迷信武力，军权高于一切的"力治"主义。盖"知识即权力"乃英哲培根的名言。故用于学术上的真理与知识的"学治"，即是最真实有效的力治。但须知我们此次的抗战建国，并不是武力建国。我们虽提倡军令统一，绝对服从最高军事领袖和一切建设以抗战为中心，但我们并不崇拜武力，乃正是要摧毁那迷信武力的日阀的迷梦。我们是为正义人道而战，为自由平等而战，为生存独立而战。我们的武力是建筑在全体同胞的精神力、义愤力和积年来培养的文化学术力之上的。我们反抗的对象是日阀的私欲冲动力、机械技术力和数十万被驱作战的日军的神符和千人缝的迷信力。中国对日抗战的最后胜利，将是"学治"战胜"力治"的有力保证。

我愿意提出"学治"来代替申韩式的急功好利富国强兵的法治。申韩式的法治，实即厉行严刑峻法、剥削人民的苛政，乃是贯澈力治或武力征服的工具。日阀之总动员法案，以及其他强迫人民税捐，驱逐人民上前线送死的苛虐法令，就是此种残民以逞的旧式法治。真正的法治，必系基于学术。希腊的法典，多出于大哲之手。罗马法最称完善，因受当时盛行崇奉理性之斯多噶派哲学影响。近代民治国家之法令，大都建筑在"人民自己立法，自己遵守"的根本原则上，以为人民谋幸福、保权利。换言之，近代国家法令之所以有效，乃因出于人民理智所赞许、感情所爱护、意志所服从，而非出于独裁者个人意志的强制。故中国对日抗战之能否成功，就看我们是否能建立一个学术基础、民治本位的新法治国家，以抵抗那残民以逞，以法律作武力的工具的旧法治国家。

我愿意提出"学治"以补充德治主义。德治是中国几千年来的基本政治观念。司马光全部《资治通鉴》所指示的历史哲学，或普遍□（的）足以资政上借鉴的教训，可以用"有德者兴，失德者亡"八字括之。最近孙中山先生所提出来以与帝国主义的霸道对立的王道，也就是近代化的德治主义。但须知苏格拉底所昭示的"道德即知识"之说，乃是在西洋思想史上使道德与学术携手并进的指针。中山先生知难行易之说，其实亦包含有学术上之知识较困难，道德上的实行较容易的意思。故道德基于学术，真道德出于真学术。道德必赖学术去培养，行为必须以真理为指导。所以德治必须以学治为基础。德治与学治之相辅关系，有似中山先生所分别的权与能之相辅关系。德治者有权，学治者有能。德治如刘备之宽仁大度，学治如诸葛孔明之足智多谋。离开学治而讲德治，纵不闹宋襄公战败于泓的笑话，也难免霍子孟不学无术的刚愎。日本军阀也在谈德治谈王道，在伪满境内他们也提倡读经尊孔。侵略我们国家，蹂躏我人民的兽军，他们也自称为推行仁政维持东亚和平的皇军。我们要以真理与学术作基础的真德治，提倡老招牌的真德治，来打倒日阀的诡辩的无耻的冒牌的假德治，永远使他们不敢渎亵我国孔孟相传下来的德治、王道、仁政等名词的尊严。

学术是建国的铁筋水泥。任何开明的政治，必是基于学术的政治。一个民族的复兴即是那一民族学术文化的复兴。一个国家的建国本质上必是一个创进的学术文化的建国。抗战不忘学术，庶不仅是五分钟热血的抗战，而是理智支持情感，学术锻炼意志的长期抗战。学术不忘抗战，庶不是死气沉沉的学术，而是担负民族使命，建立自由国家，洋溢着精神力量的学术。

《新动向（半月刊）》第 1 卷第 3 期，1938 年，第 88—91 页

# 抗战的民族意义

潘光旦

　　抗战的意义，八一三以来，谈的人虽不少，切实了解的却不多。有人告诉我，某次某外国宣传家过境，本国招待他的人竟有把这意义问题提出来向他征求意见的。甲国人与乙国人打仗，而要丙国人出来替其中的一方面找一个理论或道德的根据，真是一个笑话。前方正在杀敌致果，而后方还有人正向外国人讨这一类的教，抗战的成败，岂不是根本要成问题！

　　抗战的最后意义无疑的是民族的，而不止是政治的、经济的⋯⋯这是谁都已承认的。不过何谓民族的，恐怕很多人的了解未必清楚。我们大抵以为民族的生命已经到一个存亡绝续之交，为继续生存计，不能不拼死抵抗一下。这看法不能说是错，但是太消极，太简单。这无异说，一个人遇见了野兽或暴徒，并且已经被迫到一个负隅的地步，不得不拼一下老命。这未免把民族的生命太看小了，也不免把抗战的过程看得太消极了，太简单了。以前主张速战速决的敌人至少猜透过几分这种看法。

　　我们在这里所了解的民族，指的不是笼统的民族的生命，而是这生命所由维持的元气，或活力，或竞存力。抗战之所以有意义，是因为它给我们一个机会，来测验我们民族的元气，来量断我们民族的活力或竞存力。民族元气、民族活力、民族竞存力三个名词也许有解释一番的必要。它们所指的实在是一件东西。元气一词有些形而上的嫌疑，但资格较老，大家认识。活力一词是研究人口数量的人所惯用的，他们把人口统计叫做活力统计，又把人口增损的一种指数叫做活力指数。竞存力的名词是演化论者的贡献，有时候也叫做竞存价值。它有两点可取之处。一是所指不限于人口数量，而兼及人口品质，讲一个民族的竞存力或价值，当然不但指它有多大一个人口和这人口增殖得多么快，尤其要紧的是指这人口的健康与智能程度如何。二是这名词最能够表示和别的民族比较与争胜的意思。民族生存的力量原是相对的，一样一个中华民族，海禁开放以前和以后的竞存力的估量可以很不相同。

上文说一般人所了解的抗战的民族的意义是消极的，我们用竞存力的测拉的立场看，却是十分积极的。数千年来闭关自守的一个民族，当然不免和别的民族有许多不同与不齐之处。如今开关了，自给自足的局面不能维持了，在在便不能不和别的民族发生比较，发生争竞，争竞到相当程度，不能不短兵相接一下，把实在的身手拿出来。新环境逼得我们如此，我们为求在这新环境里位育计，也不得不如此。我们还可以更积极的说，我们在新环境里濡染已久，学习已久，也很想寻找一个机会，来显显我们的身手。我们可以设两个譬。好像是以前在少林寺里学武艺的人，一旦满师，总得利用他学到的种种本领，打出山门来，打不出来，就算是没有学好，或根本学不好，永远满不了师，即等于承认对于此道是失败了。二十世纪的国际新局面，所谓新，包括一切军事、政治、科学、艺术、工商设施在内，便是我们的少林寺，我们是学拳捧〔棒〕的，我们到如今学成没有，我们不能说，也许还差一点点，也许还差很多，但无论如何，我们出寺的机会来了，并且我们非出寺不可，不打就根本出不来。打出手是学拳捧〔棒〕的人的代价，也正是我们得跻于新式国家之林的代价，是绝对无法避免，也是有志者所应认为"谁谓荼苦，其甘如饴"而以躲避为耻辱的。还有一个比喻，在初民社会里，一个青年从童年进入成年，大抵得经过一种测验性质的仪式，这仪式有很简单的，也有很复杂的，一个青年须得把他的本领全盘托出，来胜过故意放在他前面的诸般艰难困苦。胜过了，他是一个十足的成人，得享受部落中一切成人所能享受的权利，否则，不但不能加入成人之列，他在部落中的地位，根本会发生动摇。在所谓文明的社会里，这种测验性质的仪式是没有了，要有，也不过是告朔的饩羊似的一些遗迹。不过，一个女子，从一个普通女子身分，进而取得一个母亲的身分，也得经过一番艰难困苦，这种艰难困苦所引起的生理与心理的及〔反〕应和初民社会里这种青年所经历的还有几分相像。在鄙薄贤妻良母的地位的今日，许多人也许不这么看，但在一个正常与健全的社会里，母〔亲〕的身分总比普通妇女的身分为高，却总是一个事实。

上文也说一般人所了解，抗战的民族的意义是过于简单。抗战不是一桩取快一时或孤注一掷的举措。抗战，无论占多么长久的时限，总是一个过程。因为是一个过程，其间经历的种种就可以供我们体验。

记得九一八事变后二星期，我在朋友办的刊物上发表过一篇短稿，叫做《民族元气篇》。当时我的论调很消极，很悲观，认为民族在竞存的能力上根本已经发生了问题，一面才会招致这一类严重的外侮，一面，既经招致了，又一筹莫展的听人摆布。我也曾把那次事变看做一个测验，我们当时就没有能接受这测验，我们认着输说，我们恐怕测验不起。

我们究属测验得起，测验不起，一直要到最近一年有半，才算取得一个找寻答案的机会。芦沟桥开衅以至八一三以后的种种是有以史〔史以〕来我们民族竞存力的第一个大测验。这测验目前尚在进行之中，结论如何，尚难逆料，不过有一点是已经很显明的。一年半的抗战的经验无疑的暴露了我们品质方面的许多弱点。这种暴露对一般民族分子也许还是簇新的发见，对于一向研究民族品质与性格的人却只好算是一个坐实。我们以前常说我们民族有几个很大的弱点：一是体格过于柔韧，二是科学的智能过于薄弱，三是组织能力过于缺乏，四是自私的倾向过于发展。我在《民族元气篇》里又特别提出科学智能与组织能力两点。一年来的挣扎的过程，在在可以坐实这几点。在目前，许多实例还不便列举，但对于关心战局与后方情形的人，是可以不言而喻的。大体说来，在准备上，以人力论，我们吃第一种弱点的亏为最多，就器械与器械的利用论，我们吃的完全是第二种的弱点的亏。作战之际，无论进攻退守，所吃的亏，大部分要归第三种弱点负责。后方的不够紧张，政治方面的不孚人意，吏民借了国难的机会发财等等，却都得推溯到第四种弱点身上。

这种种弱点的受大家承认，还有一些旁证。就是，抗战以来，我们已经渐渐的能利用我们的短处。自私的倾向，科学智能的缺乏，是绝对的弱点，亟切弥补不来的，但是体格的柔韧和组织力的不发达，其为弱点，却不是绝对的，而是相对的，只要利用得法，于抗战未必完全无利。所谓避实就虚的游击战术，或不重视点线的全面战术，便是从"善用其所短"的原则下演变出来的一种适应性的战术。读者不察，或不免以此种战性为军事当局一种自圆的处置，那是一大错误，那是由于根本不了解我们民族的一部分的性格。但若有人以为这是一种上好的战术，从而加以揄扬，那也是大可以不必的。

民族弱点的体验与认识，本身就是抗战的一大收获。一个人不怕害病，只怕不明白病的症结所在，从而讳疾忌医。民族也正复如此。不过我们到目前为止，所得的收获并不止此。抗战的经验已经告诉我们，我们的种种弱点，在民族分子中间，散布虽广，却还不至于普遍。以前的战士，大都产自黄河流域，而今则西南诸省，全都有供给大量战士的能力，并且这种战士的战斗力并不在北方战士之下。以前"南方之强"与"北方之强"的分别看法，到此已不能不加修正，因而充分证明我们以前再三提到的"移民品质比较优越之说"是确乎不拔的。可作航空战士的青年，虽数百人中只能选取一二人，我们如今明白，至少数了[百] 人中还有这一二人可选。此种入选的航空战士，也有其省区的分布，据说东三省来的青年所占的成分为多。东省民品优越的话，也是我们以前再三论列过的，如今也取得了进一步的坐实。自私自利、爱财惜命的分子虽多，而肯为民族国家作壮烈牺牲的也正复不少。只须我们不把这些优异的分子，作无谓的消耗，作孤注的一掷，那上文所说的种种弱点，前途尽有减少与消除的希望。

抗战之所以为民族竞存力的测验，或民族品性的个别量断，决非上文寥寥的数百言所能概括。我们希望抗战最后成功的一日，我们有机会在这方面做一个更详细的分析报告。

抗战的民族意义，不外两层：（一）它是积极的，不是消极的；（二）它给我们一个机会，不是教我们拼老命，而是教我们体验我们各方面的力量，尤其是民族的体力、智力，以至于性情操守的力量，教我们体验自己究竟老不老。要是所拼的真是一条老命的话，那就根本不值得一拼了。本篇所谈的不过是这两层意思，关于第二层，我们还有待于关心民族品性的学者替我们观察分析，目前亟切还不能有甚么具体的结论。不过第一层是谁却可以都明白了解的，谁都可以采取，作为他对于抗战的态度的一部分。

《今日评论》第 1 卷第 2 期，1939 年，第 4—5 页

# 抗战的目的与建国的方针

冯友兰

人的行动，不一定都是自觉底。历史上底大运动尤其是如此，在一个历史上底大运动中，人大概都觉得非如此作不可。至于为甚么要如此作，则人往往不易有清楚底见解。这就是说，在一个历史底大运动中，人对于这个运动的性质，也可以说是意义，往往不易有了解。我们这一次底对日抗战先是两国间底战争，后来发展为世界大战的一部分，其结果如何，要影响到全世界。无论在中国历史上，或全世界历史上，都不能不说是一件惊天动地底大事。自从九一八以来，一般人都觉得这个仗非打不可，但是为甚么非打不可，一般人未必都有清楚底见解。到现在仗已打了四年多，我们所争者究竟是甚么，这一点需要弄清楚，这一点弄清楚以后，我们的这一次底大运动才能成为真正自觉底运动。一个运动成为真正自觉底以后这个运动才可以免除不必要底曲折，而其目的的实现，亦可以不致有不必要底迟延。

凡两个国家打仗，必是由于两个国家中间有一种不可避免底根本冲突。古人说"兵凶事也，战危道也"。这并不是可以轻举妄动底事情。没有国家，愿意战争。没有国家，专为情感问题，与别底国家战争。国与国间情感恶劣，是两国间利益冲突的表现。用医学家的话说，这是一种症候，而不是一种病。没有国家，专为所谓国际间的正义公理而与别底国家战争。在现在世界中，国际间本来是没正义，没有公理底。亦没有国家专为所谓人格国格而与别底国家战争。所谓国格，本来只是一个无意义底空名词。所谓"人有人格，国有国格"，本来只是一句无意义底空话。

两个国家间，发生战争，必是两国中间，有不可避免底根本上底利益冲突。这种冲突必定是不可避免底，因为如其是可以避免底，则两国必以外交或其他方式解决之。这种冲突，亦必定是根本底。因为如不是根本底，则即令不能以外交或其他方式解决，然亦必拖延搁置成为悬案，而不必诉诸战争。这种冲突，必是根本底，而又是不可避免底，所以两国才只得以战争解决之。

中日战争现在虽已成为世界战争的一部分，然中国的主要底敌人，究竟还是日本。日本的军事行动的最后目的，还是他所谓"解决中国问题"。中日两国为甚么有如此底深仇大恨呢？这是由于中日两国中间确有不可避免根本上底利益冲突。中国为求自己的生存，必须成为一个近代式底国家。日本为求自己的繁荣，必须阻止中国，使之不能成为一个近代式底国家。这是中日两国间底不可避免底根本上底利益冲突，这种冲突，是非战争不能解决底。

中国若不能成为一个近代式底国家，则所谓中国，无论它是如何底地大物博，将来会只成一个地理上底名词；所谓中国人，无论他是如何底聪明优秀，将来会只成一个人种学上底名词；所谓中国文化，无论它是如何底光辉灿烂，将来会只成历史博物馆中底古董。所以中国非求成为一个现代式底国家不可。中国成为近代式底国家以后，必然而且自然恢复他在亚洲上历史底地位，此虽不必威胁日本的生存，但日本亦不过只能生存而已，这是与日本的根本利益冲突。所以自鸦片战争以来，中国的各种运动的一致底目的，是建立一个近代式底中国，而自甲午中日之战以后，日本的对华一致底政策，是阻止中国，使之不能在此方面成功。

我们现在所谓建国，其意义就是建立一个近代式底国家。并不是说，中国本来无国，现在方才建立。由以上所说，我们可知，抗战建国，本来是一件事，因为建国受了阻碍，所以才用武力以克服这种阻碍。建国是目的，抗战是手段。

要想建立一个近代式底国家，我们必须知道一个近代式底国家的要素是甚么。自鸦片战争以来，清末咸同时代的人，以为近代式底国家的要素是兵船大炮。光宣时代的人，以为近代式底国家的要素是有国会宪法。民初时代的人，以为近代式底国家的要素，是有德先生与赛先生，现在我们知道，近代式国家的要素，是工业化，有了工业，自然会制造兵船大炮。社会工业化以后，人的生活方式改变，德先生自然会有人拥护，赛先生也自然会有人鼓励。没有工业，而只要兵船大炮，固然是沙上起屋，社会没有工业化，而只讲德先生与赛先生，也是纸上谈兵。这是一个真理，这个真理，中国近十年来方才认清。中国近十年来，才真正自觉底开始工业化，但日本也就开始感觉到威胁。因为中国的工业化，是中国真正成为近代化底国家的必要条件，所以他必要阻止中国工业化。他说，他所要求于中国者，只是"经济合作"而已。只要中国答应这个条件，其余底事，都可商量。他这话倒并非欺人之谈，他所要求者，实在只是如此。不过这个"只是如此"却包罗万象。因为所谓经济合作者，是使日本为工业国，中国为农业国。在现在底世界中，工业国是主人，农业国是奴隶。中国如果永远是农业国，那就永远为日本的工业的原料供给地，永远为日本的商品销售场。就在供给销售之间，日本就得充分利润。中国的地位就是日本的殖民地，只要你愿意当殖民地，你的政府是君主，是民主，你的旗是五色，是青天白日，又有甚么关系呢？但是中国也不是看不出这一点，所以不肯与他经济合作，所以才有现在底战争。我们的战争的目的，是要破除建国的阻碍，更确切一点说，是要破除工业化的阻碍。我们是为建国而战，更确切一点说，是为民族工业而战。

近代式底国家的要素是工业化，这是一个真理。在近廿年中，不认识这个真理而受害底是英法，认识这个真理而得到胜利底是苏联。英法上次打败德国，现在法又为德所败，英亦为德所困，这固然是由于德人的奋发，英法人的昏聩，但其一个主要的原因，还是德国的工业的根基，在上次没有破坏，在一九一八年，英法的政治家，还都是旧式底，以为只要解除一个国家的军备，他即不能再反抗，他们只解除了德国的军备，没有解除了德国的工业。从前灭人国家是要"坏其宗庙，迁其重器"，现在灭人国家是要"毁其工厂，迁其机器"，这一次德国若成功，他必使全欧洲，除德国外，都成为农业国。日本若成功，他必使全东亚，除日本外，都成为农业国。这是可以断言底。

苏联认清了以上所说的真理，所以于革命政局初定之时，即赶紧工业化，斯大林的几个五年计划，立了这次对德战争的胜利的基础。

由以上所说，我们可知，我们抗战的目的，是争取工业化，我们的建国的方针，是赶紧工业化。

工业化的主要特征，是以机器大量生产，机器大量生产必需许多工人集体合作，其生产亦必以全社会的消费为对象。此与手工业的生产不同。手工业的工人，多是一家的家人，生产亦不是大量底。即令不是为生产者自己消费，亦不是以全社会的消费为对象。所以手工业底社会必是以家为本位底社会，工业化底社会，则是以社会为本位底社会。在以社会为本位底社会中，个人从家中解放出来。他有一种新生活方式，他自觉其为社会的一员，这种新生活方式、新思想，是建立近代式底国家的政治社会机构所必需底。

于此，还有两点误会，是有些人对于工业化所常有者，以下稍为解释。

有些人以为工业农业是对立底，提倡工业化，岂将不要农业吗？于此我们说所谓工业化的真正底意义，是说生产机器化，是就生产的方式说，不是就生产的对象说。主张工业化底人，也主张农业工业化。所谓农业工业化者，就是以集体底方式，用机器生产农产品。

有些人以为所谓工业化是属于所谓物质文明底。提倡工业化则只是重视物质文明，而不重视所谓精神文明。

于此我们说，我们并非不重视所谓精神文明，不过所谓精神文明必以所谓物质文明为基础。一种事物于实现时所需要底基础，与一种事物的要素不同。例如我们画画必用颜色纸张，这是实现一画时所必要底基础。但我们如此说，我们并非以为颜色纸张就是画，画的美另有其所在，那是画的要素。有些人于此常分不清楚，所以引起许多无谓的争论，例如所谓唯心唯物之争，大部分亦由于此等思想混乱而起。譬如，人思想必靠脑的活动。虽是如此，脑的活动，并不就是思想。有些唯物论者，似乎以为人的思想，既靠脑的活动，则思想就不过是脑的活动。这种说法固然是错误，但若以为人可以不靠脑的活动而思想，这亦是错误底。

在工业化底社会中，人自然有一种新底生活方式，对于事物，有一种新底看法，即所谓新思想者，这种新生活方式及所谓新思想，即是所谓精神文明。有工业化底物质文明，自然有这种精神文明，没有近代底物质文明，而只提倡近代的精神文明，都是空空提倡，都是空谈无补。

《当代评论》第 2 卷第 3 期，1942 年，第 34—35 页

# 所望于协商会议者

## ——不问收获，但问耕耘

潘光旦

　　原先定于三十四年十一月一日开始举行的政治协商会议，经过了七十天的拖延，终于准备在本月十日开幕了。但闻脚步响，不见下梯来，中国的事情大概都是如此：中国人的脾气好，耐性大，挨得来，拖得下，倒也不足深怪，只要这一天不要再展期，也就差强人意了。

　　国人望治，久矣乎如大旱之望云霓。大多数的国人也认为政治协商会议是拨乱反治的第一个步骤，所以两月以来，眼巴巴地期待着它早日开幕，早日观成。不用说，这两个月的精神是白费了，不过就两个月内国内的实际情势说，协商会议即使开成了，又真能拨乱而反治么？不能。在中国，天大的问题会分解成一个场面的问题。国共谈判了好久，毫无具体的结果。十月十日发表的那十二条，无非是一些原则，原则是谁都可以同意的。但原则后拖着的尾巴才是一些解决不了的切实问题，这些问题不解决，谈判了等于没有谈判。然而这样就算了么？也不。在国民喁喁望治的心情之下，总得告一个段落，有一个下场，那就是协商会议，那就是等于两个人对壁撞，谈不出甚么来，再等第三个、第四个人来谈谈看罢；结果的有无是另一个问题，至少让国民看来，大家还在谈着，谈总比不谈好；尽管一面在打，打打谈谈也总比一味的打好。所以会议如果早开，我认为只有一种意义，就是增加场面的热闹。当时有人问起我所期望于协商会议的是甚么，我的简单的答复是：谈谈打打，打打谈谈，一面谈，一面打，谈是赛足球，打是啦啦队，或者倒过来说也可以，打与谈孰宾孰主，不关宏旨。

读者千万不要误会，以为我这种说法是在批评参加谈判的双方，或参加协商的两个主要方面没有诚意。诚意都有，并且都很丰富，只是这诚意不容易表达出来，而所以不容易表达而发人深省的缘故是在"我执"。个人有"我执"，政治党派也有"我执"，"我执"最不容易放弃。参加谈判与协商的人，在谈判与协商的时候，可能<的>很和气很欢洽，甚至于无话不谈，笑语横生，诙谐杂出，报纸上叙到谈判经过，事实的报导虽少，"空气和谐"四字的按语却屡见而不一见，据我所闻，事实也确乎是如此。但尽管如此，与问题的解决并不相干。诚意要从心底里出发，"我执"也从心底里出发，仿佛是诚意出发的时候，多少要被同时想出发"我执"挤住、绊住，不容易摆脱，于是就表达不出来了。诚意表达不出来的表达，便成一种近乎演剧似的东西，是很可以想像得到的。有人说，民主政治是一种妥协，有人不喜欢妥协两个字，认为是折中、骑墙、模棱一流，但妥协也正复不易。妥协必须各方能真心的让步，肯真心的让步，真心就是诚意，只是外缘逼迫出来的不得不有的让步不足以造成真妥协，那就单独的任何一方面说，是暂时的委屈，就不止一方面说，是短期的凑付、片刻的苟安。

根据上文的话，我认为我们所望于协商会议的第一点，也是最基本的一点，是属于心理的态度的，就是竭力减少以至于放弃党派的我执。三十八个代表，连主席三十九个，无党无派九人不论。主席虽有党派，但同时也是政治最高当局，理应包容一切，也不论外，其余二十九个应当暂时把党派的关系放在度外，搁过一边，但须牢牢记住自己是中国人，是以中国公民一分子的资格参加协商，解决中国的问题。只要提出的解决方法合理可行，无论是谁提出，我都可以赞同，初不必发诸自我，或发诸自我党我派的其他代表。我们应当认为，三十八个代表中，与其只有四条心五条心，无宁有三十八条心，三十八条各别的心要妥协不难，因其可能没有成见或虽有而不多，四五条心要妥协则极难，因其可能有成见，党派的成见，并且有得很深，更因其有集团或一种疙瘩性的关系，最是牢不可破。

这种把党派关系暂时放开的态度不但适用于各个代表的自处与自视，也应该适用于各代表的待人与视人。某一代表尽管是由某一党派产生，但我们必须假定他自有其独立的人格、自由的理智、特独的经验学识，而不必定是所属党派的应声之虫、传声之器。代表自己不带有颜色的眼镜，固属重要，同时也正不必一相情愿的以为别人非戴颜色眼镜不可；自己不我执固好，同时也应该避免假定，以至于肯定，别人的必不能免于他的我执。这种待人与视人的态度事实上也并不容易。平时听见人家谈论到第三者，往往说甲是左，乙是右，或甲前进，乙反动，或甲属于某派，乙属于某党，好像是左右、前进、反动，或一种党派关系便足以尽一人的底蕴或是全部人格似的。这显然是一种错误的态度，虽以我执归诸他人的态度，至少也是一种偷懒而不求甚解的观人的态度。即如这一次民主同盟出席协商会议的代表九人，合而言之，则同是民主同盟的代表，同是民主同盟推出来的，分而言之，则我希望他们每一位都能以公民一分子的姿态出现，都能充分运用一己的自由理智，都能虚心接纳别人的合理可行的意见。像我希望别的党派的代表一样，而官方通讯社一定要在每一代表的头上贴上一个条子，说某某是救国会，某某是第三党，等等。在不谅解的人以为这是政府有意分化民主同盟，甚至于否认民主同盟的整体的存在，我则以为这还是以我执归人的通病的一种表示，而这种通病的祛除原是不容易的；也可能是这些民主同盟的代表，原先既有其较小的党派的隶属，及其既以个人资格加入民主同盟，又不免流露其前所养成的我执，未能完全摆脱，履霜冰至，由来有渐，别人的以我执相加，自更是意中事了。

上文一些关于态度的话好像是陈义太高，无裨实际，又好像是卑之无甚高论，是任何参加一种讨论的人应有的常识准备。这两种看法都行。但若代表们以为太高而不力求实践，或以为太浅近而轻易忽略过去，我以为协商的前途是决不会有很多的光明与很大的成就的，或所得的仅仅是一个商而不协的结果，那就是等于没有结果。不仅协商会议如此，我恐整个民主的运动将遭遇同样的命运。（关于我执一点，说详《毋我则和平统一》一稿，《时代评论》第十期。关于四五条心直不如三十八条心的理解，详《多党政治与团结的学习》一稿，本刊第一卷第十二期）

我们应该期望于协商会议的第二点，也是最后的一点是：每天协商的经过与结果，完全公开，步步公开。关于这一点，国内的舆论这几天来已经再三的要求过。据一月七日的报导，政府也已经答应准许新闻记者旁听，记者的数目以不超过协商代表的数目为限，同时又准许外籍记者十五人到场。这固然很好，但还不够。我们更要求协商会议应当发表公报，至少每天一次，并且不厌其详。

一切的训练不得不靠一些内因外缘，民主政治的训练当然不是例外。在民主政治的训练里，如果我执的减少消除必须由于自发的内因，这种讨论务求公开的努力便是让外缘得以尽量的尽其刺激与启发的能事了。英国民主政治的逐渐成功，因素固然不一而足，但我一向认为有两位大师的论议代表着因素中最基本的一部分：一是斯宾塞尔的一部《群学肄言》，其目的专在清除成见，打破我执；二是白介忒的一部《物理与政治》，主张民主政治除了公开讨论的基础外，没有第二个。斯氏在内因上用工夫，白氏在外缘上着力，内因外缘，两相成就，可见英国的民主政治，在理论的修养上是打过一番极稳固的底子的。

协商会议以前国共双方谈判的所以没有多大成就，一半的原因固然由于我执的无法消除，有如上文所述，另一半的原因就在谈判经过的未能随时公开了。除了十月十一日发表的十二条很笼统的结论而外，又除了"空气和谐"一类的按语外，一般国民对于谈判的详细情形是一无所知。所谓未能公开，指的是既不发随时的公报，又不许记者旁听，又不让第三者参加来议。这种不公开对话方式，名为谈判，表面上也采用商讨的方法，事实上等于两个人下棋，两个人角力，下棋有时候还容许人家观棋，虽有"观棋不语真君子"的话，但有人在场是可以的。角力则除非私斗，拼个你死我活，也必有公正人。如今旁观与公正人都没有，于是就成为一种迹及私斗的角力，初则角智力，角舌力，终则不免角到体力武力，那就成谈判开始不久便而发生的内战了，而所谓谈判，终于成为一个谈而不判的结局。我所最不了解的是，双方参加谈判的人何以始终没有能郑重考虑到那判字的意义。谈是两个人谈，判又是谁来判？以常识论之，判必须有一个第三者，旁观者也罢，公正人也罢，而就国共之间的纠纷讲，就任何关于国是的纠纷讲，这第三者便应是绝大多数的国民。这绝大多数的国民，四万万以上的国民，是极愿出头来说句公平话的，来判一下的，但在不公开的形势之下，连旁听的机会都没有，又将孰从而判之？

我所不了解的还有一更有趣的一层。中国以前民主的经验不多，尚有待于切实的学，特别是在政治体制方面，是不错的。但民众中间排难解纷的民主方式，尽管粗率，不是完全没有，也是一个事实。因为国共谈判，更因为谈判未能公开，我就立刻联想到了此种粗率的方式的一种，就是各地到处通行的下江人所称的"吃讲茶"。吃讲茶就是民众之间举行谈判解决纠纷的一个最寻常的方法。这其间也有两造，也有一些是非利害的争论，也需要一个比较切实而持久的解决。但两造决不躲在家里，关起门来，然后开谈，而且必需跑到茶馆店里，到一个人多口杂、攘往熙来的场合。为的究竟是什么？还不是要谈论有一个结果么，要谈而终于得到一个判么！他们不怕人多，不怕口杂，他们事实上欢迎人多口杂，唯有人多口杂才有力量促成最后的那一判。在茶馆里吃讲茶的判有消极、积极两种意义。消极的意义是无形的监督双方的谈话以至于争论，不使打将起来；积极的意义是在有人偶然插嘴，说几句公正话，或忍不住不发言，进几句劝告。争执的两造也自□于接纳这种公意的表示，也正因为要取得这种公意的表示，他们才进的茶馆，求仁得仁，求判得判，他们终于成功。我所不了解的是，各以民主相标榜的国共两方似乎把这吃讲茶的普通民主习惯都忘了，没有能采用它的精神来实行谈判。据共方的朋友说，他们于开始时便要求公开，但两方未能同意；又据国方的朋友说，共方自己要求不公开。究竟情形如何，我们现在没有追问的必要，我们要深切注意的是，不公开是一大错误，国共谈判既错误于前，我们竭诚的希望协商会议不再错误于后。

我所希望于协商会议的就是这很简单的两点，一是消除我执，二是力求公开。我们不问收获，但问耕耘，因为我相信，只要耕耘步步有着落，收获是不会没有着落的。而上述的两点便是耕耘的最基本的两个步骤。目前大部分的舆论所企求的都是属于收获方面的，一般国民有一般国民的企求，各党各派有各党各派的企求，都着重在最后的收获，而忽略过程中的耕耘，我在这里说的却全是关于耕耘的话。

《民主周刊》（昆明）第 2 卷第 23 期，1946 年，第 4—6 页

# 对国民党政府进一言

吴　晗

　　最近一周国内政局暗流之明朗化，到蒋主席在参政会席上致词而达到顶点，马歇尔将军不幸而言中，他在整军方案签订时的忧虑，被事实逐一证明了。

　　其实，从双十会谈以来，人民的心情沈重紧张，注视每一事态的发展，二十年的桎梏，八年来血的洗炼，明白了政府当局的诺言的意义，也深切了解白纸上黑字的作用，民主非恩赐可得，和平更不能向希特勒的子孙乞取，忍耐固然是美德，但有止境，让步是相互的，否则便是出卖。跟着四项诺言、停战协定、五项协议、整军方案而来的，是沧白堂案、较场口案、捣毁新华日报民主报案、大渡口惨杀工人案，和各地的内战、东北的进军、御制的反苏游行、北平的执行部捣乱和最近中共人员的被非法搜查逮捕，一方面在说尽好话，一方面在做尽坏事！

　　配合着石头木棍机枪大炮美式装备的多方面活动，国民党二中全会之后，继以国民党参政会，用"党的民主"和"党的民意"的叫嚣谩骂方式，完成了摧毁政协决议的路人皆知的阴谋。

　　正面反面文的武的都着着表演完了，图穷而匕首见。

　　马歇尔将军的忧虑，中国人民的忧虑，外惭清议，内愧人民！

　　面对着僵持不下的困局、黎明前的黑暗，新的危机在展开，更大的人民力量在蕴蓄，一失足成千古恨，中国的前途真的将决定在未来三周之内，一边是民主和平的康庄大道，一边是兵连祸结的黑暗深渊！

放下屠刀，立地成佛，解铃还是系铃人，不能不再对国民党进一言。

就全国人民所属望的最基本的原则说，当前危机之唯一解决方案，为各方面严格切实遵行政治协商会议五项协议、停战协定和整军方案，国民党政府尤应立刻兑现四项诺言，示国人以大信。

就个别问题的处理而说，关于宪章，政协会所协议的制宪原则是不能动摇的，国民大会应以由政协修改的宪章草案为唯一之依据，理由很明白，所谓五五宪章只是国民党一党的宪章，不能为人民所接受，建国大纲也只是国民党一党的纲领，而且过了二十多年，已失时效，不能符合当前人民的利益。相反，政协关于宪法草案问题的协议，是综合各党派的意见，完全实现了人民的愿望，澈底摧毁独裁制度和精神，建立民主的代议制度，实现了中山先生地方自治的均权理想，也补救了中山先生五院平列的错误（中山先生原说是试行五院制，从试行两字研究，可见中山先生也并没有把这制度当作不可改变的最后决定）。不只符合中山先生所毕生致力的民主精义，也完全适合当前的形势和要求。

关于从训政到宪政时期过渡时期的国家根本大法，当然唯一合法的依据是政协的关于政府组织的协议与和平建国纲领，试看两项协议的序言，不是明明写着：

中国国民党在国民大会未举行以前，为准备实施宪政起见，修改国民政府组织法，以充实国民政府委员会。

国民政府鉴于抗日战争业已结束，和平建设应即开始，爰邀□各党派代表与社会贤达，举行政治协商会议，共商国是，以期迅速结束训政，开始宪政，特制定本纲领，以为宪政实施前施政之准绳。

一则曰在国民大会未举行之前，为准备实施宪政起见。国民大会是制宪的，宪法未制定公布之前的时期不是过渡时期是什么？一则曰宪政实施前施政之准绳，说明这纲领是过渡时期的施政纲领。这两项序言明白规定这关于政府组织的协议是过渡时期唯一的政府组织法，和平建国纲领是依据上述组织法而改组的过渡时期政府唯一的施政纲领，不是极明白极肯定极具体的吗？协议何曾提到国民党的训政时期约法一句一字？而且，明白规定了迅速结束训政，当然也就否定了国民党的一党所依据的训政时期约法，同一时期不能并行有两种相反的国家大法，享有公平而有效的代表权的各党派代表所参加的新政府，绝不可能仍是依据一党专政的不合时代的旧约法。这是尽人应知的常识，不烦辞赘。

而且，就国民党政府所坚持的在宪法尚未颁行之前，根本有效的训政时期约法到底是一个什么东西呢？简单说来，第一，这东西只八章八十九条，除了第七章政府组织以外，国民党政府从来不曾实行过一个字。第二，这一套东西于民国二十年五月十二日由国民党一党包办的国民会议所制定，国民党以外的人民和党派从来也不曾参加和承认。第三，这套东西是一党独裁专政的法理根据，第三章训政纲领第三十条："训政时期由中国国民党全国代表大会代表国民大会行使中央统治权。中国国民党全国代表大会闭会时，其职权由中国国民党中央执行委员会行使之。"国民党政府之所以坚持这一套古董在宪政实施前仍为国家根本大法的道理就在这里。根据这个法，政府不管如何改组，仍然是一党专政、一党独裁的政府，政府不管如何改组，国民党的中央执行委员会，仍然是间接代表国民大会行使中央统治权的最高政权机构。

明白得很，训政时期约法是和政协协议完全抵触的，一个独裁，一个民主。

那末，事实摆在眼前，从来也不曾有人提出过拿什么东西来代替约法，因为约法只是一纸废纸，干□（脆）废止就了事。相反，在过渡时期，由各党派依平等合法原则共同参加的国民政府，其组织法应依照政治协商会议关于政府组织的制订。不如此，各党派就无理由无必要参加、负责，假如各党派这样做，就是自绝于人民，自毁前途。假如国民党政府违反政协协议，不依据协议修改要点、修改国府组织法，妄想仍根据连他们自己也不遵守的约法，保存旧组织，而以不参加政府的责任诿之各党派，假如国民党政府这样做，也是自绝于人民，自毁前途。一切后果，应由国民党政府负责。

最后，我还应该指出，政协会的五项协议由五方面共同参加，召集的是国民党政府，五方面之一是国民党代表。协议的成立是用全体起立通过的方式，主席并曾信誓旦旦且保证其忠实执行。

解铃还是系铃人，我不能不对国民党政府进一言，转危为安，从独裁到民主，由战争到和平，尊重人民的愿望，保存国民党和国民党领袖的信誉，唯一的契机是切实遵行政治协商会议五项协议、停战协定和整军方案，尤应立刻兑现四项诺言，示国民以大信。

收起建国大纲吧！收起训政时期约法吧！这些文件的意义已经被记录在历史上了，最好的安放处是历史博物馆的档案库。

《民主周刊》（昆明）第 3 卷第 6 期，1946 年，第 3—4 页

# 从昆明惨案到南通惨案

## ——"五四"在学联会的演讲

吴　晗

　　双十会议以后隔不了多少日子发生昆明惨案，政协开会，蒋主〔席〕宣布四项诺言，成立五项协议以后，隔不了多少日子，发生南通惨案。在这两个空前的惨案中间，各地有计划有组织地产生了多多少少的血案，例如较场口血案、打殴新华日报案、大渡口枪杀工人案、上海欢迎马歇尔血案、青岛费筱芝案、北平捣毁执行部案、北平中山公园血案，说不尽，数不完。总之，是打，是杀。打谁呢？打人民。杀谁呢？杀人民。为什么要打人民杀人民呢？因为人民要民主，要和平。

　　要民主、要和平的人民被打被杀，当然，打人民杀人民的人是既不要民主的，更不要和平的了。这两种力量的对立，就是民主对独裁，和平对内战，进步对落后，团结对分裂，光明对黑暗，两个阵线、两种哲学、两种力量之争。今天中国的局面，就是这样一个局面，人民和反人民的力量对立的局面。

　　从昆明惨案到南通惨案一连串的血的史实，是最好的说明。

　　昆明惨案的主题是反内战，要和平；南通惨〔案〕的主题也还是反内战，要和平。昆明惨案的牺牲者是学生，是青年；南通惨案的牺牲者也还是学生，是青年。昆明惨案发生后，消息被封锁，学生死的和活的被诬蔑为共产党；南通惨案发生后消息也被封锁，学生青年死的和活的也被诬为共产党，甚至汉奸。所不同的是昆明惨案是在光天化日之下干的，用手榴弹，用石头，用木棍；南通惨案是在深更半夜干的，用绑匪绑票的办法，用活埋的办法，用暗杀的办法，挖鼻挖眼睛捆上铁丝，把尸首丢进大江，不但杀人，而且连杀人的痕迹都想掩灭掉了。

两件惨案中有值得注意的警句。昆明，关将军说：你们有在墙内开会的自由，我就有在墙外开枪的自由，进一步就是闯进学校丢手榴弹的自由。南通呢？当人民向执行小组美方代表请愿时，有党官说：家丑不可外扬。于是在美国人走了以后，来一连串的绑票暗杀，造成更多的家丑，手在制造家丑，嘴上却说家丑不可外扬。

在蒋主席宣布四项诺言之后，在政府公布提审法之后，兑现了什么没有呢？兑现了<的>更多的特务，更多的残杀，更多的流血，更多的屠杀，从明杀到暗杀青年的血案。

要民主、要和平的青年学生，所得到的答复是手榴弹、活埋、挖鼻挖眼睛和投江灭迹。

昆明惨案的凶手办了没有呢？办了，办的办法是升官。南通惨案的凶手会不会办呢？我想也会办的，办的办法也一定<的>会是升官，因为他们有功党国。两个惨案的主题解决了没有呢？内战停了没有呢？和平到手了没有呢？内战停了，有一个文字上的停战协定，然而被顽固分子玷污了，破坏了。和平呢？在接收，在别的题目之下，东北九省、河南、山东、山西各地更大规模的内战。

总之，从双十会议以来的一切人民力量的成就，四项诺言、停战协定、政协五项协议、整军方案，凡是符合于人民利益的，凡是可以解决当前危机的，奠定民主和平团结建设的基础的方案，一既完全被少数"顽因〔固〕分子"所破坏了，所玷污了。

从昆明惨案到南通惨案的现实教训是：

第一，这个政府是专门屠杀青年、屠杀人民的，和人民利益对立的，我们不要这个，我们要有一个为人民属于人民，人民自己的政府。

第二，昆明，南通，各地青年，各地人民的血，他们用生命换来的停战协定被破坏了，他们死不瞑目。继续努力，贯彻他们所争取的目标，用人民自己的力量，制止内战，争取和平，是每一青年每一人民的神圣而庄严的任务。

第三，为了保障青年求学的安全、思想的自由，甚至行动和生命的安全，光是制止内战还不够，青年的任务还应该是实现、建议和巩固民主的制度，实现孙中山先生的伟大理想，不折不扣的民主共和国。

这是一个生和死的斗争，假如我们不愿意再有类似昆明、南通的惨案，我们应该立定决心，你们去了还有我们。今天是青年节，我以为青年节的唯一的口号是："你们去了，还有我们！"

《民主周刊》（昆明）第 3 卷第 9 期，1946 年，第 7 页

# 危机已到了第二期

费孝通

从日本投降，抗战结束，到"一二·一"运动是战后中国的第一期。在这一期里，人民经过了长期战争的痛苦，普遍的希望安定和平，而且把这希望寄托在国民政府，尤其是沦陷区的同胞，抱着真挚的热情，期待光复。但是政府并没有满足人民的要求，相反的，接收的混乱和贪污在同胞面前暴露了现政党的丑相，不但如此，又因为国共的冲突，内战一触即发。这是历史上空前的大灾难的预兆，但是悬崖勒马，还有时机，在这关口，诞生了以"一二·一"运动开始的反内战的普遍要求，终于唤出了一个政治协商会。

当政治上谋团结、军事上谋停战的一个时期，中国整个社会的危机却已默默的进入了第二期，最主要的征象是内地农村的饥荒、都市工业的崩溃。依我们看来，军事冲突不过是政治矛盾的表现，政治矛盾又不过是经济危机的表现，经济的破产是最深入的，可是政治的搁浅和军事的冲突也必然加深经济的破产，而引到不可想像的大灾难。政治协商会是挽救中国社会进入第二期危机的紧急措施。说老实话，协商会结果即使圆满，联合政府即使成立，全国齐心来应付这日趋严重的经济危机，还是相当吃力的事。而事实上，协定签定后，局面一点也不好转，反而从较场口起一直演化到东北内战。这样把中国社会危机送进了第二期。

在这一期里，从表面上看去，人民的呼声反而比第一期轻了，其实却更深刻了。第一期的口号是政治性大于经济性，预防性大于救济性。第二期中的征象是罢工、罢教，是灾难已经到了面前的挣扎。

这里的情形并不□□□（太复杂）难解。内战开始了之后，人民的担负将继续增加。农村本来已经枯竭，军粮的继续征发，使粮食的囤积之风加重，人造的饥荒加上了自然的饥荒，农民逢到了灾难。政府要维持军备，必为维持庞大的支出。收入既没有扩大，于是只有加大发行，通货继续膨胀，物价也跟着不断上涨。公教人员和工厂里的工人，靠一定工资和薪水来生活的，于是也逢到了灾难。海运一过，外货可以输入之后，政府为了要讨好援助它的国外势力，以及想在把握住国际贸易机构中发一笔大财，把外汇率定得极低，结果在沿海商埠上外货价格比了国货成本低得多。国内的工厂自然没有能力来竞争，只有缩紧，在工业上更不能抬高，这样产生了罢工。公教人员也是如此。政府在加增的战费之下，若要增加公教人员待遇，有〔又〕增加发行通货，物资随着又要高涨，于是只有朝三暮四、暮四朝三的在玩弄花样，拖延时间，发生了罢教。

罢工、罢教表示中国社会的危机已经进入了第二期。在这时候，又得来一次政治上协商的姿态了。这次协商即使有成功，联合政府会遭遇的问题显然是比半年前困难多了。到现在为止，协商成功的希望还是很少。于是接下来很可能是危机的第三期。

危机第三期的征象是什么呢？那是生产的全盘停顿，有工厂，有工人，而没有工作；有土地，有农民，而没有农作；有学校，有学生，而没有课作。这些话听来好像是很矛盾的，而事实上是这样，好像美国大不景气的时候，一般在几天之内，整个经济麻痹了，满街是失业的人。美国那时还有个政府，还可以采取有效救济办法，使社会不致混乱。而我们呢？内战没有停，政府已经失了民心，到工厂关门、农民休耕的时候，是一片混乱，是历史上空前的大灾难。

现在罢工、罢教，还有一个"罢"的对象。这是因为还有工厂，还有学校。工厂已经岌岌可危。外货到一批，工厂也跟着停一批；奶粉到了，奶牛在街头游行了；纸章〔张〕到了，纸厂准备关门了；香烟到了，烟公司已可以及早结账了。这是最明白不过的结果。一个老在内战的政府是绝对不能解决经济危机的。内战的结果，胜负固不可知，可知的是胜负未决之际，国内的大混乱的高潮必将卷起一切的秩序，吞灭现有的政权。

罢工、罢教是危机第二期的信号，像学生运动是危机第一期的信号相同。有人说：学生运动是徒然牺牲学业，捣乱秩序，有什么结果呢？这是对的，信号本身是一种牺牲，但是如果人们接受这信号，就能避免危机的严重化。罢工、罢教也是如此。谁也看得明白，工资薪水是无法和物价竞赛的。中央负责人说得也够清楚：政府只有以印钞机来应付公教人员的要求，结果不但无补于公教人员的生活，甚至可以反而有害。换一句话说，想用罢工、罢教来解决生活是不会有效果的，已如以学生运动来改革政治一般。但是它们的意义却不在此，它们是及时给中国人民一个严重的信号：危机又进入了更严重的一期了。

负责的当局，觉得罢课、罢工、罢教是麻烦、头痛，也是确实的。手段高明的，想出敷衍的办法来，把这些麻烦事拖过去了。但是，倘若他们不接受这信号，危机第三期接着就到，那时，却不像罢课的学生、罢工的工人、罢教的教员那样有纪律和讲道理了。

在局外来看，中国确是在一步步的自杀。在自杀过程中，可以你埋怨我，我埋怨你。但是，我们若是不能停止消耗国力的战争，不能立刻去扩大生产力（其实是一笔实在太明白的账目），我们是会在大灾难里灭亡的。

危机第二期的信号已经响了，而且也快过去了。

《民主周刊》（昆明）第 3 卷第 15 期，1946 年，第 4—5 页

农村研究

# 内地农村的租佃和雇佣

## ——评农村复兴委员会的《云南省农村调查》

### 费孝通

## 一　六年前的旧帐

关于云南农村状况的参考书，最普通的是二十四年商务印书馆出版的行政院农村复兴委员会丛书《云南省农村调查》。这是二十二年十二月至二十三年二月止三个月内，复兴委员会派员在云南五县二十六村调查的报告，是一篇六年前的旧帐。当我们开始在云南内地进行农村社会经济调查时，就想把这篇旧帐和现在情形对照一下，看看这一段时间中，内地农村中有什么重要的变化。我们很希望能写一本和林德教授的《中村》一类的书。于是我们选择了一个在这旧帐有名字的村子，实地进行调查。

复兴委员会那次调查的中心可说是在土地权的分配问题。他们想根据租佃关系来把村户分类，从而说明农村的结构，分类的范畴就载明在该书开卷第一页的凡例上：

自己之田完全出租而不耕种者为地主；一部份土地出租，一部份自种者为地主自耕农；自种自田而不租种人家土地亦不出租者为

自耕农；自种自田又租种人家土地者为半自耕农；完全租种人家土
地者为佃农；自己不种农田赖作工为生活者为雇农；既不耕种又不
作雇工者为其他村户。

根办〔据〕这些范畴，他们在禄丰县六个村子里调查的结果如下：
地主兼自耕七·八三％；自耕农，三一·九三％；半自耕农，四四·五
八％；佃农，一二·〇五％；雇农，三·六一％。（一三一页）

这些数字告诉了我们几个重要的事实：一、这六个村子里没有一家
是把地完全租出的，即使部分出租的也只有少数；二、最大多数是半自
耕农，即那些有一部分田是租来耕作的农家；三、没有田的佃户和专门
卖工的人占小部分，村子里是没有既不耕种又不作雇工的"其他"村
户。这几个事实合起来看，租人家田的为数很多，出租田的人家为数很
少。我们可以推想到两种可能的情形：或是地主兼自耕农所有农田面积
极广，可以分租给大批的半自耕农和佃户；或是半自耕农和佃户们各家
所租的农田面积很小，他们有自家的田或其他职业来维持生活。据该书
所载各类村户所有田亩百分比：地主兼自耕，三七·〇二％；自耕农，
三一·一五％；半自耕农，三一·八三％。（一三一页）这样看来，前
一个推想似乎较为可能。可是著者却说："既没有大地主存在，分配的
程度尚称平衡。"（一三〇页）于是我们不能不问一问，谁把田出租
的呢？

## 二　出租田的地主

我们既有此问题，就在复兴委员会调查过的六个村子中挑了一个
（以后称作禄村）加以复查。我们发现上述两种可能的情形全错了。问
题更复杂的地方是在，禄村固然没有大地主，可是小地主们也很少把田
出租给人家。据我们所知道的，禄村各家所有田总数是一八〇〇工（每

工约二五〇方公尺)。其中只有一四〇工是出租的。这一四〇工田中，还有大部分是离村很远，租给别村人种的。本村人想租本村私家的田来耕种，机会很少。他们所租的田那里来的呢？这问题在旧帐中固然翻不出来，可是在村子里一问就知。他们租的田是团体地主的，好像"村田""族田""寺田"等。因为复兴委员会的调查者所用的表格是以"村户"为调查对象，这辈团体地主自然漏在表格之外了。

禄村这类关于团体地主的农田面积可真不小。依我们所知道的已有二三七亩，而合六百工，占禄村人民所经营的总面积百分之二十七。而且最大的团体地主权［田］有五十多亩，或一百三十五工，超过任何私家所有田的面积。团体所有田只是所有权的集合，不是经营的集合。换□句话说，这一项农田是分碎了租给私家经营的。禄村人民很少把田租出去，所以"地主"或是"地主兼自耕农"的数目很少；但有团体地主非把田租出去不成，所以佃户的数目很多了。禄村的租佃关系大部分是存在私家与团体之间。

## 三　出租田不如雇工自营

为什么有田的人家不愿意把田出租呢？我们不妨先查一查复兴委员会的调查：这地方租额是不是太低，所以地主们不值得出租他们的田？可是结果却正相反。据说租额对于正产量的百分比有高至一〇〇的。即以禄村来说，据他们所调查的，租额占正产量百分之八三·三（一六一页）。这个数目若是正确的说法，我们似乎很难找到有田人不愿出租的理由了。除非这地方的出产量特别高，副产多，工钱低，使一辈田地不够的人愿意承担这样高的租额来做佃户。关于农田上的出产，除了谷子之外，旧帐上并无记载；禄村谷产，上则田每亩五四〇斤（一六一页），依我们的折合是每工出产六个禄村当地斗，或二·一公石，这数目并不太高。若以谷租百分之八三·三计算：租一工田的人家一年只能得到四公斗的谷子或一·六公斗的米。依我们的估计，一个成人每年单是米粮至少要消费二·五公石。所以一个租不满十六工田的人连饭都吃不饱。农田上除了谷子之外的收入，以种豆的两熟田论，依我们在禄村现有的估计，只合谷收的四分之一，为数也很微。不租田而卖工如何呢？旧帐上说"忙时男工每日三角，闲时一角五分。女工忙时一角五分，闲时一角。"（一五四页）货币单位据说是当时的国币。我们不知道当时的物价，固然无法确说这种工资是高是低。可是男工每日三工〔角〕和女工每〔日〕一角半，正和二十八年十月的工资相等。而二十三年的物价，决不会超过抗战时期的物价，所以这数目在当时一定是很高的了。但是在这一串数字中，我们不易求得一个充足的理由来说明出租田的地主为什么很少。

数字不太正确罢？我们不能不这样怀疑了。我们自然无法确切知道五六年前的情形。但是以现在所能见的情形来作推论的基础，也许可以凭常识来判断上述数字的正确性。我们在禄村得到很多实际付租的个案，以及存在保公所调解录上的记录，租额没有超过谷收百分之六十的。而且从没有听见人说过，在他们记忆里有把全部谷收交给地主的事。我们真不很明白为什么复兴委员会的调查员会得到这样高的数目。

以谷收数量说，我们得到的数目却比该书所载为高。"一工好田，收一石谷子（而三四〇斤左右）"是禄村人民公认的标准。即使打一八折，也在八斗左右，而旧帐上却说只有六斗。工钱在二十七年度物价没有飞涨时是男工每日国币一角，女工减半，比旧帐上所载低了三分之二。我们曾属履〔屡〕次校核过我们的数字，自信不致和实在情形相差太远。可是和旧帐一比却差得很大，大到使我们觉得总有一方面是有错误的了。

若根据我们的数字，有田人不愿出租的情形的是可以解释的了。因为工资低，租额低，出产高，所以雇工人来耕种，比把田租出去收租谷，利益较大。依我们的计算，在二十七年度中，一工上等田雇工经营的结果可以得到六元国币的利益，而租出去给人耕，只能收五元的租谷。相差一元。这一元的相差很够使有田人不太愿意出租农田了。

## 四　佣工们那里来的呢？

我们说在禄村雇工自营比出租田的利益较高，因工资低。可是这说法和旧帐的记录又发生了一个矛盾：旧帐上不是明明说雇农只占全村户数百分之三·六一吗，那里来许多佣工？佣工数目少，工资如何会很低呢？再查查旧帐，这个矛盾早已发生了。他们说："地主兼自耕农完全是雇有雇工的，自耕农和半自耕农约有一半有雇工的，佃农亦有少数雇用雇工的。"（一五四页）复兴委员会的调查没有追问那些"雇用雇工"是那里来的，问了一问也许可以发现他们的数字中有许多应该细细校核了。

依我们在二十七年的调查，私家所有田的分配可以简述如下：没有田的三一％；一工—十五工的，三五％；十六工—三〇工的，一九％；三一工—六五工的，一五％。就各家经营的农田面积说（包括租营面积）：不经营农田的，一五％；一工—十五工的，一六％；十六工—三〇工的，四八％；三一工—六五工的，二一％。没有田又租不着的人家中，我们知道只有两家是可以靠别的职业维持生活的，其他全得卖工。经营农田十五工以上才有专靠农田维持生活的可能，不到这数目的，必得卖工来贴补。因之在禄村本村，全部或部分出卖劳力的人家至少占百分之三十以上，比旧帐所示高了十倍。

而且禄村农业里劳力的供给并不限于本村的人。这一点在复兴委员会的调查者是完全没有注意到的。他们所用的表格里列不进这项事实。可是禄村的农业靠外来劳力供给的程度是很高的。当地人民和我们说："早年在田里做工的，三个里有二个是外边请来的；现在少了，还有一半的样子。"当时我们不敢相信这话，在二十八年掼谷子时我们有三天在田里清查外来劳工的数目。结果发现外来劳工占〔全〕部劳工百分之二十左右。二十八年度，农村劳工因征兵和铁路雇工的原因，比往年减少。禄村受外来劳力的接济据说比前两年至少少了一半。

禄村劳力供给的多，使工资低落；工资低落，使雇工自营的利益为大：租额比雇工自营的利益为少时，使有田的人不愿出租，所以自己不经营农田的地主可说绝无仅有。禄村的人愿意租人的田来经营，出租田的很少是私□□，多是团体地主。我们的结论正和从《云南有〔省〕农村调查》一书所列数字中推论出来的结论相反。本文想借批评该书的机会，矫正一般对于云南农村经济结构可能的误解。

《中农月刊》第 1 卷第 4 期，1940 年，第 101—104 页

# 农贷方式的检讨

费孝通

## 一　农村借贷的性质

农贷的目的是在供给农民生产事业的资本，我们可以称作生产借贷，它和借钱给人购买消费品来维持生活的消费借贷不同，可是这种专为促进生产的借贷在农村中是新的方式，因为普通农村中的借贷大多是出于消费的需要。

农村经济中，资本是富于流动性的，农民们并不把推动生产的资本和储积的消费品划分得很清楚。他们虽预备下农田上所需的种子和肥料，可是在消费品不够的时候，就挪作别用了，等到需要下种和施肥的时候，他们不能不出于告贷的一法。这种借贷表面上看来，固然是为了生产的目的，可是骨子里何尝脱离消费的性质？

我在云南的一个农村里调查时，正遇着村里有一位朋友忙着张罗为儿子娶媳妇。他很高兴，要我们回省时替他代买这个，代买那个，求体面，什么都要挑上等的，媳妇是娶来了。第二次我又到家里时，正是快要点豆的时候。他在发愁，因为手边没有豆种，借钱又嫌利息高。我就问他怎么自己不留下一些豆种呢？他回答是干喜事时，不但豆种，连明年的谷种都卖了。他在借钱的时候的的确确是为了生产事业缺乏资本，但是怎么会缺乏资本的呢？不是为了消费过度么？若说这笔借款是用来娶媳妇的，似乎比说是用来作生产资本，更恰当些。因之，农村借贷的性质很不易单以借款的直接目的来断定了，若加以推究，就不难发现它用来消费的性质。

因为农村借贷不能脱离消费基础，所以借款的利率可以高过农业最高可能的利益。在现代工商经济中，借贷的目的纯粹是在维持生产活动，借款的利率在普通情形中，是受生产利益所限制的，利率定得太高，则利益较低的生产事业就不值得经营了。在农村中却不然，我曾估计云南各地农业的利益，从没有超过二分以上的，可是农村借款最低的利率却很少低过三分的。这显然表明农村借贷不是以生产为目的了。消费借贷才能容许高利贷的活动。农民们全明白："借钱来盘田，愈盘愈穷！"

消费借贷的利率不会低的，因为这种借款风险较大。债户既把所借的钱花在消费中，凭什么来保证他一定有能力存息回本呢？债主既负着这风险，只有提高利率，收押田契，甚至用暴力来保障他的利益了。

## 二　农贷的困难

用低利放款到农村里去，若不能避免消费性质的借贷是很危险的。我以前在江苏太湖边上的一个农村中调查时，曾在航船里和一位农贷的放款员闲谈。他说："乡下人真可恶，高利贷出了款，倒收得回，我们低利放的款，反而收不回。"我这时也觉得异诧，可是一调查才知道高利贷收利收本时，可以用一切非法的手段，有牛拉牛，有女孩子拉女孩子。乡下人受不了这派势头，多少得凑钱出来，消灾免祸。正当的农贷机关这套手段全使不得。农民借了钱来使了，真的拿不出钱来时，收款的人有什么办法？结果农贷成了农赈，这是消费性质的借贷很容易发生的现象。

为了防止农贷成为消费性质的借贷，放款时常有规定借款的用途的必要，譬如农本局合作金库贷款的用途，限制得很严，除了供给生产方面的应用之外，不准移作别用。规定尽管严，实行时就严不了。农贷总是零零碎碎的小额放款。放款者若要追究每个债户借款的用途，非但太费事，而且极难校核。借钱的可以按规定把钱买耕牛，同时却把本来要买牛的钱拿去凑会打醮。农村资本的转变性太大，使这种规定时常成了具文。我有一次跟一个合作社的负责人去放款，有一个农民在表格上填着借款的用途是买牛，可是借款的数目只有三十元，一条牛总要在一百元之上。放款负责人只好摇头，要他把牛字改作猪字。于是全体填着买牛的人，不论识字的和不识字，全请人把牛字改了猪字。可是有一位相识的农民回头和我说："猪也罢，牛也罢，三十块钱，什么也买不成。"意思是说，反正一样，拿来贴补贴补家用罢了。我这时就想到，要贯澈农贷的本意，使这笔款子全成为生产资本，决不是一条规定所能为力的。

## 三　贷款和贷料

农村资本既然富于流入作消费品的可能，农贷的款项要用在生产事业上，必然要避免这种流动性。避免流动性的方法之一，就是以贷料来代替贷款。我记得在抗战以前，中国农民银行和金陵大学合办南京附近的农贷工作时，曾采用过贷料方式。他们贷出的不是可以自由流动的货币，而是一架一架的抽水机。农民们借得了抽水机除了用在灌溉工作上，没法拨作别种消费之用，而且要防止出卖抽水机来嫁女儿也是件容易办到的事。

由贷款变成贷料不但可以防止农贷变成农赈，而且还有很多好处。二十七年我在云南一个村子里住着时，农民正向合作金融机关借款购买豆种，这时农村街子上豆价因为挤买而上涨，后来我在报上看见当天昆明的豆价低得多。因之，我想若是贷款者不放款让农民自己去买豆，直接从昆明买了豆贷给农民，不是可以便宜得多么？

贷料的方式也许和运锁［销］合作性质相近，若是村子里有了运销合作的组织，农货［贷］机关就可以不必直接把款子交给农民，让农民个别决定利用这借款的方法，它可以放款给运销合作社，由合作社买了豆料借给社员。这固然是最理想的办法，可是在合作运动极幼稚的中国农村中，要等农民自动组织运销合作社，还要相当时候，才有希望。在内地农村中，合作事业最易进入农村的是信用合作，再说得确切些，是银行的低利放款。我所谓由贷款变为贷料，其实就是指以信用合作的力量来培养运销合作，以至于生产合作的一个路径。

若是像上述南京附近的农贷方式，以抽水机来代替货币，很可以使农贷成为改良农村生产技术的动力。常在农村中走动的人，时常会感觉到农业机器化的前途，要靠农民自动的来推展，希望实在很少。农贷却给我们引机器入农村的一个好机会。我个人觉得，借款给农民们自己去买不良的种子、陈旧的工具、没有效力的肥料，何如农贷机关直接给他们优良的种子、新式的工具和有效的肥料呢？

借农贷的机构来推动生产技术的改良在农村手工业中收效当可更大。其实由行家出借机器和原料给农民，收取手工业品的办法，在内地市镇中，常可以见到的。只是行家的目的在自己谋利，不是在增加生产者的利益，农贷机关正可沿用内地农村中原有的制度，来推进手工业的改良运动。

## 四　农贷工作需要其他机关的合作

贷款变成贷料最大的困难是在农贷机关本身的组织需要扩大。贷款性质纯系金融问题，各地是一般的。贷料则不然。贷料时一定得顾到各地方的特殊需要。好像在太湖流域抽水机是农田灌溉必需的机器，可是在云南的盆地中，抽水机就没有什么用处了。农作物的种类和品种各地都有特定的选择，诸如此类的问题决不是一个纯粹金融机关所能答复的。因之，以金融机关单独来担任贷料的工作，事实上是极不易有效的了。

若是原则上，贷料的方式比贷款的方式易于有效的推进农村生产，则即使有种种困难，也是值得我们设法费力克服的。最可行的办法是农贷机关获〔或〕和研究各地方农业及手工业的机关取得联络和合作，或者扩大农贷机关本身的调查工作，务使每一个放入农村中的钱，都能直接成为农村资本，而防止它流入消费的巨壑。无论办〔法〕是怎样，这个问题是值得我们详细讨论的。

《中农月刊》第 1 卷第 6 期，1940 年，第 10—12 页

# "易村"的纸坊：
# 一个农村手工业的调查

张之毅

易村是云南易门县的一个农村，在该县第二区川街西北三十里。（因为叙述上的方便，所以简称易村）全村五十四户，二百三十五人，皆同姓。村位置在绿汁江边，沿江竹林茂盛，两岸高山夹峙，田地窄狭。农田上的正产量，不够维持全村的生活。村中只有十一家在食用以外有剩余，其余四十三家在食用以外，均有亏困。估计全村食用，单靠农田上供给，每年尚差 475 石谷，合调查时的时价约一三三〇〇元，加之分配不均，使得很多农家连一年的吃米都不够自给。村民利用竹织篾器和造土纸，来增加他们的收入。其中田地多的，有多余资本开纸作坊造土纸。田地少的，没有资本开纸坊，只能编一点篾器去赶街子，赚几文钱糊口。

编篾器一项每年可增加全村收入二二七〇元，仅够弥补全村亏困的百分之十七。而造纸一项，可增加全村收入一八八〇〇元，足够弥补全村亏困的百分之一四一。

全村农田上每年共收谷一〇三〇石，约合当时时价二八八四〇元；而造纸的收益是一八八〇〇元，造纸收益约等于农田上谷子收益的三分之二。

以上告诉我们造土纸在易村经济中的重要性。除造土纸和织篾器两种手工业外，本村还有家畜、渡船、赶街子等项副业，也可以增加全村一部分收入。本文只择手工业中比较重要的纸坊一述，其他详情，请参看待出版的拙著易村农业和手工业。

## 纸作坊的数目和组织

易村造纸的场所，我们可以称<称>它为"作坊"，易村的人称它为"厂"。凡是由泡料到出纸一段过程中，生产工具和技术工人都齐备的单位工作场所，就是一作坊。属本村人所有的作坊，有九个，六个设在本村，二个设在对江的广村，还有一个也在江西岸北首的一个村子里。

以易村做中心，在半径五十里的一个村子内，属外村人管的，一共有二十三个纸作坊。本村管有的和外村管有的作坊，是一与二·五之比。此地所论列的范围，是以本村所管的作坊为主；不过外村纸作坊的情形，也不难由此推见一斑。

本村开设纸作坊的历史相当长，据村人告诉我在民国二三年就有四川人来此帮本村人开设几个纸作坊，做熟料纸。所谓熟料纸，是将料子煮过后造出的纸；没有经过蒸煮手续的是生料纸。熟料纸比生料纸细缀，花工夫多。不幸当时出的熟料纸，销路不好，几个纸作坊都停工了。到民国十七八年，又有人"重整旗鼓"，专做生料纸，因销路还好，许多人也相仿开设起作坊来，到民国二十三年，作坊数目大增。

易村人所管的九个作坊，属二十户人家所有。十七户住在本村，三户住在广村，系由本村迁过去的，和本村在经济和社会方面都发生密切的关系，所以我们仍将这三户所管的二个作纸 [坊]，并入本村一起来分析。

这二十户人家，都是本村的农户，尤其富农为多。本村几户田地多一点的人家都是纸作坊的坊主，他们有田，有纸坊，还有钱放债，他们是本村富有的一阶级，和他们相对的，就是织篾器的贫穷阶级。

二十户人家中，有十八户单靠农田上的正收入，就够吃了，其中九户够吃够用后，还有剩余。这还是单就田上谷子的收获来计算，其实这些人家，农地也多，所以食用外有剩余的，加上农地上的收获，剩余当更多。食用以后亏一点的，农地的收获，也可弥补一部或全部。在二十户中，有十七户有钱放债，他们的经济情况，算是村子里最好的。二十户中有六<中>户所管的竹子，在数量上也是村子里最多的。在这二十户坊主中，有三户还织篾器。他们本来是四兄弟，父亲手上有田有作坊，分家后，作坊由四兄弟共管，不过田地分散了，每家管得不多，生活也就艰难了。最小一个弟弟被政府征出去当兵，留在村中的三个兄弟，除了开设纸作坊外，在每年纸未出产以前，还拼命织篾器。像他们这种人家，就算是站在贫富两阶级的边界上了。

开纸作坊比织篾器多要资本，这些资本，大部是由田地上出来的。村子里几家田地多的，竹料□多，就是竹料不够，也有余钱在一年前多定多购，早购的早泡料，因此也能早开工。民国廿八年十一月有五个作坊已经开工了，四个作坊还没有开工，有的等待修理。这五个已开工的作坊，属于七户人家，有六户田地很多，有一户虽然田地不多，可是他在廿七年赶牲口，兼卖酒，很赚了一笔钱，所以他的作坊也能早开工。其余十三户，田地和竹子都比较少，所以作坊开工也迟了。

这些作坊多是同胞弟兄间相合股。如果有一个兄弟死了，他的儿子继承父业，就变了兄弟与侄子相合股。本村九个作坊中，独股经营的有四个作坊，二股合营的有二个作坊，三股合营、四股合营和五股合营的各有一个作坊。总之，本村所有的纸坊的股东，全是属于本村家族圈子以内的。可以是一个人管一作坊，也可以是几个兄弟和侄子合管一作坊。但是没有一个作坊，有他们家族圈外的人来合股的；也没有易村的人，到外村人所有的作坊去合股的。

可是作坊的合股，并不就全是工具的合股，更不是工人和制品合股。有的工具如辗子是合股的，有的工具如炕灶、舀桶，就有不合股的。制品是完全分开的，甲家有原料请工人造了纸属甲家的，乙家有原料请工人造了纸属乙家的，这点毫不含糊。从没有股东合买料子，合造纸，再分利润的情形。这是内地合股作坊的一个特色，和近代工厂的组织不同。

至于股东间谁先造纸，谁后造纸，谁造多少都没有明文条件来规定，更没有听见因这些问题股东间闹纠纷或抱怨言的。这些合股的坊股，既是宗亲关系，而且是宗亲中最接近的兄弟和叔侄，简直可以说是一家子人，那个先做，那个后做随临时情形决定，各人心目中自有一种谅解。至于多做少做，更不成问题，因为作坊不是一年都做，空闲着的时候很多，纸多纸少，迟早总可做完的。

本村设［没］有作坊的，他们收了一点纸料，就向有作坊的租坊造纸。租用全套工具的，每造纸一千刀，缴坊主一百刀纸。若是租坊不向坊主借舀纸的帘子，就只缴五十刀纸。所有原料配料和人工的费用，一概由租坊的人负担。坊主和租坊的人，若是感情较好，或关系密切的，有时可以免付一百刀纸或五十刀纸。

造纸的技术工人，有舀纸的和炕纸的两种。每一作坊需要舀纸的和炕纸的各一人至二人。这些舀纸和炕纸的，都是本村本姓人，他们住在本村，农忙时下田，农闲时帮人舀纸、炕纸，没有一年长雇给一作坊做工的。本村会舀纸的有十人，其中常帮人舀纸的有五人，不常帮人的有五人。本村会炕纸的有十三人，其中因病，嗜好，或事忙而不再炕纸的有六人。这批人除供本村九个纸坊自给外，有的去外村工作，有的改织篾器，有的就闲下不做工。舀纸、炕纸虽是专门技术，却不是他们的专门职业，他们有时做纸，有时下田，有时做别种事业。工人和雇主无一定长期的契约关系，工人在一年中可以帮几家，临时或事先受雇主的口头邀请。工人和雇主的阶级不分明，有些作坊的股东或股东家里的人，就兼替自家舀纸或炕纸。

## 原料

易村造纸的原料是竹子中的一种凤尾竹，高两三丈，半径三四寸大，竹肉很厚。培植竹子不要花人工，也不要施肥料。江边的沙地，是最适合竹子生长的土壤。据村人说，像廿八年秋那样发一次大水，竹地堆上一层厚的"油沙"，次年竹子将更发旺。

移植竹子的方法，是在每年夏季阴历五月间，将刚生一年的竹子（后称嫩竹）移植在江边沙土中，砍掉竹尖，待两三年后即在夏季出笋生嫩竹。一棵嫩竹发下去，如果不砍掉了，八九年后就可发出几十棵至百多棵，绿茸茸的一大丛，密得透不过阳光。

嫩竹由夏季长到冬季，就和老竹高度差不多，长得好的，可以和老竹一般大。不过嫩竹的竹叶，包在枝子上不张开来，嫩竹的竹干上，长出一层薄的纸毛，看上去带一点浅银白色。由这些特点，颇易和老竹分辨。

一棵嫩竹到次年夏季时，可以发一棵至三棵嫩竹，普通以发一棵的多。嫩竹砍下后，所留下的部份，叫"椿台"。没有枯死的"椿台"，也可以生嫩竹。就是二年的老竹，偶尔也可以生嫩竹；但二年以上的老竹就没有生嫩竹的可能了。

每年冬季阴历十一月到次年正月，村人砍了嫩竹，斩成几段，每段长五尺多，再劈成竹片。这就是他们的纸料。每次砍伐时，总要留下一部份竹子，到次年夏季发嫩竹。因为椿台和二年的老竹，并不能保证全会生嫩竹。

村附近沿绿汁江两岸四五里路，好几处地方都有竹子。有些地方的竹子比较大，有些地方的竹子比较小。一处地方的竹子，也不一定全属本村的。有的全部属本村人所管，有的只一部份属本村人所管。本村管有多少竹子，一年可收多少纸料，村人没有全盘估计过，不能答复出来。可以用几种方法去估计，一种方法是用竹丛做单位，找一丛大竹和一丛小竹做标准，数出二丛竹子的数目。拿大竹标准丛去估计各丛大竹，拿小竹标准丛去估计各丛小竹。这种估计的困难是竹丛大小相差太远，竹丛疏密也不一致，丛与丛间有时分界不清。

又一种估计的方法，是用距离做单位。竹子多沿江一列的长起来，先测出各处大竹的长列有多少步，小竹的长列有多少步。假设长列的竹和窄处互相消长，择一宽度和密度都适中在若干步内的二段竹地上，一段是大竹子，一段是小竹子，数出两竹地上的竹数。拿大竹标准段去估计各列大竹，拿小竹标准段去估计各列小竹。为慎重起见，我爬至村后三四里高可以瞭望江两岸各处竹林的小峰上，用已数过的两段不同大小的竹子作标准，分别估计大竹和小竹的数目。这种估计，当然也只能得一概数。

根据这几种估计数字，互相比较后，采取两个比较近似的数目，略加修正，得出下面一个数目。

**表 1　易村附近竹子数量的估计**

| 处所 | 大竹棵数 | 小竹棵数 | 所属的村子 |
|------|---------|---------|-----------|
| 甲处 | …… | 11000 | 本村 |
| 乙处 | …… | 4000 | 本村 |
| 丙处 | 20000 | 10000 | 本村 |
| 丁处 | 5500 | 2000 | 本村 |
| 戊处 | …… | 18000 | 本村占 2/3 |
| 己处 | 52000 | 8000 | 本村占 3/10 |
| 庚处 | 15000 | 5000 | 外村 |
| 辛处 | …… | 15000 | 外村 |
| 总计 | 92500 | 73000 | |
| 本村占 | 41100 | 41400 | |

若十棵竹子中嫩竹占二棵，则本村共有 8220 棵大嫩竹，8280 棵小嫩竹。每棵大竹约重 15 斤，每棵小竹约重 7 斤，若半数嫩竹采用作料，则本村共有纸料 90630 市斤。

这些料子够不够本村的九个作坊呢？事实上是不够。虽然本村有人把一小部分竹料卖给川卫等处，可是由附近各村收进来的料子很不少。据调查本村人在本村和外村所收料子的总数来看，大约一半以上的料子是由外村收来的。

欲想分析本村纸料自给的情形，最好能知道本村各家在廿七年冬至廿八年春所收纸料的数目。此项材料不便直接逐家询问，因为有些人家和我不很熟悉，对调查的目的不能充分了解，不肯说实话。所以只好找比较和我感情好而又能明白我的工作对他们没有害处的少数人去询问，但几个人报告的数字相差很大，就是一个人的报告，先后也有一点出入，在向少数人问过关于全村各家所收纸料多少的数目以后，又问过关于全村各家在廿八年出了多少纸，我并知道一千五百斤（合料称 1000斤）的纸料可以造七百刀至八百刀纸。根据这比率以及各人的报告，互相校对，得此比较近似并和比率颇相合的数字。总计全村一年中共收纸料 215400 市斤，其中坊股共收 178200 市斤，非坊股而须租坊的人共收173200 市斤。后者约占前者五分之一弱。本村只有 90630 市斤纸料，故尚差 124770 市斤须由邻近各村收来。

这就是易村九个纸作坊对于纸需要和供给的情形来说，若将本村周围五十里内本外村所有的三十二个作坊一共算起来，并假设每个作坊所需要的纸料和易村的相差不远，则三十二个作坊每年约共需纸料765900 市斤。这些纸料除易村附近能供给 189850 市斤外，其余的纸料，大多自易门西边的双柏县境内收集来的。

钱多的人家，在每年五六月时就放款定购纸料，价钱较便宜；钱少的人家，要到冬季才收购纸料，那时料价较贵，且很难收着。依廿八年秋的价格，每一千斤料称的料子（实合 1500 市斤），值国币二十元。如果一年收购几千斤料子，就□拿出百多元现钱，普通的人家，已经不易担负了！

# 配料

所谓配料，就是指在造纸过程中除造纸原料的竹子外的材料。易村制造土纸的配料有石灰、木柴和胶质几种。

石灰有的由广通县境距易村五十多里一个灰厂运来的，有的由距本村二十多里一个灰厂运来。前一处的石灰的质料较后一处的好，但本村及附近几个村子的纸作坊，多是用后一处的石灰，因为距离近，运费较轻。

称石灰的称和称纸料的称不同，纸料称是 1000 斤合 1500 市斤。灰料称是 1000 斤合 1300 市斤。料称一千斤的纸料，浸在灰塘里要搀和料称 400 斤的石灰；若是新开的石灰塘，就多要 700 斤。依廿八年秋的时价，料称 400 斤灰合八元。由二十里路外用两马运两转可运完，工钱五角，工人伙食五角，两匹马的租钱一元六角，马料钱二元，共支四元六角。如不用马驮，则用四人挑两转，也可挑完，四人工钱二元，工人伙食费二元，共支四元。故料称 400 斤灰的运费，总在四元左右。

纸浆中要加入胶质体才能捏成一张一张纸，凡是富有黏性的树叶树皮树根，差不多都可以用来调到浆中。易村附近各村的纸作坊，都是用杉根和仙人掌做胶质，他们叫做滑药。仙人掌在村左近就产得很多，杉树根产在附近山上。滑药的时价，是一元一挑，约六十斤，可调三百刀纸的纸浆。

舀成的湿纸，要贴在炕灶上烘干。炕灶中烧的是大筒木柴，本村二十里路外有山柴，不过柴料太小，而且不在江边，故运输不便。只有家里烧饭用的柴，是由柴山上砍回来的，这三处都在绿汁江边，柴砍倒后丢在江里，顺江流到易村，螃蟹箐距易村二十里，算是最近的地方。所以本村造纸用的柴，大多是由村人到螃蟹箐向夷人定购后，夷人将柴顺流到易村，搁在江岸上，等水干了，由村人抬到作坊中。

廿八年十二月我在村中时，亲见四位夷人沿绿汁江两岸放柴来，江面上浮着一筒筒木柴，绥［缓］缓的顺着江水流，夷人赤脚露腿，拿着一根有钩的竹竿，全身抖颤，涉着冷冽的江水，去推开搁浅在泥沙里的木柴，每一个小地方都得他们劳神去照顾。说起来水程不过二十里，四个人放一百筒柴，要三日才到。买主供给四人：食三天，约费六元，连柴价十五元，共花二十一元。但水小时，据说有六七日才放到的；水大时一二日就到了。这次放来的一百筒柴，是半年前定下的，只花十五元，若是在廿八年十二月的时候定购，就要二十元一百筒。一般地说，每筒柴所费总在二角到三角之间，每筒柴约有五十斤上下，一个炕灶一天要烧两筒柴，可焙七八十刀纸。

# 作坊工具及价值估计

易村造纸须经过砍料、泡料、辗料、舀纸、炕纸几步手续。砍料的工具是砍刀。砍竹劈竹都用它，一个作坊普通备有三四把砍刀，约合八元左右。

料子晒过后，就泡在空旷处挖成的池塘中，池长约二丈，宽约一丈，深约一丈五尺，池底和池周都泥上了三合土，可以盛水。一个作坊至少要有两个池子，一个池子里盛石灰水，一个池子里盛清水，在廿八年造两个池子，约共需五十元。

辗料的地方有一个辗房和一盘石碾，还有一头牛。牛在农田上不用时，就可用到辗房里。简陋的辗房，就是一个茅房；好一点的□是一所平土房。茅房约值一百元，平土房约值二百元，牛一头约值一百<元>十元。造辗一盘需花二百五十元左右，内抬石头六十人工的工钱和伙食约一百元，石匠包工钱九十元，外供石匠米三斗五升，内油盐各一斤，小菜多斤，约六十元，辗纸房及房内全副工具，约共需五百七十元。

舀纸多在第一茅草棚中，棚要二十元左右才盖得起，棚内有盛干纸浆的篾笭，约值二元；有盛胶水的圆木桶，土名叫团盆，约值十元；胶桶（或团盆）内有滤胶笭，土名叫滑药笭，约值一元；滑药笭内有水瓢一把，值六角。靠近胶桶的右边，放着一个大长方形的舀桶。舀桶土名叫长盆，约值二十四元。舀桶内放着一把木扒，搅匀纸浆，约值一元。舀纸用的竹帘分两部分：一是帘子，一是帘框。竹帘是四川出产的，约值七十元。此外还有一个压纸台，压纸台构造是一矮木架，架一端有二根长坚木，坚木间横装两根短木棍。靠着两根长坚木里边搁了一块木板，板上搁竹帘，板旁有小槽，板旁装有较短坚木二根，地位恰和架端长坚木相对称。在四根坚木中间的板上，搁着舀好的湿纸，纸边比齐两根短坚木放着。木架的另一端，有一活木滚，滚上有四孔，可以插入直径寸许的木棍。一个压纸台约值十五元。舀纸房内全套工具，约共需一百四十四元。

炕纸房是平土房，约值二百元，房内有炕灶，灶很长，一端靠墙，墙上有孔通灶心，另一端为灶口。木筒插入灶燃烧起来，烟灰经墙壁上的孔放出房外去了。灶两旁的壁，用石灰粉过，颇光滑；壁面很大，湿纸就贴在壁上烘干。造一炕灶要四十元，是由外村请人来做。在炕纸房内，还有盛湿纸和湿纸的矮凳各一条，约共十元；有扞纸凳一条，约二元；坐凳一条，约一元。此外有擂纸捶和刷把，都是作坊人家自己做的，不值多少钱。炕纸房及房内全副工具共约二百五十元。

总计以上各项生产设备约共花 1697 元。

# 技术工人

造纸有两种专门技术的工人，一种是舀纸的，一种是炕纸的。

舀纸、炕纸的工人，都得从师。据说舀纸的须一年出师，聪明一点的不要一年就可学会。学徒和师傅一起住在开作坊的人家，由坊主人家供给膳宿。一年出师后，学徒有替师傅舀三千刀纸，替坊主人舀二千刀纸的义务。舀这五千刀纸只有饭吃，没有工钱。舀完这五千刀纸后，还须继续替坊主八 [人]，集工钱照给，如果不愿再替坊主人家舀，必须由本人替坊主请一位替工。近年来学师的要尽义务替师傅舀六千刀纸，替坊主舀五千刀纸，比以前所付的代价更多了。

学炕纸的也是一年出师，随师傅住坊主人家，由坊主人供给伙食。出师后替坊主人家坑一千刀纸，只供伙食，不另给工钱，并给师傅出师钱十元。在廿八年的出师钱已经增到三十元。出了师的炕工，替坊主人炕完应尽义务的一千刀纸后，还有继续替坊主人家炕纸的义务，但可得到工钱，如想辞工，也得另请工人代理。

到底一人一天能舀多少纸？村人告诉我，技术高明的一天能舀七八十刀。我在村中曾亲自去观察过一次，有一舀工在五分钟内舀了廿七张，另一舀工在五分钟内舀了廿三张。平均以廿五张计算，一点钟不停工作可舀三百张纸。每刀纸在廿八年只有廿八张纸，故一点钟约可舀十刀纸左右。他们每日清晨七时左右上工，下午六时半才下工，除去吃饭和休息的时间，一天工作不少于八小时。依每小时舀十刀计算，一天总共可舀八十纸。据说一天内舀工能坑〔舀〕多少，炕工也能炕多少，先日舀工舀的纸，炕工在次日就得炕完，所以每日炕纸也在八十刀左右。

舀工、炕工的工资，都是计件给钱，每一百刀给工钱六角至七角，伙食由雇主供给。他们每日最多只能舀八十刀或坑八十刀，所以一日工钱在五角左右。这种工资和下田的工资相同，下田虽费力，可是舀纸和炕纸的工作既要细密，又要费力，所以有一部分工人，宁愿改操别业，却不再帮人做这种工作了。

## 制造步骤及方法

造纸的第一步就是砍料，每年冬季他们用砍刀将嫩竹砍下，拿回村中斩成几段，再用砍刀劈成竹片捆起来，这步工作就算完毕。

将一捆一捆的竹片解开，铺在空坪上晒，晒了二三个月，到竹片比较干脆的程度，就停止。

把晒好的料子丢到池塘里，用石块压在纸料上，按纸料的数量加上石灰，每一千五百市斤的湿料加入五百二十市斤石灰，这样一直泡上三个月。

由灰池里取出泡好的料子再晒，用稻草盖上，这步叫舞汗的工作。一直晒上半月至一月。

拿第二次晒好的料子，浸入第二个清水池中再泡，泡了一二个月，就可拿去辗了。

将料子舀在石辗槽中，枷一头牛在辗子的两个横木中间，一人随在牛后面用竹条赶牛，使牛带着辗轮绕石辗走。料子在辗槽里被辗轮继续辗压，成了纸浆。大约一天一辗可辗一百五十刀至一百六十刀纸料，可供二人舀和二人坑。

将辗碎了的纸浆用畚箕挑至舀房，搁在盛纸浆的箩中，再取出一部分放到舀桶中，加适量的水和胶质，用扒搅均，成为一种胶质状态的水浆。舀工两手持竹帘，到舀桶中连舀两次，取上来搁在丁字架上，将帘子由帘框上取下，翻一个面，放到压纸台的一端的盛纸板上，将帘子的边比齐板上的两根短坚木，然后在帘底面轻轻一抹，提取纸帘，帘上的一张湿纸，就留在盛纸板上。这样舀一张坑一张，由清早到黄昏时，盛纸板上的湿纸，已经积到三尺多高，就开始压纸。

压纸的工作是拿一块木板，搁在一堆纸上，木板上再加上一二个木头，另有一根七尺多长的粗木棍，一端插到压纸架上两根长坚木的横木中，棍另一端用粗麻绳扣在木滚上，再拿一根三尺多长而结实的木棍，一端插入木滚上的孔内，两手攀住木棍的另一端，转动木滚，使粗绳继续绕在木滚上，紧拉着那根七尺多长的粗木棍的一端往下压，将湿纸往下缩，水就由盛纸板旁边的槽里流出。这样继续转动木棍，继续压榨湿纸，直至三尺多高的一堆湿纸，压得不过一尺半高了，湿纸中大部水分也压出来了，然后松开绳索，抽出粗绳，取开木头和木板。舀工就将这堆压好的湿纸，背到炕纸房中，放在盛湿纸的台上。

炕工将一部分湿纸搁在扦纸凳上坐在小凳上持擂纸捶在湿纸的一个角上用力一擂，湿纸被擂的一角凹下去，角尖却翘上来，用右手拇指和食指两个指头将湿纸一张张拈起一角，把每张湿纸的一头斜贴起来，折好搁在左手腕上，右手持刷把，走近炕灶旁，左手平胸口提起，头垂下，用口向湿纸一吸，揭开第一张湿纸，用刷把往炕灶壁上一刷，再吸第二口，再刷第二张，如此继吸继刷，一直将左手腕上的纸刷完，然后复再去扦凳上擂纸。刷在炕壁上的纸，等到三分钟左右就干了，取下来积起，每积到二十八张，即横腰一折，搁在盛干纸台上就是一刀纸。每廿五刀纸用篾条捆成捆。造纸的最后一步手续到此才完了。

# 运销

本村的纸，销到川街、禄丰、猴井广通等处，销到昆明的很少。有一位邻村赶马的少年告诉我，前年他驮了几捆去昆明，很不容易卖出去，据说是胶水用得不好，所以纸张要差一点。

就时间上说，每年三月清明，七月中元，十月扫墓，腊月和次年正月过年的时候，销路最好，所以本村人也赶着在阴历正月、二月、三月、六月、七月、十月、十一月、十二月几个月内造纸。这几个月不单是赶上了节气，而且由阴历十月到次年二月，是农闲的期间。至于四月、五月和八月、九月都是农田上工作最忙的时期，他们纸作坊就停工。这事实说明为销卖而生产的土纸手工业，一方面是和市场上需要的情形相适应，一方面是和农作日历相配合。

他们要赶着上面说的几个节气开工，一部分的理由是为了销路着想。易村造的土纸，质料粗糙不宜于写字，主要是用来包土烟，打锡箔，当纸烧给鬼神。有时他们还在臿桶里加上一点姜黄，做出敬鬼神用的姜黄纸出卖。每年春秋两次扫墓，七月中元鬼节，腊月过年的时候，家家户户都要敬神烧纸，尤其是住在云南的四川人，烧纸风气特别盛行，需要大批土纸消耗在人和鬼神的一种关系上，因此他们赶着这几个节气大量生产。

至于他们自己用土纸的地方到很少。本村小学生的练习本是土纸钉成的，不过用的数量有限。他们自己扫墓时，要用一部分由土纸造成的锡箔纸，还用一部分外<出>处产的绵纸。所以他们所产的土纸，大部分还是销给四川移民，贩土烟的，和城市中人。

每逢以上几个节气，就有外处人来本村收买土纸。可是大部分的土纸，是由本村人运出的。有的是由生产土纸的本人直接运出去销卖，有的是由本村编篾器的向生产土纸的人贩了运出去销卖，多半是运到禄丰和川街两个街子上。在川街看见过卖布的人，在街子上收了大批土纸，托卖陶器的人运到易门县，每捆（二十刀纸）运费五角。

运输土纸的方法或用人力，或用畜力。一人可挑四捆（一百刀），约重六十斤，连工钱食用约合一元，每刀合运费一分钱。一马可负六捆（150刀），约合九十斤（据他们说一匹马可运一百几十斤，不过纸的体积太大多驮几捆妨碍马的行动）。连马租马食也要一元，若赶马的人空手不挑纸，连上赶马人的工钱和工食一元，合共二元，每刀纸约合运费一分三厘。若是一人赶三马，则每刀纸运费只合九厘钱。所以除非一次赶几匹马，或赶的人自己也挑一担纸，运费可以较少；否则，还不如用〔人〕挑合算。

## 造纸经济利益的估计

上面曾计算出本村只收纸料215400市斤，每1500市斤可造纸800刀，故共造纸114880刀。设每作坊每日出70刀，九作坊一日可出630刀，则114880刀纸需九作坊各作182日才能作完，约合六个月。事实上他们每年也只开工五六个月。

现在再计算每一作坊造纸的经济利益是多少。说一作坊每日造七十刀，一年开工六个月，出纸12600刀；假设料子全系收买来的，他一共支出如下表。

表 2　每一纸作坊开工半年的开支

| 开支项目 | 合价 | 注 |
|---|---|---|
| 纸料 | $ 315.00 | 作六个月,每日作 70 刀,共需纸料 15750 斤(纸料秤)合 23625 市斤 |
| 石灰 | $ 126.00 | 共需灰 6300 斤(灰料秤)合 8190 市斤 |
| 运灰费 | $ 63.00 | 每 100 斤(灰料秤)的灰运费一元 |
| 木柴 | $ 108.00 | 需 360 筒柴,每筒连运费三角 |
| 滑药 | $ 42.00 | 一元滑药,造三百刀纸 |
| 牛粮料 | $ 45.90 | 90 天,每天五角 |
| 赶牛工人钱 | $ 45.00 | 90 天,每天工资五角 |
| 工人伙食 | $ 45.00 | 90 天,每天伙食五角 |
| 臿工 | $ 88.20 | 每臿一百刀纸合七角 |
| 臿工伙食 | $ 90.00 | 180 天,每天伙食五角 |
| 炕工 | $ 88.20 | 每炕一百刀纸合七角 |
| 炕工伙食 | $ 90.00 | 180 天,每天伙食五角 |
| 修理费及工具折旧 | $ 100.00 | 约合作纸总设备费十分之一 |
| 总共 | $ 1245.40 | |

在设备费内已经列入了一头牛,故不必在支出项内列入牛租。这头牛一方面用来犁田,一方面用来辗纸,所以牛的预算还可以减少一部分,归入到农田上支出项内。牛吃的是稻草,属于农田上的副产物,不必拿钱出去买。每年应修理的工具有辗子和炕灶,修了可以长久用下去,只有竹帘才须多年换一次。在纸料一项,算是全部买来的,其实每个坊主自己都有竹子,要收买进来的料子,平均不过一半左右。所以实际上支出的款子,并没有表中所列的那样多。

一坊每日造七十刀纸,开工六个月可造 12600 刀纸,在本村贩卖的价钱是二十元一百刀,12600 刀合 2520 元,除去开支 1245 元尚可剩余 1275 元。全坊设备费 1025 元,将支出加上设备费,再除盈余,得出利率 56%。作者前曾分析到雇工自营农田的利率是年利一分以下,造纸比经营农田好，是显而易见的事了。

上面又说到租坊造纸的事，这里试分析出租作坊对坊主人的利润怎样。假如他把纸作坊租出六个月，六个月中出产的 12600 刀纸，有十分之一归他作坊租，因此他可以得到坊租钱 252 元。若租坊的人无牛，向他租牛三个月，每日和钱五角，他得牛租钱四十五元，一共他得 297 元。可是他全坊设备费及修理工具和工具折旧费就花去 1197 元，他得利率是 26%。所以出租作坊的利息，还不及自坊自作的大。

进一步我们看看租坊来造纸的利润怎样。假如他把作坊全租下来，六个月出纸 12600 刀，付出十分之一的租钱，还剩 11340 刀，得价 2268 元。除去修理费及工具折旧费 100 元不由他付外，他连牛租要付出 1190 元，实可盈余 1078 元，得到 90% 的利率。租坊造纸比自坊自作的利润大得多。所以有坊的人不愿出租，无坊的人想租而不可得。除非坊主自己的纸做完了，为着宗亲邻舍的情谊，才愿租给无坊的人做几百刀纸，他们做纸的量既少，做纸的时间也短，虽然利息大，可是总收入却比自坊自作的人所收入的少得多了。

没有坊的人多是村子里田地少、家境不好的，若他们自己有点料子，还可以想法租坊造一点纸。若是自家没有料子，就没有余钱买料去租坊造纸。更谈不到投下一千多元的资本，去开纸作纸〔坊〕了。就是有了纸作纸〔坊〕的，每年还要投下一千多元的资本，才能开工出货。作者在易村时见到有四个作坊还停着未开工，有些工具还待修理，当时疑心造纸的利息不好，所以他们不愿干，现在分析起来，才想到或许是因为缺乏大批流动的资本。管有这几个作坊的人家，在坊股一阶级中，是比较家产少一点的；而开工的几家坊股，都是村子里殷实的村户。有田才有资本，有资本才有作坊，资本多的料子收得早，收得多，开工早，开工久；资本少的料子收得迟，收得少，开工迟，开工短。有钱的开作坊，无钱的织箕器。开作坊的利息大，织箕器的利息小，所以富者有愈富的机会，贫者致富的希望，就有点渺茫了。

# 易村造纸手工业的前瞻

　　像易村造土纸一类手工业的前途怎样？我们可以由两方面来看：一方面是最近物价高涨，对于易村造纸手工业发生了什么影响；另一方面是将来新式造纸工业发达，对易村造纸手工业，会发生什么影响。

　　在讨论物价高涨对于易村造纸手工业的影响之先，我们要把握住上面所说的事实，就是在易村开土纸坊的，大都田地多，他们既生产土纸，又生产米谷；土纸几乎全部进入交易市场，米谷一部分是他们为自家消费而生产的，一部分却也是为交易而生产的。土纸的生产在易村整个经济中只占一部分的地位。

　　在廿七到廿八两年间，物价变动的情形，是谷价常比土纸价涨得高。在廿七年一百刀纸可换三斗米，到廿八年只能换一斗多米了。不过他们不是拿土纸给去换米谷而是拿土纸和谷米，同时去街子上换货币。谷米价格比纸价涨得高，虽对纸坊主人心理上有种影响，觉得造土纸的实际利益不如前，但造土纸在货币数字上的收入，却仍比从前增多；而且在进入交易市场的一部分谷米，因价高更获得较多的货币数值。

　　再就两种生产品的性质来看，谷米的生产量比较固定，不易随意增多或减少，因此进入交易市场的数量也有一定，受到谷米市价及土纸市价高低的影响很少。至于土纸的生产量的变动则较大。在以土纸换货币而不是以土纸换谷米的情形下，土纸生产量受谷米价格的影响较少，主要是取决于土纸价格与生产成本的问题，以及有无其他便于投资而利益比土纸尤大的事业而定。

　　假如土纸价格低于生产成本，他们只有停工的一途，而且规模很小的作坊手工业，停工是容易的。当土纸的供给量缺乏，而土纸的需要量并不能减少，或采用代用品时，土纸价格自然要趋向上涨。上涨到土纸价格高于成本时，他们即可随时开工。如果土纸价格比成本高不了多少，他们仍可以酌量少做一点土纸；当此供给减少，而需要不变的情形下，土纸价格仍将上涨。所以像易村土纸作坊一类能自由调剂生产量的生产事业，生产品价格，是不会太低的。

上面说到他们有自由增减土纸生产量，因而发挥维持土纸价格在一般物价水准以上的功能。进一步我们分析土纸资本来源及其性质的必要：纸坊作［作坊］主的田地较多，田地上的收入除食用外，尚有一批余资，他们把这批余资一部分用在放高利贷的事业上去。高利贷的利息很大，不过所能吸收的资本也是有个限度的，因此他们把另一部分资本用在造土纸的生产事业上。这批资本是田地上剩下来的，是放高利贷所吸收不了的资本；这批余资若是留下来不用去生产，当然是可惜的损失，这理由他们也很知道。造纸就是他们容纳这部资金的一种生产事业，如果有别种事业可容纳这部分资金而利息又大，只要那种事业便于做，他们自然可以改做那种事业，否则他们只好仍操纸坊的事。不管造土纸的利息比放债或生产谷米的利息怎样低，他们还是要同时兼做的；与其留下那批资金不生息，不如用在生产事业上赚一点利息。即使这点利息小，但少赚钱总比不赚好，这是乡下人也会打的算盘。由这事实可以看到过剩的资本，是可以以不同利息分别投到不同的事业上。

其次试分析农民由市场上取给的一部分日用品涨价时，会发生的影响：如果日用品价格比谷价和土纸价都高，农人当然要吃亏；不过他们需要日用品的数量并不多，而且这些需要的数量也不无减少的可能性，因此他们吃亏并不多，如果谷价和土纸价格比日用品价格高，他们当然占便宜。如果日用品价格在土纸和谷价之间，则他们在一方面所受的损失，可由另一方面弥补起来。因此不论日用品价格怎样变动，不会影响易村经济很大，而且更不会给易村的造纸手工业以致命的打击。

到底新式造纸工业能给予坊作造纸手工业一些什么影响呢？我们不妨逐步分析一下在易村一带发展造纸新工业的可能，新工业发展后是否会摧毁易村造纸手工业，以及手工业摧毁后对于易村经济可能的影响。

就造纸原料的竹子说，易村附近各地现在所能供给的数□（量）并不足支持一个新式纸厂所需的原料。只有易门几县附近大山上的松树是可能利用的最好原料，但松树宜于造报纸，报纸多用来印报章，杂志，书籍及写字；而易村造出来的是土纸，土纸用来做冥纸，包土烟及手纸。两者用途既不冲突，报纸很少剥夺土纸销场的可能性，因此不会摧毁易村造纸手工业。

倘若竹子数量逐年增加到足够供给一新式造纸工厂所需的原料时，新式纸厂开设起来，迫使旧式纸作坊停工。但竹子的所有权既属农人，他们可以提高竹子的价格，单靠出卖原料也仍旧可使他们得到大批入款，足以补偿他们因作坊停工的损失。

而且纸作坊的资本并不大，他们经营农业的资本，不是依靠纸坊的收入，所以停闭纸坊不会影响到他们的农业经营，因而使整个农村破产。

总之，易村纸坊是有其不易受摧毁的特性，在最近的将来可以乐观；即在较远的将来，也没有悲观的理由。若能在技术上更进一步由生料纸改做可以写字的熟料细纸，则易村附近土纸业将更有其光明的前途。

《云南实业通讯》第 1 卷第 7 期，1940 年，第 153—160 页

# 农期参差性和劳力利用

费孝通

## 一　农闲

"农民是服侍农田的，农田是他们的主人。"这句话至少从农民劳作上说是正确的，因为他们没有在时间上支配劳作的自由。人们在农业里所做的工作，其实不过在尽力设法帮助农作物得到充分生长的机会罢了；农作物生长过程的本身，在普遍情形下，没法加以控制的。农作活动步步得紧紧的追随着农作物生长的过程。

农作物并不是一年四季在田里一模一样长着的。依我在云南禄村（在昆明西一百公里）调查，水稻的生长期一年中只有一百八十天到二百天，秧期约六十天，插秧到开花约七十五天，开花到成熟约四十五天，迟稻多二十天。这样说来，若是单种稻，一年中田上就空闲了一百六十多天。免除这种土地的空闲固然可以收起了稻，再种一次豆。可是土地不得闲并不就是农民不得闲，因为农作物有很多时期，不必劳人照顾费心费力的。

农作物需要农夫们的劳作是断断续续的。以禄村种水稻和蚕豆的田来说，农作活动大致可分作四节：一、收豆和整理农田；二、插秧；三、耘田；四、收稻和点豆。这四节农作活动并不是平均分配在一年里，豆在清明前后成熟，成熟后十多天中都得收齐，因为这时秧田里

067

已播了谷；豆收得早，则可以从容整理农田预备插秧，秧成熟后不能长久留在秧田里，根长得深了，移动时要损及稻的生机。插了秧，不能立刻去耘田，须过了半个月才能动手，耘到稻开花，就得停止。稻成熟了，不去收割，风打雨击，谷子容易浪［狼］藉在田里，去年禄村，在收稻期连下了一个星期的雨，早稻在这时已成熟，雨停了去收割，损失了十分之一的收成。收过稻紧接着就要点豆，点过了豆，除了偶而去照顾照顾，开开沟，撒撒水之外，一直要到下一年收豆时才有正式的农事。

这样看来，每节农作活动都因技术的必需，有很紧促的期限，早不得，迟亦不得。种田不像织布，织布的随时可以停机休息。家务忙，停一天；货催得紧，赶个夜工，织出来的布，还是一样，种田的却不能。揠苗助长，固然不可，坐失农时，更是犯忌，农夫们那里有自由。而且，在上节中我们可以看见各节农作活动间，常有一段一段田上没有工作的时间。农夫们不但有时欲闲不得，有时欲忙亦不得。农夫们得一阵忙，一阵闲的过着日子。

还有一个原因可以发生农闲：在一定单位的农田面积上，各节农作活动所需的劳力并不相同。有些要得多，有些要得少。若是一家的工人有一定的数目，每节农作活动又有一定的期限，则这家可耕的面积必然限制于需要最多劳力的那节农作活动中他们可耕的面积。在禄村，在最忙的农期是收豆和整理农田，至多只有六十天。一对夫妇充分工作，大约能经营十工田（工系当地农田单位，约合二五〇方公尺）。可是在别节农作活动中，这十工田就不能充分利用这一对夫妇可以供给的劳力了。换一句话说，他们在可以工作的农忙期间因农田面积的限制，又得到了一串额外的农闲。

农闲时期，农民在农田上没有工作做，坐着吃白饭，在谈农村经济的人看来，是个农村的损失。农民们也何尝不为这事着慌呢？他们为生计所迫，总是要想法子□（来）缩短农闲。可是在一个没有手工业的农村中，缩短农闲的法子还得在农业里打算。于是我们在禄村看到了他们利用农期参差性来换工，和季候性的劳工流动了。

## 二　农期参差性

以一家来说，一播种之后，他们未来二百天的农作日历，可说是已经规定了，伸缩性很少。但是农业却并不太死板得一定要那一天播种的。可能播种的个别日期，可以有相当的伸缩性。在一定的时期中，任何一天都可以播种。以禄村说是从惊蛰节起到清明节为止。惊蛰以前播的谷，因为天气太冷，不会出芽，清明以后，播的谷，出芽是不成问题，但是这批稻要白露才开花，那时天气已开始转冷，结不出好谷子来，因之太早太迟都要不得。

从惊蛰到清明有两个节气，这三十天内，天天可以播谷。若是一家人家利用这播谷的参差性，每天播一些种，则他秧田里的秧苗不会在短时期中全体一同成熟了。他可以在插秧时，每天插已熟的秧；三十天中，天天有事可做。最早插的秧和最后插的秧，相差有一个月，开花结实全不会同时。每一节农作中，他都可以拉长一些可以得到劳作的时间。结果，他用在农田上劳作的总量可以增加，而且他所经营的农田可以扩大，收获量也可以较多了。

这种办法，在禄村的确可以见到一些，好像他们种些早稻和迟稻，来利用各块田中所需劳作时间的差异调剂劳力的供给。但是要和上述的情形一般充分利用农期参差性是很困难的。因为一家时常没有这样多的田可加以分划成不同时间耕种的区域。所以要利用农期参差性最好是由很多人家共同合作，各家利用这三十天参差不齐的播谷，则各家个别的农作日历就不完全一律了。一村中各家忙闲的时节既不一律，则甲家闲时可帮乙家，乙家闲时可帮甲家，互相帮工，大家多得到一个额外的劳作机会。两家所耕面积也可以扩大。这就是禄村一带盛行的换工办法。

换工的利益不但可以拉长各个农民的劳作期，而且可以增加工作效率。在农作活动中有许多工作是需要集合性的。譬如掼谷子，用一个木床，最经济的方法是四个人同时在两头掼，有四个人割稻，由两个人递送，再有两个人轮流背谷子回仓，一共十二个人。这是一个工作单位，可收分工合作的效率。但是要利用这队伍，一定得有较大的农场。他们一天可以做完五工农田的工作，三十天要有一百五十工大的农场。这样大的队伍和这样大的农场，都不是一家所能供给的，最好的办法就是几家合作来劳作，这就是换工。

换工是禄村一类的农村，经营农田的重要方式。当我去年十月中旬在禄村调查时，适逢收稻的时候。在三个星期中，凡是下田工作的男女全体都动员了，甚至连我们的伙食都发生过问题。大部分是互相换工的。我们知道几家因为换不到工，不得已临时改期收谷。

## 三　季候性劳工的流动

一村间换工的办法，虽则可以增加各个人劳作的机会，但是依旧不能在二百天农作期间得到充分工作的机会，因为如我在上一节所讲的，各节农作期有限制，所需劳力不同，农田面积必然受最忙期间可耕的面积的限制。因之在其他各节较闲的农作上又有一串额外的农闲，一家是如此，一村全体看也是如此。因之，像禄村一类的农村要充分利用自有的劳力，必须得到季候性外来劳工的接济了。

在云南季候性劳工的流动是个极显著的现象。劳工可以发生季候性的流动是靠了各地域间气候的差异，因而发生地域间农作日历的参差性。禄村是惊蛰就能开始播种的，但是离禄村南一百公里的易门县，就有一个村子要到清明才能开始播种，相差可以有一个月。这是云南地形高低不平所发生的特殊现象。靠了这种地域间农作日历的参差性，劳工可以发生大规模的流动。

依禄村说，它农作上依靠外来劳力接济的程度很高。据当地人民告诉我们："三月里收豆时，外边来卖工的人数最多。耘田、掼谷子都有请外边工人的。早年在田里做工的，三个里有二个是外边来的。现在少了，还有一半的样子。"我们当初听了，简直不敢相信，所以去年在村里看他们掼谷子时，特地到田里一家一家的清查，看有多少是外边来的劳工，结果平均在百分之二十左右。当然，这年度情形有一点特殊，因为铁路公路的建筑已抽去了大批劳工，流动的劳工，不全拥挤在农田上，禄村的人，这时天天和我们发愁请不到工。但是即在这种情形下，至少还有五分之一的劳力是靠外来的接济。

我们后来在云南东部的一个村子里也看到同样的情形，一个不到三百户的农村，掼谷子时，经常有一百多人由外县来的，在田里帮忙。

## 四　劳力供给增加的结果

靠了农期参差性来增加农民劳作的机会，所增大的劳力总量，依旧是用在农田上的。农田上劳力供给增加，使工资老是停顿在极低的程度上。二十七年度我去禄村调查时，男工一天一角国币，女工减半。二十八年度十月里男工涨到三角一天，女工减半（当日伙食由雇主供给）。若用米粮来计算，二十七年度男工每天得米一·四公升。二十八年十月得米一·七公升，女工减半。依我们的估计，每天一个成人吃两餐至少需米〇·六公升，则做一天工可以维持约两个成人的食粮而已。

工资低，使一些有田的人可以脱离劳作，从换工变成了雇工。不但我们在禄村可以见到一些终年不下田的长衫阶级，而且在地域上也发生了一种来而不往的劳工流动方式。禄村的人民就没有到远地去卖工的，他们只接受外来的劳工。从外来劳工的衣着上，就可以见到他们是从生活程度较低的地方来的。一部分是山上的夷人，一部分是邻县的穷人。我曾问他们为什么老远的出来卖工。他们说自己地方不好，田又狭，地又瘦，没有禄村好。够不上生活，出来卖工买工才可以贴补贴补。劳工从生活程度低的地方流到生活程度较高的地方，结果使后者的生活程度也拉低了。最先被影响着的是自己村里卖工的农民。这样，区域间生活程度的差异，一变而为一区里雇主和佣工间生活程度的差异了。一年来我在云南内地农村中调查，总觉得它和沿海都市附近的农村有一个重要的分别，就是前者多雇工自营的小地主，而后者多是佃农。因之在内地农村中最严重的问题不在租佃关系而在雇佣关系。本文想说明内地农村中劳力利用的一种特征，希望以后还有机会可以申论这劳力充斥的内地农村中所发生的土地制度。

《新经济》第 3 卷第 7 期，1940 年，第 162—165 页

# 内地农村尚未缺乏劳力

费孝通

抗战以来，成千成万的壮丁，一批一批的从农村中征调到前线，后方的新兴工业又继续不断的向农村中招收工人。到目前，内地农村中是否已发生劳力缺乏以致农田荒废，经营趋于粗放和产量减少的现象？这是抗战经济中一个极重要的问题，值得我们提出来详细讨论的。本文将根据我在云南的一个农村中（以后称作禄村）实地调查所得的材料，对这问题作一分析。禄村固然不能代表内地农村一般的情形，但是这个个案亦不乏讨论这问题时参考的价值。

## 一　禄村劳力自足程度

农村劳力缺乏只发生在劳工外流之后，农村中没有人能来接替外流者遗缺的时候。若是有发生劳工外流之前，农村并没有全部利用它可能动员的劳工，则劳工外流之后，他们的遗缺是有补充的可能。因之，我们先得看一看农村劳力的自足程度了。

我初次在禄村调查时，曾设法估计该村人民所经营的农田一年中所需劳力的总量，然后再看全村有多少人可以在农田上劳作的，他们所有劳力总量是否足以经营他们全部农田，计算的结果禄村的劳力有过剩的现象。大致说来，有一半人不用在农田上劳作。可是第二次我再去调查时，却觉得这种算法，未免太粗率了。农作活动是有时间段落性的，而且各节农作活动所需劳力既不同，男女之间又有分工。于是不得不重行〔新〕计算，以每节农作活动为单位，就其可工时期，及所需劳力，来分析禄村劳力的自足程度。结果禄村在各节农作活动中，发见了有时劳力不够，有时劳力过剩的不匀分配。

在此不妨抄一些数字来表明这种情形，禄村二十七年时在农作年龄（我定得较宽，从十二至六十岁）中的人数：男二四六，女二二〇。二十八年时因人口外流减少至男一八九，女二一五。全村经营二九〇〇工农田（每工约二五〇方公尺），其中两熟田（水稻和蚕豆）约占百分之七十，其他是一熟田（水稻）。下表载明这两年中禄村在各节农作活动中劳工人数或多或缺的数目。

表 1

| 农作活动 | 全村农田土所需劳工总数 | 二十七年 | 二十八年 |
|---|---|---|---|
| 收豆 | 女 286 | 缺 56 | 缺 71 |
| 整理农田 | 男 362 | 缺 116 | 缺 173 |
| 插秧 | 女 97 | 多 133 | 多 118 |
| 耘田 | 女 152 | 多 78 | 多 63 |
| 收谷及种豆 | 男 85<br>女 85 | 多 161<br>多 155 | 多 104<br>多 130 |

二十七年禄村虽则已有近十个壮丁被征，但是这数目并不是收豆和整理农田两节活动中缺乏劳工的决定要素，在这两节活动中，禄村全部可能劳作的人，即使全体下田还是不够，劳工缺乏得这样多，禄村人民怎么能应付呢？我进一步调查时，就见到禄村农田上的劳力供给并不限于本村人口。

我在《农期参差性和劳力利用》一文中（见本刊三卷七期）已经提到云南季候性流动的劳工在劳力供给上的重要性，云南靠了他特殊的地形，在相距不到一百华里的地方，农期的相差可以超过半个月，最近我在滇池附近旅行，一路上看见成批背着锄头往来卖工的农民，地域间的换工，增加了各地劳力的供给量。

依上表的计算，禄村在收谷及种豆的一节活动中，本村劳力的供给无论如何是应当可以自足的了，但是二十八年我却亲眼看见田里至少有百分之二十的劳工是外村来的，在别节活动中，外村来卖工的人数更多。结果，不但禄村在农田经营上不感到劳力的缺乏，而且可能劳作的人没有全部下田的必要。二十七年收谷的农忙时，闲着手的人，到处都是。

## 二　被挤在劳动圈外的人

禄村自有劳力并没有全部动员是至今还可以看得到的事实。我们若问谁是劳动的人和谁不是劳动的人，就不难看出一些不太模糊的界线。允许我说一句比较笼统的话，有田的人可以不必在田上劳作，没有田的人不得不在田上劳作。

要说明这条界线，却不能不看一看内地农村的结构。以禄村说，村里有一大批没有田和所有田少得不够维持生活的人家。以百分比来表示：没有田的占三一％，有一工（一工约二五○方公尺）—十五工的占三五％，有十六工—三十工的占一九％，有三一工—六五工的占一五％。有十五工以上农田的人家，依我的估计，才能单靠农田出产维持生计。不到这数目的，在农田之外，必须另谋收入。这种人家在禄村占有百分之六六。他们从那里可以赚钱来补贴家用呢？在手工业不发达的禄村中，他们只有出卖劳力了。出卖劳力的一种方式是租别人的田来耕种。可是租田的机会有限，既没有田，又租不着田的人家在禄村还占百分之十五；租田加上自田，经营面积在十六工之下的又占百分之十六。这些人家非直接出卖劳力不成了。

禄村是盆地中心的农村，土地肥美，水利通畅，较小的农场还能维持生活。在盆地周围山地上住的人，天赋没有这样厚，非出卖劳力不可的人更多。这样多非卖工不成的人都挤上农田来，农田上容不下这样多的劳力，结果把有田的人挤在劳动圈外。

什么挤法的呢？说来也简单，争着要卖工的人既多，工资就低落。在二十八年以前，据说禄村的工资从没有超过男工每天一角，女工减半（当天伙食由雇主供给）。二十七年我在村子住的时候就是这样。工资低了，使一辈有田的人，只要花很少的钱就可以雇得着工人来劳作。全部雇工经营农田的人，依我的计算，可以得到全部农产价值百分之六十以上。这比出租田的利益更大，因为租额很少超过谷收百分之六十的。

劳工既充斥，工资又这样低，凡是有田的，甚至租田的佃户都会走上自己偷闲，雇工来经营的路上去。这也许是内地农村经济的一个特征。二十三年农村复兴委员会派人在禄村调查时，就看见过这情形。报告中曾这样说："地主兼自耕农完全是雇有雇工的，自耕农和半自耕农约有一半是雇工的，佃农亦有少数雇用雇工的。"（《云南省农村调查》，一五四页）在这种情形中，有田和没有田的区别，成了劳动者和不劳动者的一条界线了。这条界线自然可以因个人的特殊原因破裂，但是大体上是很明显的。

## 三　农村里的闲人被动员了

从二十七年春天到二十八年秋天的二十个月内，本来有六九四人的禄村减少了八三人。农作年龄中人口的损失，男五七，女一五个，这些是长期离开禄村的人数；至于朝出晚归不再在自己田上工作的，为数更多。从二十八年九月起到十月止，我就知道每天有三四十个人去铁路上做工。

征兵和招工是禄村在这二十个月中，在村人口减少百分之十二的原因。被吸出去的，很多本来是在村里卖工的人。譬如，二十七年我所知道三十多个单身的佣工，二十八年只剩了一半。他们既没有家眷，又没有田产，那处工钱高就向那处去。禄村附近各地人口的外流也许比禄村更多，因之禄村不但自给的劳力减少了，外来劳力的接济也减少了。禄村农田经营中依靠着大批季候性的外来劳工，他们到禄村来做短工，目的只在赚一些工钱。别地方有工作机会，比禄村好的话，他们就不去禄村。依禄村人说，外来劳工在二十八年已由二分之一减少至五分之一了。

劳工供给减少，工资上涨。二十八年九月底，比二十七年工资高了三倍，到二十八年十一月又涨了两倍。这时男工每天工资五角，女工减半，伙食仍由雇主供给。工资在二十七年底到二十八年九月一段时间中涨得比米价还快，所以我们说实际工资在这时期中的确提高了。

实际工资的提高，使一辈雇工自营的地主们所得的利益降低，逐渐走上自工自营的路上。我有很多实例可以证明以前不下田劳作的人，二十八年下田劳作了。譬如一家姓张的，一连好几年都把谷子包给人掼，二十八年我跟张大妈各处去找包工，她嫌包价太高，心痛包不下，结果她不能不亲自出马了。赵保长家也是这样，除了换得几工外，没有雇着佣工。

禄村人民大家感觉到劳工缺乏，一谈起就摇头。连县长都在发愁。有一次他和我说："这地方本来劳工就不够，征兵招工，更是不堪了。"可是二十八年谷子黄黄的满田长着，我从没有见过一块田，因为没有人耕而荒起来的，收谷时，也没有说是因为人工缺乏，谷子躺在田里，没有人收。收成减少了么？是的，靠河的田被大水冲了，不大好；早稻也因为给大雨打了，受到损失。可是这和劳工缺不缺有什么关系呢？他们发愁的是雇不着工，和雇不起工，并不是农田上真的缺乏劳工，因为这辈发愁的人自己并不是不能劳作的。

依我看来，禄村的劳工，二十八年比二十七年反而多了。二十七年度掼谷子时据说是有一半是外来的劳工，而二十八年只剩了百分之二十左右。这不是说禄村自给的劳力增加了百分之三十左右么？这是表明：以前在内地农村中，有着大量没有动员在农业里的劳工。人口太多，全挤在农村中，工资低，地主们值得雇工经营，被挤在劳动圈外。现在，农村中的人口给外面的新兴兵役和工业吸出去了一部分，工资□高，雇工经营的利益减少，把农村里的闲人动员了。倚赖村外的劳力接济程度减低，本村里自给的劳力却增高了。

当然，农村人口若继续外流，农田经营中自有发生劳力缺乏的时候，可是以禄村来说，这时候还没有到。

《新经济》第 3 卷第 11 期，1940 年，第 254—257 页

# 农村土地权的外流

费孝通

## 一 江村的土地权如何流出农村的?

二十五年,我在江苏省太湖边上的一个农村中(以后称作江村)调查该地人民的经济生活。当时使我十分惊讶的就是这村子里有百分之八十以上是租别人田来耕种的佃户,这村子有一半以上的地权是握在我一个本家的手里,他是住在城里的,连他自己的田在什么地方都晓不得的。我曾想,江村一般的农村简直可以说是个佃户的村子。农村土地权已大部外流到住在都市里的地主们手上。

农村土地权怎样会流到都市里去的呢?换一句话说,农民们怎样会把田卖到城里去?我在江村见到一只可怕的手在那里活动,那就是高利贷。说起了江村的高利贷,那真把初到农村里去调查的人吓住了,我当时曾记下这可怕的事实。

一个不能交付地税的人,假如他不愿意在监狱中过冬,就非借钱不可。高利贷者的门户,对他是开着的。从高利贷者那儿借来的钱,是以桑叶的数量计算。在借贷的时候,根本便没有桑叶,也没有桑叶的市价。高利贷者,以己意断决桑叶的价格为七毛钱一担。譬如借七块钱,就说借了十担桑叶。借款在清明便要还清,至迟不能在谷雨之后。借款者要付还的钱,其数目的多少,决于当时桑叶的市价。譬如市价是三块钱一担罢，那么在十月借了七块钱或十担桑叶的人，到了第二年四月，便要还三十块钱。在这五个月之内，这位债户所付的利息，是每月六月五日到了清明的时节，丝季才开始，村里的人，是拿不出钱来的。在冬季要靠举债度日的人，到了这个时候，□约也没有力□还债，因为在冬季的几个月内，村民并没有生产的工作，除却做点小本生意之外。在这种情形之下，债户可请高利贷者，延长借款的期限，所借的钱又用稻米的数量来折合。不管市价如何，稻米以五块钱三"蒲式耳"计算。还债的期限，于是延长到十月。到了十月，米价便以七块钱三"蒲式耳"计算。总计起来，在十月借七块钱的人，到第二年十月，要还四十八块钱。平均起来，借贷的利息为每月五分三。假如债户到了这个时候，还不能把债还清，期限可就不能延长了，他只能把田契移交给高利贷者，田地的价格，是三十块钱一亩。从此也［他］不是债户而变为永久的佃农了。（见《江村经济》二七七、七八页，用吴景超先生译文见《新经济》第十一期三〇六页）

在这一段叙述中，我们可以见到农村土地权的外流和都市资金流入农村是一回事的两方面。高利贷的泼辣不过是加速这一个过程罢了。

## 二　R. H. Tawney 的一个解释

当我想要解释都市资金向农村中流入，农村中土地权向都市流出的现象时，就记起 Tawney 教授在他所著 *Land and Labour in China* 一书中所提出的意见来了。他说："至少有些地方，正发生着一种现象，就是离地地主阶级的崛起，他们和农业的关系纯粹是金融性质。"（六七一六八）这种现象常见于都市附近的农村中，他说：

住在地主在大都会附近的地方最不发达，那些地方都市资本常流入农业中——广州三角洲上有百分之八十五，上海邻近地带有百分之九十五的农民据说全是佃户——住在地主最普遍的是没有深刻受到现代经济影响的地方，在陕西、山西、河北、山东及河南，据说有三分之二的农民是地主。这些地方是中国农业的发祥地，工商业的影响很小，土地的生产力太低，不足以吸引资本家的投资，而且农民也没有余力来租地。（三七——三八页）

江村是离上海很近的一个村子，太湖流域又是江苏有名的肥沃地带，因之，我觉得我在江村实地的调查，正可以用当地的材料来证实 Tawney 的说法。于是，当我写《江村经济》时就把他的意见引用了。（一八五——一八六页）在那本书上我说过，农村吸收都市资本的能力是倚于土地的生产力和农民一般的生计。生产力越高，农民生计越好，吸收资本的能力也越大，住在地主越少，离地地主越多——这也就是 Tawney 的意见，用以解释都市附近农村土地权外流的现象。

后来我到了云南，在离昆明一百多公里的一个村子里去调查（以后称作禄村），见到了一个和江村可以对比的农村型式。在禄村虽则有一半人家是租着些田耕种的，但是自家有田的却占百分之六十九。自家农田不够维持生活而租田的只有百分之一十八。禄村经济结构的中心是一辈住在村里的小地主。最大的地主只有六十五工农田，约合二十五亩，禄村村子里的人很少把田租给人去种（约占全部私家的田百分之八）。佃户们所租得的大部是团体的公田。城里地主们在禄村所有田也很少（约占全部经营面积百分之四）。换一句话说，这是一个离地地主最不发达的地方，农村的土地权绝少流到市镇中去。我在禄村既得到这一个和江村相反的型式，正可用以校核 Tawney 的意见来看看江村是否比禄村土地生产力较高。

## 三　J. L. Buck 的数字

若是没有机会在云南农村里实地调查的人，要回答上述的问题，最简单的办法是去查一查 Buck 教授最近的巨著 *Land Utilization in China*。

在这本书里，他详列中国各地农村所植农作物的产额，可以给我们很方便的参考。可是在学术工作上想贪图方便，时常要吃亏的。我在这问题上就行［引］起了很多麻烦，不妨在此一提。

据 Buck 调查，中国各地农田产米囗（量）相差很大，最低的有一英亩 acre（合六・五九市亩，或一七・一三禄村当地工）只出二二蒲式耳（一蒲式耳合三六・三六公升），最高的出一六九蒲式耳。最高的数量发现于西南水稻区（包括云南、贵州及广西西部）。该区平均产额每英亩九七蒲式耳（二二三—二五页）。这个数目对于外国度量衡单位不太熟的人，也许不觉得太惊人，若是我们和自己调查所得的数目一比较，就不能不疑心其中一定另有蹊跷了。依我在江村的调查，普通的田，一英亩只出四〇蒲式耳。（据 Buck 调查，扬子水稻小麦产米量一英亩六三蒲式耳）江村的水田，在中国不能不说是好的了，和西南水稻区相差如是之甚，竟增加一倍。若以一六九最高额计算，竟超过四倍。也许 Buck 在编这表格时也觉得数目太大了一些，所以附一小注说："有两个地方产米量特别高，因土地特别肥，"接下去又说，"当地农田面积丈量不甚正确，折合英亩时或有错误。"（二二五页）这个小注并不能减少我的疑虑。一英亩若能产一六九蒲式耳的米，一枝稻穗上要多少谷粒？依我的估计至少要六百粒。在我经验中最多一枝稻穗能带三百粒谷子，这种多产的稻穗已经不容易直立。六百粒谷子一穗，乡下人见了准会认作神仙显灵。事实上这是不可能的，因为稻草决不能载这重量。不论 Buck 说是因为土地怎么肥，天下决没有肥到这个程度；即使肥得如此，也不宜于种稻了，因为当谷没有熟，就会载量太重，稻杆折断，倒在泥里一粒也收不起，这结果乡下人全明白。

我记住了这数目来和禄村的产米量相比较，却发现了 Buck 的错误并不在折合农田面积而已，重要的是把 rice 和 grain 混成一物所致。禄村上等田每工（约二・六市亩）由［田］每年产谷一个当地石（合三・五公石），碾米四个当地斗。合成英制是一英亩收谷子一六五蒲式耳，收米六六蒲式耳。根据我实地调查的结果，很可猜想 Buck 的"雇员"在云南调查时把谷子当作米了。我在云南各处调查时，若问农民：你们的田能收多少？他们没有不以谷子的产量作答的。我从没有遇见过有直接以产米量作答。所以以谷作米的错误很容易发生。Buck 似乎没有注意到这种可能的错误，而且对于谷子一词好像不太了解，在翻译农谚时，每逢谷字全译 millet。当然，我对于英语造诣极浅，但总觉得 rice、millet 和 grain 应当加以明白的分义。不分的结果，□（铸）成"奇迹"，似乎不能太容易原谅过去。

## 四　为什么靠近都市的农村佃户特别多？

回到正题。Buck 的字［数］数［字］虽则有错误，但若果把他的数字看作产谷量，则和我们实地调查的结果很近，而且禄村是云南公认产米丰富的区域之一。若以每英亩产米六六蒲式耳计算，则较江村的产额四〇蒲式耳为高了。这样一比较，Tawney 的话却成了问题。为什么农田生产力高的地方，反而〔住〕在地主特别发达呢？于是我们不得不再检讨一下 Tawney 的见解了。

我在第一节里虽则叙述了江村土地权如何流出农村的情形，但是并不能从此见到为什么江村的农民会穷到要借高利贷，以至最后出卖田契。依 Tawney 的解释，好像是说都市附近的田地总是特别肥沃，都市里资本自然会向农村中流，而且那里的农民也是有余力来接受这笔钱，自处于佃户的地位。Tawney 自然没有这样说穿，因为若是这样一说，谁也会觉得说不过去了，但是他的意思至少是很容易使读者引起这种误解。

Tawney 的意见可以批评的第一点，是在他似乎是以为农民借钱（引起都市资本的流入农村）是为了农业上有利用资本来增加生产的机会，因之土地生产力愈高，愈能吸收都市资本，而事实上农民们为生产需要资本而举债，是绝无仅有的，因为农业借款的利息很少比农业利益为低的。江村的高利贷且不提，即是我们在禄村所见到普通的借款利率以三分二为标准，而雇工经营农田可得的利益，据我的估计只有一分三（详见《禄村农田》第十一章）。若是借款来经营农田，在农民看来自是"憨包"无疑。

农民借钱是用来嫁女儿，娶媳妇，办丧事，抽洋烟……总之，是用来消费的。生计的穷困，入不敷出，才不能不"饮鸩［鸩］止渴"的借债了。生计穷困和近不近都市有什么关系呢？这问题也许是要解答近都市地方离地地主多，远都市地方离地地主少的关键。我将根据江村和禄村两地的比较，提出一种对于农村土地权外流的解释，以供研究中国农村经济的朋友们讨论。

农村土地权的外流是出于农村金融的竭蹶。为什么靠近都市的农村金融容易竭蹶呢？引起农村金融竭蹶的原因不外两个：一是农村资金输出的增加，一是农村资金收入的减少。靠近都市的农村是不是容易发生上述两种现象呢？我们这里所谓都市究竟是什么意思？都市普通的定义是指人口密集的社区。人口密集的原因固然很多，若是以现代都市来说是在工商业的发达。因之我们的问题等于是说，工商业发达和农村土地权外流有什么关系了。

工商业发达无疑的会在农村市场上增加工业品，靠近工商业中心的地带，因为运费低，工业品更易充斥。农民购买工业品的数量增加，农村资金外流的数目也随之增加，可是用工业品去吸收农村资金却有个限度，因为农民对于工业品的需求，富有伸缩性。在他们生计穷困时，可以拒绝或减少他们工业品的消费，除非是像鸦片一般的嗜好品，决不会因工业品输入农村而把农村金融吸枯，以致农民要卖田来维持生计。

农民的消费品依赖都市供给的种类及数量的增加，是农村自给性降低的指数。自给性降低，就是说以前可以自己供给的消费品，现在不再自己供给了。都市发达促进农村生产的专门化，使它成为食料及其他制造品原料的供给□（者）。在农村自给性降低的过程中，有一个危机，就是以前农村持以吸收外界资金的家庭手工业会因之崩溃。这种在减少农村收入上的金融压力，实是农村土地权外流的主要因子。

我时常这样想（虽则还没有事实材料来征实），我国传统的市镇和现代都市不同，它不是工业的中心，而是一辈官僚、地主的集合所，和农村货物的交易场。在传统经济中，基本工业，如纺织，是保留在农村中的，因之在传统经济中富于自给性的农村是个自足的单位，它在租税等项目下输出相当资金，而借家庭手工业重复吸收回来一部分，乡镇之间似乎有一个交流的平衡。这平衡在现代工商业发达，农村手工业崩溃中打破了，农村金融的竭蹶跟着就到。

这样看来，农村土地权的外流和都市确有关系，可是这关系并不像Tawney 所说的是因为靠近都市的农田生产力高，而是在靠近都市的农村，凡有传统手工业的，抵挡不住现代工业的竞争，容易发生金融竭蹶。换句话说，土地权外流不一定是靠近都市的农村必遭的命运，若是一个原来就不靠手工业来维持的农村，他遭遇到都市的威胁，决不会那样严重。关于这一点，我自己还没有材料来证明，因之很想得到一个都市附近没有传统手工业的农村，加以调查，用来校核我这个假设。

若根据我这种说法，很可用以解释为什么以丝业为基础的江村，在都市工商业发达过程中沦为佃户的集团，以及为什么内地以经营农田为主要业务的禄村，至今能维持以自营小地主为基础的结构。

## 五　工商业发展一定会引起农村土地权外流么？

让我们再回到 Tawney 的话：土地生产力低的地方土地权不致外流，是不是因为土地生产力低的地方不易发展手工业，所以不易受现代工商业的威胁么？事实却适得其反。我们为了这问题，又在云南选了两个农村来调查，我们的结论是传统手工业常发生在农田面积较小，地力较瘠，农业生产力较低的地方。关于这一点，我希望将来还有机会详论。

若是我们的分析没有大错，则 Tawney 的解释似乎不能再维持了。

Tawney 的见解一加修改，我们就要为内地一辈有传统手工业而农田生产力太低的农村的前途担心了。现代工商业在内地发展起来会不会使这些农村的土地权外流呢？在这考虑上我们却又看到了这问题的另一方面，就是都市资本向农村流入是否一定会引起土地权的外流。

都市资本用来买田可以说是一条末路，买田出租，依我们的计算，利息总是在一分五左右，而农村中借款的利息则至少在三分以上。所以即使都市资本因农村借款的利息高而进入农村，并不立刻引起农村土地权外流的。有钱的人希望能放债收高利不愿买田，只有在债户没有清理债务的力量时，债主为避免本利双失，才去收买抵押的农田，或是有钱的人找不到债户，有空着的资金才去买田。换一句话说，在农民有力维持支付利息时，土地权不易很快地转入城里放债者的手里，若是城里有钱的人能有其他利用他资本的机会时，他们也不会让资金自然的流到乡间去的。

这样说来，若是现代工商果真能发展起来，都市里投资的机会加多，工商业的利益能超过一分五以下，都市资本不易流向农村，土地权外流的趋势可以减少。这当然还要有一个条件，就是农村中金融不竭蹶到非大量靠都市资金的接济，或可以得到不必用土地权去换取的资金。好像现在政府提倡的农村小本贷款等办法，确可防止江村的覆辙。

工商业的发展，若不同时减少农村原有的收入，很可以发生农村收复已失土地权的趋势。这是我们在云南某地已见到的现象。因为近来商业利益的日增，有田的人很有愿意把土地买［卖］给农民，把钱去经商。□（在）夷汉杂居的地方，有所谓"水田上山"的情形，就是说夷人向地主买水田，把土地权带到山上去的意思。我们是这样想：若是政府在工商业发达过程中，能采取适当的政策，不但可以防止土地权从农村中流出来，而且可以把农村已失的土地权慢慢的收回去。

《今日评论》第 3 卷第 11 期，1940 年，第 170—173 页

# 土地继承和农场的分碎

费孝通

## 一 人口压力压碎了农场

"人口压力"看来好像是个抽象的名词，可是在乡下闹分家的时候，却表现得最具体也没有的了。让我先说几个实例。

我在禄村寄居的那家房东是村子里的小康之家，有田三十六工。平时我的房东，穿长袍，赶闲街，做礼拜；空来还在茶社里画飞鸟山水。大儿子在楚雄中学里读书，小儿子提了个外国名字叫大彼得，生活真不算差。隔壁住着他的伯父，伯父有两个儿子，一群孙子，人丁倒兴旺，可是大家挤在三间住房里，家境很窘。小孩子们更是显得褴褛，十四岁的孩子整天在田里做工。堂兄弟间生活相差这样远！据说房东的祖父死时，把田产平分给两个儿子。房东的父亲生下一个孩子就死了，剩下个寡妇，零丁孤苦，把儿子领大，田产保住了。房东的伯父，生了两个儿子，娶了两房媳妇，经了几次大事，只剩了二十四工田。媳妇们不和睦，闹分家，老人家留下了六工，儿子们各得九工。九工田的小农场养不活两口子，家道如何能维持呢？大儿子更不争气，又懒又抽烟，连这点家产都保不住；小儿子勤苦，租了些田来耕，其中有一部分还是我们的房东的。一个老祖的子孙，竟分出了地主和佃户，"悠悠两代，贫富是分"，听来也叫人寒心。贫富是分的原因，只是在大房里多生了个孩子罢了！

禄村村子里现在已找不到大地主，有田最多的只不过六十五工。可是三十年前村子里还有好几家有二百工田的。有一位同善社的朋友曾和我谈起他的家世说："家严手上还有二百工田，一年近二百石谷子的收入，真是不愁衣食，我们兄弟五个整天打打牌，抽抽烟，日子容易过得很，后来分了家，一个人只剩了四十工，手边就紧了。到下一代，再一分，剩多少呢？"真是"家无三代富"！

人一代比一代多，大家争着这块有限的土地，农场怎能不一代比一代小？小到成了中国农业改良的一个大障碍。据说中国的农场平均已经不到四英亩，和美国一比真是小巫见大巫，相差快四十倍了。不要说这样的小农场上机器用不得，连最简单的技术改良都无法着手。关心中国农村经济前途的人自不能不对这问题特别焦急了。

人在繁殖，土地有限，这矛盾固然是人类经济中无法逃避的，但这矛盾却不一定成为分碎农场的力量。人多了，可以把他们赶到农业之外去谋生；即使赶不出去，也不一定要叫他们都做地主。若能这样干，人尽管多，农场那里会小呢？以英国的情形说，十九世纪以来，人口增加了几倍，而农场不但不分碎，反而集中起来。这不是明明告诉我们人口压力不一定把农场压小的么？在中国人口压力直接成了分碎农场的力量是因为我们传统的亲属结构在助虐为暴。

## 二　继承的平等原则

在我们传统的亲属结构中承认着兄弟有同样继承遗产的权利，而且他们继承时还要讲平等的原则。有些地方的习惯法虽则在名义上否认平等原则，好像承认长子有特权可以多分得一些田产，但是在实际上这特权也有时并不一定实现的，即使实现也是没有防止农场分碎的作用。

江村的继承习惯法是承认"长子权"的，长子可以多得一份长子田。可是中国农村中田产的继承并不一定要等父亲死了才实行。父亲在世时就可以闹分家。若是长子成了婚，娶来的媳妇受不住婆婆的气，争执得不开交，请舅舅出来作主，把田分了。在江村，分家〔时〕老人家留下一份"养老田"，长子留下一份"长子田"，其余几个儿子公平分开。以此时为止，长子比了幼子似乎是占了些便宜。但是长子分走了，老人家大都跟小儿子同住，那份养老田就归小儿子经营。老人家死了，养老田里拿注钱出来送葬，其他很多就不再要小儿子吐出来了。他供养了老人家一辈子，这是一些报酬。名义上，江村的继承原则不是平等的，可是实际上，即使不平等程度也浅得很。

继承上讲平等，听来是最好也没有了。可是就因为这原则，人口压力一直压上农场来，使中国遍地都是小农。要避免农场的分碎，儿子间总得有几个吃些亏，不继承土地。这种完全由长子或由幼子继承的办法，一个以农田为经济基础的社区中不容易行得通，因为得不到继承农田的儿子不易谋生。除非在农业之外，还有谋生之道；或是本地之外还有新世界，可以吸收那辈在父亲手上得不到农田的人。继承上讲平等确是最合人情的办法；虽则农场因之缩小，可是大家挤一挤，能活得过也就算了。

## 三　土地单 ［双］ 系继承的困难

传统的继承法中所承认的平等原则却有个限制，就是同性讲平等，异性不讲平等。男女有别是天经地义，女子继承□（不）到田产是中国农村中普遍的习惯。农田是男性的财产，农田的继承是单系的。单系继承，从一方面说，一家的农场不会因出嫁女儿而分碎；可是，另一方面说，娶媳妇时，媳妇也不带田来，一家的农场也不会增大。双方刚刚互相抵消，在农场的缩小和增大上看，女子有没有继承□，并没有多大关系的，农场虽不致因男女在继承上的平权而愈分愈小，但是因之会愈分愈零散，那却是免不了的。我们若再深入想一想就能见到土地的双系继承有很多不易实行的客观条件，在这里不妨附带一提。

从农村的区位结构上说，农田和住处不能相距太远，若是太远了，往返时间及所费劳力会影响到农田经营的效率。我们若假定农田继承是双系的，就是子女平等继承父母双方的田产，则婚姻关系在地域上就会因农田和住处间的区位关系而限制于一较小的范围中。若是夫妇原来的住处相隔很远，他们两地都有田地需要经营，田地不能因婚姻关系而搬在一起，大［夫］妇又不能因田产分散而各自独住。在这种情形中，只有在邻近的地域中发生婚姻关系了。若是婚姻关系有其他的原因不能限于狭小的地域时，则农田双系继承在事实上办不通了，除非所有权和使用事实完全脱离关系。

我在《江村经济》中曾提到，我国的新民法因为要促进男女平等起见，确定双系继承的原则，这是没有顾到最大多数农民的实际生活情形的立法，在可以分析的动产方面，双系继承自有实施的可能，可是在不动产方面，尤其是日常要加以经营的生产工具，好像农村中的土地，在现有的生产技术之下，很少有实施的可能性。现有的土地政策，鼓励耕者有其田，而继承法却间接地在鼓励不动产的所有者脱离使用，在我看来，两者是互相冲突的。

土地的单系继承虽则是农村中女子地位低落的一个重要原因。可是它确有它经济上的贡献。靠了单系继承农场少了一个被分割离散的机会，从上文看下来，若是我们要想法免除了农场因人口压力而分碎，似乎不能不采取不平等的继承原则，把继承土地的权利交给特定的少数人。这种说法似乎很不合潮流，因为在这个年头自由平等一类抽象名词的力量太大，为这些名词牺牲一些经济上的利益，似乎是大家甘心的。我在这里本来没有怂恿人舍此取彼的意思，只想指出在现有的社会结构中，两者是不能兼有罢了。

## 四　团体地主和农场集中

这样说法，不免叫人有些悲观了，一方面我们希望现在的小农经济能逐渐消灭，一方面我们却拼命的在推广土地继承上的平等原则，这不是南辕而北辙么？这个矛盾并不是永远解不开的，在乡下就可以见到有一种农田不在人们世代交替中不发生继承和分碎的现象，这就是团体地主的农田。在云南省这种农田特别发达，依我们调查的禄村来说，全村所有田总数百分之二十七是属于团体地主的。

农田继承是发生在农由〔田〕可以继续不断被人利用，和农田所有者的个人有生有死的矛盾上。团体的生命并不和个人的生命一般，团体分子虽有生死，团体的本身却可以较长的维持下去。团体超越了个人，团体所有的农田就不会一代一代的发生继承的手续，团体中分子的数目虽则可以多起来，可是这个人口压力却压不碎农场的整个性，至多压低一些各人所能获得的利益罢了。

团体所有田非但不易分碎，而且有着慢慢扩大的趋势。以禄村的阖村公田为例，据说杜文秀叛乱时（一八五五——一八七三），屡次蹂躏禄村一带，杀戮甚惨，有全家被难，不剩一人者，事后村里有一大批田产没有人收管经营，所以就充了公田。每次变乱，公田都有增加。公田的扩张当然不一定要靠变乱和杀戮；因绝嗣，因捐助，私家的田向团体集中，团体所有田不分出来，有进无出，面积自然容易扩大了。

从这方面看来，土地一脱离私家所有就很容易集中。可是这种集中起来的农田，以禄村来说，并没有形成大农场。团体地主并不以团体来经营农田，所有权是集合了，经营上没有集合，禄村团体所有的农田都是租给私家经营。这样说来，大农场的形成，单靠所有权的集合是不够的。可是云南团体地主的发达，多少是已经给大农场立下了一个基础，如何利用已有所有权的集合发展到农业经营的集合，是云南农村经济前途一个有意义的问题，希望本省的青年能特别加以注意。

《今日评论》第 3 卷第 17 期，1940 年，第 265—267 页

# 农村游资的吸收

费孝通

## 一 农村货币的充斥

我在本刊四卷三期曾发表一篇《货□（币）在农村中》，在这文中，我曾根据一年前在禄村调查的材料说明，在一个自给程度较高的农村中，货币流动的机会较少，而且因为有街子的贸易机构，货币也不容易储积在农村里。可是最近我们在农村中却见到货币充斥游资呆滞的现象，我们将怎样加以解释呢？

农村中发生游资的现象是一年多来特别可以令人注意的事。有一次我们在昆阳的一只小船里，看见有一个老太太在付船资时，向衣兜里摸出一大卷钞票来，而且全是伍元拾元的大票子，当时真把我看呆了。穿得这样不整齐的乡下老妪竟是个富翁！最近我疏散到离昆明有二十公里的乡下往，据说我们的房东过去一年有两万元的收入，并不是滇币，这又使我初听来不易相信的事。又据说中山大学离开澄江时，学生们在短期内，曾把旧货换得农民十几万的货币，一条绒毡竟卖到几百元！大热天气，路上会碰见披着大衣的乡下〔佬〕。货币有如潮水一般涌进农村，和二年前一毫钱可以雇工一天的情形相比，真是有隔世之感了。

农村货币充斥并不限于云南，十一月二十一日昆明《中央日报》

载有中央社重庆航讯，美丰银行经理的谈话谓：本年度川康农村出售食粮和副产品约有二十万万元，从前农民把农产品出售后，即购买其他日用品，通货可以再流入城市；今年却不然，二十万万中只有半数复入市面，其余半数却呆滞在农村里。这谈话中的数字若是可靠的话，则农村游资已成了很严重的问题了。

## 二  农村里那里来这批货币呢？

农村中货币的充斥是目前一件很显著的事实。他们那里来这些货币的呢？我们不应忘记抗战之前中国的农村到处都闹着金融恐慌。为什么不到三年，后方农村中反而会发生游资的问题呢？简单的说来是农民收入的增加超过了他们支付的增加，超过的结果是剩余了一大笔没有动用的资金，滞留在农家，不再回到市面上去——即使动用的话，也大部在农村范围之内。

《新经济》四卷二期吴景超先生发表了一篇《抗战与人民生活》，这是他五月间在湖南、江西、浙江、福建、广东、广西等省去考察的一篇报告。他的结论是农民生活在抗战的几年中普遍的改善了。改善的原因是在他们收入的增加。他更分析农民收入增加的原因有下列几种。

一、农产品价格的高涨。

二、农民在运输工作上，得到一笔很大的收入。

三、许多机关学校因为疏散的关系，都从都市搬到乡间，以前花在都市里面的钱，现在都花在乡间了。

四、农民在副业上的收入，大有加增。

五、农贷的积极推行。

六、农村失业问题完全解决，人人有事做。

据这分析，我们可以见到在抗战过程中，农村经济的传统自给程度已受到打击，抗战已迫着农村把农产品大量的输出，把他们的劳力加紧的利用，他们已成了前方的军队和后方都市居民生活资料的供给者，他们的经济由"自给"成了"他给"。

## 三　生活程度提高的困难

敌人的经济封锁，前方军需的需要，以及后方人口的集中，这些都刺激着内地农村的生产力，加重了它们供给别人生活资料的担负。可是他们得到的是些什么呢？内地都市能有什么东西拿来和农村交换呢？

我们若分析这一方面的问题，就可以见到为什么货币呆滞在农村中的原因了。当然农民的生活，好像吴景超先生所说的，是普遍的提高了。老百姓现在比以前吃得好了，衣服穿得整齐了，新建筑比以前加增了，赎田的人多了，田价涨了，田赋的收入增加了，不必急于把新谷出售了，还债的能力提高了，市镇中杂货店生意好了，乞丐游民减少了。可是我们若仔细一查，吴先生所举出的十项中，只有很少的几项是表明农民向都市获取的生活资料在那里增加。农民穿的土布大都还是在农家织的，吃的更不用说还多是自己家里的。只有市镇杂货店生意好的一项透露了一些都市产品输入农村的消息，农村输出增加而输入不成比例的增加，则他们的地位就会像美国在大战中成了黄金输入国一般，只是他们输入的不是黄金而是纸币罢了。

为什么都市向农村的输出不能成比例的增加呢？这也是抗战中不易避免的现象。抗战过程中都市工业总是在军用品上发展，即使不把原有制造日用品的工厂改造成军需工厂，至少在轻工业方面不会有突飞的发展，这在中国尤其是如此。后方都市既没有大量日用品生产，若是要提高农民的生活程度，其势不能不利用国外的输入，这在抗战中又是不可能的。即以政府所允许的输入品来说，因为数量少，运费贵，总是不容易达到农民的手中。以上是从都市的供给能力方面来说明农□（民）生活资料不易改善和增高的原因。

在农民本身说，收入增加对于他们改善生活的刺激还是不够大。我们可以想像一个常在债务中挣扎的农民，突然鸿运亨通，手边有了一卷一卷的钞票，他若不是个朝不顾夕的无聊家伙，第一件事要做的自然是料理债务，还有余钱，也不会敢放胆花去，中国的农民是素来在勤俭两字中训导出来的，而且经验告诉他恶运是随时会光临，所以积蓄一些生命的保障金是他们认为和吃饭一样必要的。这样使他们的生活程度不易跟着收入增加亦步亦趋的主观的原因。在吴先生所列的十项生活好转的事实中，重要的也是回债赎田，留些谷子在家，和置一些不易消耗的不动产。抗战中人民的生活是好转了，可是好转的速度并没有赶上他们收入的增加。

# 四　节约而不储蓄的危险

从每个箱子藏着一大卷一大卷纸币的农民来说，他们确是很能勤俭立家的人，"有的时候想着没有的时候"，留着一些钱以防将来农村不景气的时候用，这是最可奖励的打算。可是大批的通货呆滞在农村中，从整个国家的经济上来说，却并不是一个好现象。通货入藏和储蓄是不同的，通货的入藏是把一部分可以用来再生产的经济力埋没了，储蓄是积聚分散的游资用来生产的意思。入藏和储蓄的区别告诉我们节约而不储蓄是件有害于国家经济的举动。

假如我们的货币是黄金，而黄金的产量不能突然提高的话，则入藏的结果是可以使货币流通量缩紧，压迫物价下落，货币的流转困难，生产力降低。但货币若是纸币，又处在战时，农村中一批批把货币入藏的结果，却会引起纸币发行额的不断扩大，以维持战时金融的流转。而且因为货币不断的吸出市面，减轻了通货澎涨的威胁，使发行机关更可大胆发行。可是货币入藏并不是消毁，每一张藏在箱子底下的纸币，每时每刻都可以走入市面上发生货币作用的。大量的入藏虽则暂时的减轻了通货澎涨的威胁，可是潜在的威胁却更大。若是有一个时候，收藏的人忽然对于货币缺乏信用而要在市面上换取货物时，很可以促成金融的危机。

货币呆滞在农民手中，不去用在生产事业上，在目前情形中，还有一个不良的影响，就是农民没有急于把农产品抛售在市场的需要，因而促进农产品价格的上涨，增加一般非农民的生活费用，而且更加速的使货币流向农村。

这样说来，农村游资的呆滞不但是旷费国家的生产力，而且还潜伏着对于国家经济很大的危险。可是我们怎样能去吸收这一批在农民箱子底下，衣兜角里的纸币呢？诚然，我们是不应当，也不可能，从努力提高农民消费量和农村的输入额来解决这问题，因为问题不是在农民节约节错了，而是发生在节约之后没有继之以储蓄的缘故。

## 五　吸取游资的方法

我们所谓吸收游资的意思，是在使这一笔可能的生产力实现出来，换言之，是要把农民现在所收藏□（的）钱用在生产事业上，因之减少入藏的最捷途径，自应是增加用在农业上的资本，使农民自己来利用他们的储蓄。

这问题又牵连到我们的农业中还能吸收多少资本的题目上来了。反过来说，我们要吸收游资，还得开辟农业投资的门路。譬如在云南农村中用化学肥料的人家极少极少，我们所调查过的地方还没有看见过。他们所用的肥料是牲口和人类的粪、"油榨"（豆饼）和草。除了油枯是有市场者外，离市镇稍远之处肥料全是自给的。因之，肥料一项就不成为利用资本的项目。若是国内能有化学肥料的生产，一方面可以吸收大量的农村资金，另一方面可以增加农田的生产力。

若是在农业本身开辟投资的门路比较困难，则我们还得在农村副业中增辟投资之路。好像各种纺织机的输入农村等，都是应当注意的方法。

　　除了奖励农民自己利用他们的资金外，我们还得想法把他们多余的钱借出来用到农业以外的生产事业上去，可是这并不是一件容易的事。"钱到了农民手上就像黏着一般，不易吸出来了。"要农民节约，那是一些也不难，因为节约的好处，早已由痛苦的经验，深深的印在他们的心上了。要他们储蓄在银行里则不然，因为银行在农村还是件太新的东西，短期中极难取得他们的信仰。在这过渡期间有什么方法可以比较有效的把农村游资吸收出来呢？

　　在回答这问题之前，我们最好先看一看农村中原有的金融机构。在中国任何农村中我们都可以见到"钱会"的组织，这种组织在云南俗称"上赊"。它的机构大致是如此：凡是需要大宗资金的人，出头集会，入会的人大家拿出一份钱来凑给他，以后每定期集一次会，由会员轮流收款，已收款的则按期归回，这是一种整借零回和零存整取两种方式并合而成的。我曾这样想：我们能不能利用这个机构来集中农村游资，然后再想法把这笔集合了的资金利用在生产事业上去。利用这机构的方法有两种：一是由政府或特许银行作会首，在农村中集会，任农民自由加入，并予以较高的利息，以资奖励；三［二］是政府或特许银行提倡集会，规定凡集会者，政府或特许银行可以入股若干，会首由农民自任，这样凡是有利用资本能力的农民，都容易在这机构中获得资金，而且在会规里面，公家所认股子的利息可以特别降低，以示提倡之意。

　　或者有人以为钱会的组织只能限于较小的亲密团体中，它信用的基础是人情和面子，若是公家参加了，就不易顺利进行，这一层我是觉得并不必顾虑的，因为依我们实地调查钱会的组织并不一定限于近亲，即是不太相熟的人也可以加入一会。据张君子［之］毅在玉溪调查，那里的钱会可以扩充得很大，参加同一组织的有百人以上，这个例子表明了若将这种机构稍加改良，就能有很大的活动能力，活动的范围也可以超过亲密的小团体。无论如何，我认为这是一件值得慎重试验的事业，希望农村金融的负责当局能留意及之。

还有一种吸收游资的方法值得试验的是奖券和有奖储蓄。在货币充斥的农村中，已发生了赌风滋长的情形，我们在昆明附近的乡村中就知道大规模的赌博，一夜的输赢有高至两千元的。这种现象是很自然的，因为游资无法吸收在生产事业中，投机行为就会发达；这在都市中是如此，农村中亦然，单靠一纸公文来禁止是没有用，而且反而增加行政机构腐化的引诱。最好就是政府能利用人民这种投机心理来吸收零批游资。现在中央储蓄会的有奖储蓄在吸收都市零批游资上已有很〔好〕的成就，可是加入储蓄会的至今还大都限于都市居民，这辈居民并不是入藏货币的重要人物。怎样可以使农民加入储蓄会？怎样可以引起他们的兴趣？怎样可以特别使农民容易得奖？我在这短文中不能提出来详细讨论，但是我愿意唤起金融界当局的注意，希望他们能及早在吸收农村游资上有具体的方案。

《今日评论》第 4 卷第 22 期，1940 年，第 343—346 页

# 农村里的囤米

费孝通

　　新谷登场，米价不见跌落，直向上跳；连年丰收，各都市却是轮流闹着米荒。从去秋起，米价的涨风居然直袭陪都。报纸上竞登动人听闻的囤米案。借头抑价，风声所及，好像是有不少黑黑的影子，血淋淋的手掌在幕后操纵。这当然是有耳共闻的事实。可是除了奸商作恶之外，还有其他更基本的原因使新米不上市吗？奸商固当芟除，其他的原因也是应当及早设法对付。

　　我们姑且假定这两年来内地尚属丰收，后方的粮食并非绝对缺乏，而是有一大批米粮漏在市场之外，有如苏州人所说的"靠米囤饿煞"。这个假定固然没有正确的统计来为之证明，但凭常识判断，似乎没有大错。于是问题便在这批市场之外的食粮，究在那里藏着？大家所注意的似仅限于奸商的栈房，可是至少还有一大部分，我在本文里面想提到的，是分散于无数的农家仓房。我这句话，当然也不是有正确的统计根据，要知道农村中囤着多少米，也许比要知道奸商们囤着多少米，更困难些。

　　农村，若依我的想像，确是囤积着大批的食粮，则此囤粮的仓房，实比奸商们的栈房封得还紧。奸商们只想发财，给他们钱，即使不要他们的头，也会逐渐开放其货栈。至于农家的米囤，有时却连钱都买不开呢。怎样去弄出这些存粮，决不是借一两道命令所可做得到的。在本文里面，我将提出并讨论这个问题。

两年前的冬天，还没有人想到米价会跳会飞的时候，我在昆明以西一百公里的一个小村里做调查工作。一天，有一位快要为其儿子聚〔娶〕媳妇的李大哥请我吃饭，我的房东老太太陪着我去。饭前，我们偶然走到他家的仓房里去瞧一瞧。老太太一见李大哥的存谷只剩一小堆了，急着向他直嚷："怎格把谷子都卖了？要用钱还是去借。这怎格要得！"我接着说："借钱要加利，要米上街子去买，怕那样？"老太太就解释她的见解："我们这地能不卖谷子就不卖。谷子最要紧，旁的那样也靠不住。"

我想凡是曾在农村里面住过的人，也许都会承认，谷子在农民手上决不是一件普通的商品。它是农民自己的食粮，不轻容易送上市场。只在农民们有急迫支付之时，才肯忍痛出卖一些。我在村里得有这样一个印象，农民的米颇像母牛的乳，不挤则不出。什么力量在挤呢？地租、捐税、高利贷、鸦片、洋货、将要娶妇的儿子、等待开吊的死人——一言以蔽之，是农民生活中不能自给的需求。

在我们奖励勤俭的传统态度中，农家的理想是充分的自给。若是农家真的充分自给了，都市中的米粮那里来呢？以过去的方法来说，我也许说得过分一点，都市是靠特权来征取粮食的，地租、捐税、敲诈与高利贷，逼着农村每年要贡献一些农产品来养活一般城居的人。用日用品来换取农产的分量，并不甚多，因为农村在衣食住各项上的自给程度还是很高。

抗战在后方造成了不少都市，平添了一大批既不种田而又没有田地的人。这批人的食粮，只靠市场来供给。问题不在统计上看产量和消费量差不差，而在这批人凭什么获取农民手上的食粮。他们没有土地所有权，不可以用收租的方式来分农产，捐税又没有增加，他们对于农民没有特权。想要吃米，惟一的方法是向农民购买。

"买米"说来是很容易。袋里有钱，怎会买不到？可是事实上却不这样简单。都市和乡村的买卖，底子里总要以物易物，现在乡村里有的是米，都市要它的米，务须拿出农民所必需的东西来换。钱只是实物支付的预定单，它的本身并无用处。我们说要买米，就得有东西在背后去换米。没有东西去换，米是不出来的。

试问我们后方都市里这一大批等米炊饭的人有什么在手上是农民们所需要的？这一问也许可以显出米不上市的一个塞子来了。现在都市里有的是公务人员，前线上有的是保卫国家的士兵，工厂里有的是制造军用物品的工人，矿山里有的是据锡掘钨的沙丁，这般人都没有生产着农村里所需要的货物。他们手上有的是政府里发给他们的纸币，可是纸币所能使用的市场上面也并没有农民们所需要的大批用品。钱是钱，米是米，隔岸望着，交不过手！

"老百姓的生活，比抗战之前好得多了。"可是我们翻出吴景超先生在《抗战与人民生活》（《新经济》四卷二期）中所列举的十项具体事实来看，除了第二项"很少看见衣衫褴褛的人"和第九项"市镇中开杂货店的……常有供不应求之感"以外，实看不出农民对于都市的依靠是在增加。反之，农民们愈来愈自足的现象，却在其他各项中表明得清清楚楚。养猪养鸡的人，现在可以杀来自吃；本要回租回利息的，现在可以赎出回债。结果是，"以前新谷登场的时候，农民急欲得到现款，纷纷将新谷出售。近来在收获季节，小贩下乡收谷，每收不到预定的数量，因为农民身边都有钱了，不必急急把新谷脱手"。农村里的米囤越高，都市里的有钱人越买不到米了。

农民们不特有钱，而且是很容易得钱。在两年以前，他们的劳力每天只值三四角，如今则值五六元了。他们若有必要的支付，以前固然不得不把农产物出卖，换取货币，现在则不一定需要忍痛卖谷。即使有此需要，而因农产物价格的飞涨，他们稍稍出卖一些就够了。

或者有人要问，米价固涨，其他物价不是也涨了么？若是涨度相同，农村不是依旧需要输出同量的农产物来换取他们所需的日用品么？

这种看法是对的，可惜日用品价格涨了以后是否还能吸引同量的顾客，却是一个问题。农民们对于都市的依赖，除了盐和布外，很少是急迫的，不急迫的需□（要）品之价格一涨，虽说是以米价来折合，甚至还比以前的便宜，但总有许多人自会惊于价格的数目之大，伸了手又缩回去！二十八年秋天，我在村子里调查雇工的情形，工资只比往年涨了五倍，米价则已涨了七倍。但是张大嫂还觉工资太高。年年包工下田的，这年却亲自下田！

吃不完的米谷存在家里，果有什么用处呢？这个问题也很有理。可是有钱存着而不买东西，又有什么用呢？我在村子里常想，如果农民们所存的法币，因为太多了，刺激他们发生着新的需要，例如以前不刷牙的，现在因为购买得起牙刷与牙膏，也都学起时髦来了，那就有办法了。等了好久，我家里的一个女工居然也学会了刷牙。她托我去买管牙膏，在昆明走了好几条街，竟会一管也买不着！

我虽不说农民太顽固，勤俭之风打不破，可是即使有钱的农民想学时髦，买些新玩意儿来表示阔绰，事实上也常做不到。有东西卖给他们，他们未始不要，好像中山大学从澄江搬回广东去，穷学生们出卖旧货以筹路费。据说一时，老热天气，街上会碰得到披着大衣来出风头的乡下老！困难的是都市里面的人，没有几个能脱大衣去换农民的米。

若是农家仓房里确有谷子存着，而这谷子轻易不肯露面，试问我们怎样才能把这谷子引上市场？用权力罢，我们不妨增税加捐，规定纳谷代税办法，甚至于向人民借米征谷。这些办法固然可使都市居民不必要用货物去换米，但若我们还能记得苏联在乌克兰方面所曾引起的骚动，便当引以为鉴。

当然每个农民若都能以国家为重，踊跃出卖米粮，问题便可解决，可是我们决不能作如此奢望。教育程度比较很高的富商大贾，天天在喊抗战第一的公务人员，听说还有囤积居奇的，如何敢望对于农民的宣传单独发生效力。所以最基本的"引玉"办法，还是"抛砖"，即以实物来换取粮食。我们要向外国去买军火，是先赶种桐油与开矿的，为什么对国内的贸易，不多想些切实的方法，而只在那禁令和宣传上面浪费心思呢？

普通谈战时经济的人，认为我们的生产力量，应得全部用在军火工业之上。这在一个平时生产十分发达的国家是也许可以的，但在我国则似不能完全依这理想来做。我们还得同时赶制一些农民所需的日用品来吸引都市所需的食粮。

增加日用品的制造和把这些日用品推销到农村里去，不是一朝一夕所可完成的事。为了长期抗战起见，这一着早应注意。在目前，我们所可赶做而又应当赶做的是"不得已而思其次"，就是我想提出的农村服务。农民不但需要都市的日用品，也很需要都市人口所能给予的服务。例如医药一项，便是农村中最不自足的需要。在乡村里面住过的人，谁也知道疾病是在民间如何流行。我到村子里去调查，每次带一些药，没有不是很快送完的。若是从这方面下手，不但农村可以得到利益，而且也是沟通市乡经济的一条通路。

娱乐也是农村所甚欢迎的服务。去年旧历新年，我在路南调查，每晚见到"花灯"。"花灯"就是农村中的街头戏剧。跳花灯时，全村男女老幼全都出来观看，热闹之极。他们忙了一年，逢着农闲，确实需要一些打破其单调生活的刺激，所以花灯一唱，动辄数旬，虽则戏剧的内容甚为简单，却仍是夜夜客满。这个经验使我觉得若有许多比较优美的"花灯"，一定更能吸引农民。这是一个以服务来换取米粮的绝好机会。今年我又听说，有些较远的县份，想出重酬来请别县的花灯去唱，可是一知半解的地方当局却说国难严重，大家欢笑不得，正在那里出示禁止呢！

我们若肯细细观察，则如以上所述的服务机会，必可陆续发现，无论是在教育或宗教方面，都是有办法的。此种服务的作用，不但可使市乡经济借以沟通，存粮积谷逐囤开放，而且可使农村的文化水准，为之提高。

中国人太喜欢"从大处着想"，却不乐"从小处下手"。可是一切大事，都有它的琐细之处。在军事上，我们已积小胜而为大胜，至少有些乐观的趋势。为什么在经济上面，我们不能照样做呢？我希望在这米珠薪桂的威胁之下，除了多砍几个大头之外，还能够在如何打开农村米囤这一点上多想几种切实的办法！

《星期评论》第 13 期，1941 年，第 7—9 页

# 农村手工业在中国新经济建设中的地位

张之毅

在我国一部分农村中，除农业外，还普遍的存留着一种比较原始生产状态的手工业。其生产组织，或则由一家经营，或则由数家组合经营；其生产场所，或在家宅中（家庭手工业），或在家宅以外的作坊中（作坊手工业）；其生产性质，或则附属农业成为农家副业的一种，或则脱离附属地位独立经营——都是随着农村的客观环境而为适当的配合，对于农村以及社会经济贡献颇大。

自新式工业次第在国内兴起后，因为手工业的生产技术敌不过机械的生产技术，有些手工业渐被新式工业淘汰了，所以凡不顾新工业的趋势，而仍盲目底提倡手工业，必将引起种种不幸的后果。如何就整个国民经济着眼去重新估定手工业的价值，从而决定它应占的地位，是我们要讨论的。

手工业既是由农村中发展起来的，必有所以由农村中发展起来的理由和条件。已发展起来的手工业，又势必对于农村经济有所贡献，但随着整个国民经济的变动，手工业也必发生种种相应的变动。是存是废，以及如何而存，实有确立一新手工业政策使它适应这变动的必要。本文即就（一）手工业在农村中发展的条件，（二）手工业对于农村经济的贡献，（三）手工业前途的存废问题，及（四）农村手工业政策的确立四点来说。

# 一　手工业在农村中发展的条件

这问题可以从农村经济本身及手工业本身的性质来分析。先说前者，农村中有些什么特殊条件合宜于手工业的产生呢？我们不妨拿一个有手工业的农村作实例来分析一下。廿八年秋，我曾去云南易门县一个农村调查过（以后简称易村）。易村田地窄狭，农田上的正产量不够维持全村五十四家的生活，村中只有十一家在食用以外有剩余，其余四十三家均有亏空。估计全村食用，若单靠农田上供给，每年尚差四七五石谷，合调查时的时价约一三三〇〇元，加之分配不均，使得很多农家连一年的吃米都不够自给。村民利用附近竹子编篾器和造土纸来增加收入，以维持生活。在每年阴历十月到次年二月，农田上没工做，他们的劳力，几予全部用在造土纸和编篾器的生产事业上。由此我们可以看出，易村因为人多地少，田上收获不够维持全村人口的食用，故不能不在农业以外，另谋生产。更由于他们每年有四五个月在农田上是完全闲下来了，使得他们有闲暇可以从事别种事业。

这一例子所表现的意义，并不限于易村一隅。因为中国各地很多农村，均像易村一样有手工业。这些农村，也像易村一样的人多地少，不得不在农业外另谋生产。据中央研究院丛刊第八种《广西省经济概况》一书中所载："宾阳乃广西省著名之手工艺区，……该地因人稠地稀，土地生产力远不足以供养全县之人口；故人民除种田外，多从事一种手工艺以为副业。往往一村之内，全村居民均赖此以为生。该村即以此种小工艺而著闻于当地。"（注一）又据李有义先生在山西的调查："上郭村的农民，在耕田之外，都有一两种副业。特别是小农，他们常要靠副业的收入，补耕田收入之不足。……这种主要的副业是纺织。"（注二）卜凯根据五省十二处调查得出"小田场组有副业者所占全体的成份，约有大田场组的两倍"（注三）的结论。足见小田场比大田场，实更有农业以外的工作的需要。由于上面许多实例，我们可以说，因为农村人多地少，使得农人不得〔不〕在农业以外增加生产，这是手工业在农村中发展的一个主要的因子，但不是唯一的因子。

其次谈到农闲，也非易村特有现象。据方显庭先生所引材料："金大教授卜凯研究华北及华中东部之农业经济，曾宣称各该地带之农民，每年直接用于农产事业之时间，仅约四分之一。前沪大教授克莱塞（G. E. Cessey）之地理研究，更说明中国之农季，因地不同。如满洲西部兴安岭附近，每年仅约百日左右；而两广境内之邱峦，则全年三百六十五日，均宜种植；至华北平原之农季，则在二百日左右也。"（注四）前者系就直接用于农产事业之时间来说，后者系就农季来说。农季中的时间不全是直接用于农产事业，故前者估计出的农闲数比后者估计的大。概括的来说，除少数地方为例外，中国农人平均每年有半年左右之时间，由田地上闲下来。这些闲时，使得农民有闲暇来从事手工业。

此外，由于以往农村经济偏重于自给自足方面，也给与手工业一个发展的机会。因为农作只能是直接的供给粮食，其他日用品方面，既无法由外面取得，就只好在农村中用手工自制自给了。

但农村中如仅有这些特殊条件合宜于手工业的产生，而手工业在本质上并不适合于农村的话，则农村中仍不会产生手工业。所以我们有进一步由手工业本质去分析他何以适合于农村的必要。

一般说起来，手工业的规模比较小，工具和设备简单，所以需要的资本少，适于资本贫弱的农家去经营。其次，手工业所需要的是人力和畜力，可以零星生产，由一人一家或数家组合起来即可从事，故适于以家为经济单位的农家去经营。再次，因为手工业规模小，不用动力，故停工开工较自由，可充分利用农闲而不致妨碍农时。还有一点，就是手工业的分工并不精细，制造的各步骤有时可以由一人包办，不需要高深技术，故适于由农家兼营。

# 二 手工业对于农村经济的贡献

上节说到农村经济对手工业有所需要，而手工业的本质又是很适合于农村的。手工业既和农业结不解缘，到底它对于农村经济的贡献有多大呢？这是我们在本节要知道的。

作物的季节性，使农人在一长时期休闲下来，这是农村经济上一个大问题。就易村说，每年自立冬至次年春分，差不多有一百五十日的闲季。该村平常实际下田的五十一个男子和六十一个女子，一到此季均闲下来，因此一共闲下了七六五〇男工和九一五〇女工，依当时当地工资（包括工价与工食）计算，两共折合一四九七〇元，约等于该村全部谷产品价值的一半，这是一笔多么可惊的损失数字！该村手工业事实上虽没有达到充分利用这批休闲劳力的程度，但手工业究不失为该村利用这批休闲劳力的主要生产方式之一。此种利用农村休闲劳力在生产事业上，使其成为一种经济价值，是手工业对农村经济的一大贡献。

易村编篾器一项手工业，比较是偏重在劳力方面的利用。它生产的支出项下，几乎全部是劳力的费用；所获利益，实际上仅够偿付工资及原料费，此外生产者没有得到什么。但造土纸的收益，除偿付人力畜力及原料的费用外，还有大批利润，是由于经营与制造程序中创造出来的。换言之，像土纸一类手工业，不仅创造了休闲劳力的经济价值，且使原料配料经过一番手工的简单制造程序，而增加了它们的经济价值。

手工业对于农村或农家财富的贡献是很明显的，单就易村造土纸一项说，每年可增加全村收入一八八〇〇元，等于全村农田上谷子收益的三分之二。上面提到易村单靠谷子来生活时，要亏空很多，但此造纸一项收益，已够弥补全村亏空而有余。若就有手工业之个别农家说，其由农场作物牲畜所得之收益，或尚不及由家庭手工业与副业所获得之收益之多也。

就农村金融方面说，造土纸是利用农村剩余资本的好办法，依廿八年秋的时价计算，易村每一纸作坊全套生产设备费总在一千六七百元左右。此外原料、配料及燃料等项费用，每年亦需七百元左右。这些资金，大部是本村富农由每年收入中除去生活费外所剩余下来的。他们将这笔剩余的资金，投在造土纸的生产事业上，因此增加了金资的效用。假如像这一类手工业，能在农村中多多的设立起来，则大部收藏在农家而不流动的货币，就不难找到一个利用的机会了——这是手工业对于农村金融第一点贡献。其次，因为手工业产品的生产，不像农作物那样过于受自然环境的限制，它比较可以由人的意志去支配它的生产期和生产量，于是农人可以按照其家庭经济的需要，将产品拿到市场上出卖，得到他所需的货币，这种使农家金融周转灵活的功用，是手工业对农村金融的第二点贡献。

以上是就手工业和农村的相互关系，说明手工业有利用农村休闲劳力，增加农村物品效用，补助农村财富收入，吸收农村剩余资本，调济农村金融等功用，但农村和农村手工业，在经济上并非和外界绝缘的——自从新生产方法的工厂将其廉价的制品大量向内地倾销后，农村手工业或被淘汰，或趋凋零，大多陷于悲惨的境地中。中日抗战以来，国外货品不易入口，国内工厂多沦敌手，后方少数工厂产品供不应求，于是农村手工业一时遂呈景气状态。但这种景气，是可暂而不可久的。关于手工业的前途怎样，这是我们后面要讨论的问题。

## 三　手工业前途的存废问题

上两节已经指出一个事实，就是传统的农村手工业，是在人多地少的条件下产生的。所以一谈到手工业的存废问题，就必须牵涉到土地和人口比率方面去；一谈到土地和人口比率，又必须牵涉到工业化的程度方面去。三者息息相关，互为因果。本文目的，只在指明这种关系的存在，使计划中国新经济建设政策的人，不要偏注于新式工业一方面，而忽视了手工业以及人地比率各方面的因素。并从此三者关系上，申论手工业和新式工业配合的问题。文中虽涉及工业化政策方面去，但实际上我国工业政策，应偏于大规模集中城市完全应用机械的工业呢，还是小规模分散于乡村兼用手工和机械的工业呢，则非本文所欲置辩。

手工业的前途，实关联于工业化一事实。假如一个国家能高度工业化了，则手工业大部被陶汰，是难免的结果。因此，有略论中国工业化问题的必要，由此再申论手工业前途的存废问题。

在中国经济建设中，发展新工业是全国一致的要求；而发展程度及方向，却各执一见，主张互异。一般说来，中国欲如英、德诸国之成为一高度工业化之国家，使国内经济一以工业为主，重轻工业并驾发展，事实上是否可能，尚成问题，因为中国缺乏重工业中基本原料之铁砂，以及内燃机中所需之石油。

那么我们得考虑采取以农工并重或农业为主的低度工业化政策了，在此政策下，一部分人口被集中到都市去，但农业人口仍占全〔国〕人口颇高的百分率。若工业化的进展不快，都市工业所能吸收乡村人口的速率，因之亦不能快；而留在乡村的人口，仍在增加，因此农业人口绝对数的减少，就要取决于两种速率的消长了。即以苏联第一、二两次五年计划实施的结果来说，农业人口与全〔国〕人口的百分比虽减少了，但农业人口的绝对数却未大量减少。如中国工业化的进度赶不上苏联，而人口的增加率却不比苏联小的话，则农业人口绝对数，更不会大量减少。土地不加多，人口不减少，人口与土地的比率，既不能有多大改变，则小农制将无法铲除。在劳力贱卖与田场窄小的情形下，农业机械化并不是一回经济的事，即像德国那样高度工业化的国家，除了东普鲁士外，其他部分，也还是小农制，无法运用机械（苏联集体农场机械化之能成功，还是得力于旧有农场面积较大的缘故）。农业不能机械化，则劳力无由节省；土地吸住了大批劳力，却无力好好供养他们，因之他们只好利用农闲从事副业，于是手工业和农业成了不可分离的关系。总之，如新工业不能供给农业大批机械，并吸收由机械节省下来的大批人工到都市去，则农村不能完全脱离乡村〔手〕工业，因此手工业不能也不应完全陶汰。（注五）

退一步我们姑假定中国将来必能高度工业化，但在达到此程度之过程中，要不外由重工业或轻工业入手。如由重工业入手，则日用品之生产，势不能不大部仰给于乡村手工业。如由轻工业入手，则在繁荣农村以利产品销行的原则下，仍只逐渐陶汰手工业，不能操之过急，使农村经济凋伤。总而言之，不问乡村手工业将来是否有因高度工业化而被陶汰的可能，但在未被陶汰前的数十年过渡期中，它仍须在整个经济建设中扮一重要的角色。

兹引一段日本材料来说明手工业在新工业建设中的地位，据赵译Popot 著《日本经济论》中所载，"就日本的手工业而言，据一九二六年的材料其总生产额极大，被估价为十一亿三千五百万元，这个数目等于该年日本工业中工场生产物总额的百分之一六。日本手工业几遍及一切的生产形态，在日本有许多乡村的区域中，具有绝对重大的意义，除满足日本人日常需要的小手工业外，更有较高的手工业生产的形态之存在，这是非常特征之一点"，又"日本手工业中有很多的劳动者就业着，依据一九二三年的材料，其数为一百六十一万九千人，其中约有百分之五十为纤维劳动者"。又"日本的手工业，大多与农业相结一起，对于农业所供给之原料，施以加工。其最普及的，为日常家庭用品的生产——织物，尤其是绢织物，种种的食具、锡、箔纸。其次为各种工艺织物，食品——精米、制茶、酿酒等等。与上列的生产同样具有大的意义的，为日本自古即已普及的矿山业，即石炭、金、铜、铁的采掘，和金属制品的生产"。（注六）日本是一以农为主，而从事发展新工业较有成绩的国家，撇开该国将来手工业是否能完全被新工业陶汰的问题不谈，我们对于日本手工业目前在其整个国民经济中占有如此重要地位的事实，应加以深切的注意。

但手工业也并非全部是只适于过渡期中存留的，有些手工业却不易被新工业所淘汰而能长久存留。日人林癸未夫说："手工业照他全体看来，不免随着机械工业的发达而逐渐衰颓……但是就特种的手工业看来，却未必没有存留的余地；至少像下面的几种手工业，现在和将来是总可以续存的：（一）技术上难以机械化的，（二）经济上机械化有所不利的，（三）如美术工艺品不适于大量生产的，（四）制品的毁损程度不一，很难修理的。"（注八［七］）譬如就易村编篾器来说，在技术上就难以机械化的。就易村的土纸来说，其原料的数量太少，分布太散，原料重量与制成品的重量相差太大，因此不适于大规模设厂制造。此外如绘像刺绣雕刻一类的东西，若用机械制造，就失掉了它们在艺术上的价值。又如日用零件之损破情形不甚规则者，亦多靠手工修理之。

## 四　农村手工业政策的确立

在上面我从多方面论到手工业在中国仍有留存的价值，可是值得留存是一回事，怎样留存又是一回事，并不能因其值得留存，就主张固步自封，正因其值得留存，我们才应该注意到它怎样留存的问题。所以我们不应听任它自存自废，实有从新确立一农村手工业政策的必要，本节愿就确立手工业政策方面，略略提出几点。

（一）设立原料供给及生产品运销机构。我国乡村工业，多半是一种农家副业及家庭手工业的型态，各家为一单位生产组织，每单位组织所需原料不多，所出制品的数量也有限。假如要由每单位组织独自去较远地方采购原料或销售制品的话，就时间精力和经济来说，都不合算。因此许多运销的事情，常假手于一班中间的商人。他们将原料贩来，将制品贩去，一转手间所获利润，常高过生产者本人所获者数倍以上。于是农民们利用休闲劳力从事生产的结果，徒然供养了这一批商人。生产所获仅够"糊口",当然谈不到生产事业的改良了。要革除这种不良的现象,最好能组织一些原料供给及产品运销的机构;此机构或由农民用运销合作方式组织之,或由其他农贷机关暂时代为设立服务性质之运销机构,将来再过渡到农民手中。

(二)指导手工业发展的途径。以往我国手工生产者,多各自生产,互不合作,产品运销则假手商人。因此对于市场变动的趋势,生产品式样的改良,种类的改变,以及供需的情形,完全不知道,无怪乎许多手工产品要被新工业所淘汰了!若我们能利用小规模手工生产的"可塑性",对手工生产者加以适当的指导,使其改变产品的性质和种类,划一产品的标准,以适合市场需要,则手工业产品的销流,将大量增加。

(三)改良手工业的技术及工具。我国过去乡村工业所以没落的另一主因,就是手工业的技术和工具太落后了。这些技术,多是传统下来的,某种技术一经固定了,世代相传,不特不加改进,反有每况愈下的趋势,一和近代新工业的技术比较,当然相形见绌。因此应派受过近代科学知识训练的专家,亲去乡村对各种手工技术,加以研究,存优去劣,务使其能适合时代的需要。其次,谈到手工业的工具,也有加以一番调整的必要;或则改良原有手工工具,或则引用新式手工工具,或则局部甚至全部利用小规模的动力机械,使能与乡村经济配合起来。韩德彰先生曾在今日评论上举出农村手工业局部利用机器已有显著效果的一些实例(注八),现在农村游资充斥,正苦无法利用,也许这种局部采用机器和手工互相配合起来各取所长以达到良好工作效能的办法,是值得国人考虑的。

(四)推广经营方式。与改良手工业的技术及工具同等重要的,就是推广经营方式。我国农村中的手工业大多是以农家副业方式经营之。这种方式,当然有它特别适宜于我国农村的条件,但以略具工业生产雏型之家庭工业的经营方式,和以小规模之工厂生产的经营方式,也是可以在我国现时农村中找得到的。如何发展并推广后两种经营方式，是值得我们考虑的。

（五）与新式工业取得联系。手工业在某些部门，不特不和新工业冲突，而且可互相联系起来。如由手工就农品初步加工后，再供给新工业作原料；甚至在新工业生产过程中，有些段落或部门，利用手工代替机械，反而在经济上是很值得的。最近各国一部份新工业，由于国防、原料、地租、工资、废物处置，以及安全卫生种种原因，有由都市外移的趋势，这使得农村工业与新式工业的联系，更加密切，这是从积极方面说。若从消极方面说，凡与新式工业相竞争的手工业，就不应提倡。

以上比较是就广泛的原则方面来说，若要实际施行，必须经过普遍而详密的实地调查与研究。就各地提供具体改良和发展的计划，由政府投资实施。如能将调查研究与实施等项工作，交专一之机关统筹办理，则更能收事权统一之效。

注一：见《广西省经济概况》一五四页。

注二：系根据李有义《山西上郭村的农田》初稿。

注三：见《中国农家经济》一三一页。

注四：见南开大学经济研究所丛书《中国经济研究》六二一页。

注五：参看《新经济》三卷八期巫宝山《我国农业政策之商榷》。

注六：见赵译《日本经济论》三二三页及三二六页。

注七：见熊译林癸未夫《工业经济概论》一八页。

注八：参看韩德彰在《今日评论》四卷十七期《战时农村工业新动向》及《经济动员》四卷十期《中国工业化与农业建设》二文。

《中农月刊》第 2 卷第 4 期，1941 年，第 4—9 页

# 农田的经营和所有

费孝通

## 一

中国以前关于土地问题的理论和政策大都是以沿海诸省的农村情况作张本的。抗战把我们的眼界扩大了，我们在内地见到各种和沿海不同的农村型式，因之，有一些土地问题的理论和政策可以重加考虑。本文想提出来讨论的是以往土地政策中的一个根本观念——"耕者有其田"。

"耕者有其田"，初看上去似乎是最明白不过的，可是若要详细分析起来，就可以有不少性质不同的解释。我在这里先只就一种意思说，就是"经营农田的人就是该农田的所有者"，"耕者有其田"是提倡农田的经营和所有合一的主义。

农田经营和所有的合一之成为土地政策的基本观念是针对着一种型式的农村而发生的，这就是我们沿海各省常见的农村型式。这型式的特点，简单说来，是佃户在农家中占绝对多数。佃户为主的农村中，在农田上劳作和经营的是一辈没有土地所有权的人们。握有土地权的地主们可以住在很远的市镇里，他们连所有农田在什么地方都不很明白。在这种农村中，经营农田的人并不是所有农田的人，农田的经营和所有在这分了手。

一个已经脱离了经营的农田所有者，农田对他有什么好处呢？有，就是"地租"。在一个承认土地所有者有权可以任意支配他的土地（甚至包括自由废弃土地的生产力）的地方，地生［主］们只有在能获得"地租"的条件下，才会把使用他们所有土地的权利让给别人。所有者虽不自己经营他所有的农田，可是他单凭那"可以不给人经营"的权利，坐享着别人经营农田之后所收获的农产，这笔名作"地租"的收入，可以占农田产量总数的一半到一半之上。

我在这里不想追究"地租"的起源，只想看看一社区承认了地主有权把田租给人家而向佃户征收二笔地租之后，在农村人民的经济生活上引起了什么影响。任何人根据他〔的〕常识就能想像到，以佃户为主的农村中，每年一定得输出大宗的农产到地主所在的市镇中去，结果使农村人民借以为生的资产大形减少，人民的生活程度因之降低。当然，有人可以说，佃户们的输出是和另外一笔无形的输入相平衡的，因为，他们靠了这笔输出获得了在农田上暂时经营的权利。佃户得到了这权利可以利用他们的劳力和资本以获取工资和利息。他们的经营既靠着地主们的允许，地主们的允许就是一笔无形的输入。不管我们怎样替"地租"辩护，这种"有形输出，无形输入"的农村中的佃户们的生活程度总是提不高的。

农民生活程度高不高于地主有什么关系呢？不能接受极低生活程度的人，本来不用来做佃户，"要租田就得这样，不租就算拉么"，地主们自然可以这样说——他这样说，是合法的，因为法律承认他可以任意荒废他所有的农田，自己不经营，并不一定要给人经营。

话是合法的，可是合法的并不一定能做得通，因为法律本身的基础很脆弱。它是只在人民能容忍的时候才有效力。若是一条法律太使一辈人过不去，这辈人的反抗可以使该项法律失去效力。地租若高出了一辈佃户的生活所能容忍的限度时，就发生了"自愿坐牢，不愿交租"，以及"罢耕抗租"，一直到大规模的"农民暴动"和"政治革命"。

以上的一段话，实是我们中国很多地方，尤其是沿海诸省的实地写照。蒿目时艰的先觉之土，要求一个釜底抽薪的办法，就发生了"耕者有其田"的主张，所有田的人自己去经营他的田，或是不经营农田的就不能享有农田所有权。澈底的这样做，经营和所有合一之后，就取消了"佃户"这一种人，因地租而引起的农村经济的危机，以及因农村经〔济〕危机而引起的政治叛乱，都无从发生了。

## 二

抗战一起，似乎很少人再谈"耕者有其田"了。闻"边区政府"也放弃了多年来不惜流血争取的土地纲领。这转变并不是偶然的，因为在内地农村中农田的经营和所有，原本没有分离得远，租佃的冲突没有成为农村问题的结症。内地农村的主要形态是自营的小农，我在以前在本刊所发表的几篇的文章中已经说明这种形态的基础，在这里不再重述。自营小农的形态却给我们看到"耕者有其地"的弊病了。

在抗战以前，尤其是在沿海诸省，农村的问题可以说是在分配的不均上，抗战发生以后，分配问题似乎推〔退〕到了幕后，注意的集中点转到了生产问题。大家要求的是如何谋增粮食的自给，如何推广可以出口的农产物，如何增加工业中所需的农业原料的产量，一言以蔽之，是在农业生产的增加。在这要求之下就看到小农制的弊病。

小农制是中国农业技术不能改良的一个主要原因，在小农场上，不但现代利用动力的机器用不进，连耕牛都不能充分利用。技术不能改良，农民们要凭赤手赤足在田里劳作，农业里拖住了大量人口，农民的生活程度也终是在饥饿线上挣扎，那里还能希望农村有多余的粮食大批的向都市和前线输送，那里还能希望有大批的农田改种出口的作物和工业的原料。

因之，目前的农业政策必然要向如何扩大农场以减少农业里的劳工，如何提高农业的机械化，如何把农村人口吸收出来等方向打算。在

117

这些打算中，农田经营和所有的合一，不但不成了主要的目标，甚至会觉得这是农场扩大的障碍了！

"耕者有其田"本是防止土地权集中的一种对策，它是想以农田经营来限制农田所有，使农村经济不致受分配不均的累。可是农田经营和所有一旦合一，农田经营却也受了农田所有的限制。若是"经营农田的人必须是该田的所有者"，则农场的大小必然限于该家自有劳力所能耕种的面积，其面积必然很小。这样说来，"耕者有其田"不是成了提倡小农制的政策了么？这种政策也就不能适应抗战以来所发生的新需要了。

农田经营和所有分开了会发生分配不均的问题，农田经营和所有合并了又会发生生产限制的问题。究竟分好呢，还是合好呢？

## 三

在这个农田经营和所有分好还是合好的问题之下，我们对于"耕者有其田"的原则似乎需要一个新的解释，我们要使农田的所有不在大农场的需要下集中起来，而同时我们也要大农场能在农田所有不集中的条件下确立起来。分散所有，集合经营，能不能同时并进呢？

以我们过去的农村情况来说，农场的大小的确常受农田所有权分碎的限制。可是农田所有权集中了依旧没有产生大农场。我在上文所提到的租佃方式就是发生在集中所有和分散经营的方式上。一个连自己的田在什么地方都不知道的大地主，他不是农田的经营者，他虽则集中了农田所有，可是又分散了租给佃户们。每个佃户各自经营他们所租得的农田，分裂成不少的小农场。

农田所有权的集中并不会就发生大规模经营的农场。在云南农村中常有很多团体地主，好像氏族，村田等也是一个例子。他们很多人共同有了一块地，可是他们并不共同来经营它，而交给一个管事分别租给佃户。

为了要在经营上有大农场产生，我们决不能在农田所有集中上谋出路。而且我们也可以说，"耕者有其田"政策所针对的租佃制度也正是把已集中的所有权分散为小农场经营的机构。

所有权集中固然不一定会产生大规模的经营，可是我们得问，所有权分散了是否有发生集合经营的可能呢？我的回答是可能的。

在云南农村中所常见的"换工"制就〔是〕超越所有权界限集合劳作的方式。甲家在前一天帮乙家掼谷子，第二天乙家就帮甲家来掼。他们并不是各在各的农田上工作。再以江村的灌溉工作来说，集合经营的性质更是清楚。太湖流域的田是高出水平面的，每丘田要水时固然可以单独向河流里汲水，可是水太多时，一大片田一起淹着，不能单独排水，因之在排水时，全圩的农家得集合起来，在一个出口上，一同排水。在这上边发生了一个排水的组织，有条有理，有一定的规矩，有公认的裁制方法。（《江村经济》一七一——一七三页）在云南，农田上的水是靠水坝的管制和沟渠的疏导而得来的，于是靠同一条水沟来灌溉的农民并不能单独解决他个别农田上水的问题，他们一定得组织起来，集合经营。

以上这些例子是说明了，在我们原有的农田经营中的过程已有某些工作段落，因实际的需要，采取了集合的方式。同时亦说明了农田所有的分散并不一定会使经营分散。于是，我们可以说，分散所有和集合经营是可以并行推进的。

# 四

"耕者有其田"，依其字面解释，"经营农田的人就是该田的所有者"，其利在于防止大地主的产生，其弊则在鼓励小农经营。我们在需要大农场时，就不宜以所有来限制经营，使所有和经营合一，我们的理想是要使土地所有权能平均的分配于每一个人，而经营上则可以有宜于用最新技术的农场，这就是农田所有的分散和农田经营的集合并行发展。这一个原则应当在土地政策中特别加以注意。

《今日评论》第 5 卷第 6 期，1941 年，第 89—91 页

# 农民的离地

费孝通

## 一 被咒诅的"离地"

五六年前，关心农村的人，一听到"离地"两字，总是有些警[惊]心，正好像一个看护听到了病人"热度在上升"。当时"离地"真是个不祥的名词，因为它正表示着两种严重的农村经济的症候：土地权的集中和农民的离散。

农村金融恐慌的结果，使农民们不能不如饮鸩止渴一般以高利来吸收市镇资本的济急，农民所保有的土地权加速的向市镇输送，引起了地主的"离地"。地主的离地使农村里的人民普遍的佃户化，这辈佃户重重的压在地租和高利的榨取之下，劳作终年也不能避免妻儿的冻馁。他们既和土地脱离了"所有"的联系，生活的压迫，很容易把他们逼出农村，在农业之外另求他们安生主[立]命之道。人口从农业里流出来，农民的离地！

"农民的离地"背后不是在扮演着一出出惊心动魄的悲剧么？五六年前在沿海诸省农村里偶而去走走，就可以随手摘取无数可以写作小说的题材。譬如说我自己就亲身知道亲戚家的一个丫头是为了抵几十块钱的债而来的，她父亲死后没有钱送葬，她妈哭哭啼啼的向我亲戚借了那笔钱，不到一年，她的女儿就被拉出来了，她妈也离了乡下，不久就死

121

了。一个软心的人，决不宜去农村调查，因为那里这一类的事，早就被列入天灾一类太平常而又无法避免的祸事了。

"离地"被咒诅是活该！

过去谈"农村复兴"的人，也总忘不了这被咒诅的"离地"，我们见到不少防止这两种症候——土地权的集中和农民的离散的"热度上升"，好像用农村贷款来减轻农民金融上的煎熬，用二五减租来缓和地主的威力，用"耕者有其田"来限制土地权的流入长衫阶级的手上。没有问题的，这些全是"良法善政"，若是能认真做去，自可减少许多人间的悲剧，使传统的农业制度能维持得下，使那辈挤在土地上，在农业里讨生活的人能安心住在农村里，日出而作日入而息。

## 二 农民逃亡并没有减轻土地担负

若是住在村子里，天天看着农民们那种窘迫的苦况，谁也不能不为"恻隐之心"所动，进而觉得非赶快安定农村不成。可是让我们暂时闭一闭眼睛，从远处想一想，一切罪恶是否全能归在"离地"身上？

并没有在中国农村里住过的 R. H. Tawney 曾这样说："中国农村问题虽则千头万绪，其实却极为简单，一言以蔽之，是现有资源不够养活这一批挤在土地上的人。"若是他说得有理的话，我们似乎反而得奖励离地了。土地上挤得人太多，唯一的法子就在解放一些人到农业之外去，这不就是在我们咒诅中的"离地"，摇身一变而成了我们救星了么？

事实不是告诉我们几十年来农村人口离地并没有改善我们的农村窘态？这不是明白说单单"离地"是成不了救星么？于是我们得在这里追问一下，这辈从农村里流亡出去的人口到那里去了？他们是否因为离了农业，减轻了土地的担负？

陈翰笙先生最近在他的《三十年的中国农村》一文中（见《中国农村》七卷三期）曾回答这个问题。他说那一大批破产的农民，离村之后有下列几条出路："十年以前直鲁豫三省的农民蜂拥到东北的,每年达一百万。自第一次欧战直到世界经济恐慌开始,闽粤等省,破产的农民也成千成万的流亡到南洋一带去当苦力,许多没有出路无法迁移的破产者,不当土匪便投入军队,他们在军阀制度之下,渐渐失去了农民本来面目而同化于流氓性质的游民。"

这一段话,说明了离村的农民只有少数是在农业之外,我〔找〕到其他的生产事业。东北去的农民依旧在土地上求生活。他们离了甲地入了乙地,只在地域上换了个位置,没有在社会经济中换个职业。流亡到南洋去的有一部分固然转变了职业,确实离了地,可是和国内的经济,除了约略减少一些人口压力外,并没有多大贡献。离村的农民大部分还是走入军队。入了军队表面上是离了村,出了农业,但是军队本身并不出产什么,它依旧大部分取给于农村,苛捐杂税,敲诈勒索,一分一毫没有减轻土地的担负。只是减少了一部分土地上的劳动者,没有减少土地上的消费者。这样说来,过去农民的大批离散,并不是减轻土地担负的离地,他们的流亡反而增加了留在农田上那辈人口的经济压迫。

土地上一部分劳动者离地他去了,重重压迫下的农民,那里有余力和余资来改良他们农业的技术。技术未改,劳力减少,结果却发生了所谓"熟荒"——不是有可耕之田荒废了,就是因为劳力不足,农作流于粗放。农田产量,下降不已。

战前的"农民离地"确是该咒诅!

## 三 抗战后的转变

抗战在中国农村经济史上展开了一张新页。在农业之外,很快的加多了不少新的事业,兵役、运输、工业、建筑,随处都需要大量劳工。这批劳工大部分还得取之于农村。可是内地的农村中却供给不了这大批的需要,于是很多人又在为农民不肯离地而发愁了。

以兵役来说，以前几块钱就可以雇一个人去冲锋，去当内战的炮灰，以理推想，为民族争生存的战争开始了，兵役不该成问题了，但是在农村里住的人，和负有征兵责任的保甲长，一谈起兵役，没有不摇头。满墙满壁写着触目的标语，"好人当兵"，好人却还是不多。

当前的新工业正需要大量的劳工，可是到处可以听到招不到工的怨言，连街头巷口都贴着招工的广告，工资提高了，生产成本加高了，农村里的人依旧不向村外跑，即使为了要逃役而不能不离村的，大都还是从甲村到乙村，不肯离地。

这是什么原因呢？农村经济在抗战中苏转了。后方连年的丰收，农产物不断的涨价，三十年来压迫农民离村的力量消失了。在本乡有好好的饭吃，谁愿意自动离井背家的走入城市？新工业等待他们，可是他们不出来。"离地，到农业之外去！"成了目前急需的口号。

可是现在的离地和以前的离地的性质不同了，以前是农业之外没有生产事业来吸收那批农村里流亡出来的人口，跌入军阀的掌握，是从"生产"到"不生产"。现在是要转移一部分农田上的劳力到别的生产事业中去，这才是真的减轻土地所背着的重担，这才是根本解决千头万绪的农村问题的根本对策。

# 四　农村劳工的解放

要转移农田上的劳力到别的生产事业中去，问题就复杂了。以前农业之外很少其他生产事业，农民离地成了流寇；现在农业之外有了其他生产事业，可是农业的繁荣又不肯把劳工解放出来，新工业要想向农业争取劳力到处都逢着困难。这种困难的发生其实是因为新工业的设计没有和农业政策取得联络所致。

设计新工业的人时常忽略了和工业密切相关的广大农村。新工业需要原料，这些原料很多是要农民去培植的；新工业需要劳力，这些劳力是要向农业里争取的。若是要新工业成年，我们不能不同时在农业方面采取相配的步骤。稍知道一些工业史的人，不会忘记，英国工业的发展，得力于农业革命的地方，实在很大。换一句话说，若是我们尽力维持传统的农业，则新工业一定会受到很大的限制，这里我只从劳力上来申说。

要想在正常的方式中去吸收农业劳力到农业之外去，一定要先想法使农业所需的劳力减少。农业所需的劳力减少之后，农村就无需拖住中国百分之八十以上的人口，使他们半身插在泥里，动弹不得。这是说我们要农民离地，必需在农业的生产要素中，加以重新的配合——以资本来代替劳力。

以资本来代替劳力，就是减低劳力在生产要素中的地位，而增强资本在生产要素中的地位。让我举一个最浅显的例子来说明这句话的意义：若是你一早在农村的大路上去看，就能见到不少小孩在路上捡粪。这是以劳力去得到肥料的办法。若是我们有便宜的化学肥料可以大量的输入农村，使农民不值得费力去捡粪，在肥料上是以资本代替劳力。

"以资本代替劳力"，最重要的方式是"农业机械化"。机械就是资本，用了机械可以省下劳力，就是以资本代替了劳力。对于农业机械〔化〕的问题，已有很多人讨论过，在这里不必多说。苟其我们能在各种方面使农业里的劳力需要减低了，农村里才能有多余的人口送入都市。

"离地"在新局面中已不应再被咒诅了。可是要使农民在有利于国民经济的条件下离地，却还得我们统盘的筹划，还得我们把它作为今后农业政策之一，努力去促其实现。

# 增加生产与土地利用

费孝通

一

中国是个农业国，因之一切经济问题的打算，归根结底，总离不了土地。我们这一片土地已经养活了我们几千年的民族，到现在，我们还是没有法子减轻它的担负，敌人有大炮、飞机、坦克打来，我们得向这片土地讨取招架回击的东西。前线上留着几百万大军，都市里住看［着］比以前多了好几倍的人口，嗷嗷待哺，我们又要向土地讨取这一笔粮食。这一片老大的土地，还能应付我们愈来愈重的要求么？

一年多前吴景超先生对此很乐观地说："我们的主要粮食是稻米和小麦。我们现在每年虽然还有数百担的米谷进口，但这个数目如与我们自己的生产数囗（量）比较，真是微乎其微……即以推广良种一项而论，如积极进行，便可以增加产量百分之二十以上……假和［如］生产的技术进步，每亩的生产，可以增加一倍，那么种植粮食的土地，便应减少，以从事于别种经济作物的栽培。"（《我国农业政策的检讨》，《新经济》二卷十期）

当吴先生提出我们可以在谋粮食自给之后尚有余地足以栽培经济作物，换取外汇的时候，正是我们需要外汇来购取军火的日子，因之，普通都注意到增加经济作物的培植，粮食方面求足已够。

隔了半年多，经济作物培植的提倡似乎并没太满人意。而且渐渐觉得老大土地的担负力也不像我们所希望的那样大。汤佩松先生给了我们一些对于土地利用的具体估计。他说："中国的战前土地利用情形大约如下：在八大农业区内，食粮作物面积占百〔分〕之二十三，牧场面积占百分之五，森林面积占百分之九，特种作物面积占百分之四，未耕或荒地面积占百分之五十九。"又说："设若我们只就已耕面积来说，战前土地利用的分配比例是，食粮物产面积占百分之六十一，工业原料物产面积占百分之三十七，出口农产面积占百分之二。"又说："根据农学家的观察，在现在状态下，耕地面积不能再有若干的增加，但是如果现有的耕地能用适当方法处理同经营，农品的产量有增高百分之二十五的可能。"（《战后土地利用问题》，《新经济》三卷八期）这种口气已经不太响亮了，若是要靠百分之二的耕地面积来换取我们所需要的外汇，当有杯水舆薪之感。

## 二

可是问题更严重的，是我们用了百分之六十一的耕地面积来培植粮食作物，是否已达到自给程度？若根据战前的海关报告来说，粮食自给的资格还没有得到，因为每年还有从国外输入的米麦。当然，如吴景超先生所说，为数不多，而且即有粮食进口，并不一定表示我们粮食绝对的不能自给。若是运输不便，费用太贵，很可能有些地方在把谷子当燃料烧，另一地方在闹饥荒，要洋米美麦来救济。

因之让我们问一问，全国一年中一共能收多少食粮，若是能把这一批粮食平均分配，能养活多少人呢？我手边并没有详细的统计可以作根据，只能用主计处所发表二十二年的数目，若把已沦陷区域除外，有调查的有浙、闽、广、滇、湘、赣、鄂、川、陕、甘、豫等十一省，共中浙、广、鄂、豫省已有一半沦陷，故只能以半数计，这几省所产籼粳稻约有三万一千五百个五万公斤，糯稻约有一万三千五百个百万公斤，小麦约有八千个百万公斤，合起约有五万三千个百万公斤的米和麦。

据我们的估计，不论米或麦，每个壮丁每年约需二百公斤作食粮，上述这数目，应当可以供给二万万六千五百万个壮丁的所需。在上迄[述]几省中现有多少人口，我并不确实知道，二十二年左右，据主计处发表的数目（半沦陷省，以半数计），约二万万二百五十万人，近十年来人口自有增加，而且还要加上从沦陷区撤退到后方来的人口，可是总数大约不会超过三万万。这三万万人口中包括老弱妇孺，若折合成壮丁则决不能超二万万五千万的数目，因之，若是近年的农业出产并没有比二十二年低落，则后方的粮食应当是能自给的。可是我们在现有土地利用的分配上，至多也不过做到粮食自给而已，若要有剩余，则还得推广出产粮食的土地面积或是提高单位面积上的产额。扩充出产粮食土地面积，显然是和求增加输出农作物的政策相反的，所以我们注意的是在提高产额上打算来缩小粮食作物所占的土地，使它可以让出一些来腾作别用。

提高农产决不是一件短期间可以奏效的事，农学家虽说有提高产额百分之二十五的可能，可是没有说明要经过多少时候才能实现这可能性。□（有）些方面比较容易，好像害虫的扫除或减少。至于品种的选择和肥料的配合，都得要较长期的试验。而且农业是十分富于地方性的，每个地方都须从头做起，即便我们已有足够的人才，急功还是不成，何况，在人才上，并不见得足够呢。百分之二十五的增产，以现在来说，还只是一种安慰自己的目标罢了。

假定这百分之二十五增产可能性已经实现，若要出产现有的粮食，只要用现有耕地面积的百分之四十五来种米麦等作物已足，换一句话说，我们可以把原来种粮食的耕地中取出四分之一来改种其他作物。这片土地用来种什么呢？

若是从广义来说，粮食不只□（是）饭和面包，应当包括一切营养上的需要。所谓粮食自给不只是说每个人不挨饿，而是指每个人应得到适当的营养。汤佩松先生在上引那篇文章中曾说过中国农民的健康和营养有改进的必要。

据董时进先生的估计，中国人每年平均食肉量当不能超过十斤。（《食料与人口》五九页）我固然不知道从营养上讲，每人每年应吃多少肉？但依我在农村中的观察，一个不常吃肉的中等人家大约每人每年要吃四十斤。若是要使每个国民每年都有四十斤肉吃，我们就得扩大现有供给肉食畜类的土地面积四倍。其他如鸡蛋，如蔬菜，大都也是和肉食的情形相似。惟一的例外，也许是辣子，而辣子在营养上的贡献，还是问题。因之，若是我们为谋国民营养的健全，还得拨出一片土地来充这方面的应用。在稻作麦作等技术改良上所挖出来百分〔之〕十六的耕地面积也许全部用在提高营养上还不一定足够。

在工业原料物产方面，能不能匀一些土地出来用作种桐油等输出的农产呢？这里所谓工业原料大部分是棉花。吴景超先生说："棉花的产额，已由民国二十一年的四百九十万公担，增至二十五年的八百四十万公担，因此我们进口棉花，也由二十一年的二百二十万公担降至二十五年的四十万公担。可是那年我们出口的棉花也有三十六万八千余公担，可见那年我们的棉花，已能自给。"

据主计处所发表二十二年产棉量中。沦陷区除外，有徽、浙、湘、赣、鄂、陕、豫等七省（中有徽、浙、鄂、豫半为沦陷）共产棉一百五十个百万公斤，在这些省区内（沦陷者亦以半数计），共有一万万另九百万人，每人每年分不到一公斤半。

估计每人所需棉花量比粮食为困难，因为衣被耐用，没有办法时可以几年不添置，而且气候及社会地位等均影响每个人的消费量，可是每人只能有一〔公〕斤半的棉花似乎是不够的。以华北说，有一句俗语，一人每年得六斤花，才能过得过冬，即以气候没有很大变动的云南中部说，一个普通的农民，依我的估计至少要二公斤半棉花。所以除了比云南更温暖的地方，后方的棉花似乎尚没有达到自给的程度。产棉区的华北沦陷之后，工业原料所占的土地也决难再降低了。

# 三

德国要它的附庸国家恢复它们的农业，欧洲的工业集中到它自己的怀里。日本所希望的是棉花的华北、桑麻的吴越和稻米的安南，没有半个烟囱——这是个十分毒辣的手段，因为农业可以困住人，使他们得永远不过一个平庸的温饱。即在美国，什么可以用机器的都用了，可是在棉花田上，你却能找到成千成万的黑人，林肯解放了他们奴隶的名义，棉花田却还不曾宽恕他们奴隶的实质。至于那稻米，前途更是黯淡，阡陌纵横，沟渠如网，再加上烂污的泥，梯形的田，械器的应用似乎还不能想像。这是双手文化中最高的表现，它需要大量的人力，而能给人的却也不多过恢复为它而消灭的体力，和稻相配的活着，稻离不开人，人也离不开稻。

若是我们一定要求衣食的自给，我们就离不开稻，离不开棉花。不离开稻，不离开棉花，耕地中总得拨出百分之六十给粮食作物，百分之三十给纤维作物，这是个贫弱的象征。

董时进先生提出了一个很基本的问题，就是为什么我们一定要吃自己种出来的米，穿自己种出来的棉花。这些东西我们尽可向别人去买，只要我们念□（有）钱，而我们这片土地可以给我们充分的钱，若是我们不在粮食一定要自给上转念头。在他《中国农业政策》一书中，说了一句警语："中国农业的出路不是在使一担谷子的地面出两担谷，而是在使一块钱的地面出几块钱。"

不幸董先生把这意思提出不久，我们却碰着了二个逆转的势力：一是外债有了把握，一时不必亟于以农产品来换取外汇；一是米价高涨，似乎时有粮食不足的恐慌。这两个势力使我们又回到了扩大种植粮食作物的老路上去了。

若我们细心看看这个逆转的势力，就会使我们觉得维持或甚至增加粮食作物的土地面积，绝不是一个基本的打算，而且也救不得急。外债倒底还是有本有利的债，而且这笔债是用来买军事上的消耗品，不是用来生产的，这只增加了我们以后输出的担负，试问我们可以拿什么东西去输出，来回偿这笔债呢？去回这笔债也不知要什么时候才回得清。因之，我们得及早推广经济作物的土地面积。

当然，粮食问题这样严重之下，再说要减少粮食作物的土地面积，不是荒谬么？可是在政府能公布粮食产额和人口数字之前，我觉得确有理由相信粮食恐惧并不是出于粮食的绝对缺乏。若果真是粮食绝对缺乏，像日本一般，那我们决不能在扩大或维持粮食作物的面积上想法来应付这个问题，因为理由极简单，农业增产不比工业，决不是短期内可以见功的，米价的涨风也绝不会因秧田里多插了三几把秧而停止的，粮食问题的解决是在屯积的绝迹，洋米来源的开辟，和运输机□（构）的调整。在土地利用上打算是最末的末策，而且这正可因之使我们比较健全的农业政策受到意外的打击。

在此增产增粮闹得极响的时候，提出我上面一篇话也许是不太动听，可是〔作〕为基本的农业政策，如何去利用我们这片土地确实还是一个值得考虑的问题。

《当代评论》第 1 卷第 13 期，1941 年，第 183—185 页

# 论贫农购赎耕地

费孝通

吴文晖先生在本刊第十期发表了一篇《贫农购赎耕地问题》。他是因为今年四联总处通过了《三十年度中央信托局中国交通农民三银行农贷办法纲要》规定有"贫农购赎耕地贷款"一项，所以提出这问题来讨论。在他看来中国没有土地和有土地而太少的农民竟占总户数百分之六十八，所以我们得极力设法使他们得到土地，以实现"耕者有其田"。贫农购赎耕地贷款是扶植自耕农的良法，只是过去放款太少，不免有"杯水车薪"之感，他对现有贷款方法上虽有批评，但是使贫农得地的基本政策上并没发生问题。我却觉得这基本政策还有提出来检讨的余地，愿意略抒己见，以就正于农业经济学者。

我要提出来检讨的可以分为两方面：第一是贫农得到贷款购取土地之后是否能改善他的生活？第二是自耕农增加之后，农场是否要更小，小到不值得经营？最后我想说从另一方面也可以达到"耕者有其田"的目的，不是使现在耕田的都有田，而是使现在有田而不耕的人，都下田去耕种。

一

我完全同意吴先生所说中国没有土地和土地太少的农民为数太多，

这辈没有土地和土地太少的农民只有出卖劳力去当雇农，或租人家的土地耕种成为佃农，他们的生活程度极低，所以可以称作贫农。吴先生认为他们之所以贫是在没有土地权，若是他们都有了土地权，成了自耕农，他们生活就可以改善了。这其实还是成问题的。

先说佃农，吴先生反对无偿的没收地主的土地分配给农民，因之这辈没有土地权的佃农要得到土地权总得付一笔钱。这笔钱不论从那里借来，他总得从土地经营的利益中去划出来支付。假定贷款期为三十年，则每年得支付田价的三十分之一，也就是百分之三，若加上现定利息一分二，则每年得付出田价的百公〔分〕之十五。但是农业经营的利息有多少呢？我们曾在云南农村调查过这问题，我们的结论是农业利息（剩余利润除田价及成本）没有过一分三厘的，普通的农田只在七八厘左右，以这种付息的能力来担负一分五厘的利息是决难胜任。

吴先生也已经注意到这一点，所以说贷款期限应当加长，最好能和爱尔兰一般长到六十年以上，利息应当减低到如美国的三厘。这样每年农民只要支付田价的百分之四五，则农民还可以有一半的剩余利润作为维持生活之用。这自然比现在的情形实行的可能性大得多，可是我们现在财政的能力能否担负这种长期的放款，和这样低的利息呢？当然，我在这里用不着再去分析为什么我们的银行利息低不下来的原因，可是这是事实，不容我们否认。苟其放款利息能低到五厘，中国的金融全会改散〔善〕了。

假定我们有这希望，贷款期限加长，贷款利息减低了，可是还有一个基本问题在阻碍我们。那就是一个只能获取农业经营剩余利润一半的农民，一定得要有较大的农场才能单靠农业来维持生活，关于这一点我曾经根据禄村的材料计算过，依二十七年的物价。每工最好的田（三工合一亩）可以有十元的收入，减去四圆的成本，剩余利润是六圆，一半是三元。一家三口，每年要有一百三十五元的生活费才能维持一个过得过去的生活程度，他们非有四十五工田不成。若是自己劳作，每工田可以多获得三元的工资。即是这样也得二十三工田才能勉强过日子。有二十三工田以上的人家在禄村只占全村户数的百分之二十。换一句话说，要维持生活的话，单有土地权是不够的，还得有相当大的农场。这一点无论如何，□（是）做不到的，让我在下节里再讨论。

反过来看我们佃农如何，我们农村中的租额确是很高，普通是农产的一半左右，据吴先生的计算是合地价百分之十一左右的钱租。所谓农产的一半时常是指春收而言，在两熟田上，冬收通常是不付租的。所以佃农所得可以在全部农产的一半以上。即使如吴光生所说地价的百分之十一，已显而易见是比现在"低利"的农贷更低了。

说来是很可以使人奇怪的，现在没有人不承认田租太高，政府也已经试行过二五减租，可是在"贫农购赎耕地贷款"的办法中却会允许一分二厘的利息，这岂不是政府在和地主争利了么？而政府所要的竟会大过地主！这笔账我真不知应当如何算法了。

我们知道农业的收成常有升降的。佃农付租实额常是依实收成数而定。在我们江苏每年要规定实收成数。每逢荒年，可以由政府规定减租多少成。这种伸缩性在贷款付息上就不易得到，除非贷款期限可以在必要时拖长若干年；不然在荒年时，贷款买田的自耕农很可能还得另外出卖田地支付这笔利息了。

还有一点值得我们注意的就是田价不是固定的。若是现在有几百万的资本要投到土地里去，田价很可能涨起来。田价的上涨若比农产物价格的上涨为快时，农田利润还可以下跌，担负这笔债的"自耕农"又得冒这一层的风险。尤其是在运［这］货币贬值的年头，借了一大笔钱去买了田，在今后的六十年中要是货币价值有重行提高的时候，名义虽说是一分二厘的利息，实际可一直往上高升，结果出卖了田，也许还要赔一笔老本。

我在禄村就听见农民和我说得很透澈，"借钱盘田，愈盘愈穷"。这一点老农的经验是值得我们考虑的。

# 二

再说雇农。雇农是农村里最穷的人，大家都这样说，可是这句话在这几年就不然了。每天卖工的除了伙食外，可以有三元左右的收入，一个月净收九十一元，他比小地主和佃农强得多。雇工的所以穷和所以阔起来，全是在有没有卖工的机会。在劳力充斥的农村中，卖工的机会很少，一年在农田上只能做一半日子，另外一半日子，得在农业之外另求工作。这辈半失业的雇农自然是苦了，可是现在情形已不同，内地农村的劳力供给渐逐在减少中，农业工资提高得很快。而且在农业之外找工作也极方便，他们若是天天有工做，生活也就提高了。一个挑夫可以衔着一枝教授们想吸而吸不起的香烟。

这样说来，雇工的穷不穷并不是由于有没有土地权，而是决定于有没有工作机会。在人浮于事的时间，有土地权却是工作机会的保障，可以足以保障工作机会的却不止土地权一种，何况土地权要保障农民终年有工作做是不可能的，因为农业里并不能吸收整年的劳力供给。

若是使这辈雇工都有了土地不□（是）更好么？事实上却并不是这样，他们能得到很肥沃的田，那还好，若是分着的田土质不太好，他们所得很可能低于他以雇工身份所得的工资。我们知道在一块土质比较坏的土地上耕种，农业利润可以低到零，甚至农田上的所得可以付偿不了生产成本。可是这种土地还有人在耕，原因是农民自己的劳力是不计工资的，他们以降低自己的工资来减轻生产成本。这也可以说是以生活程度来争取耕种边际的办法。张子［之］毅先生在易村调查的报告上有下列的一段话："租种人家田的，如果在收入中要纳去租谷一半，再除去各项开支，则租种人所费的劳力，除膳食外的工资男工高至三角七分，低至无偿，女工高至二角二分，低至无偿，只有租顶好的田种，还可值得，租种坏田，简直是白费□（劳）力。但是替人家做工，除供

135

膳食外，男工工资五角，女工三角。"这表明雇农的工资可以高过□（有）坏田土劳作的佃农甚至地主。

单单从土地权的获得上显然是并不能解决佃农和雇农的生活程度，佃农若有较大的农场，雇农若有较多的工作机会，他们实得利益可以比有一块小小的土地大得多。

# 三

若比较现在有田和没有田的农民，不成问题的，前者生活较丰裕，可是没有田的，既不能一跃而成为有田者，若要借钱来变成有田者，他们的生活很可能比现在没有田的时候更苦。

即使假定现在没有田的可以不花代价的都成为有田者了，这时农村经济是否会比现在更好呢？事实也许并不这样乐观。我们一共有多少土地，更有多少农民？每个农民都有土地，结果每个人能有多少土地呢？多年前翁文灏先生曾有过一个统计说，中原区每人得六亩，扬子区每人得四亩七分，丘陵区及东南沿海区每人得十一亩，四川盆地每人得六亩半。若专就可以耕种土地论，他曾引 Baker 的估计说每个人分得的数目是，直隶四亩，江苏二亩半，广东一亩半，所以平均每个人大约只能得到三亩田地，这□（三）亩田地的所有权即使属于耕者，试问这些有田的耕者能维持什么样的生活？用饥饿来换取地主的身份，在我看来未免太不合算。

中国农民的贫穷，基本原因是有耕地太少，有没有耕地权还是次要问题。为中国农业前途着想的，没有不是为现在农场面积太狭发愁。不论从生产的增加或是为生计的提高上说，扩大农场面积应当是今后农业改善的一个主要目标。

希望读者不要误会我是在为地主辩护，□（我）完全和吴先生一般认为没有土地的农民是贫农，应当设法把他们的生活提高。同样我也觉得耕者没有田是件社会上不合理的事。可是要提高贫农生活，要耕者有其田，却不能只把既有土地设法分给既有耕者就了事。

若一看我们过去几十年以至现在的状况，农村里有土地的向外跑，没有土地的困守衣〔于〕乡下。有地离地，无地守地，于是造下了"贫农"的身分。当然，使这现象发生的原因很多，其中最重要的是贫农在农业里尚能贫而活，一离开农业连贫都没有资格了。这种情形现在快要过去了，都市兴起，工业在建设，农业之外亦要劳力，离开土地一样能生活，没有土地的人自然可以出来了。

工业建设一定要有个相配的农业革命，那就是说，我们一定要解放一部分农业里的人力到工业里去，现在工业里在感到人力缺乏，而农村里的确有□闲手的地主。地主可以闲手是因为农村里有没有土地的贫农情情愿愿替他劳作，假若他们离开了农村，则没有〔人〕卖工，也没有人愿意纳高租来当佃农，那时有土地的得下田耕种了，"贫者有其田"的目的不是一样达到了么？

因此，我们解决贫农的出路，不一定在土地。这也是一条出路。要进工业，非使他们离开土地不成。这一点意见也许可供研究"农佃购赎耕地"问题者的参考。

《当代评论》第 1 卷第 20 期，1941 年，第 299—301 页

# 云南田赋征实与农民负担

谷　苞

## 一　征实前的云南田赋

现下云南境内主要的县份，均已清丈完竣，其所未办理清丈者，仅是一些粮担较少夷民众多的区域。本省办理清丈创始于民国十八年，唯大规模有计划的全省分期清丈，则在民国二十年开始。以前，省内各县田赋征收的情形至为紊乱，非特负担的轻重有失公允，即田赋的名称也至繁杂，如云南省农林调查所载，在清丈前省内开远玉溪两县田赋的名称有三种，马龙县有四种，至禄丰县则竟有八种之多。自清丈以后，即废除了以前的各种征收办法。根据当时田地价格的高低，分别定入三等九则，均照统一的税则征收，至是全省赋政始由紊乱庞杂而进于整齐划一。

本文欲以成工县为例说明近十年来云南省田赋征收的实际情形，虽所言仅限于一县，然全省情形既系划一，故举一例亦可代表其余。成工县系于民国二十年办理清丈，二十一年清丈完毕，便开始遵照云南省财政厅征收耕地税章程征收。在征收实物以前，即由民国二十一年至二十九年，本省田赋的征收，可以很显然的分为两个时期，由二十一年至二十八年为征收滇币时期，在此时期的田赋征收均以现金为准，现金一元等于旧滇票五元，等于国币五角。二十九年为征收国币时期，复修正以前税则，将滇币改征国币。兹分述如下。

A. 征收滇币时期。征收滇币时期前后共有八年，其征收的办法，系完全遵照云南财政厅征收耕地税章程，兹将该章程对于三等九则的划分及划分的标准与税则列表如后。

**第一表　云南省田地等则评定的标准及税则表**

| 等则名称 | 评定等则的标准（每亩所值现金数） | 税则（现金） |
|---|---|---|
| 上等上则 | 在一百五十元以上者 | 三角 |
| 上等中则 | 一百二十元以上不满一百五十元者 | 二角四分 |
| 上等下则 | 九十元以上不满一百二十元者 | 一角八分 |
| 中等上则 | 七十元以上不满九十元者 | 一角四分 |
| 中等中则 | 五十五元以上不满七十元者 | 一角一分 |
| 中等下则 | 四十元以上不满五十五元者 | 八分 |
| 下等上则 | 二十五元以上不满四十元者 | 五分 |
| 下等中则 | 十五元以上不满二十五元者 | 三分 |
| 下等下则 | 不满十五元者 | 一分 |

上表所列税则仅田地正赋，并未将附加计算在内。清丈后开征的第一年即二十一年无附加；由二十二年至二十七年六年中，团务附加为正赋的倍半，即原来正赋为一元者，附加一元五角；至二十八年除正赋增加一倍外，团务附加仍为正赋原额的倍半，另外又附加乡公所自治经费倍半，即较二十二年至二十七年，正赋与附加均增加一倍。

从上表里使我们可以见到两个要点，第一关于等则划分的标准，系完全根据于地价，此法之施用，显然有下列诸种困难：（1）田地的转移向极迟缓，在评定等则时很难判断其真正的价格，难免不发生过与不及的现象；（2）省内各地田地买卖的需求不一，实际上应列入同等则之田地，因需求的不同田价即有轩轾，以故虽同样之田地在甲乙二地即定入不同的等则，自然难称公允；（3）以地价规定等则，按等则抽收田赋，是否各等则的田价税则与农产的利润成适当的比例，乡人对税则的啧啧烦言，很能表示其尚未达完善的境界。第二，关于税则的厘定，上等田地每亩每降低一则，即递减六分，即上上则田赋为现金三角（即上等上则之简称，以下同此），上中则为二角四分，上下则为一角八分。中等田地每亩每降低一则，其田赋即递减三分，即中上则一角四分，中中则一角一分，中下则八分。至于下等田地则每降低一则，其田赋即递减二分，即下上则五分，下中则三分，下下则一分。是故上、中、下三等田地田赋之递减率之比为6：3：2，至于上、中、下三等田地田赋负担之比例为24：11：3，意即上等田地田赋之负担二，一九倍于中等田地，八倍于下等田地。至于两极端上上则与下下则之比则直为30：1，即上上则田赋之负担三十倍于下下则。此种负担上悬殊的差异，究属合理与否，笔者不敢忘［妄］下断语，唯一般农夫对此种现象多表示不能满意。乡下人常好拿耕地税的多寡表示个人的贫富，有一次我在某村保公所翻阅耕地归户册，发现在我身旁的两位乡下朋友，甲的耕地税为现金五元五角左右，乙的则为七元左右，从表面看起来好像乙的田产较为富有，实际上甲的田产几倍于乙者，因为甲的田产多为下等，故耕地税虽少而实际上却较为富有。

B. 征收国币时期。云南田赋征收国币只民国二十九年一年，由滇币改征国币，我们觉得有三点应该特别注意：（1）税则的增加；（2）各等则税则的增加并非按照同一的比例，因之各等则间田赋的负担，在比例上顿起了变化；（3）在征收滇币时期除二十一年外，附加均为正赋的一倍半，自改征国币后正赋虽提高，附加却大见减轻，仅有百分之三的中心小学开办费，而且此种附加并非全省普遍皆有，故在下表并未列入，亦毋容详述，至一二两点之详情如下表所示。

### 第二表　由滇币改征国币田赋增加情形表

| 等则 | 征收滇币数（现金元） | 征收国币数（法币元） | 征国币后正赋增加倍数 | | 将附加计入后增加倍数 | |
|---|---|---|---|---|---|---|
| | | | 二一一二七年 | 二八年 | 二一一二七年 | 二八年 |
| 上上则 | ○·三○ | 一·五○ | 一○ | 五 | 四二 | 二 |
| 上中则 | ○·二四 | 一·二○ | 一○ | 五 | 四 | 二 |
| 上下则 | ○·一八 | ○·九○ | 一○ | 五 | 四 | 二 |
| 中上则 | ○·一四 | ○·七○ | 一○ | 五 | 四 | 二 |
| 中中则 | ○·一一 | ○·六○ | 一一 | 五·五 | 四·三五 | 二·一八 |
| 中下则 | ○·○八 | ○·四○ | 一○ | 五 | 四 | 二 |
| 下上则 | ○·○五 | ○·三○ | 一二 | 六 | 四·八 | 二·四 |
| 下中则 | ○·○三 | ○·二○ | 一三·三 | 六·七 | 五·二 | 二·六○ |
| 下下则 | ○·○一 | ○·一○ | 二○ | 一○ | 八·○○ | 四 |

由滇币改征国币后，税则的增加为一极显明的事实，若只算正赋不计附加，改征国币后较之二一至二七年，最高者为下下则计增加二十倍，下中则增加十三·三倍，下上则增加十二倍，中中则增加十一倍，余均增加十倍。改征国币后较之二十八年其增加倍数各等则均恰为二一至二七年倍数之半，若将附加与正赋合并计算，则改征国币后较之二一至二七年，下下则增高八倍，下中则、下上则、中中则增加五·二、四·八、四·三五倍不等，余均增加四倍，与二十八年相较，其增加倍数亦为二一至二七年倍数之半。即下下则增加四倍，下中则、下上则、中中则为二·六、二·四、二·一六倍不等，余五则均增加二倍。

总之，由滇币改征国币后，税则已有普遍的增加，唯此种增加并非依照同一的比例，其增加在比例上系以下等田地为重，此种增加的结果，使各等则田赋负担的距离趋于缩短，在征收滇币时期同面□上上则与下下则田赋负担的比例为30：1，而在改征国币后其比例变为15：1，二者田赋负担的距离缩短了一半。笔者上文中曾言，在征收滇币时期，各等则田赋负担似太悬殊，改征国币后将其距离缩短，考其用意，或即是为了补救这个缺点。

## 二　田赋征实与农民负担

依照中央规定，田赋征实系依二十九〔年〕耕地税正赋与附加，每元国币征收稻谷二公斗。云南实际情形与此稍有出入，一则二十九年云南始由滇币改征国币，并无通行全省的附加，成工县虽有中心小学开办费附加百分之三，因系一县单独措置，故征实时并未计入；再则中央规定每元国币征收稻谷二公斗，本省经呈准中央，实际仅征收原额的百分之六十，即每元国币征收稻谷一公斗二升。依此标准折算，则上上则每亩应纳稻稻〔谷〕一公斗八升，上中则一公斗四升四合，上下则一公斗零八合，中中则七升二合，中下则四升八合，下上则三升六合，下中则二升四合，下下则一升二合，其折算系依国币，故各等则间田赋负担的比例仍如征收国币时期。征实后将应纳的稻谷数依照新谷登场时的价格折合为钱数，以与征收滇币及国币时期比较，则较征收滇币时期钱数增高了六六〔倍〕、四倍（如依目前市价则两种倍数均再须加倍），然此种增加并不足以说明农民负担相对的加重，亦不足以表示农民负担的真实情况。欲计算田赋负担的真实情况，比较可靠的方法，则是将征实前正赋与附加的钱数折算为稻谷，以与征实后应征稻谷的数目相较。笔者在应用此方法时，先调查成工县最近十年来的米价，此种米价均系新〇登场时价格，所以然者一则为求划一，再则此时米价的变动较少。唯征实系征谷而非征米，笔者又按照三十年每斗米与稻谷价格的比例为120：54，再将米折合为谷，以作比较由二十一年至二十八年米的平均价格，每成工升为旧滇币九元三角八分，折合国币六角三分八厘，二十九年的米价每成工升为国币六元，三十年每成工升为国币十二元。（成工升一升折合公升六升零九勺八抄）由二十一至二十八年，田赋正额与附加的负担，平均各等则每亩为现金一角二分七厘，折合国币六分四厘，依各年平均价格，可购稻谷升二合二勺，折合公升一升三合四勺一抄。现在既然我们晓得上中下各等则的田地，征实后每亩平均应纳稻谷公升七升八合七勺，则以一升三合四勺一抄除七升八合七勺得五·八七，意即田赋改征实物后成工县农民的负担较诸征收滇币时期增高了五·七〔八〕八〔七〕倍，又二十九年田赋征收国币时期各等则平均每亩田赋的负担为国证六角五分五厘，若以当时的市价购买稻谷，可得成工升二合二勺九抄，折合公升一升三合九勺六抄，以之除七升八合七勺则得五·六四，意即田赋改征实物后较诸征收国币时期增高了五·六四倍，在这里我们很可以看出，由滇币改征国币，在表面钱数上各等则田赋增加了好几倍，但是农民实际的负担并无重大的变化。

现在我们既然明白了征实以后较诸征收滇币时期，增高了五·八七倍，较诸征收国币时期增高了五·六四倍，然而这样的负担，究竟占农田生的〔产〕产〔的〕百分之几，明白了这点才可以明白<的>农民负担的实际情况，是以甚关重要。成工县农田作物均为两伐，上伐大多数为蚕豆，下伐为稻谷。兹以此二种作物为准分别计算上、中、下三等田地之收获数量，及征实所占收获量的百分比详如下表。

**第三表　田赋征实占每亩全年总量收获的百分比表**

| 田地等级 | 下伐收入谷数（公斗） | 上伐收入蚕数（公斗） | 蚕豆折合谷数（公斗） | 总收入（公斗） | 征实占总收获百分比 |
|---|---|---|---|---|---|
| 上 | 四八·七八 | 四八·七八 | 五四·一九 | 一〇二·九七 | 一·四〇 |
| 中 | 四二·六九 | 三六·五九 | 四〇·六六 | 八三·三五 | 〇·八二 |
| 下 | 三〇·四九 | 一八·二九 | 二〇·三二 | 五〇·八一 | 〇·四七 |

从上表看来，田赋的征实物后，云南农民的负担虽较以前加重了五倍多，但是从征实所占总收获百分比看来，并不算高，因为上等田地田赋的负担仅及总收获的百分之一·四五，中等田地只占百分之〇·八

二，下等田地只占百分之〇・四七。上中下三等田地之平均负担则只百分之〇・九，而且笔者所调查的是成工县某区还是比较缺水的区域，如依费孝通先生在省内禄丰县的调查，其农田的生产要比成工县高出一倍，其田赋对总收获的百分比亦可减低一半，至于张子［之］毅先生在易门县的调查，则与成工县的情形大致仿佛。吴景超先出［生］在《新经济》六卷一期《田赋改征实物》一文中告诉我们，四川省田赋征实后农民负担约占农田生产的二十分之一，如此说来，则云南的负担似乎仅及四川省的五分之一了。

## 三　额外的负担

上文所述，成工县田赋负担尚不及农田生产的百分之一，然实际上农民的负担，却超过此数，这种负担我们统名之日［曰］额外的负担。

a. 加征。在法令上省府规定，根据二十九年的田赋每元国币征收稻谷一公斗二升，然而在实际上大多数村子征收时均超过此数。田赋征实的法定机构，在县为县田赋管理处，县以下则□（联）合二三乡镇成立经征分处，人民直接向经征分处缴纳稻谷，本县虽每乡均设有经征分处，然实际上并未负经收的责任，实际的经收者则为各村的保长及经征员，以故各村各自为政，弊端百出。本来耕地税一元国币，缴成工升二升谷子尚有余数，但是据我所知许多村子竟收到二升五合，较之原额多出四分之一，然而保长与经征员何以竟敢公然加征哩？这也并不是没有原因。第一，成工县所属各村田赋若按耕地归户册依法征收，绝难征足额数，因为"错乱岔花"的缘故，往往将一块田地划入了甲乙两村，在两村的归户册上均有其田赋，变成了一块田地两重田赋的现象，实际上地主只出一份，于是另一份田赋落了空。第二，成工县属各村大致均有公产，如田地山林等，此种公产田赋，向由全村分担，譬如在我所调查甲村共有耕地税四二七元，此种错乱岔花与公产负担计十元余，约为耕地税的四十五分之一。乙村耕地税共为三三七元，错乱岔花与公产的负担计七元四角，约为耕地税的四十五分之一，经征人员如不加征，则势难收足定额，变实办法只有加征，一经加征，便变成了保长与经征员浮收舞弊的根据。

b. 加凑。每块田地耕地税的金额，往往很少是整数，按照乡间的惯例，为了计算上的方便，见有厘数即加凑为分，如乙村有一农民计有田地十四丘，其中有一丘为中中则计一亩零五厘，按一亩零五厘应纳之田赋金额为现金一角八分九厘，即加凑为二角，此种数目初看起来似乎无关紧要，但对于农民的负担实际上有相当的加重。该农民有四十四丘，便须加凑十四次，至四十四丘之田赋加为总数时，又须加凑一次，至收谷子时尾数如为三四合即加凑〔为〕半升，如为八九合即加凑为一升，故凑加的次数便等于田地的丘数加二。十四丘田便须加凑十六次。如依实数该农民耕地税的现金总额为三元二角四分六厘，一经加凑则变为了三元三角六分，二者相差为现金一角一分四厘，即凑数较实敷〔数〕多出了百分之三·五。至于该农民耕地税的国币数理应依照亩积计算应为国币十六元三角八分，但是该村系依现金凑数折算国币，于是该农民的耕地税便变为了十七元二角四分九厘，较实际上应有的负担加多了八角六分九厘，意即该农民的负担在加凑下加重了百分之五·三。

c. 折合。上文已屡次提到云南在征实前田赋的征收，有两个时期，即征收滇币时期与征收国币时期，征收滇币时期计有八年，而征收国币只二十九年一年，在各村耕地归户册上，田赋的金额只记载现金，并无国币与稻谷的数目。于是改征实物后，便须经过一番折合手续，其一般村子折合的办法，系根据用滇币改征国币后各等则田赋各别增加的倍数，乘原来现金的额数，即得国币数（详见第二表，各等则各别增加的倍数系政府所公布），然后再按一元国币征收稻谷一公斗二升的标准，折合为谷数。然而成工县通用的升斗，并非公斗而系成工升，故又须将公斗折合为成工升，在这套复杂的折合系里里，吃亏的自然是农民，兹以乙村某农民为例。该农民应有之耕地税为国币十六元三角八分，应纳稻谷一公石五合六勺，唯按照乙村的折算应纳国币十七元二角四分九厘，乙村每元国币征收稻谷成工升二升三合，折合公升一斗四升另三抄，较之应纳稻谷多纳四公斗五升四合，即较应有的负担加重了百分之二三。以上各数字均为笔者以乙村之归户册为根据，用乡间流行之惯例所计算。实际的数目尚不止此，乙村某农民多纳的谷子四公斗五升四合四勺，只折合成工升七升四合五勺。实际上该农民却付出了成工升九升谷子，折合公升五公斗四升八合八勺，占应纳总数百分的三五·八〇，意即在加征、加凑与折合下，该农〔民〕的额外负担，占应有负担的三分之一强。

《新经济》第 6 卷第 11 期，1941 年，第 282—287 页

# 农村劳力的利用

费孝通

如何充分利用农村劳力以增加生产是我们中国经济建设过程中必须解决的一个实际问题。可是在设计动员农村劳力方案之前，我们一定得先明了现在农村中劳力利用的情形。本文即将根据我们在云南省禄丰县的一个农村中（以后称作禄村）实地调查的结果，[①] 分析当地劳力利用的情形，也许对于实际问题的解决能有一些助益。

## 一　农业里的忙闲

农田上的劳力〔工〕作并不能完全由人自由支配的。人在农田上所做的工作不过是帮助农作物得到充分生长的机会。农作物的生长过程直接受气候的控制，人不能在普通情形下，改变农作物的植物周期性，他只能利用天时培养农作物来获取农产物罢了。因之，农业里所需的劳力，在时间上的分配，时常不能平均，农村中有田忙和农闲不同的时期。

我们可以禄村的稻作为例，播种有一定的时期，早播了，天气太

---

① 作者此次调查系中英庚款津贴科学工作的一部分，实地工作时更得到李君有义，张君之毅，及张君宗颖的襄助，他们的工作有一部分是受云南大学和中国农民银行的资助。调查时间为民国二十七年十一月初至十二月底二十八年八〔七〕月初至七〔八〕月初止。全部材料将在作者之《禄村农田》及张君宗颖之禄村亲属和经济两书发表。

冷，秧长不成只糟蹋了种子。普通年份，禄村要到惊蛰之后才开始播种。可是在特殊情形下，好像今年（二十八年），气候转暖得迟，二月初八（阴历）下的种，全都坏了，到了二月二十八（阴历）又得重播一次。业农的人性急不得，性急了会受损失。从播种到秧熟又有一定的时间，在禄村约六十天。插秧之前，田里得有一番预备：挖土、上肥、放水犁、耙……这些工作全得在插秧之前做毕。插秧之后，人的劳作一步一步都得和稻的生长过程相配合。插秧后十五天得开始耘稻。耘得动，稻长得好，一次，二次，三次，收获的数量也加多。可是到了立秋左右，稻花开过开始结实，不必再耘了，没有耘的也只能随它去了。前后有六十天。从插秧起到成熟。早稻要一百二十天，迟稻要一百四十天。谷子熟了，不去收割，风打雨击，他们种的又系"掉谷"，谷子跟着狼藉在田里，只能当肥料用。今年我们在禄村时，正值发大水，下了有一个星期的雨，早稻熟在田里，不能收割；雨停了去看看泥混着粒粒的谷子，损失了有十分之一的收成。

上述的一段话说明了农田上一步一步的工作都有一定的期限，早不得，迟亦不得。种田不像织布，织布的随时可以停机休息。事情忙停两天，货催得紧，赶个夜工，织出来的布还是一样。种田的却不能。揠苗助长固然不可；坐失农时，更是犯忌。他的忙闲被他所种植的农作物所规定了。农作物的生长期既然有一定，受着气候的支配，农夫们的或劳或闲也间接被气候所决定，自由不得。

禄村的稻作从播谷到收获不过一百八十天到二百天。农民若单种稻，他们一年中就有近半年没有工作可做了。以田来说，也有半年的闲空，不长农作物。这样可说是人地两闲。禄村农民有不愿让农田休息的，有一部分可以用来种豆。可是豆不像稻一般时常要人耕耘；开了豆沟，点了豆种，就可以让它自生自长，至多不过在需要水时，开开沟，不要水时，撇撇水。一直要到播种之后，才去收豆，这时候得忙一下。种豆人家，果然使田地不得闲了，可是人却依旧有很长的农闲期。

在稻作生长的二百天中，一个农民是否能每天有工做，还是问题。假如他只耕一工田①□，播种之后，只要费一天可以把豆子割好，两天可以把豆子打好，再费四天把田挖好，一天上肥，半天犁田耙田，就可以插秧了。一共不过八天半。可是秧却要六十天才熟，所以他把农田预备好了之后，有五十一天，田里无工可做。秧熟了连运连插，二天就可以完事，可是还得等十五天才能开始耘田。从这时起到稻结实有四十五天，耘三次也不过四天多些。整整有四十天的空闲。结实到收割又得空六十天。两天就可把一工田的谷子掼尽。开一天豆沟，点一天豆，田里事已告一段落到明年再来了。

这样说来，一个人所耕农田面积愈小则农闲期愈长。但是究竟一个人要耕多少工田才能尽量用他在农作期间所有的劳力呢？这问题却比较复杂，因为禄村的农作中男女是分工的。有些农作是男子做的，有些是女子做的，好像插秧是女工，拔秧运秧是男工。男女在农作中所担任的工作不但项目不同而且劳力总量亦不相等。女的较男的在农田上工作的日子较多，依我们估计是十和八之比。因之，有些时候，男的忙，女的闲；有些时候，女的忙，男的闲。男女分工虽则有时逾越，但大体上是遵守的，好像耘稻是女子的事，虽则据我们亲见的，也有男子参加，约占百分之二十。在计算农民可耕面积时最好以合作的一男一女为单位。

若是一对男女只在自己的农场上工作，不去帮人，也不请工，因为农作各段所需劳力不同，他们可耕的面积，是决定于最忙段落中可耕的面积。在较闲的段落中，劳力依旧不能充分利用。农作期间最忙的段落

---

① 农田面积以当地所通用的单位"工"来计算，但是每工田的绝对面积并不相等。我们曾抽样丈量，平均约在 250 方公尺左右。当地制以三工为一亩，约 720 方公尺。据云南省农村调查附录，载有昆明、禄丰两县当地亩折合公亩 7.011（每工亩合 100 方公尺），此数与我们所得平均数□相近。一市亩合 656.6 方公尺，则一市亩约等于 2.6 当地工。

是从豆熟到插秧前止，一共约有三十天到六十天的时期。假定他种播得迟，豆收得早（豆在清明前熟，插秧从立夏开始至芒种止），有六十天可以从事于收豆和整理农田的工作。他们若有十工田的农场，在这段落中，女的一定得帮着男的上肥，不然男子已经忙不过来（因为在这段落中，每工田需女工 3，男工或女工 1，男工 5.5）。耕十工田，插秧时，他们得做十天工，休息五天，女的开始耘田，一共要费四十天。耘田期女的有三十天的空闲，男的一直要到收谷才有工做。收谷前女的又有三十天闲空。稻熟了，费十五天（以每工田需男工 1.5 计算）已经足够。再费十天点豆（以每工需女工 1 计算），农事方面只剩了背草堆草等杂务。因之，要充分利用农期间的劳力，一定要扩大各个人在每节农作活动中耕种面积，使他们劳作的范围不只限于自己所有的农场。在这里我们见到了利用农期参差性来拉长农作时间及增加各个人耕种面积的换工办法。

## 二　利用农期 ［参］ 差性以<参>减少农闲

虽说农作有一定的期限，可是期限有相当伸缩的时间。以播谷论，最早不能在惊蛰之前，最迟不能过清明，在惊蛰和清明之间，在普通情形下，天天可以播谷的。因之，各家个别的农作日历可以参差不齐。靠了这农期的参差性，各家可以换工。譬如有甲乙两家，甲家惊蛰播谷，秧熟时是立夏，乙家清明播谷，秧熟时是芒种。当甲家插秧时，乙家正闲着，可以来甲家帮忙；乙家插秧时，甲家又闲了，可以来乙家帮忙。这样甲乙家从个人工作机会说是增加了，从可耕面积说是扩大了。

各家个别农作日历的参差程度视农作物的性质和当地当年气候而定。譬如今年气候转暖得迟，播种期不能从惊蛰开始，全村都在春分清明间播种，参差期减少了一半。农作物性质可以有迟早之别。同时播的谷，同时插的秧，早稻一百二十天成熟，迟稻一百四十天成熟，在收割时可以多二十天参差期。

依普通年份而论，禄村的情形如下：豆子在清明前后成熟，在清明后十多天都得收齐，因为这时秧田里已播了谷。豆收的早，则挖田等预备插秧的工作可以从容些，所以各家收豆的参差上下不出二十天。收豆是女子的工作，连打豆在内，每工田需三个人工，一个女子若充分利用这时期的劳力可以收完七工田的豆。女子收完豆，男子跟着就来挖田、放水、上肥、敲土代、犁、耙……每工田共需 6.5 人工，大部分是男工，女子只在必要时参加帮忙。这一段农作在插秧前一定要做完。插秧最迟不能过芒种，最早是立夏。男子拔秧、运秧，女子插秧。每工田，男女各一工。男子从挖田起到插完秧止，从清明到芒种一共六十天，一个男子可以做八工田。女子从立夏起到芒种止，一共三十天，可以插三十工田的秧。

耘田是从插秧后十五天起一直到立秋为止，可以有七十五天的参差期，每工要 4.3 女工。一个女子可以耘十七工田。割稻是从白露起到寒露止，早稻和迟稻的成熟期不同，加上稻熟之后可以在田里耽搁的日期，一共有三十天的参差期。每工需男工 1.5，女工 1。稻割完接着就点豆，可以点到立冬之前，又是三十天。每工需男半工，女一工。男女两人在这期内可以做三十工田。

为了使读者对照便利起见，附入一张农作日历表，并注明每节农作可能的参差期，所需人工的数目及男女分工的情形。至于编制这表时，所有种种技术上的问题，本文因篇幅关系不能详述，读者可参看《禄村农田》。有一定应当声明的就是表中所用气候系根据 *China Year Book*，1937 issue，pp. 37-39 所载昆明的温度和雨量。禄村较昆明为低，气候较暖。可惜没有当地气候记录，所以只能借昆明的记录来表示禄村气候大概的情形。

表 1

| 节气 | 气候（昆明） | | 农作物及劳动力<br>男工♂女工♀<br>男工或女工♀♂ |
| --- | --- | --- | --- |
| | 温度（℃） | 雨量（mm） | |
| 立春<br>雨水 | 10.9 | 20.5 | |
| 惊蛰<br>春分 | 14.2 | 23.1 | 参差三期十天｛播种♀♂<br>　　　割豆♀1　打豆♀2 |
| 清明<br>谷雨 | 17.5 | 33.1 | 挖田♂4　放水<br>砌埝子｝♂2/3 |
| 立夏<br>小满 | 19.3 | 111.0 | 上肥♀♂1<br>敲土伐♂2/3 |
| 芒种<br>夏至 | 19.4 | 207.5 | 参差期七十天｛参差三期十天｛拔秧 运秧｝♂1　　犁耙♂+牛1/4 |
| 小暑<br>大暑 | 20.0 | 261.4 | 插秧♀1 |
| | 19.9 | 246.9 | 耘三次♀4<br>剪稗子♀1/3 |
| 立秋<br>处暑<br>白露 | 18.1 | 158.3 | 参差三期十天｛割稻♀1 掼稻♂1（掼谷♂1/2）<br>晒谷♀♂<br>碾谷♀♂ |
| 秋分<br>寒露 | 15.8 | 75.6 | |
| 霜降<br>立冬 | 12.7 | 41.2 | 参差四期十天｛挖豆沟♂1/2、点豆♀1 |
| 小雪<br>大雪<br>冬至 | 9.9 | 7.2 | 背草<br>堆草｝♀♂1/2 |
| 小寒<br>大寒 | 9.2 | 5.2 | |
| | | | 合计 10.3♀　1.5♀♂　8.5♂ |

# 三　农村劳力有时不足有时过剩

从上节所述的情形看来，在农作各节中，各人可耕农田的面积并不相等的，若是以全村来说，假定人口数目不变，则一定会发生有时劳力不足，有时劳力过剩的现象。在禄村这现象是很明显的。

禄村人民可以从事于农田劳作的是从十二岁起到六十岁止。在这年龄组中，二十七年度一共有男 246 人，女 230 人；二十八年度一共有男 189 人，女 215 人。[①] 禄村人民所经营的农田一共有 2900 工，或 1116 市亩[②]。

禄村农田中有百分之七十是能种豆的，合计约 2000 工，每个女子能在收豆期间收七工田豆，则全村需 286 个好女子。挖田到插秧一节农作中，一个男子可做八工田，女子可插三十工田的秧，全村 2900 工农田上，需要男子 362 个，女子 97 个。耘田时节男子全不工作，每个女子可耘十九工田，全村要 152 个女子。割稻种豆期间，一对男女合做三十工田，可是有百分之三十的农田不种豆，所以全村只要 85 对男女。

每节农作中禄村劳力有余（+）或不足（-）的情形可列表如下。

表 2

| 农作活动 | 禄村所需劳工 | 有余或不足人工数 | |
| --- | --- | --- | --- |
| | | 二十七年 | 二十八年 |
| 收豆 | 女 286 | -56 | -71 |
| 整理农田及插秧 | 男 362 | -116 | -173 |
| | 女 97 | +133 | +118 |
| 耘田 | 女 152 | +78 | +63 |
| 收谷及种豆<男> | 男 85 | +161 | +101 |
| | 女 85 | +155 | +130 |

我们在这里是假定每个人都能充分利用农期参差性，尽量劳作而得到上表的估计。事实情形自然不能达到这个理想。有些禄村劳力应当自

---

① 关于人口数量，我们根据二十七年春季所清查的户口册及二十八年秋用生死及徙移数目加以修正的结果。

② 禄村人民所经营的农田比他们所占有的农田面积为广，因为他们有一部分经营的田是租来的，有一部分是团体地主的田。经营面积总数，根据所调查每家经营面积计算得来。

足的段落中，他们因为有一部分不劳作，及［即］大部分人得不到充分利用他们劳作的机会，会发生劳力不足的情形。

当禄村自有的劳力不足供给他们所经营的农田所需的劳力时，他们倚靠外来劳力的接济。据当地人民和我们说："三月里收豆时，外边来卖工的人数最多。耘田、掼谷子都有请外边工人的。十七八年时，卖工的多系鸡拉、中村一代的夷人（离禄村半天路程）。近年来马街（属罗次县）的汉人多了。早年在田里做工的三个里有二个是外边请来的，现在少了，还有一半罢。"

我们有见于外来劳力在禄村农作上的重要，所以在今年（二十八年）收谷时，特为这问题在田里实地调查。一共记录了三天：第一天有五家掼谷子，有 30 个女工，35 个男工，其中 9 个男工是外村的，占全数百分之十五。第二天有十家掼谷子，有 42 个女工，66 个男工，其中4 个女工 16 个男工，是外村的，占全数百分之十八。第三天，七家掼谷子，有 52 个女工，72 个男工，其中 9 个女工、24 个男工是外村的，占全数百分之二十六。今年因为公路铁路都需要劳工，所以禄村在收谷时，"雇不到工"成了家家发愁的问题。据上述数目，禄村还利用百分之二十左右外来劳力的接济。

禄村人民所以能经营既有农田面积是因为他们可以得到外来劳力的接济。今年我们看见的就有从盐兴、武定、罗次、广通，以至大理来的工人。他们中间大部分是自己种有农田的。因为禄村气候较暖，农时此［比］别地方早，好像今年（二十八年）禄丰在十月十五日左右谷子已经收完，而安宁和昆明一带到十一月初刚在开始收谷。依这样说来，外来劳〔力〕的接济还是根据农期参差性来利用劳力的原则，不同的，这是各地域间的参差，上节所论的是本村中各农场的参差。

若我们把上边依充分利用劳力时所估计禄村劳力不足的程度，和实际上所倚赖外来劳力的程度，相比较一下，有一点值得我们特别注意的就是后者比前者为多。譬如，依我们上节的分析，禄村在掼谷子时劳力是可以自足的，但是实际上今年还有百分〔之〕二十左右外来劳力的输入。这显明了禄村并没有充分利用可能供给的劳力。不但在农期里下田工作者得不到天天下田的机会，而且有些人根本就没有参加农作。农村里劳力利用的分配在社会上也是不平均的。

## 四　因土地制度而发生闲人和忙人

我们第一天到禄村，正值农闲时节，农田上看不到有人在工作。沿街蹲着好些农民，在暖洋洋的太阳下吸着烟管谈长说短。我们就在街心里和他们攀谈起来。远客到来，更添了一番热闹。相识不到几分钟的小学校长，坚邀我们去便饭，我们虽委婉谢绝了，可是心里却留着"丰年留客足鸡豚"的余味。

可是，同时在这小村的街上，不断的过着一群群的苦力，衣衫百结，面有饥邑〔色〕，垂着头，背负着一百多斤像石块般的盐巴，一步步踏上那高低不平的石板大道。"这些是背老盐的，从猴井到禄丰去，一天挣不了两块老滇票。"我们面前呈示着农村中的两种人，一种是农闲时不用劳作的，一种是农闲时依旧要劳作的。

后来，我们住久了，知道那些在农闲时可以蹲在街旁抽烟谈笑的，农忙也忙不着他们，至多在掼稻时，换个地方蹲蹲，不在街旁而在田岸上罢了。那辈农闲时背老盐的，农忙时忙得更凶。农民有闲忙之别，在禄村这界线也许是特别清楚。

我们若根据这社会上忙闲之别去推求这界线的基础，却见到了当地利用农田的社会方式。决定农村里劳力利用分配的不仅是农业的性质，而且，更直接的，是农业的社会结构，那普通所谓土地制度。实际上闲着的人，不是因为没有工作机会，而是因为握有土地所有权，即便不劳作，也能靠着不劳而获的部分来维持生活。他们既有此权利，于是有力无心的闲了起来。那些没有田的，除了卖工之外别无求生之法，才不得不尽量的出卖劳力以求一饱，这是没奈何。忙闲之别，刚划在有田和没有田的界线上。说一句笼统的话，这是有田可以不耕，无田不得不耕的情形，和我们耕者有其田的理想正是个相反的对照。

以我们第一次在禄村调查时所寄宿的那家房东来说罢。他家里不过有三十六工田，折合起来还不到十三亩。他年纪刚满四十，正是农作年龄中的人物。可是他穿着得整整齐齐，时常披着长袍。晚上九时上床，明晨九时起床。一个多月，我们没有见过他田里去照料过多少次。并不是因为他田里没有事，所以不必下田；他下沟的闲由［田］（不种豆的田），正该犁了，可是他自己不去，雇了个工人替他代劳。可巧那位佣工发生了事故，不能继续工作，他连找人也懒得去，没有犁的田，泡了水，过年再说。说他是例外罢，也许不错，因为他和其他稍有农田的人一比，已经可算是有数的勤俭人物了，不抽烟，不常赌博，而且还是基督教勉励会的会员，常去做礼拜。不如他的人多着。我们曾去拜访过一位退任的乡长，他躺在烟榻上，津津有味的和我们高谈农村穷困的情形。当然，我们不应苛责他，像他这样曾做过"官"，家里有六十多工田，年纪已近四十的长者，要他自己辛苦耕耘，似太不近人情。以禄村的青年来说，我们相识中有一位年纪只有二十五，家里有田五十工，人很勤俭，据说很能管家。当我们在乡的一个多月，他一共没有五六天空闲，可是他并不是忙着耕田，而是忙着在庙里替人家"吹洞经"和"讲圣谕"。这种工作已经继续了好几个月，因为那次祈免炸劫的大醮，在九月里已经开始，他在农闲时如此，在农忙时也如此。

他们和我们很坦白的说，有面子的人是不下田的，稍有几十工田的，谁无面子呢？"在田里做工，我们这里人都觉得害羞的。"又有一位五十多岁的老先生和我们说："我们兄弟五个，小时节，家境还好，有二百工田。谁也不做事，雇人种田，那时烟土又便宜，天天打牌，反正有饭吃，外边也不想去，什么行业都没有学。"

显然的，在禄村里有一部分人是不在农田上劳作的。耕田是一件苦事情，谁都这样和我们说，太阳这样凶，雨淋时更难受。劳作本身可以使工作者得到乐趣和安慰的说法，至少在禄村似乎是说不过去的。因之，能脱离劳作的，很少愿意受这种罪。有田的人才有脱离劳作的资格。

有田者可以脱离劳作的现象是发生在我们遵守着的一条法律原则上：依现行的法律，劳作并不是享受土地利益的必要条件；享受土地利益的是土地所有者，不论他自己劳作不劳作，他所有的权利是不受影响的。土地使用根据土地所有，不是土地所有根据土〔地〕使用。这个原则是很重要的，因为只有承认了所有权是使用权的基础，生产工具的所有者才可以自己不劳作而仍有权利来分享别人劳作的结果。

我们想从使用事实和所有权的对立上，来指明土地所有权可以脱离土地使用的由来。若是使用是所有权所必具的条件（就是耕者有其田的意思），那是在私有财产制度之下，土地所有权的分配，必直接受耕种技术的限制，一个人靠了他的体力及简单工具来耕种农田，他必然不能占用广大的面积，同时他若没有权利自由支配他耕种能力所不能及的地方，则这社区中劳力分配亦无从发生像禄村一般不平均的现象了。只有在一个承认个人可以私有生产工具，同时又允许他可以不事劳作而继续占有这些工具的法律制度下，土地分配和劳力分配才会向不平均的方向发展。

现有的法律虽则允许有田者可以不劳动而获取农田上的出产，但是要实现这有田者脱离劳作的情形，还要有一个经济条件，就是农田的出产能超过生产过程中劳力应得的工资和农业中必需消耗的资本。工资低，资本小，出产多，则雇工经营的地主所得的部分大。而且，一个地主要完全脱离劳作，他所有田的面积一定要相当的大，使农田上不劳而获的部分可以供给他生活上所有的需要。

以禄村情形来说，究竟要有多少工农田才有资格脱离劳作？二十七年冬季，我们曾调查当地农田收支约数，由此可以见到一个完全雇工经营地主每工田能得的利益。表中所有的农产品全以当时市价折合，（国币元为单位），以便比较。

**表 3**

| 收入 | | | | | | |
|---|---|---|---|---|---|---|
| | 上等田 | | 中等田 | | 下等田 | |
| 谷子 | 1 | 8.00 | 8 | 6.40 | 5 | 4.00 |
| 稻草 | 80 | 0.03 | 50 | 0.17 | 40 | 0.15 |
| 豆子 | 25 | 1.00 | 1.5 | 0.60 | 0.5 | 0.20 |
| 豆糖 | 5 | 6.30 | 3 | 0.18 | 1.5 | 0.09 |
| 毛豆 | 1 | 0.50 | 0.8 | 0.40 | 0.5 | 0.25 |
| | 10.10 | | 7.75 | | 4.69 | |

| 支出 | | | |
|---|---|---|---|
| 工资（全部劳作雇工经营） | 男工 8.5 | 每工 0.10 | 共 0.85 |
| | 男或女工 1.5 | 每工 0.075 | 共 0.11 |
| | 女工 10.3 | 每工 0.05 | 共 0.52 |
| | | | 1.48 |
| 工人伙食 | 男女平均每工每日约 8 分 | | 1.62 |
| 雇牛犁田 | | | 0.15 |
| 牛及工人伙食 | | | 0.05 |
| 种子 | 谷子一升 | 0.08 | 0.35 |
| | 豆子一升半 | 0.27 | |
| 肥料 | | | 0.24 |
| 工具折旧 | | | 0.10 |
| 耕地税及附加 | 每亩 0.45 | | 0.18 |
| | | | 4.17 |

依上表计算，上等田每工能有 5.93 元的利益，中等田有 3.58 元的利益，下等田有 0.52 元的利益。在禄村等［上］上［等］田约占三分之二，中等田约占三分之一，下等田为数很少。若是一家的生活费用最低限度是 86 元（详见《禄村农田》），想全靠雇工经营农田的利益来支付，得有上等田十五工或中等田二十五工，或上等田及中等各九工，合十八工。禄村私家所有田的分配如下。

表 4

| 所有田面积<br>（单位工） | 户数 | 百分数（%） | 所有田面积<br>（单位工） | 户数 | 百分数（%） |
|---|---|---|---|---|---|
| 0 | 38 | 31 | 31—35 | 1 | |
| 1—5 | 14 | | 36—40 | 7 | |
| 6—10 | 21 | | 41—45 | — | |
| 11—15 | 8 | | 46—50 | 5 | |
| 16—20 | 5 | 40 | 51—55 | — | |
| 21—25 | 3 | | 56—60 | 3 | |
| 26—30 | 15 | | 61—66 | 1 | 29 |

若是禄村的地主们愿意接受最低的生活程度，全部雇工经营，在农产之外别无收入，则有百分之二十九的人家可以脱离劳作。我们这里不过在以上的假定之下，说明有这可能性罢了。实际上每个假定都得加以相当的修正。好像他们不必全部雇工，因为家里的女子没有享受脱离劳作的权利，农产之外还可以有相当副业的收入，他们的生活程度时常较村内最低者为高。据当地人民的意见，有十五工农田的家长是可以不必亲自经常劳作了。

## 五　农业之外劳力的利用

有田的人可以靠农田上不劳而获的部分来维持生活；没有田的人若是在农业之外没有或很少出卖劳力的机会，则他不能不在农田上当佣工以求生活。在论到劳力供给之前，我们不能不先看一看农业之外劳力利用的情形。

禄村职业分化的情形，在这里不能详述，简单说来，只有三十二家经营农业之外的特殊职业，其中只有四家能靠专业过活，不必兼营农业。这四家是：一、兼卖鸦片的杂货店；二、豆腐店；三、招魂及占卦的女巫；四、算命的瞎子。

从农家所操的副业来说，有三大类：一、家畜；二、运输；三、经商。

家畜以喂猪为正宗，除了少数例外，每家都喂着两三条猪。养猪的性质是在利用农田上的副产好像米糠、豆糠等屑物，并不是利用农闲期间的劳力。我〔利〕用闲下的劳力来经营家畜的有养羊和喂鸭子。养羊是经常要个孩子招呼，禄村有两家养羊的。喂鸭子是短期的工作，收过谷子之后，买几百只小鸭，白天赶在田野里觅食，隔四十天就可以出卖。这四十天中，天天要一两个人赶着。禄村去年有三家喂了九百只鸭子。养羊和喂鸭都算不得重要的副业。

运输事业在禄村较为发达。有的是养牲口来驮运，有的是用人工来背运。禄村是在猴井到禄丰的大道上。猴井的出盐的地方，三天可以往返一次，所以运输的大宗是盐块。每天可得工资比农作上的工资大一倍。禄村一共有驮马及骡驴四十四匹。养牲口的有二十三家，都是比较富有的人家。牲口在农闲时可以赶出去背盐，四五匹牲口，用一人赶。从劳力利用上看，背运比较重要，可是这是件苦作，不是迫于生计的很少人愿意受这罪。在禄村时常去背盐的据说只有十几个男子，禄村女子出去背盐的我们还没有看见过。

经商是禄村人民很普通的副业。这地方的贸易制度最重要的是六天一次的市门，俗称“街子”。逢着赶街子那天，凡是有东西要出卖的，可以到街上去守着，等买客；要买东西的，也在这时候到街上去排他□要买的东西。一个人同时可以做卖主和买客。而且在一个较大区域中，常有几个轮流的重要街子；各个街子时期不相同。今天是甲地赶街，隔天是乙地赶街，再隔天是丙地赶街。主要的街子间相距有半天或一天路程。两地物价常有差额，好像，离禄村北六公里的中村比离禄村南一公里的县城猪价便宜四分之一，炭和柴便宜一半。所以一个稍有资本的人，就可以在甲街贩货到乙街来卖，不但在运输上可以利用他的劳力，而且还可以得到一些商业上的赢利。

## 六　农田上劳力的供给

禄村职业分化既不发达，近乎全体人民都是以农业为主要职业；家庭副业能吸收劳力的很少，即以驮运及经商论，依旧是以财产较多的地主们为主；没有田的人除了背运外，还是以帮工种田，或租田经营为主要谋生之道。这种说来本村中至少有一半之上的人家不能不利用劳力在农田上求生的了。

在农作中，我们已说过，还有大批的外来劳工。据说禄丰盆地是个有名的肥沃地方，所以能吸收大批外边生活较苦的人来劳作。我们虽没有确实的证据，但是从来苦力的穿着上可以想及盆地附近山地及邻县生活程度较禄村低落的情形。而且还有一点值得注意的就是禄村没有在农闲期到远地去帮工的，若两地生活程度没有很大的差别，大概不致如此。

外来劳工的大量供给是工资低落的一个重要的因素，而且外来劳工所得的工资虽则在数目上和本地劳工相同，但是每天可以多做三小时的工作。当地人民普遍都是吃了朝饭才上工，时间在九点左右，而外来的工人在朝饭前可以做一个早工，才回来吃饭，所以实际工资较低。乐用外来的人工在禄村是个明显的事实。

可是在外来劳工中，女工却很少，而且以工资来说，女工只有男工的一半。也许这是因为女子的工作比较轻松些，可是重要的原因是在本村女工的供给比男工多而且更便宜，便宜到除了饭食之外不需要工资。每家都有现存的女工，妇女在家庭里的地位不允许她们和她们父兄或丈夫一般享受闲暇的。

以我们亲见的例子来说罢，那位在烟榻上和我们高谈阔论的乡长，自己虽则从不下田，可是他的女儿不但在自己田里掼谷子时参加工作，而且天天出去换工。我们实地在田里查看了五天，天天遇见她在人家田上工作。当掼谷子的那节农忙时，除了一定要留在家里预备伙食者外，禄村的妇女可说全都动员了。这时候较长的女孩子们背着弟妹，代理母亲的职务，俨然像做主妇。

女子是农田劳作的中坚。这并不是偶然的，而且和我们上述有田可以不耕，无田不得不耕的原则相符，因为女子不是农田的所有者，普通很多以为农田是关于整个家庭团体的。这只是从享受农产物的一点说而已，若是进一步观察，这种看法并不和事实相切合。在不准用田产来陪嫁女儿的习惯下，女子没有直接握有土地所有权的机会。在家田产是父兄的，出嫁田产是夫家的。她在任何一家都是个没有田的人，甚至在她丈夫死后，儿子没有长大的过渡时期，她也不过是个暂时的保管者，不能自由支配所保管的田产，有出卖的必要时，必须得到夫家族里人的同意。儿子长大成人，她保管的资格就取消了，田产得交回丈夫的承继者。农田是依着父系世袭，是男人所有的东西，女人没有分的。

也许我们在这里应当说明的就是女子并不是因为没有享受财产权的缘故而得不到农田。在禄村女子是可以私有一部〔分〕财产的。我们常见房东的老太太把自己做针线得手的钱去贩卖谷子，儿子不得与分。房东的妻子也有她所买的东西，甚至他的女儿也在忙着为自己挣钱。各人有各人的"私房"，房东不能自由动用。房东的儿子寄信来向父亲要学费，向祖母要衣服。家庭间的经济组织并不能以"共产"两字简单的表达出来。只有把家庭间财产分配的情形弄清楚了才能了解他们分工合作的基础。依我们看来妇女成为农田上劳作的中坚是因为她们在家庭里是个无田者，她要在劳作上得到享受农产物的权利。取个媳妇等于雇一个不要工钱的佣工。这不但是我们第三者看法，也是当地人民对于婚姻功能的一种见解，因之，儿子只有十二三岁同他娶个十七八岁的媳妇是件很合理的事。

# 七　一个传统的经济态度

有便宜的劳工可以雇用，并不能单独成为地主们脱离劳作的理由。

雇工无论如何便宜，一天一个人总得付一角的工资，还要请他吃三顿饭，除非农田上解放出来的劳力能用之于其他更能挣钱的事业上去，他的总收入无论如何总得减少一部分，不如不雇工自己去劳作的收入为大。我们已见到禄村可以吸收劳力的生产事业，除了农业，并不多；即使有的话，好像背运等，也大多是那辈没有田的人在农闲期所干的营生。那辈不下田的地主们，在我们看来，在农作里省下来的劳力并没有在生产事业上加以利用，差不多全白费在烟榻上，赌桌上，街头巷口的闲谈中，城里茶馆中……他们既不做别的挣钱的事，农忙时一样闲，何以一定要去雇工劳作，一面付工资，一面自己闲着呢？他们要是自己去劳作，这笔工资不是可以省下了么？

若是说他们不会打算，或是不作经济的打算，在我们看来，也不尽然，可是他们打算时所采取的方向也许和一辈受过西洋现代经济影响的人不同罢了。我们在这里不妨分析一下这种宁愿少得，不愿劳作的基本精神。本来，经济一词是极难加以定义的，因为这是相关于当时当地的人生态度。十九世纪以来，西洋论经济者大多以"最少痛苦来换取最大快感"作为个人经济打算的基本原则。依这种快乐主义者的假定来说，人生来有种种欲望，欲望的满足是快感；可是要得到快感，人们得有用来满足欲望的东西。这套东西不是全能毫不费力的直接取之自然，而常是要费一番手脚，加以搜集和改造，才能发生效用。在这创造效用过程中，我们得忍受一些痛苦。快感是要以痛苦来换取的。经济就是如何以最少痛苦来换取最大快感的打算。每个人都这样打算，相互间合作来达到这目的而发生经济行为；行为所循的方式固定化而成经济制度，造成一个社会秩序。

依这种说法，人类行为可以很明白的分为两类：一是忍受现在的痛苦来创造将来可以享受的效用，一是享受的本身。前者是生产，后者是消费。不但在经济学中可以分章讲来，而且在现代都市中的人，也可以此来把周日和周末，工厂里和海边上分成各成段落的两部分，一是痛苦的生活，一是享乐的生活，甚至于我可以相信他们周日工厂里的劳作的目的是在得到享受周末海边上迷人的一刹。他们为了要追求人生的快乐，所以愿意在尘器中受罪。

一个人若把欲望看作快感的导线，和把人生的意义放在追求最大的快感中，他势必让欲望加速的推进，而他依赖于外界来满足欲望的地方也因之愈来愈扩大，他需要支配外界的能力也愈来愈增加。他愈想享乐，增加消费，愈须生产，耐苦劳作。

快感的憧憬，痛苦的忍受，在这种经济逻辑上一搭配，很容易在时间上把两者愈拉愈远，远过于一个人的寿命，远过于普通常识所能保证的限度，甚至远过于寻常人世可以出现的机会。结果，很可能一个人耐了一世的苦，没有享受着半点尘世之福。于是独具慧眼的 Sombart Max Weber 以及 Tawney 发觉了西洋现代资本主义的基础是深深的筑在中世纪以下的宗教精神上。那种把利润作为经济机构的枢纽，作为企业的目的，作为人生的意义，本身是充满着宗教色彩，忘却了人本的结果。靠了这种宗教的信仰，他们在尘世之外，另设天堂，把忍苦和享乐两端用肉身的死亡来作分界。今生是苦，来世是乐。于是今生只要从事不以消费为目的的生产再生产，有上帝来保证永久的最上的无穷乐土。快乐主义和苦修主义在这里携了手。

从人本主义的立场来看，这种态度似乎太迂了。他们把追求的目的，远远的推到了渺茫之境，把原来的手段看成了目的，生产是增加一物满足人欲望的能力，这能力一定要和消费者发生关系之后才出现。所以生产本身是以消费为不可缺的完全条件，效用并不是物的内性而是和消费者的关系。若是辛苦一年，田里的谷子给一阵大水淌了去，几十天的劳作是白受罪，没有生产什么；即使谷子收起了，藏在仓房里腐烂了，吃不得，正和给大水淌去一般。为生产而生产是说不通的，因为一项劳作的结果，若没有消费者去享用它，不能说是产物，可能是件没有用的东西。为生产而生产是为上帝积财富，不是为人民积财富。资本主义的基本态度是宗教性的，因为它叫人为利润而活动，不是叫人为享受而生产。难怪人本主义的罗素对于这带着三分狂态的资本主义，不能不热烈的赞颂闲暇，奉劝"善良青年，无所事事"，一个人何苦永远为不会实现的快感，磨难终身呢？

我们若觉得上述资本主义的经济态度似乎不很"合理"，这是因为我们自己不能体会一个从清教徒的教义转变出来的人生态度。梁漱溟毕竟是中国人，他对于这辈遑遑终日、席不暇暖的西洋企业家为上帝积财富，依资产负债对照表上利润的字数来决定整千整万工人的得业或失业，不能不莫测高深的断然说，"此路不通"。同样的，有一位刚在英国吃了三年面包回国的朋友，听见我说起在易门调查时，出双倍价钱，雇不到挑夫，原因是在他们愿意在茶馆里闲坐的故事，直嚷"要不得"。那知道，天下并不止一种"合理"的经济打算，不止一种推动经济行为的态度，不止一种可以通行的经济制度。我们立定在一个立场上说话，自然所见皆非，唯我独是。若能解脱个别立场，则自能是人之是，非人之非了。我们要分析的是这些不同的打算，不同的态度，所处的情境，然后去了解它们，去欣赏他们。

欲望的满足不一定要看作快感的源泉，若说这种行为的目的是在避免痛苦，也一样可以言之成理的。吃饭可以说是避免饥饿的痛苦。我们辛苦耕耘，不过是以较少的痛苦来避免较大的痛苦。这种态度引着人们注意到欲望本身，若是欲望本身可以减少，则人们为免除痛苦而发生种种辛苦劳作自可减少，这也是一种经济打算。

这种从欲望入手来作经济打算的态度也可以领人到迂阔的极端。既把人生看成了痛苦的源泉，则愈退愈后，清心寡欲，节衣缩食，还嫌不够，可以涅槃出世，把此臭皮囊一拼〔并〕不要。当然这种澈底的经济办法比了为〔为了〕上帝积财富更难为一般人所接受。可是这种在节流方面作经济考虑以免开源时所得忍受的痛苦，却是我们在禄村所常见到，同时，从我们看来，这是禄村经济制度中重要的精神部分。

禄村的宦六爷要掼谷子，和他三十多岁的儿子说："明天你不要去街上，帮着掼一天谷子罢。"他的儿子却这样回答："掼一天谷子，不过三毛钱，我一天不抽香烟，不是就省出来了么。"第二天，他一朝去城里闲混。他父亲请了个帮工在田里工作。至于他那天是否没有抽香烟，我固然不知道，可是他既雇了人代劳，总得在别地方省出三毛钱的花费，那是一定的。在他觉得以减少消费来作为避免劳作的理由很能成立，别人听来也觉得没有问题。普通多说，"多赚钱，也不过多费"，意思是多费钱并不见得比少费钱好，可是多费力却不如少费力。

我们若在他们生活的情境中去体悉，也会同意他们那种宁可稍稍挨一点饿，免得在烈日暴雨中受半天罪的打算是很合理的。在一个生产工具简单的农村中，农田上的劳作里身体上要忍受的痛苦是太明显了。禄村农作活动中除了犁田和耙田两节之外，全凭人力，好像插秧、拔秧、耘田，任何工具都不用，完全靠肉体的手脚，割稻、掼稻虽则有镰刀和木床，但是这些并不能减少体力的劳动。在农作中血汗并不是譬喻，而是事实。我们在乡下，带了些红药水，要教我们的人真多。我们在田里看他们掼谷子，当时就见到有腿上流着鲜血而继续在工作的人。说他们身体是铁打的，不怕痛，那是文人的笔墨，凡是父母生的，谁不能辨别痛苦和安逸！在这种生产技术之下，要他们尽量生产，尽量消费是常人所不能想象的。在一个机器生产的社会中，生产过程中的痛苦，减少到使人做完工，可以即把痛苦遗忘来娱乐场中寻快活的程度时，上帝才有信徒为他积财富。

当然，我们还得注意的就是为生产而生产，不为享乐而生产，虽然是资本主义经济的基本原则，可是这也并不是在资本主义下劳动者的信条，而只是控制这制度的企业家的精神。这辈脱离劳动的人才会走上非人本主义的极端上去。在农村中，不劳作的地主们离开劳作的经验还没有太远，他们刚爬出这必需以血汗来换取米粮的水平，他们是不容易了解：离开享乐，生产是有价值的。

农民们真想享乐罢，事实上也困难。且不说招惹人眼，有碍安全；他能得到的享乐品也很有限。在一个交通不方便，离开自足自给的经济没有太远的农村中，就是基本日用品的供给还有时发生问题。我有一次到离公路线不过七八十里的一个小村子里去，这是刚逢大水过后，当地蔬菜给沙盖没之后，这几个月里，出了大价钱也不容易买到除花生之外的菜蔬。必要时，得隔六天，走上四十里到一个最近的街子上去买。这自然是特别情形，可是内地的农村中有钱要买享乐品也成问题，却是很普遍的，在这种情形中，至少是很容易使人，少劳作，少消费，空着时间，悠悠自得，无所事事的消遣过去。像禄村一类的农村，不但以全村讲自足自给的程度很高；以个人讲自足自得的味儿也很浓。他们不想在消费上充实人生，而似乎想消遣中了此一生。

从减少消费上打算来减少劳作是有个限度的。人的欲望固然可以伸缩，但是，除非毁灭生命，一个人机体的生存，总是有一定得满足的需要。需要和欲望不同，有它客观的存在。所以人尽管厌恶劳作，在机体需要的压迫之下，他还是不得不接受这人生中不可避免的痛苦。这里有一个基本的经济打算，就是一个人愿意受多少痛苦，得到那一种生活程度，才自己以为满足。这个知足的界限把那一部小地主们划出在劳动圈子之外。他们愿意生活苦一些，不愿意下田劳作，只有了那些逃不了生活压力的人，没奈何来从事劳作，从整个农村来说，一般的生活都迁就在近于最低的程度上。

## 八　农村劳力的动员

若是要简单的说出农村劳动问题症结所在，也许是在分配不平均的一点上：农作上有农忙和农闲的区别，社会上有〔忙〕人和闲人的区别，两性上，有忙女和闲男的区别。结果在农作上发生了有时缺少劳

力，有时旷费劳力；在社会上有田可以不耕，无田不得不耕；在家庭里
女子做牛马，男子享闲福等种种现象。我们希望以上简单的分析已能说
明了上述的种种问题。接着在这最后的一节里可以讨论一下动员农村劳
力可能的路线。

在禄村一类的农村中，劳力最浪费的是那辈不下田的小地主。至于
那辈没有田的，不但农忙时要劳作，在农闲时也得卖工。以去年（二十
七年）的情形来说，当农忙时帮一天工男子可以在伙食之外得到一角工
钱。假使一年二百天的农作期天天有<有>工做，他一共不过得到二十
元的国币。在农闲时，他若不出去做工，一百六十天一共要吃 90 公斤
的米，合 240 市斤，或当地四斗八升米。当时市价，共值十二元。即使
没有人要靠他养活，他也不过有八元剩余来应付他其他的需要。这个数
目无论如何是不够的。今年（二十八年）工资涨到了三角，比去年高
了三倍，米价由 3.5 元一斗涨到 6 元一斗[①]，高了 2.4 倍，实际工资比
去年为高，但是其他日常〔支〕出生活必需品却涨至三倍之上，好像
猪肉一斤由一角八涨至七角，糖一盒从五分涨到二角。从这方面讲他维
持生活所需的费用却更大了。

这辈人在农闲期非卖工不成，所以可以说是准备动员的队伍。他们
在农闲期不做工是因为没有工做，农村中若是有新的生产事业添加进
去，甚至在农村之外有新的生产事业发展，这一批劳力是很容易吸收出
来的。他们没有一定要住在农村里的理由，到处是一样卖工，那里可以
说是故乡？

过去一年中就发生了这辈无田劳工脱离农田的趋势。滇缅铁路的路
线刚经过禄丰，筑路过程中需要大量劳力，不但吸收了禄村自有的一部
分劳力，（在收谷前，禄村每天有三四十人去作工）而且减少了禄村外
来劳力的接济。和修铁路同样重要的是过去二年的征兵。直接被征出去
的，禄村有十九人（其中退役一人，逃役二人），避役而出外的人数更

---

①　最近物价变动得很大，这里所引的市价是据二十八年十月初的记录。

多，结果使我们在禄村不容易见到年轻的男子了。农田上劳力准备量的减低是极明显的。在过去一年中禄村原有单身卖工的男女减少了十几个，征出去的加在里面，总在三十人之上，外来劳工的数目，以收谷期说比往年减少了一倍。

劳力供给的锐减，强迫一辈往年不下田的人下田劳作了。这是我们在禄村调查时最感兴趣的一个题目。如［譬］譬［如］我们熟悉的张大舅，在收谷前四五天，还是想和往年一般把工作包给人家去做。张大妈到邻村去找工，我们跟她一路去，可是讲了半天价，相差太远，没有讲成。隔天他不能不亲自出马了。在田里，我们见他也赤了脚在那里工作，可是没有多久，就拉着我们回村，他不愿意在我们面前丢脸。晚上他又来，很起劲的说，家里来了两个猴井背盐的人，他不用再在田里"应景"了。第二天，他在退住［任］的乡长家里打了半天牌，又在我们房里白话，到晚上才回去。

我们的房东整天发急没有人掼谷子。我们问他"你怎不自己去掼"，"吓，我们这种人，骨头坏了，不用现世，弄得酸痛也做不得多少"。一天晚上我们和他一同到家卖工的教友家里去。他硬要给定钱，而那位教友偏不受，事情可麻烦了。回来又在着急。当我离开禄村时，他还没有解决谁去收他田里的谷子。

又像那位保长，到掼谷子时，一个工也没有请得，只能和他妻子和女儿三个人下田。往年不下田，雇工经营的今年可苦了。不是自己得去受受罪，也得操几天心。这明白告诉我们，劳力供给的减少，硬硬的把一辈有闲阶级拖下田去了。我们这样想，要是农村劳力继续的吸收去，有一天可以在小地主充塞的禄村达到"耕者有其田"的境界。

农村劳力在动员了，可是在一个劳力有时缺乏，有时过剩的农业社区中，能吸收到村外去的劳力，总是有个限度的。现在大量劳力由农村外流固然可以解决一部分社会上劳力分配的不平均，但是依旧不能对付在农业中所发生时间上的忙闲。若是要有效的利用农作漏缝中旷费的劳力，决不是把劳力整批吸收出去所能达到。简单的说来，除非在农村本身有和农业相配的生产事业，才有充分利用农村劳力的希望。关于这一点我们将留在将来再讨论了。

《社会科学学报》第 1 期，1941 年，第 119—138 页

# 村落与保的编制

谷　苞

　　我国农家大部分都是聚村而居，每个农民们聚居的村落，均自成为一个关系甚为紧密的社区。安土重迁的观念与农田收入的微薄，使农民们宁肯忍受经济生活的困苦，而不愿，同时也无力离开自己的本土，去另觅新的发展。土地与他们的关系，就如同土地与他们手植的作物的关系一样。父而子，子而孙，这样一代代的传了下来，一代代的又被土地紧紧拉住，一生一世被关在一个小天地里来讨求生活。因此深厚的历史传统，使这些世代居住在一起的农家，大家彼此间都披上了一套同族、亲属、乡党、友谊等的关系。他们都主要是以农为生，农田操作有时忙，有时闲，闲时大家都无事，忙时各家专靠自己的力量，往往又忙不过来，于是互助的需要便很大，这情形表现得最清楚的，便是在乡村中流行的换工制度。伦理的关系与互助的需要，处处加深彼此间的亲密程度。既然一个村落由这种关系的许多农家组合而成，大家生活在一起便有许多属于公共的事务，例如水沟水塘道路桥梁的兴建修理与保管，村学的兴办与神灵的祀奉以及村内秩序的维持与政令的推行。为了推行这些公共的事务，便需要一个负责的机构。据笔者个人和许多位同事的调查，在云南境内是一种颇为普遍的村铺或村牌的组织，来担当这种任务。有一定的人选负责公共事务的推行，并且有一定的公产作为推行这些事务的费用，因此我们认为一个村落，并不是住在一地彼此漠不相关的许多农家，而实在是一个关系甚为密切的生活团体。

保的编制依照二十五年国府公布的县自治法，是"十户为甲，十甲为保"，依照二十八年所公布的新县制，则是"保之编制以十甲为原则，不得少于六甲多于十五甲"，"甲之编制以十户为原则，不得少于六户多于十五户"。因此我们看出保的编制有两个特点：（一）以户数为依据；（二）在可能范围内力求整齐划一。如果农家住所分布的情形，都像散漫的遍布在天空中的星斗一样，而且彼此在生活上也没有特别的关连，那么问题便很简单，想编成怎样都可以做到，可是我们已经说过，我国农家大部都是聚村而居，每个村落都形成了一个地缘性的生活团体，保的编制使生活团体的村与行政单位的保处处碰头。由于水利土壤地势以及历史等的关系，使各村落居住的农家众寡悬殊，大的村落可以多到数百户至千余户，而小的村落则仅数十户乃至数户。由于村落的大小过分轩轾，在法定的限度内实际上作不到一村一保的地步，有些村落编为一保户数不够，有些村落编为一保又嫌大〔太〕多，于是村保之间便发生了一个极其复杂的关系，使保的构成产生了下列五种型态：（一）一村单一构成一保；（二）两个以上独立的小村联合构成一保；（三）一大村及其子村联合构成一保；（四）一大村编为一保户数太多，编为两保又感不足，于是便编为了一保零几甲，将所余几甲并入他村另组一保；（五）一大村分编为两个以上的保。

这五种型态的保，并不是逻辑上可能的推论，而实根据于笔者在云南省呈贡县的实地调查。第一种型态的保，在区划上保与村落是合而为一的，保的编制只不过在村落的旧组织上加上了一件外衣，所以村保之间的问题最少。第二种型态的保，是由两个以上的村落组合而成。这种型态的保，本身具有行政上与经济上的两重困难，在行政方面最先便碰到保长人选的产生问题。保长如果由某一个村落选出，则其他的村落便要出而〔面〕反对；集合各村村民在一起开会选举或由各村轮流选举，则事实上又做不到。纵或可以做得到，困难依旧存在，因为在时间上村落的由来已久，而现行保甲制度的推行则仅十几个年头。先入为主，在一般村人们的心目中，对保的热忱自然比较对村落为冷淡，而且自从编查保甲以来，保的编制的本身又曾经过数度的巨变。编在一保内的各村，地域上的隔离与传统的势力使行政上增加许多困难。如果保长是甲村人，在甲村推行保政自然比较容易，如果到乙村去推行，便有许多的隔阂，使他处处要感觉棘手了。

呈贡县为了解决这种困难，便产生了一套变通的办法。笔者曾经调查过的某乡共有十三保，其中有三保是由两个独立的村落构成，选举保长时由较大的一村选出一正保长，由较小的一村选出一副保长，这样一来，则每个法定的保便变成了两个实际活动的保，正副保长每人□（独）当一村，分疆而治，彼此互不侵犯。十三保中有两个保均系由三个独立的村落构成，选举保长时由其中最大的一村选出一正保长，余二村均各选出一副保长。这种保便有三个保长，变成了三国分治的局面。乡公所对付这种型态的保，一有事故便直接与各村的保长办理交涉，因为只同正保长交涉，则正保长又须转达各村的副保长一次，一转手之劳，就会贻误要公。而且由正保长转达各村的副保长，又未必能够使各村的副保长接受。这种型态的保，村保之间形成了合而复分的局面。除了上述行政上的原因以外，还有一个经济上的原因，便是公产与负担的问题，各村有各村的公产，多寡不等，保没有能力对之加以统筹。保既然没有能力把握各村的公产，便没有能力能继替传统的机构举办全保的自治事务。譬如依照法规上的规定，各保应举办保国民学校，但是这种型态的保，保没有这种能力，保国民学校在甲村，乙村的人不愿意，设在乙村，甲村的人又不愿意，自然难得希望各村分担学款，其结局便是一个村落一所学校。再从负担上讲起来，保内各村财富与壮丁的数目各不相同，以往为了负担分配的问题，各村间纠葛时起。为了免除此种不时发生的纠葛，于是对于兵役与捐税负担的标准，各村间均定有一定的比例而且都在乡公所立了案，虽然如此，争端仍在所难免。时人多主张以经济的关系加强保甲机构，在此处经济的关系，却反使保的编制多了一重障碍。

第三种型态的保。它与第二种型态的保所发生的问题大致仿佛，惟有一点很不相同，在这种型态的保里，大村与子村间的户数众寡悬殊，依惯例只有大村可以选举保长，保长的人选子村无权过问，由大村选出保长常依势在负担上欺凌子村。保内各村间敌视的心情，以这种型态的保表现得最为深刻。

第四种型态的保。在某乡十三保中有两保是属于此种型态，这两保是由甲乙两村组合而成，甲村有十八甲，乙村有八甲（均十五户为一甲）。甲村自编为一保外尚余三甲，将所余三甲划归乙村另编一保，保长各村各选，与保无关，甲村编余的三甲，它虽与乙村同属一保，但在平时它与乙村毫无关系，只有在临时摊款与兵役的负担上，替乙村分担一部，甲村的水利公产与集会，它都有权参与。而乙村的人，不能问津甲村的事，同时它也不过问乙村的事。这三甲的人与乙村在负担上有一个适当的比例，因为有甲村作后盾，还不致吃亏，所以两村间利害的关系与第三种型态的保不同。

至于第五种型态的保，与以上的四种型态有一很大的差别，以上四种型态都是一个保包括一个或一个以上的村落，而此种型态的保，则是一个村落包括两个以上的保。在呈贡县有一个最大的村落共有七百六十多户，经编成四保，所以在这个村落里共有正副保长八人，各保均不能作到分疆而治，实际全村等于一个大保，编为四保选出八个保长是由于法规上的限制，保的编制把全村划为了四部，全村公共活动如祭神，公共利益如公产水利等，却又使四保在实际活动上变成了一个大保。而推行这个大保保政的保长，并不是选出来装点门面的八位保长，实际的权柄却操在就中一两个人的手里。

上述五种型态的保，除了第一种型态的保以外，其余四种型态的保，法定的保是一回事，实际活动的行政单位，又是一回事，法定与实际的不相符合，全是由于村落从中作梗。第二、三、四种型态的保，是以一个法定的行政单位来结合一个以上的地缘性的生活团体，第五种型态的保则是以两个以上的行政单位来划分开一个地缘性的生活团体，这两种企图，据我们的观察，并没有完成，更没有达到增进行政效率的目的。为了行政组织上的相当整齐划一，我们不惜将各别的村落东拼西凑，或者将一个村落手脚肢解，以冀保的编制相当的整齐划一，合乎法令上的规定。然而各别的村落组成的保，在实际的活动中它们又偷偷的分了家，由一个村落划分出来的两个以上的保，在实际活动中又暗暗的实行妍度，依常识的判断，合而复分与分而复合，真不如当初干脆就不分不合，反可省却一番手脚，分而复合据我们所见还没什么大影响，我们不愿多费笔墨。至于合而复分的事实，有它实际上的困难，我们已于上文论及，既然明知道合拢不起来，为什么硬要合在一起，然后又束手听其分离？究竟要何苦多此一举？

这问题据我所想可分两方面来讲，一方面有许多户数过少的村落，非与他村联合自然无法单独编为一保，这种过小村落的联合组保，困难自然是在所难免。但这是出于事实上的无可奈何，我们认为也值得在忍受中去谋克服，因为一个良好的政治制度的推行，并不仅在于它能全部迁就各别的政治环境，同时也要有一个远大的政治理想，为了这个政治理想的实现，而忍受一时的苦痛，自然也无可非议。另外一方面，本来有许多较大的村落，当初就不应该与他村联合组保。依照新县制的规定，甲的编制可以由六户至十五户，保的编制可以由六甲到十五甲，因此在理论上，最大的保可以拥有二百二十五户，最小的保则可仅有三十户，这中间的伸缩性不能说是不大，在这种规定下我们看见许多村落真不必与他村联合，便可单独组保，为保甲制度消去无限磨难。其所以不这样做的缘故，主要是由于负责推行保甲制度的人，他们误将行政单位与负担单位混为一谈，他们有一个错误的观念，很想将各保划为一个负担能力大致相等的单位，以便在兵役及捐税的摊派上，责令各保等量负担，手续较为简便，这样一来在人民方面也都希望自己所属的保尽可能编大，在负担上才不致吃亏。由二十五年公布的县自治法中的"十甲为保"，到二十八年所公布的新县制中规定的"保之编制以十甲为原则"，在立法上这是一个极大的改革，如果我们能充分利用这个改革，我们便可使保甲制度免却许多磨难，熟知立法者的美意竟为执行者的无知摧毁殆尽。保是一个行政上的单位，不应使它与负担单位混为一谈。因为保的编制主要的依据是户数，户数相同的保，并不一定有相同的财富，也不一定有相同的壮丁，所以对于捐税与兵役的负担，断不能令其同样的担负，何况每个保的户数绝难达到相同的地步。明乎此，行政单位与负担单位应划分开来，乃是一个极其明显的道理，分开后保甲制度中行政区划的问题，便可少受许多苦恼。

总结起我的话来，现行保甲制度的推行，在行政区划的划分上，使村保之间，排演着离合的悲剧。这幕悲剧的演出，是种因于村落的大小悬殊，做不到一村一保的地步，这固然是无法完全避免的，但是又因为误将行政单位与负担单位混为一谈，于是更加添了许多不必有的困难，因此为了健全保甲机构，我们认为这是一个急待调整的问题。

《新经济》第 7 卷第 12 期，1942 年，第 237—240 页

# 论保甲与行政效率

谷　苞

提高行政效率这是近年来一个很响亮的口号。行政效率的应该提高，自然是万分的必需，不过一提到行政效率大家都只把眼光放在一个"快"字上面，这实在是一个很严重的误解。这两年来笔者从事于乡村行政的实地调查，今愿就县级以下的情形陈其利弊。在报章上我们时常看见到许多位县长因为对于某项政令推行得快而得到了省府的嘉奖，又看见各县县长对于所属的乡镇保甲长也采用着同样的办法，于是由县府而乡镇而保甲对于一切政令的推行，均以快来竞争，"要快"在行政上就变成了一种风气。这种风气的造成，利弊兼有，利在许多要政的推行大体都能遵限办完，弊在造成了一种重结果轻程序的局面。

本来区乡镇保甲（以下简称保甲）具有两种任务：一为推行上级政府的委办事项，一为办理本团体内的自治事项。前者为义务行政，后者为自治行政。由于我国政治环境的落后，法规上虽然规定由保甲推动地方自治，但是保甲并未能担当起此方面的任务，实际上他只尽到了推行上级政府的政令这一点，因之保甲行政几全处于被动的地位，好像是一只疲敝的老牛，背后有人抽一鞭子，才肯向前移动一步，是一种间歇的局面，平常是无事可做，只有对于许多非办不可的公事到来时才会忙乱一阵，忙上一阵后又归于平静无事，他的动静完全决定于上级政府的命令。

　　普通保甲所能奉到的命令大致可以分为两类：一类是劝导告谕的命令，如防疫防奸禁烟禁赌等；另一类则是要人民出钱出力的命令，如征兵征工征实捐款等。对付前一种命令，顶多不过转达一下便可了事，后一种则必须以办理的成绩回复上级政府。在这戎马倥惚的时候，一有命令差不多都是紧急的。仅就结果言，保甲对于这些紧急命令的执行，大致都能依限办完，不过达到这些结果的程序与步骤则往往是非法的，大家因都急于求功，往往是只顾结果不择手段，一般最常用的违法手段便是限期的加速与罚则的加重。限期与罚则在上级与下级间是一种加速与加重的情形，对于任何一件政令的推行，由县而乡而保限期办完的期限是愈限愈短，逾期处罚的罚则又是愈定愈重。在这种情形下，许多政令固然是推行了，但是对于人民却增加了许多非必需的痛苦和负担。原来上级政府立法上公正宽大的用意，常为此种作风摧毁无余。

　　因之我们觉得谈行政效率，不能与机器的生产效率相提并论。原来一小时制造四百件货品的机器，现在只消半小时就可以有同样成绩，这现象无论找什么人来说，都可以认为是生产效率的提高，但是对于行政效率我们却不能持此同一的见解。机器制造的对象为无知觉的原料，他对于机器的摆布只有顺从，无所谓反应，而行政是办理公众的事务，他应该考虑到在办理过程中，公众的反应及其所起的结果。因此所谓行政效率不应该只就快慢加以论断，机器的生产效率，可仅着眼在快字上面，而行政效率除了快字以外，还得顾到别的问题。质言之，行政效率必需要顾全社会效率，行政应讲求效率，这是万分应该的事情；但是如果为了卸责邀功而只着眼在快字上面，行政效率便会与社会效率背道而驰。行政效率如果仅在这方面讲究，行政本身的要求也许能得到满足，却会在社会的其他方面引起恶果，所以在行政上"效率"即"快"的观念，是应该马上予以修正的。

《综合周报》第 2 期，1943 年 3 月 13 日

# 战后农村建设问题的讨论

李景汉

"中国以农立国"这句常听见的口头语，并不是一句空话，而的确是有显著的事实作它的根据。不但中国已往是一个重农主义的国家，即在今日农民仍占总人口的百分之八十，全国收入仍以农产为大宗，国民经济仍以农业为基础，历年对外贸易农产为主要输出，国家财政之来源仍大半取之于农民，中国固有的文化亦多表现于农村。抗战以来，农民对国家的贡献为最大，无论是人力、物力或财力的供给，大都来自农村。最显著的是数百万的战士几乎全部为农民。不言建国则已，苟言及之，则农村建设不得不占首要的地位。农村建设问题一日得不到适当的解决，不但所谓建国成为空话，也实在对不起为抗战最出力的农民。

当然农村建设是与国家建设分不开的。农村建设的内容必须与国家建设的目标密切的配合起来。三民主义既然是我们建国的目标，则农村建设的方向亦应对着这个目标迈进。民族主义的主要目的是对外求得中华民族的解放。此次抗战胜利使我们得到了国际间的平等地位。战后建国的主要问题是求民权与民生主义的实现，使政治民主化，经济社会化，早日完成政治上的民主主义与经济上的社会主义，而最后达到一个真正民有民治民享的理想国家。因此，农村建设的目标也就是如何使占全国总人口中绝对大多数的农民能够达到管理他们自己共同的事务与享受合理生活的幸福。

农村建设是整个中国社会建设的一部份，是与都市社会建设有密切的关系，故必须与都市建设联镳进行。换言之，即农业与工业的发展得到适当的配合，完成整个的社会建设，也就是整个文化的改造。

在我们讨论农村建设的原则、方法及步骤以前，让我们先来对于中国农村各方面的建设问题作一个概略的检讨，以求认清那些是主要的问题，那些是次要的问题；也要认清在农村问题发生的原因中，那些是主要的原因，那些是次要的原因，这样才能追寻到最后的根本原因，抓住问题的核心。这然后对于农村问题的解决，不难找到合理的途径。

中国今日的农村问题真是千头万绪，内容复杂，方面甚多，的确令人很难知道究竟应该从何处下手。因比［此］对于农村建设的途径，见仁见智各有不同，成了言人人殊的局面。

有人特别着重农村人口过剩的问题。他们理会到每方英里耕地人口密度平均已达一千二百人左右，在人烟稠密的区域有高至六千人者，而在蒙藏等人口稀少的省份内每方英里有低至十人以下者，因此认为如何就已有的土地来作合理的人口分配是农村建设的首要问题。但根据专家的估计，东北、西北及西南人口稀少的土地只能再容纳六七千万人口。即令全国将所有可耕而尚未垦殖的荒地变为熟地，则每方英里之耕地仍有六百人左右之多。以中国农民之众则耕地显然仍是不敷分配。南洋虽为我们最理想的开拓区域，但战后是否能够得到向该地带移民的自由，大有疑问。改良农业技术，增加农产，也是解决人口过剩的一个方法。但农产的增加有其限度，而且在土地制度没有合理的改革以前，欲求农业生产技术有大的改进是不可能的。另一个解决农村人口问题的出路是使中国工业化，来吸收大量的农村人口，这样来减少农村人口的压力。这是比较最有效的办法。但是否大多数农民的幸福即因之增加，还是要看是采用何种工业化的制度及现有的农业生产制度有没有根本的改变。

此外有人着重农村的教育问题。他们认为大多数的农民仍为文盲，大多数的农村儿童尚在失学是为农村建设的最大障础［碍］，因此主张扫除农村的文盲及使农村儿童均能入学为农村建设的先决问题。但根据已往的经验在农民经济能力尚未提高，及合理的政治制度尚未实现以前，欲求农村教育的普及是困难的。况且目前的教育不能适应农民生活的需要。正如陶行知先生所说："中国农村教育走错了路，它叫人离开乡下往城里跑，它叫人吃饭不种稻，穿衣不种棉，住房子不造林，它叫人羡慕奢华，看不起务农，它叫人分利不生利，它叫农民子弟变成书呆子，它叫富农变穷，穷的变得更穷，它叫强的变弱，弱的变得格外弱。"的确，已往的农村教育是与农村生活隔离。虽然没有普及，亦未尝不是不幸中之幸事。

有人认为应该首先注意农村卫生问题，因为欲求强国，必先强种。今日大多数的农民不讲卫生，疫疠疾病任其传染，农村到处污秽不堪。农民有病时，少请医生，少用药石，大都求神打醮，以求避免。因之，身体多不健全，死亡率亦甚高。若不早为补救，则民族前途，实堪忧虑。但农民的不讲卫生实由于生活的压迫，科学知识的不足及卫生制度的不良。在农村今日的经济情况下，欲求卫生〔问〕题的解决实不可能。

有人认为农村建设最大的困难是农民缺少严密的组织，因此主张组织农民，使由散漫而团结。但原有的农村社会制度存在一日，则豪绅的势力亦将存在一日，阶层的冲突亦将不能避免。如此，欲求全体农民彻底的合作亦不可得。

有人认为农村的贫困由于农村资金的缺乏，因此主张采用合作社的方式贷款于农民，借以解除农民所受高利贷的剥削并使农村合作化。现在中国合作运动在表面上似有突飞猛进的趋势，而实际上农民所受的利益实在不多。资本主义的利润制度存在一天，则合作事业对于农村经济发展的效能究属有限。唯有在真正的经济社会化的制度下，合作制度才真能表现它的伟大作用。

有人一提到农村建设就想到农业经营的问题，认为中国的农村建设是如何改进农业技术与农业经营的方式。他们以为农村衰落的主要原因是小农制度，因此主张大农经营制度，采用机器，从事大规模的生产。但在目前田块碎裂的情形下，大规模的经营制度难以实现。关于农业技术的改良，即或能够增加生产，如果土地制度没有合理的改革，是否一般的农民得到利益，诚为疑问。

还有人以为最严重的农村问题是农民的生活程度。的确我国今日大多数农民的生活状态与合理的生活程度相距甚远，而且是在最低的水准以下。除少数地主与富农外，饱食暖衣的农民占少数，粗食破衣的农民占大多数，衣不蔽体而在饥饿中过生活的农民到处可见。据营养学家的报告，中国农民膳食的营养显然不足。物质方面的生活程度尚如此恶劣，精神方面的生活更谈不到。据少数农民生活程度的调查，农民食品费竟占生活费总数的百分之六十左右。食品、衣服、房租及燃料四项合计的费用竟占百分之八十五左右之多。此外其他一切杂费总数仅占百分之十五，而其中用于精神生活者尤微乎其微。这说明了中国农民的生活状态已经低到极恶劣的程度。法国著名营养学家哇冷氏曾说过："民族的运命是视其所吃的是甚么与怎样吃法未［来］决定。"的确，如何提高农民的生活程度，无论是在物质方面或精神方面，是非常严重的问题。真正的农村建设是那些能夠［够］提高农民生活程度的建设。凡不能提高农民生活程度的建设都是有名无实的建设。农民生活程度是测量农村建设的标准。农民生活程度低劣的主要原因是由于收入的不足。在农民经济来源没有大为增加的时候，农民的生活标准也不能大为提高。

此外还有种种的其他问题，我们不能一一讨论，例如农民信仰问题、农村娱乐问题、农村家庭问题。从上面的检讨中我们可以看出中国农村问题的严重与复杂。农村的许多方面，都迫切的需要建设。物质方面急需建设，精神方面同样的急需建设。教育问题需要解决，卫生问题也是需要解决，其他政治、经济等问题，无一不需要解决。并且每一问题均与其他问题有连带的关系。例如卫生问题是与经济问题、教育问题、迷信问题有着分不开的复杂关系。因此我们觉得中国农村问题是一个整个问题。农村问题是绝对的不能在一方面单独各自解决的。我们认清了中国农村问题是一个整个问题之后，我们才能不犯以局部问题为全部问题的错误。但我们同时也要认清整个问题有许多部份及各部份在解决整个问题程序中的轻重地位及其先后与缓急。复次，从已往各处农村建设实验工作的经验中，各方面都深深的觉悟在从事解决农村的任何重要问题时，都要发见与农村经济问题有密切的连带关系。因此我们可以无疑的下结论说，若是农村经济问题能够从速解决，则其他方面的问题亦因之易于解决。反之，如果经济问题不能首先解决或加重的解决，则其他许多问题亦难解决。再者，在我们要从事解决农村经济的任何方面问题时，如农业技术、农业经营制度、农民生活程度等，就要发见都与土地问题有密切的关系。无疑的，农村经济问题是农村的基本问题，而土地问题又为此基本问题的核心。因为土地是农业的基础，为农业生产的基本工具。若土地问题得不到合理的解决，则其他一切农村问题的解决无从谈起。其他一切局部的农村建设工作不过是部份的弥缝与改良，充其量仅能随时得到相当的解决，只能缓和现在农村社会的矛盾。这种治标的方式只能求得问题一时的轻松，而减少其严重性。治本的方式是对于农村的根本问题先谋澈底的解决，然后及于其他比较次要的问题，或虽同时顾及，而有轻重之别。

中山先生早就看到农村土地问题的重要性。他在讲民生主义的时候曾提到："将来民生真是达到目的，农民问题真是完全解决是要耕者有其田，那才算是我们对于农民问题的最终结果。中国现在的农民有九成是没有田的，他们所耕的田大都是属于地主的。我们应该马上用政治和法律来解决。如果不解决这个问题，民生问题便无从解决。"蒋委员长在地政学会曾提到："我以为我国今日政治经济与社会政策迫切而需要解决的莫过于土地问题。"

关于土地问题，我们已经指出由于全国耕地总面积的不足，农民的土地已感缺乏。而关于土地缺乏尚有一最主要的原因是耕地分配的不均。根据现有调查估计，农村人口百分之十的地主与富农约占有耕地总面积的百分之七十。其余百分之三十的土地是在占农村人口百分之九十的中农、贫农和雇农手里。地主所占有的土地大半不自己经营，而是零碎分划出租与佃农耕种，造成有田者不耕，而耕者无田的矛盾现象。全国的耕地内佃田约占一半以上。佃农对于地租的负担约占收获量的百分之六十以上。地主同时为富翁，高利贷者，豪绅或官僚。现有的租佃制度使农民生活与农业生产方法均难改善。土地分配的不均外尚有土地分散的问题。中国每一农户的农场面积平均约为十六亩弱。而〔如〕此小的面积又不是集中在一起，而大半是碎裂为数个两三亩大小的田块，且分散于村之四方。田地碎裂的结果使生产技术无法提高，合理的经营无法实现。

关于土地问题的解决，若能铲除地主与佃农的不平等关系，则土地问题即可解决了一大部份，土地经济亦可以合理的发展。土地私有制度是土地问题的重心。一般农民因为没有土地，即生产的主要工具，所以才受种种的剥削。农业上的种种弊害亦因之而发生。向来对于土地问题的解决约分为两种办法。一种是主张以缓进的方法来限制土地私有制的发展。另一种是主张土地革命，以急进的方法铲除土地私有制，使土地公有。中山先生对于土地问题的解决是主张以平均地权的方法先达到耕者有其田的目的，是从土地农有达到土地国有的和平办法。我们只要遵循中山先生所指示的方向，促其早日实现，则土地问题即可解决。今日的问题不是没有解决的方法，而是看是否有实行的决心的问题。我们今日必先认清土地问题的重心是土地制度，即生产关系，而不是生产技术。生产技术是农业生产问题的重心，而不是农民问题的重心。生产关系才是农民问题的重心。生产技术是为增加农产，但这不一定就能够增加大多数一般农民的福利。生产关系问题的解决才真能增进农民的地位，提高农民的生活程度。

战后对于农村建设，应该先早日普遍的实施土地陈报及减租退佃的政策，防止土地集中，实行限田制，决定业主所有田地之最高额面积，如此暂时救济一般农民的痛苦，然后积极从事准备土地问题根本的解决，向着实行土地国有的目标迈进。这样农村建设才真能澈底。有了合理的土地制度，则农业机械化与集体农场的理想组织均可实现，农村经济的繁荣当不成问题。若在战后仍避开此根本建设的问题，仍然只在头痛医头、脚痛医脚的农村建设方式上用功夫，今日施行某种救济，明日提倡扩广合作社，后日设立成人识字班，这样枝枝节节的进行，则整个农村问题求无解决之一日，真正的农村建设亦将无限期的延缓下去。

总之，战后的农村建设目标应该是求整个农村社会的现代化，而不是只限于某一方面或某些方面的改良工作而已。所谓农村现代化即使农村社会工业化。所谓农村工业化就是以工业社会所用的大规模生产的方法引用于农业社会而使农村社会生活的各方面科学化。同时在都市积极发展工业，吸收农村过剩的人口，也自然减轻了农村人口的拥挤。只要农村经济繁荣起来，农民即可享受合理的物质生活标准，卫生、教育、娱乐及种种精神生活的问题即易于连带的解决。这样一方面努力实现经济上的社会主义，另一方面努力完成新县制的各级组织，健全农村机构，认真训练农民，教育农民，培养农民本身的力量，实现政治上的民主主义。这样即能造成一个真正民有民治民享的国家。

一九四三，二月，国情普查研究所，笙巢。

《当代评论》第 3 卷第 11 期，1943 年，第 3—6 页

# 农村人口的出流

张之毅

本文系就笔者廿九年秋在玉溪县某村实地调查材料，分析该村（以后称为玉村）经济结构中贫富与人口出流如何配合的情形。这些材料虽是限于一隅的，但多少总可以揭示一点同类农村在人口出流方面的一般情形。

战后中国要建立成为一近代国家，必须发展工业，而工业发展中所不可缺少的一个因素，就是劳工，这批劳工的主要取给地，无疑的是具有广大人力基础的农村。所以对于农村人口流动情形的分析，不仅在了解农村经济本身方面为必要，而于谈新工业中劳工招致问题者，或不无可资参考之点。

## 一 刺激农村人口加速出流的两件事故

玉村不过是玉溪县里一个中等村子，在廿九年秋，全村只有一五六户，七七七人。可是三四十年来，由村里迁走的，即有五十七户，其中二十二户是在民国十一年内迁走的，八户是在民廿七至廿九两年中迁走的。至于个人出门仍在外处的，尚有七十五人，其中少数人已出门十多年了，大多数人近几年才出去，在廿七至廿九两年间出门去的，即有五六十人，占绝大多数。综计历年迁走，约占现有人家三分之一；出门的约占全村人口十分之一——玉村人口显然在大量出流。

从他们出流的过程上，我们且到民国十一年内以及民廿七至廿九两年间，迁走的和出门的均较多。原来在此两段时期中，先后发生了两件大事，使得村里人口，呈加速出流的现象。

当民国十一年旧历三月初一，有大股土匪攻入玉村，烧毁大半村舍，所有村户财物，洗劫一空，劫后即有大批人家迁走了。这件事过去十五六年后，中日战事发生，因为兵员需要补充，于是政府颁布征兵法令，征兵的事，自廿七年起，就在农村里风厉雷行起来。但由于推行未能尽善，加之村民缺乏国民义务观念，不免引起了一些波动，玉村一部分人也就或迁或走，一时流出的人口很多。

这两件事的结果，虽同样使得村人离走，但刺激的过程和情形，却各自不同。我们且先说第一件事。在那次匪劫中，村里富人财物损失自比穷人为大，但因富人田产多，恢复易，而穷人则往往难于恢复。富人在劫后所要对付的，是如何恢复旧业，并避免祸患的重演，为了求居住的安乐，一部分富人遂迁走了。穷人在劫后虽亦不免耽心未来的安全，但主要的事，却在怎样对付目前生活的问题，为了维持生活，一部分穷人也就在匪劫后迁走了。

其次，说到征兵的事，全副负担均压在穷人肩上，因为当时兵役法规中，规定了学生教员及公务员等可以缓役。村中富农子弟大多具有或没[设]法取得是项资格之一，因可免于征调。惟有贫人子弟没机会受教育，因此也没有缓役的优待。玉村被征去当兵的十一人中，穷户的子弟即占了十人，还有一人属中等村户。至于富户子弟，则无一人被征去。

征兵的事，既特别光顾那班穷人，而征兵结果，却又不□加重那班人家的经济打击。我知道有一家妇人因为丈夫被征出去，家计无法维持，才携了两个幼子上昆明织篾帽讨生活去了。这是征兵间接所引致的被征家属离村。贫苦人家的子弟，常是家中主要生产份子，因此征去一个壮丁，就等于减少家中大部分收入，老少生活因此艰难。可是他们既得不到缓役的优待，也没钱可以雇人顶替，凡不愿被征的，就只好三十六着，走为上着。

　　但说走是容易事，要能走得动，却也困难重重。出走的地方要远，时间要长，要有安身立命之所，否则就走不了。玉村房东一位亲戚，在峨山开店的，曾和我谈及峨山一带的情形："那些人没出过门，土头土脑，外面情形一点不熟悉，离开家乡就不辨东西南北，既找不到熟人，更找不到做事的机会。他们无法远走，惟有呆在家乡，兵役轮到头上，就被征去。"房东也说到山边夷人同峨山那边人一样，并不逃避兵役。他的解释，也是人笨不熟悉外处情形。至于玉村情形，则完全不同：村人一遇征兵的事，就远走高飞，以求躲避，因为他们大多富于出门经验。见闻广博，熟悉外处情形。

## 二　离乡背井的传统

　　玉村人民在平素即习于出门，并不限于民十一和近两年的两段时期内，民国十一年前，村里即有十二家迁走了；近两年前，即有十五家迁走了。至于个人出门，也先先后后皆有，可知离乡背井，已是他们的传统行为。

　　这种传统行为的形成，可从玉村经济结构及其地理环境两方面来说明。先说玉村经济结构情形，全村田地对人口的比例既小，加之分配不均，所以贫人特别多。全村一五六户中，有四四户完全没有田地，还有七五户，虽有一点田地，但面积却很小。所以村里五分之四的人家，是在患着土地饥饿症。这辈穷人，靠着种田地，也不过多少减轻一点土地饥饿的程度，并未能根本解决土地饥饿的问题。此外他们还有劳力可以出卖，但不巧的是每年另有大批山地夷人也来村卖工，□（那）些人受得起"吃稀汤"的熬炼，生活程度低，可以接受较低工资酬报，本村工人难于和他们竞争。除耕田和卖工以外，村里谋生的机会，还有养鸭和织布两项副业。养鸭需要较多资本，赤贫人家多半筹措不出，而且一年能养鸭的期间不长，养鸭期又与卖工期相冲突，这些条件，都足以使得他们难于参预养鸭的活动。织布所需资本较少，筹措稍易，但工作报酬每日不够饭食费，一人生计尚难赖此维持，养家活口当更不易。总之，村里谋生机会有限，收入微少，穷人维持生活很困难，经济的压迫，驱使他们有出外谋生的必要，他们有如附水浮萍，并未在泥土中深固着根，随风飘移。既然无土可安，当然也不很"重迁"！

村里富户怎样？他们原不用忧心生活问题，但由于农业本身利息低微，经济规模不易扩展，田地买卖并无完全自由的市场，这些条件限制农业大量积累财富。农业以外，村里主要生产事业还有养鸭和织布两项，但上面提过养鸭的限制条件多，不能充分发展，发不了财，织布仅能取得不够一饱的工资，更谈不上怎样积累财富。总之，村里并无较好生产事业，供富人在经济上图谋发展。生产不增，无奈消费却随人口繁衍而逐年增加，一个富有的家，往往经过一二代分析□就穷下来了。可知果在农村里，不特鲜有发展，即连守成也并不容易，村里富人也多少意识到这点，所以一有机会，就有人到外面去，想碰碰好运道。

恰好玉村所处地位边近玉溪县城，玉溪是滇南商业重镇，北通昆明有汽车路，东南通个旧临安，南通车里佛海，西通楚雄大理，均有旧式驮马商道。交通便利，通往客商极多，本县人出外经商的，几遍及滇省各县。玉村人处在这种环境中，耳闻目见，无非是外地风土民情，以及经商概况。熏染浸渍，心理上对于出门的长难和乡土的留恋，都不略存在，要出门时，更多的是指引和照顾的人，方便极了。所以一遇了外加的刺激，无论是兵役也好，经济压迫也好，利得的引诱也好，这一切全可以激动他们离乡背井。

## 三　迁移路线及距离

综计三四十年来，玉村迁走的富户有二十户，十七户迁到玉溪县城，二户迁利［到］峨山县城，一户迁到上海市。迁去的地点，全在城市里，没有一家在乡间，富户迁进城里的趋势，颇为显著。这件事，可以由居住安全和经济发展两方面来看，自居住安全言之，城市的治安，常比乡村好，富居城市中，因此也较富居乡村中为稳妥安全。乡间富户们往往忧心安全的问题，顾虑多的人家，在适当时机就迁去城里。未迁去的，常自动发起组织保卫团，以维治安。但民国十一年玉村就因保卫团力量不足，终至沦于浩劫，而邻近的县城，却安然这［无］恙。事实的教训，加上传统精神的支特［持］，一批富户就立定主意迁进城里，而不在加强保卫团力量方面着想。

进城可以求居住的安全，进城也可以求经济的发展。就玉村迁到城里的二十家富户来说，其中有六家是在做生意，如洋纱号、百货店、糖食店、旅店、盐巴店，以及医院等。他们做的生意，规模比较大，应能在城市中安插下来。反之，若是他们迁到外村，则不易有活动的余地，因为住在外村所能找到的机会，不外卖工当佃户，这些事和富户的经济身分全不适合，反不如留在本村，还可经营自由。所以他们要么就留在本村，要么就迁进城里。总之富户迁移的路线，是在本村与城市间，不是在农村与农村间。

反观贫户迁移的路线，则不如此一律。三四十年来，迁走的卅七家贫户中，有十四户迁到乡村，廿三户迁进城市。迁到乡村的大多种菜园子，迁到城里的多半做小手艺和小商小贩。贫户的迁移路线，或是本村与外村，或是本村与城市，不像富户迁移路线的划一。

再就他们迁移的距离说，卅七家贫户中，有二十家是迁到外县去；而二十家富户中，迁到外处的不过三家，其余十七家全迁到本县县城。距村很近这是因为富户已有足够财富，可以过活，迁去后，有机会就找点事做，没机会也无妨，好在迁到县城至少可以达到他们安居的目的，而且正因富户田产较多，田产本身也累得他们不得远走。反之，贫户一离开本村后，就得另谋生计，近处有机会，当然可以在近处安下来；若是近处机会不多，而必得向远处找时，他们就不得不远徙地方。事实上，本县一隅谋生的机会，未必比外地各方所能找到的机会多。而且他们本来在土地上未曾深固着根，一身之外，鲜有长物，拖累既少，故易浮游到远远的地方去。这些理由，使得多数贫户迁至外县去，和富户就近往县城迁居的情形恰相对照——这里见到由于贫富不同所表现在迁移路线及距离上的不同。

## 四　职业选择

他们在外面所操职业，在性质上可以分为三类。第一类如金工学徒、理猪毛学徒、汽车司机练习生、特种化学兵队学兵、军医学校学生以及中央军校学兵，都是在进到专门职业的准备阶段，他们虽尚□（无）正式薪给，但皆另有津贴，不需要家庭在经济上的接济。同类中还有在机关上当会计员的，汽车公司当司机的，部队里当军官的，皆可算作有了正式的专门职业，需要相当学历与特定技术，职业固定性大，不便轻易转换，需要常期在外，回村机会少，回到农业更少可能。

第二类如木匠、泥水匠、铁匠、篾匠、缝衣匠等手艺人，虽皆具有其特定技术，但这类职业可以成为专业，亦可成为农业以外的兼业。业此者可以长期留在市镇上，可以游荡于各农村间，亦可以安居在本村中。因此不一定需要长期在外，回村以及回到农业的可能性很大。此外出门艺菜圃者，亦可归入此类有特定技术的职业中，这些人在本村时就种菜园子，出门不过是由本村换到外村而已，仍未□（跳）出农村和农业。

第三类如背矿砂工人、县府差役、机关及商店杂役、小贩帮工等业，不需常期准备和特定技术，职业固定性小，容易由一业换到另一业，可以随时就业，随时又弃业回村，他们往往游荡于各业中，徘徊于乡村和城市间。

合第二、三两类职业来看，有一主要之点和第一类职业不同的，就是前者不需要学历的准备，而后者则需要中小学程度的教育。可是学历准备的时间很长，普通小学毕业要五六年，中学毕业要十来年，教育费平均每年在数百元左右，穷人家担负不起。而且穷人子弟到了十几岁，就要参加劳作，从事谋生，不能让其长期来在学校里，所以很少受教育的机会。村里的中学毕业生，固然都是富户子弟，就是由小学毕业的，也大□（都）是家境好一点的——学校教育成了富家子弟的专有品。

玉村有钱的家长，都不惜花费送子弟入学。我房东的几个儿子，有的已经由中学毕业，有的还在中学里。我问他送子弟入学打算怎样，他说："读书总是好的，让他们（指他的儿子们）中学毕了业，做甚么事也好。""读书总是好的"这个观念本身，当然包括许多经济利益及社会<地>地位的算在内，在这里我们不必仔细去分析它。

我要指出的，就是在这个观念的支持下，村里许多富户家长就□（送）子弟入学去了。子弟一经受过学校教育后——如玉村所有受过中等教育甚至小学教育的青年——就都贱视农业，不屑像父兄一样从事农业，村里没有他们好做和愿做的事，他们要向外另找较为满意的职业，不耐烦呆在村中。我房东家老二中学毕业后，进过化学兵队，做过土地清丈测量员，因病和失意于廿九年回家，在县城里当小学教员，他每天总郁郁不乐。某次，我去学〔校〕里和们［他］他［们］一起玩，他们自己谈起个人事业问题，话语间都表示困处在家乡太闷人，小学教书，待遇低，生活苦，前途殊无希望。他们一致认为家乡是磨人志气的园地，非设法离开不可。在那次谈话后不欠［久］，房东家老二就进昆明中央军校去了。学校正好像一个染缸，农家子弟一经上染，即致变了原来的素质，贱视农业，厌烦家乡，不复安于农业和农村里。学学〔校〕教育在这方面变〔成〕了促成农村人口出流的最大功用，它替都市里预备一班学徒，替部队里预备了一班干部，像上举第一类的职业，就是有待他们去填充的。这职业可以清楚的和第二、三类职业分别开来。如此说来，农家经济的贫富，直接决定了子弟受教育的机会，间接却决定了子弟出门的职业选择。

# 五　人口出流与田地经营

无论贫户富户，一经迁走后，由于田地和居住分隔开来，不便经营往往就把田地租出去。玉村人所经营的田地中，有<一>一六％的农田和六％的菜地，就是由这些迁走的人家手中租过来的，甚至有些贫户因田地太少，迁走后不值得遥遥领管，□（索）性就把田地出典或出卖了。玉村土地饥饿的病症，所以未更加深沉，多少是得益于此。

迁走的人家，因居住和田地分离而〔不得〕不趋于放弃田地的经营或领有权。留村的人家，却因子弟出门而发生经营人选缺乏的现象，这现象是见于有子弟出门的殷实之户。即以我房东家的情形来说，自他业农那位大儿子死去后，其余几个儿子，或已于中学毕业后出了门，或仍在中小学念书，因此他失却经营农田的帮手，请了一个长工，却时常嚷着不干。有一天房东很感喟的向我说："现在田地远不及大儿子在世时种得好。"

像我房东，原是农人，深懂农事，虽然缺乏经营帮手，田地上还可勉强过得去。若是经营者系一完全脱离农业的人，缺乏农业知识，则田地当种得更糟。村里五老爷，他是前清秀才，从没下过田，对农事一点不熟习，家里经营许多田地，他感觉到难于应付，所以□（间）常邀了我房东去田地上逛，想学习一点农作知识。但终因他懂得太少，子弟又出门去了，不能帮他忙，家里长工全不肯在田地上替他卖劲，一味敷衍了事，田里杂草比稻子长得还高。有一次，房东指着那些田上的稻子说："田耕到这地步，真不像样。"

上举两例，因子弟出门，家中缺乏经营帮手，以致田地种得不好。

但由于家长的支持，仍旧把住田地在经营着。显而易见，这种局面不能长久维持，一旦家长本人死去，子弟若不愿回家安于农村和农业，则继承无人，势非放弃经营不可。出门发展和在村经营田地是不能两全的。村里富户既送子弟念书出门谋发展，则这人家可能迟早间会放弃田地经营。现在，他们还领有许多田地，而且集中在自家手上经营着。将来，到他们子孙手上，也许只能保持领有权，而把田地的经营分散出去。

至于贫户人家，本来就田地少，劳力多，即使在子弟出门期间，也不致使经营人选缺乏。而且，子弟可能随时回到农村和农业里。像村里王正仁、李忠良一班人，都是以前出外失意再回村的，他们仍在经营农业。又像杨义贵、王永安一班人，在外发了财，仍旧回村买田大事经营，他们不因出门而放弃经营，却可能因出门发财而回村扩大了经营的规模。这和富户由集中经营至经营分散的趋势恰相对照。若是我们不把这两种趋平〔于〕乎〔平〕行的摆着，而依先后次序联结成一条纵线来看，则更有趣。我房东家是一个好例子，他少年时只经营五亩田，家里贫苦，才决心出门；在外赚了钱回村买田，现在经营了三四十亩田，家里富有，送儿子们进学校，儿子们先后出门去，多是选择了长期在外的专门职业，回到农村和农业的可能性很小。因此，将来家里无人继承父业，也许非放弃田地经营不可。这样，在贫富不同的两代中，前一代因出门而使得田地由小规模到大规模经营，后一代因出门而使得田地由大规模经营到全部放弃了经营。总之，无论同时从几家的比较或先后从一家的比较中，都可见到一个事实，就是农家人口的出流，在田地经营方面的影响，是依贫富而有不同的。

《当代评论》第 3 卷第 21 期，1943 年，第 13—16 页

# 乡村建设的途径

陈序经

自民国十五年至民国二十五年的十年间，"乡村建设"这个口号，可以说是震动一时，而"乡村建设"这个运动，也可以说是蔓延全国。北至河北，南至广东，西至四川，东至江浙，不只在理论上，到处有人提倡乡村建设，就是在实际上，也到处有人实验乡村工作。定县、邹平、辉县、新造、巴县、昆山、萧山以及其他的好多地方，都有了乡村实验区的成立。有人估计到了民国二十四年为止，关于乡村建设的团体，有了一千多个，同时与这种团体有关系的农学会社，又有了一万多个。至于理论方面，除了梁漱溟先生的著作之外，出版物之提倡乡村建设工作的，也有了十余种之多，从我们的行政院以至好多省政府、县政府、区公所，对于这个运动，都给予不少的注意。

七七事件发生以后，这个运动受了一个很大的打击，而各处的实验工作，差不多完全停顿。以提倡理论著名的山东乡村建设研究院，固是早已停顿，就是实验工作著名的中华平民教育会的乡村建设工作，自离开定县之后，始而迁到湖南衡山工作，继而参加四川新都与贵州定番的实验，然而因为种种的原因，终于不能在这些地方继续维持其工作。中华平民教育会后来虽在四川北碚左近，重张旗鼓，开设乡村建设育才院，可是比起其在定县时的声誉与规模，不能不有今昔之感了。

七七事件的发生，对于乡村建设的运动，固有不少的影响，然而事实上，就使没有七七事件的发生，乡村建设的工作是否能够维持下去，已成了一个问题。其实，据我个人的观察，乡村建设的运动，在抗战以前的两三年，已有了日落西山的景象。敌人的侵略，我们只可以说是加速乡村建设运动的衰败，而非促成乡村建设运动衰败的主要原因。因为乡村建设运动衰败的现象，在七七事件尚未爆发之前，已经很为显明。

我个人以为乡村建设运动之所以衰败的主要原因，是因为在理论上，就有其根本错误的地方。一般提倡乡村建设的人们，都以为中国自来是以农立国，所以今后的中国，还是要以农立国。他们所提倡的乡村建设运动，也可以说就是农村建设运动，因而他们遂成为农本主义的推动者。在积极方面，他们既主张以农为本；在消极方面，他们是反对工业的发展，反对都市的发达。"作农人"，这是他们的口号；"下农村"，这是他们的呐喊。梁漱溟先生固是这样的大声疾呼，其他的一般从事于乡村建设运动的人们，也是这样极力唱随。梁漱溟先生还以为我们的工业太过落后，假使我们与欧美、日本各国在工业化上去赛跑，结果是人家走十步，我们只能走一步，这样的比赛下去，我们是终必落后，而且要愈趋落后。所以我们只能从农业方面去发展，中国才有出路。

这种乡村建设理论的错误，我在《乡村建设运动平议》一书里已经指摘出来，我在这里只要指出，因为目前的工业落后而不得不主张重农，这是一错误，这是自暴自弃。我们知道，一百年前的德国工业，并没有英国的工业那应发达，然而德国人并不因此而主张重农，反对工业化；五十年前的日本的工业，也并没有德国的工业那么发达，然而日本人也并不因此而主张重农，反对工业化。其实，因为目前不如人而自暴自弃，已是一种失败者的心里的表征，而况一般提倡乡村建设运动的人们，大都是一般回恋于复古的人物，欲以"以农立国""死不出乡"的传统思想，以应付现代的世界，这是愚妄，这是幻想。

然而，我们这样的批评过去的乡村建设运动，并不是说中国的乡村建设运动是不需要的，也并不是说中国的乡村建设运动是没有希望的，反之，中国的乡村建设是需要的，中国的乡村建设是有希望的。

原来中国的百分之八十的人口，是住在乡村，故乡村在我国所占的地位的重要，是无可疑的。乡村在我国的地位既是那么重要，那么我们要想建设中国，我们不能不注意于建设乡村，至于乡村建设的前途究竟如何，主要的要看我们对于乡村建设的理论是否健全，要看我们对于乡村建设的方法是否妥善。我们在上面既已指出以往的乡村建设运动的错误，那么今后的乡村建设，照我个人的意见，应该是：一、以工业为前提，以都市为起点。为什么乡村建设是要以工业为前提呢？原来我国人口众多，而土地过少，据人们的估计，我国土地约为十三万万亩，而人口却有了四万万五千万。在南方的一些土壤较为肥美的地方，每一个人有二三亩地，虽可够用，可是在北方的好多平原沙土之地，每一个人非有五亩，是不够用的。就以往每人平均四亩来计算，我国所有的土地就缺少五万万亩，这就是说全国土地，约只能够三分之二的人口之用，而况在这十三万万亩的土地之中，还有不知多少的土地是不能耕种的，又况在目前的情形之下，土地的分配并不平均，因而不知多少的农民无田可耕。土地的面积既已很不够用，而人口是逐渐增加的，假使我们只靠农业以解决中国的农村问题，这是不可能的；反过来说，必要极力去发展工业，以吸收农村的过剩人口，才是办法。

而且因为我国的旧式工业太过落后，外来的工业用品，不但畅销于沿海都市，而且已深入到内地乡村，中国的旧式工业既不能与外来的工业用品相竞争，那么旧式工业逐渐被淘汰，结果必使我们的一切工业用品，非用外来的不可。在这种情形之下，不只是都市经济必受很大的影响，就是乡村的经济，也必愈为枯窘。

而况进一步来看，假使工业不发展，则农业也不易发达，比方我们尽管种了棉花，但是我们若没有纺织厂，那么不只是我们需要的布料要靠外国运输进来，就是我们的棉花市价，也必受了人家的管制。结果是往往使我们以低价出卖我们的棉花，而以高价去购买人家的布料。农村的人民在这双层吃亏之下，农村之愈衰落是不可免的。棉花固是如此，其他的好多农产品，又何尝不是这样呢？

其实，近代农业的发达，是依赖于高度的工业化，是一件很显明的事。农耕之需要机器，农品运输之需要便利的交通工具，以至农田肥料之依赖于新式的化学工业，都可见得工业之于农业的关系的密切。农村或乡村的建设，主要固是要看农业是否发达，可是农业的能否发达，又要看工业是否发达。

上面不过随便的举出一些理由，去说明乡村的建设，要以工业为前提。然而，乡村建设之于工业发展的关系，已可概见。

在抗战以前，重农的主张，得了一般提倡农村建设运动的人们的鼓吹，使重工的主张，受了国人的蔑视。抗战以后，国人虽然很能感觉到非振兴工业，不足以复兴国家，可是一般提倡工业的人们，主要是着重于国防工业方面。至于能够指出工业的发展，是农业发展与乡村建设的必需条件，尚不多见。我们希望一般提倡以农立国与乡村建设的人们，对于这一点要特别的加以注意。

为什么乡村建设要以都市为起点呢？

我们知道，过去的一般人之从事乡村建设的，往往以为乡村建设，须从所谓"标准的乡村"下手。所谓标准的乡村，就是离大都市相当的远而具有中国一切的乡村的特色的乡村。反过来说，就是一般之没有受过大都市的影响的乡村，中华平民教育会之选择定县为实验区，山东乡村建设研究院之选择邹平为实验区，都可以说是为了这个原故。他们以为要在所谓标准的乡村中去作实验工作，才能找出一套建设乡村的办法，而推广或应用到其他的乡村。然而事实上，这种所谓标准的乡村的实验工作，在过去的二十年中，不但不能找出一套可以推广或应用于建设其他乡村的方法，连了本身的实验工作，往往也失败了。而其所以失败的主要原因，照我个人的观察，就是因为他们不以都市为建设乡村的起点。结果是不只往往因为离开都市而在治安方面发生了好多问题，而且因为这个原故，遂使建设乡村所需要的人才与经费，也往往异常缺乏，而使这种工作难于进行。

因为交通不便，以及其他的好多原因，离开都市较远的乡村或区域，治安很成问题，这个治安问题，又并非一个乡村或一个区域的问题，而是与其他的乡村或区域的治安有了密切的关系。在甲村或甲区从事实验工作的人，在其乡村或区域之内，也许对于治安问题有了解决的办法，然而假使其相近的乙〔村〕、丙村、丁村或其他的乡村的治安有了问题，则在甲村的工作，必受影响而致于停顿。比方河南镇平的乡村建设工作，在民国十八年间，就因了土匪猖獗，而使一切的工作受了影响。

所以我们以为假使这种工作，若从都市而尤其是大都市的左近的乡村下手，同时利用都市的维持治安的机构，使能逐渐放大其维持治安的责任，即这些左近的乡村治安，能够充分的去利用都市的维持治安的机构以维持，那么一般从事于这些乡村建设的人们，能够安心去推动其工作，则其收效必较大得多。

又乡村建设工作，若离开都市过远，欲找这种工作的人才，而尤其是技术的人才，如医生、农业专家，至为困难。关于这种人才就是位在平汉铁路线旁边的定县，与位在胶济铁路线左近的邹平，也不容易罗致。因为这些专门人才在今日的中国的都市，以至高等学府中，尚不易找。假使一些偏僻的乡村，而欲找了这些人才，更不容易。所以假使这种乡村建设工作，若是能在都市左近，则利用了都市中的各种专门人才，比较容易得多。我们要指出我们并不主张都市中原有各种专门人才，要放弃其在都市中的固有的位置，而跑到乡村工作。我们希望的，是在他们的固有工作之外，可以利用其多余时间，以从事乡村建设工作，或是放大其工作范围，而包括了多少乡村在内。

从经费方面来看，假使一个乡村，离开都市过远，则一切关于建设上的设备，都要自置自备，那么其所用的经费必定很大，而同时在效益上，却未必很大。比方以前定县的乡村建设工作，每年化［花］了数十万元，以一个实验区域来说，其数目不能说不多，然而定县的一个卫生院，或一个农场，要真正办得好的话，那么每年数十万元拿来办一件事业，也未必够用，而况所谓乡村建设的工作，是多方面的。卫生与农业，只是好多方面中的两方面罢了。

总而言之，我们的意见是：这种乡村建设工作，最好是以都市为起点，先从在都市左近的乡村下手，尽量利用都市中的行政机构，如工务局、公安局、卫生局、教育局等等放大其工作范围，或另设一乡村建设委员会，再加了一个促进农业的机构，而充分的利用这些机构中的人才设备，以及都市中的其他的人才与设备，去帮忙其左近的乡村的各种工作，如治安、交通、卫生、教育以至农业。在其办理的初期，不妨从与都市最近的乡村作起，逐渐的放大其范围。能够这样的作去，则不只不会陷于过去乡村建设运动的错误，而且必定有很大的效益。其实这样的作法，以前青岛市政府，曾经试办了好几年，而且有了显著的成绩。我愿意一般之谈乡村建设的人们，对于我们这种的主张，以及青岛的过去的经验，能加以特别的注意。

《当代评论》第 4 卷第 2 期，1943 年，第 11—13 页

# 传统的乡村行政制度

## ——一个社区行政的实地研究

谷　苞

## 一　导言

民国三十年的秋季，因为担任呈贡县一部分的调查工作，常在乡间往来，而且又常住在各处的乡公所和保公所里。地方行政的形形色色，耳接目击，不容许我不加注意。我曾在书本、杂志以及各种法规汇编上看过不少关于保甲制度的规定、记载和讨论，可是在我眼底所表现的种种却似乎另外是一套。也许就是出于这种好奇心，我时常拉着乡下的朋友闲谈这些问题。愈谈愈感到这问题的重要，认为值得加以研究一番。这年冬天，我加入了云南大学社会学研究室，得到实地调查的机会。从这年十二月起到翌年三月止，我有三个月住在呈贡县三十二个村落进行这项工作。

我很快的发现，我最初的印象并不完全正确，自从政府编制保甲之后，地方行政的基层结构的确有了很多新的建树。现在的形式和编制保甲以前的传统形式有不少特别之处。但是我们若认为事实上的机构一切都适合法令上的规定，却又不然。法令所规定的保甲只决定了改变传统形式的方向，它并没有付诸实施，这一点原是可以想像得到的。保甲编

201

制在呈贡是始于民国二十年，到现在还不过十多年，在这十多年中又有几次改制。短短的岁月自不能完全改变深埋在人民习惯里的传统制度。现有的机构是一个新旧交杂的机构。

我们若肯耐心分析一下这新旧交杂的机构，就不难发现为什么有些部分可以很快的接受了新的编制，为什么有些部分不过是旧瓶里装新酒，又为什么有些部分新的法令几年毫不生效。这些正是一个有心推行新制度的人所应当知道的事实，因为只有明白了这些事实，我们才能发现怎样才能有效的把法定的制度在事实上施行出来。也许从这些事实中我们也可以见到一些不易或不值得一定要坚持新制度的地方，不如逐步修改和补充我们的法令为是。我根据这一点把现在的实地调查所得的材料写成这篇论文。

在我所调查的三十二个村落中，有一种传统的组织叫做村铺或村牌。凡是呈贡县外，昆明、徽江、晋宁、到答等县都有此种组织。所以可以断言在云南境内，它一定是相当普遍的。我所调查村落虽然包括着三十二个村落，因其传统的组织，现象大致相同，所以我便决定以其中的一个村落——化城村为代表，加以叙述。其所不论便是在未编保甲以前传统组织的内幕及其活动的情形。至于此种传统组织对于现有保甲新制的推行，它有若何影响，因限于篇幅，只有留给另支〔文〕讨论了。

## 二　传统的公共团体

在未讲化城村传统的行政制度以前，让我对于村落的一般性质先加以简单的分析。在野外随便一个地方，只要我们站在高岗上瞭望，一丛丛星罗〈木〉棋布的农家，就会进入我们的眼帘，对于每一丛农家居住的所在，我们叫它做"村落"。我国农家大都是聚村而居的，安土重迁的观念与农田收入的微薄，使农民宁忍受经济的困苦，而不愿同时也无法离开自己的本土，去另谋新的发展，他们与土地的关系就如同他们手植的作物与土地的关系一样，父而子，子而孙，一代代的传了下来，一代代又被土地紧紧拴住，永远的关在一个小天地里讨求生活。因此深厚的历史传统，使这些世代居住在一起的农家，大家彼此间披上了一套亲属、同族、乡党等的社会关系，成了一个关系甚为密切的社区。

对于一个社区，我们可以从经济、教育、宗教等各方面去研究。本研究只是其中的一方面——行政问题。上面我们已经说过，村落是一个关系甚为密切的农业社区，许多农家生活在一起，当然便有许多属于公共的事务。这些公共的事务，有些出自上级政府的命令，有些发生于本社区人民的共同需要。究竟这些公共事务的详细项目是些什么，由一个怎样的机构来担当，谁来推动这个机构，凡此种种都属于我们研究的范围。研究一个社区的行政问题，与研究其他社会问题确有若干不同的地方。研究行政问题时，我们的对象为公共事务，第一是以整个社区为其区域的，第二是以全村居民为其范围的，第三是以共同的利益为其目的的。因此，我们在形式上是一种整个社区的调查。虽然在事实上我们所调查的、研究的，不过是社区生活的一方面。

A. 大公家。化城村公共的组织，当地人称为"大公家"。揆诸近代地方行政的原理，既然是一个地方的公共组织，必有一定的区域，但是大公家显然不合于这种观念。

大公家不全是一个地域的组织，它的区域虽以本村为主，却超出了本村的地界。村界是很清楚的，在未清丈以前，化城村和其他的村落一样，与邻村已有很清楚的界线。水沟、大石、树木等常是各村分界的标记，自从民国二十一年呈贡县举办清丈以后，村落的四界，有村图可考，较前更为清楚了，村落的地界是很清楚，但是大公家的区域却与村落的地界不一。

大公家是一个村落内最大的公共组织，它的组成份子是村落以内的铺民，它管辖的范围包括：（一）村落以内一切的居民；（二）在村落的地界内有田地的人；（三）子村的居民。大公家的区域是超出村落的。

铺是村落的分区，化城村有四个铺：上铺、中铺、白邑铺和仓登铺。上铺共有八十一铺户，中铺共三十三铺户，白邑铺共有三十二铺户，仓登铺共有一百十一铺户。铺民以个人的地位参加大公家的活动是很少的，是故所谓铺民通常多以铺户为单位表出的。以户为地方组织的单位是我国普遍的传统。

铺民与村民不同，可称为铺民的村民有两种条件，一为世袭，一为加入，大部分的人由第一种条件得到铺民的身份。所谓世袭，就是铺藉〔籍〕的传授根据出生的权利，祖先属于某铺，子孙便永远属于这铺。在本村居住而想脱离原来所属的铺，加入别的铺，是习俗所不容许的。多少年来从没有发生过这类的事，而且迁出外村的铺户，一旦搬回村来，这户人家便仍属于原来的铺。所谓加入，当地人称为投铺，就是外村人迁居在本村以后，可以要求加入四铺之一。在未经加入之先，他有选择的自由，但是既经加入之后，便不能随意更改。这个新份子加入时，并不是说句话就可以加入得了的，他得在神前"挂功劳"。这挂功劳的大小，全视申请者家产的贫富而定，或在寺庙内置若干付桌凳，或修理寺庙……

组成大公家的份子是四铺的铺民。但大公家管辖的范围并不以铺民为限。

（1）它管辖村落以内一切的居民，不论铺民或非铺民。我们已经说过，大公家是村落以内最大的公共组织，非铺民而居住在村中的大部受它的统治。化城村的居民共计二百六十六户，铺民占其中二百五十六户，其他十户尚没有铺民的身份，六户是商人，三户是医生，其余一户是佃户。

（2）它管辖在村落地界内有田地的外村人。我们知道，各村落对于捐税的负担，是由县政府依照各村耕地税捐作比例来摊派的，每村对于县政府所摊派下来的捐税，又依照每村地界内各田主的耕地税额来作比例加以摊派，他如各村内部兴修水利等费用，也是这样摊派的。那么凡是本村地界内有田地的人，都须分担了。每村地界内所有的田地，并不完全属于该村的居民，有一部分是外村人所有的；别村界内的田地却也有一部分操在本村居民的手里。化城村耕地归户册与统计册上所载的耕地税共计四百六十七元，其中属于本村居民者计三百九十七元五角，分属于邻村高家庄、大营、小营、化古城、马经铺等村者计二十九元五角，在高家庄等五村中，也有属于化城村居民的田地。由于各村居民田地所有权时常超出了他们所在村的地界，大公家的行政区域，因之也超出了村落的界限。

（3）它管辖的对象，除了住在邻村在本村地界内有土地所有权的人以外，尚有子村的居民。子村原来是大村的佃户组织成的，在未编保甲以前，化城村有三个子村，自从编制保甲以后，有一子村脱离了，现总共只余两个。这两个子村的居民仍然受化城村大公家的管辖。在未编保甲之前，三个子村与县政府不发生直接的关系，一切上级政府委办事项均由化城村大公家处理，例如子村的田赋，县政府临时摊派下来的捐税服役，三个子村的居民均须听从化城村大公家的调度。住在邻村在本村地界内有田地的人与子村居民，虽然同样受化城村大公家的管辖，但是二者间却有很大的不同。邻村居民在本村地界内有田地的，只有财力的负担，受化城村大公家的管辖；而子村的居民则除了财力的负担外，尚有人力的负担。化城村与其子村的关系，在本章第五节中将有详细的描写。

在上面所讲过的四种人中间，只有铺民为大公家的组成份子。大公家的行政人员只能从铺民中产生，其余的三种人是无权问津的。大公家一切活动也由铺民中推行，其余三种人只有服从的义务。

B. 小公家。小公家是铺的公共组织，铺是村的分区。小公家是大公家下的行政组织，化城村有四个铺，故有四个小公家。小公家的组〈铺〉成分子是铺民，铺民的资格我在上节里已经提到。小公家所做的事（下节里还要详述）比了大公家更为切合于人民的日常生活，所以铺民间的团结也比较强。在人民的意识中小公家也比较更为亲切具体，他们甚至以神灵来象征这种组织。化城村的四铺，每铺都有一个专祀的神灵，本［上］铺是大佛老爷，中铺是天王老爷，白邑铺是帝释老爷，仓登铺是土主老爷。每个神灵都有一个庙宇，这庙宇也就是同铺人民聚会之所，每年有定期的祭礼。全体铺民认为，他们的命运就操在他们所供奉的神灵手上。铺民是神灵的子民，铺民的团体意识就这样地在共同的信仰中表现了出来，小公家就靠了这样的意识，成为这地方农民所维持着的最基本和最亲密的公共组织。

小公家分子间联系的亲密和团结的坚强使他们感觉到他们之间似乎已超过了单纯的地缘结合。我已说过铺民并不一定是属于同一宗族，但是在他们的共同活动中，却常常带着一些亲属联系的意味，最显著的就是在一个绝嗣的铺民死亡时，小公家不但负有办理丧事之责，而且死者和他祖先的牌位都要放到小公家的庙里去，按年祭礼，使他香火百世不绝，小公家负担了人民心目中最重要的亲属责任。我在呈贡的另一个村落，见到小公家的庙内供奉着六姓的祖宗牌位，全体铺民共同祭祀，俨似一所联合的家祠。氏族的组织和小公家的组织这样的结合，使我们很难说铺这个团体究竟是发生于地缘基础还是血缘基础了。

## 三　传统的公务

A. 大公家的公务。大公家的公务可以分为两类，一为上级政府委办的公务，一为本村的公务，上级政府委办的经常公务为征收田赋。除征收田赋外，如捐税、公役的摊派乃属于临时委办的公务，大公家主要的公务还是本村自身的公务。本村的公务主要的有下列各种。

（1）水利的管理。水利的管理是大公家一件主要的公务。化城乡所属的三十二个村落，大抵都是地多田少。地是旱地，田是水田。本地人将田依水的来源分为三种，即龙潭田、塘源田与雷响田。龙潭田的灌溉是靠泉水，塘源田是靠人工修筑的水塘，雷响田则靠天雨。所谓"三年两不栽"者即靠天雨的雷响田，三年里有两年栽不下秧去的意思。化城村田地的比例是三比七，化城村通龙潭的水沟被山洪冲毁，早已不能利用，所以化城村的田只有塘源田与雷响田二种。一遇旱年，雷响田便栽不下秧，于是唯一的水塘"敦化塘"，便成了全村人民的生命线。这个水塘可以灌溉四千多工田①。假若没有这个水塘，凭这块地皮决养不活全村二百几十户人家，因此，水塘的管理便极端重要了。关于修理水塘的费用，一向均由大公家收入项下支付。水塘的开放、关闭与水沟的清理、巡查，则由水长二人负责。水长的人选，系由大公家公开招标，由本村村民中中标者担任。中标后便负有管理水利与水沟的责任。每替村人泡一工田，即依照两公家的规定收费若干，依三十年度的情形，水长二人系以二百元中标，每替村人泡一工田，可得六角钱的报酬。待本村地界内的田泡完后，如有余水，水长可卖给外村，通常定为一工田给米一升作报酬。但是如果本村的田还没有泡完，便将水偷卖给外村，水长便要受处罚，同时水长向"花户"每工田收费数目，不得超过大公家的规定。如发现浮收情事，也要受罚。关于水的管理，虽然是大公家招标办理的，大公家对于中标的水长，却时时处于监督与指挥的地位。

（2）调解。调解就是村人发生争执时，由当事人双方或一方请求大公家的行政人员予以解决的意思，大公家的行政人员接到调解的请求后，便定时传齐当事人双方。先由当事人双方申诉理由，然后决定解决的办法。调解的地点，普通都是在茶铺里，也有在当事人家中举行的，后一种的情形大致比较严重，请求调解者须办饭招待，费用颇大。乡下所谓调解与现行司法制度中的调解意义甚不相同，在现行司法制度中所规定的调解，只限于民事案件，刑事案件则不允许调解的。至于大公家所主持的调解则不管民刑案件一概受理。它的办法是折中，精神为妥

————————————

① 每工田约合一亩。——编者注

协。对于一件案件的处理，并不是明是非、伸曲直，而是了却一番事。同时判决的根据并不是法律，而是习俗。

（3）警戒。每当冬季，尤其是旧历年关，常是盗贼最多的时候。村内居民轮流打更守夜以为警戒。这事便由大公家负责主持，每夜由村东与村西各派十户担任。如发现有回避与偷懒的，便要处罚。

（4）办理学校。本村小学的办理，从经费的筹划到教师的聘请，一向均由大公家负责。

（5）神灵的祀奉。旧历三月十八日的祭龙会，五月十三日的关圣会，以及六月二十四日的牛王会，都是属于全村的集会，会首虽由各小公家中选派，但是大公家却处于主导的地位。祭龙会的费用，大公家会拨有专款以作津贴。

（6）财务的管理。大公家既有许多公务，由于这些公务的推行，便少不了若干费用的开支。关于这些费用的筹集、保管、开支，统属于一村财务的管理。化城村大公家的公田，每年可得租米十一石六斗六升（公升），此外尚有铺租、水塘招标、牛草地等收入，一切公务的费用，均由这几项收入开支，万一不足时，始向村民摊派。公产的收益既为开支的源泉，因之公产的管理、保护、处理与公产收益的经收、保管、开支，便很重要了。

B. 小公家的公务。小公家不负推行上级政府委办事项之责，所以它的任务，便只限于推行铺的公共事务。小公家主要的公共事务有下列各项。

（1）香灯会。香灯会可以说是各小公家最重要的公共活动了。化城村各小公家香灯会的会期由旧历正月十三日起至十八日止，每小公家的会期两三日不等，在举行香灯会以前，所有租种小公家田地的佃户及租住小公家铺面的房客，须将租米及房租扫数缴清，以备办会。如逾期不缴，便有停租的危险。各小公家举行香灯会时，所属铺民每户均由家长人参加宴会，每日两餐。关于宴会的费用，就民国卅一年的情形来说：中铺因为户数少、租米多，所以不向铺民摊款；上铺向每铺户收费三元；至于其他两铺因为租米少，经济情形较为困难，小公家只担负猪肉和米，其他费用均由铺民摊派，大致每户十元左右。

正月十三日是化城村香灯会开始的日子。全村绅士和管事手捧香盘，去邻村大营迎接祖师老爷。这个客神非请不可，若不请来，据说要发生灾难，十几年前本村和大营失和，未曾迎接祖师老爷来参加香灯会，该年就发生了瘟疫，死了许多人，真是件巧事。祖师老爷快进村子的时候，本铺的神灵出村恭迎，城隍老爷则在村子边等着。城隍老爷不出村的，一出村据说小鬼们便要出来作乱了，六神会齐后，绕村一周，然后抬入上铺的庙里——大佛寺。在大佛寺内，六神的座次是这样的：最上是祖师老爷，次是城隍老爷，三是中铺的天王老爷，四是白邑铺的帝释老爷，五是仓登铺的土主老爷，末座是作东的上铺的大佛老爷。接着是由中铺、白邑铺、仓登铺办会。办会的那一铺的神灵在自己庙里作东坐末位。上述神灵的位次正代表化城村各个铺的地位。宴会中除了神灵参加之外，大公家的行政人员和各铺的职员也被请在庙里一番痛饮。

香灯会的事务由会员负责，会员是由各小公家的铺民轮流担任。人数依各小公家的惯例，数人至十数人不等。会首的任务是购办什物、布置会场、邀请客人等。

香灯会的目的，约有四点：（一）祈求神灵保佑；（二）公民聚餐同桌；（三）财务的清算；（四）各小公家间的联络。

（2）铺民的出生、死亡与婚嫁。每个铺民生命中的许多重大的事故，如出生、死止［亡］、婚姻等，依传统的习俗，是被认为与其他铺民有很大的关系的。先就出生来说。一个婴儿的出生，须经过一番类于近代之人事登记的手续，当地人称为"上酒"。男孩上酒是强迫性的，女孩则可以听便。上酒的仪式在婴孩出生的第二年的香灯会里举行，如果孩子是正月初间出生的，则当年就得上酒，不许待诸来年。所谓上酒就是在小公家所供奉的神灵前献一瓶酒，重量由一两斤至三四斤不等，为女孩上酒则一小盆已足。生女孩不上酒，别人不关心，生男孩而不上酒，不但要受舆论的制裁，而且孩子的父亲（或其他家长）在举行香灯会时还要丧失吃酒的权利，可是这种事在化城村从来没有发生过。三十一年旧历正月里，我曾参加过他们的香灯会。一天，在宴会席上有一位年老的绅士告诉我说："蒙土主老爷保佑，我们仓登铺的人口在四铺中是最兴旺的了，每年至少总有七八家人上酒。"言下一付得意的神色，充分表示了这位老人对于人丁的关怀。他还告诉我说，一个已婚男子，对于公家有生儿育女的义务，如果结了婚很久不生育，或者仅生女孩而无男孩的话，他须请求年高德劭、子孙满堂的人，在举行香灯会时，在神前以木棍打他的屁股，以示惩戒。被打者并在神前发愿，求神保佑生个男孩，一定多多上酒。据说化城村的邻村大营，近几年来连续有这样的事情发生。有位姓席的农夫一连被打了两三年，他曾同我一起吃过菜，迄今尚无后嗣，大概还得挨打。

其次可以一述铺民的丧事，如果某家死了人，铺民便要化上几天。俗语有"门前有块青石板，家家有事都来喊"。第一步是请道士开路，接着要办"开丧饭"，主人请客，招待小公家的职员、同族和亲友。请客的用意是要这些客人来办理丧事。在宴会席上由这些客人决定了下列几件事：（1）依照主人的家计，估计丧事的费用，若是现款不足，并代谋如何典田卖地。这些客人因为花的不是自己的钱，每每乐于慷他人之慨，把预算定得很大，本地有句俗语说："死人不吃饭，家当去一半！"约在七八年前，有人与棺材匠串通舞弊，被主人告到县政府，县政府布告禁止外人干涉丧事，此风始为稍杀。（2）决定发引即请客的日期、应请的客人，推定负责人去购棺材、雇亭子①、买猪、请厨师等。

到了发引那天，主人在墙上贴了一张榜，榜上载有许多职务，下面是担任这些职务的人名。主要的职务例如：1. 鸿书大宾；2. 总理事务；

---

① 抬棺材的设备。——编者注

3. 经收奠仪；4. 司书登记；5. 务外照应；6. 天厨造饭；7. 支摆桌凳；8. 拿托菜盘；9. 下馔；10. 司菜巡酒；11. 添巡汤饭；12. 收洗碗筷；13. 搬柴运水。上述许多职务中，第一项〔到〕第五项<俱>由亲友及本村人士担任，第八项到<至>第十三项均系由死者所属的小公家的铺民担任，掩埋棺材也是由小公家中年轻的分子出任，丧事的宴会并不在死者的家里举行，而是在自己小公家的寺庙内，庙内备有公用的锅灶桌凳等物可以取用。如果死者没有子嗣或亲属，则丧事的料理完全由小公家负责。办完丧事之后，如果死者尚有余产，便充作小公家的公产，死者一宗的香火亦由小公家负责供奉。

一个铺民的死亡，要使全小公家兴师动众。同时一个铺民的嫁娶，也有类似的情形发生。由此可见一个铺民的出生、死亡、嫁娶，不仅是当事人的私事，而是牵涉整个小公家的公事。就出生来说，生了孩子要上酒，不生孩子要被打屁股。就死亡来说，一家死了人，小公家的铺民要动员起来忙上好几天，个人的生活与公共的生活几乎是打成一片了。

（3）财务的管理。化城村四个小公家均拥有大量公产，一切公务的开支均取给于此，它主要的开支：1. 支付香灯会费用；2. 协助本村学款；3. 支付小额的政府捐税。

## 四 传统的行政机构

A. 大管事。大公家是全村最大的公共组织，推行大公家公务的机构叫做大管事。在上节中所列举的许多大公家的公务，便是由大管事负责推行的，在一般乡下人讲到大管事的时候有两种意义：它是推行大公家公务的行政机构，也是推动这个机构的人物。化城村大公家共有大管事三人。大管事的职权主要的有下列各项：1. 财务的处理；2. 村民争执的调解；3. 惩罚违犯村规的村民；4. 主持全村的公共集会；5. 推行上级政府委办事项。化城村有三个大管事，握有上列五项职权。马姓大管事在财务下［方］面专管本村学款部分，钱姓大管事不负财务方面的责任。对于其余四项职权的行使，三个大管事常采取协议的方式。实际参加协议的人并不只三个大管事，另外尚有绅士及各小公家的小管事，不过直接付诸行动的厥为三个大管事，村民争执的调解马、钱二管事可以单独作最后的决定，其余四项须李姓大管事在场始能作最后的决定。

大管事是怎样产生的呢？大管事并没有一定的任期，新的大管事的产生一定得旧的大管事死亡或退休。当有空缺的时候，退休的大管事、在职的大管事或本村的绅士提出一人，经旧有的管事与全村的绅士认可后，便产生了新的大管事。但是也有例外的情形，好像现任的李大管事，他的父亲原来是本村的大管事，七八年前他先代理他父亲执行职务，时间一久，自己就无形中变成了大管事。不论大管事的产生的方法如何，出任大管事的人多具有担当的资格。出任大管事的资格可以分作三点来说：

（1）学历。在前清有功名的人与目前有中学以上毕业的学生，常是最容易得到大管事地位的人。知识即权力，在这个充满了文盲的社会里更显得正确，现任三位大管事中，有两位是师范毕业，有一位是小学毕业。化城村三十岁以上的人中，中学毕业生只有四个，竟有一半作了大管事，可见学历是做管事的重要资格之一。

（2）经历。经历也是获得做管事的途径之一。为什么经历会发生这样大而［的］作用呢？这时［是］由于从经历中所扩大的一套社会关系。农业限制了个人的活动，整天甚至整年生活在一个小天地里，在一起生长的，彼此的经历也大致相仿佛。如果我们愿意借用梭罗金社会箱一名词的话，则农业就好像是一个箱子，从事农业的人被关在这小箱子里过日子。如果有一个人打出了这个小箱子，从事于一种新的职业或工作，待他回到自己的村子以后，他不但比别人多了许多新的经验与见识，同时他比别人多认识了许多人，扩大了他的社会关系的范围。若是他所新结识的人中有有势力的人物，他更可以倚仗这些势力在村子里增加地〔他〕的名望和地位。化城村的三个大管事中，李大管事，未当大管事之前，曾代理过呈贡县教育局长，又当过本县县立中学的教员，做了大管事以后，又作过化域〔城〕乡的副乡长；钱大管事也作过十几年的小学教员；马大管事曾在昆明当过军职。

（3）年龄。年龄是生命历程中所渡过的时间，时间的本身并不重要，年龄所以重要是由于它与人格的长成和生活经验的获得有很大关系。在乡村里办事，与其说是靠知识，毋宁说是靠经验，说到经验，那都是从失败与成功中得来的。年龄大的所遇到的失败与成功的次数较多，因此经验也比较丰富一些。更有进者，老年人因体力衰谢，农田劳作已由其子孙继替，可以不必为生计忙碌了。他们得有余暇以从事于公共的事务。此外，乡党论齿及尊敬老人等的伦理观念，也能稳固老年人在公共团体中的地位。老管事这个名词，在化城村是随处可以听到的。现任的三位大管事中，有一人将近四十岁，其余二人均在四十岁以上了。

大公家公务的推动，除了大管事以外，尚有大乡约二人。大乡约是由四个小公家轮流选派。大乡约对内受大管事的调遣，对外与县政府办理交涉，大管事和县政府并不直接发生往来。县政府有事便派班头出来与大乡约办理交涉，然后由大乡约请示大管事决定办法，如果违误政令，须受处罚，是由大乡约承担，与大管事无涉。大乡约因为常要和班头打交涉，稍有差池，便会被班头用铁练〔链〕拴去坐监，所以他的社会地位极低。理论上说，全体村民都有充当大乡约的义务，但是真正出任大乡约的，只是村民中的一部分。在从前，有功名的人不当大乡约，自从办学校以后，中学毕业生也从来没有当过大乡约的。此外，一般生计困苦的人，习俗也认为不应该叫他们去做这职役，使他们生计发生问题。于是关于大乡约的合格人选，便是那些有财无势的人了。无财的人当不起，有势的人可以不必当。〔大〕乡约是个苦差！

　　B. 小管事。小管事为小公家的行政机构。化城村的四个小公家所有小管事的人数不等。中铺有小管事三人，其他三铺各有小管事二人。小管事的职权主要的有下列各项：1. 财务的管理；2. 大乡约与小乡约的派定；3. 公共集会的主持；4. 大公家公共集会中本铺代表的派定。关于上铺财务的处理，每个小公家均各操在一个小管家<外>手里，管理上铺财务的小管事，就是大公家的李大管事；管理中铺财务的小管事，就是大公家的钱大管事；管理仓登铺财务的小管事，就是大公家的马大管事。他们三个人是兼任大管事和小管事的。至于白邑铺的财务，则由一位姓陈的小管事任之。此人便是民国三十一年化城村的保长，除开了财务的处理，其余三位职权的行使，也是采用协议的方式，在付诸行动之前，均须得到管理财务的小管事的同意。

　　小管事产生的方法和大管事相同，但是小管事的资格则不和大管事相同，当大管事的必须识字，而当小管事的则不必。在现任九个小管事中，有三个是师范毕业生，三个是本村小学毕业，另外三个是不识字的。这三个不识字的小管事，一个当过排长，其余两个都是务农出身的。

　　各铺公共事务的推行，除了小管事外，尚有小乡约。每个小公家有小乡约二人，共有八个小乡约，其中二个是兼任大公家的大乡约。所以实际服务于小公家的只有六个小乡约，小乡约协助大乡约执行县政府的政令以外，又受本铺小管事的调遣，办理小公家的事务，如征收公田和公房的租米、房租等事。小乡约的产生，理论上是由铺民轮流担任，上面在讲大乡约时已说过轮流的困难，在小乡约也是这样，所以实际上便由小管事派定。大小乡约有一定的任期，一年一任，在旧历除夕，新旧交替，但在化城村则依特殊习俗，在五<十>月三十日过关圣会时交替。

　　大管事与小管事均为无给职，任期也没有一定的年限，然如此为什么还有人愿意出任呢？为名？这自然是不错的，但是除了为名之外，却也是有利可图的。大小公家都拥有大量的公产，这些公产既然操在管事的手中，便成了管事们牟利的渊薮。化城村的李大管事，兼任上铺的小管事，上铺有公田五十三丘，他就租种了二十几丘。公田的租额仅及私田一半，论理原含有救济穷苦者的意思，这位大管事是第一位富户，本不该租种公田，他却利用他的地位把上铺近一半的公田都租下了，同时又把自己的私田租给别人种。这样一进一出，每年可以多得十五公石左右的租米，而且据说他从来没有付过公家的租米，事实上他是占用小公家近一半的公产。这位大管事自称是书香人家，已有四代脱离了农田工作。除了出租的田之外，他雇工经营他的农场，每当农忙时候，便会听见村子里有人偷偷地在说"做夫子"。什么叫"做夫子"呢？意思是指替这大管事白做工，村里那些穷苦的小伙子，每年都得有一天为这位大管事做夫子。李大管事这样的作为，虽然大家都愤恨，但是谁也不敢出来公开反对，因为村子里有许多人都租着公家的和他私人的田地，得罪了他下年就租不着了，没有种着公田的人也想巴结他，希望租得块公田，而且得罪了他，他报复的手段辣得很，小门小户的人家谁担待得起？李大管事的生财之道，除了租种公田外，在租公家与上铺公款的支付中又从中得利。李大管事并非例外，其他的管事，本村的和别村的，大公家的和小公家，多多少少都是和他相伯仲，天下的乌鸦也许真的是没有白的。

至于大乡约和小乡约，任期均以一年为限，原则上是由村民内铺民轮流，是含有强迫性的。本村在未编保甲以前，大乡约为有给职，小乡约为无给职，大乡约二人每年由大公家津贴米，呈贡斗三斗五升，折合一公石九公斗。因之，此种报酬甚为菲薄，兼之责任甚重，无人愿当。自从编制保甲以后，大乡约的责任稍减，此种津贴亦随之取消了。于是大乡约变得只有苦处没有好处可得，更加无人愿当了。本村的大乡约尚没有发生过出顶的事，在别村里被派着乡约者，可以出钱请人顶替，在三十年一般的价格为国币三百元。

# 五　传统的社会势力

A. 一般的社会背景。根据国立清华大学国情普查研究所的报告，呈贡县人民的职业分为八类，其中农业一项占男子总人口的 61.87%，占女子总人口的 94.21%，其余工商等七项只占总人口中极小的部分。化城村是一个小小的市镇，虽未必与全县一般的情形相同，但亦不会相去太远。化城村主要的谋生方式为农业，而且大部分都是自耕农与半自耕农，全村靠农业生活的人家，只有一户没有田地。因为地多田少和水利的穷陋，一般人民的生活都很困苦。本村出产的米，据村人们的估计，尚不够本村人半年的消费，不够的数目，除向外县购进来补充外，便以杂粮代替。全村人民中终年有米吃的人家不过三数户。在这样阅［越］苦的生活下，教育程度便很低落。全村 583 个男子中识字的只有108 人，其中只有四个是中学毕业生，十四个中学肄业生；635 个女子中只有三个是识字的，而这三个都只有小学程度。

化城村既然以农为主，人口的流动性则很小，各农家彼此的关系甚为密切，以至于使铺籍的传授发生了世袭的现象，一个农民的出生、死亡、婚嫁而被认为是一个团体公共的事务，如果在一个比较动态的城市社会里，这现象便不会发生，因为居住在城市里的人，生命历程中变化甚多，流动性甚高。生长在农村的人民，我们已经说过，绝大多数是靠田活命的，正因为土地与生活的关系太密切，每一个人都好像在土地里生了根，不但不能移动，而且也就被限制在这块土地上吸取生活的资料，但是农业的丰歉，一方面固然靠经营，另一方面却还要决定于不可知的老天。于是神灵的崇拜，便成了很自然的事情，尤其与农业有直接关系的龙王、牛王、马祖等神，每年均有一定祀奉的日子。由于一般生活的穷困、农作的累人、教育程度的低落，稍有知识的人便能在村中大露头角，以至于武断乡曲，横行无忌。

B. 财产的影响。在这样一个经济生活困苦与教育程度低落的社区里，一般人的愚昧与忙于谋生，使他们无力亦无暇从事于公务的活动，这是很可以想像得到的事实，因之，读书人和有闲阶级便很容易爬到平民的头上，占据行政的机构，读书与空闲均需要一个财产的基础。上文我们曾经说过，在前清有功名的人与目前中学以上毕业的学生，常是最易得到大管事地位的人物。求功名与中学毕业，需要有钱是很显然的，尤其在近代学校教育制度之下，较毕 [比] 科举时代更是非有钱不可。一个农家子弟要保持到中学毕业，不但他家里要花去一大笔钱，并且在求学时代，七八年的时间也不能在农田上劳作生产，若专为经济打算，是很不值得的，但是这种投资却能提高一个人的身份，至于说到空闲，更非没有钱的人所能享受。像李大管事那样能四代脱离农田劳作，就靠了他有较多田产，他可以靠租米和靠雇来的劳力从事生产，来维持优裕而空闲的生活，他有了空闲才能从事于村内的公共事务。化城村所有的大小管事中只有一人偶然下下田，其余全属于有闲阶级。要顾问村中的公务，非有相当的财产是不成的。

C. 绅士的影响。除了大小管事与大小乡约以外，还有一种人对于大小公家的公务有很大影响力量，这种人普通就叫做绅士。凡是化城村大公家的公告，在开首总是写着，经合村绅管公议等这 [字] 样。从字面上我们就可以看出，各该项事件的决定，除了大小管事以外，绅士也曾参与，实际上的情形也正复如此。

管事与绅士二者之间颇有相当的分别，大小管事均负有推动公务的责任，而绅士则没有这种责任。他们对于管事处于一种监督的地位，而且大小管事经常必须住在村里才好办事，绅士则没有这个必要。在化城村被大家认为〔是〕绅士的共有五个人，其中一个有四十多岁，其余四个均在五十至七十岁间，这个四十多岁的绅士，现在团长职务。它 [他] 所以不出任管事，一半是职务在身，不能经常住在村内；一半因为在乡人眼中看来，他的声名太大，地位太高了，不屑做区区的管事。

五位中有三位是小学教师出身，一位现任邻乡中心小学校长，一位现在本村教初级小学，另一位现在已退休。三位均未出任过管事，他们所以不出任管事的原因，据其中两位告诉我，是由于职务在身，不便分心，与情面太软怕得罪人。还有一位绅士就是现任李大管事的父亲，原来是清末的童生，曾历任区长及本村的大管事。

　　五位绅士中以现任团长及李大管事的父亲势力最大，只要他们说东，别人绝不敢说西。三位小学教员出身的绅士，也有相当力量，二十九年本县因修汽车路，李大管事曾舞弊过一两万元，村人都敢怒不敢言。三位小学教员出身的绅士便公开对李大管事提出警告，要他们清算账目，并谓如确有舞弊，便得在法院起诉，于是李大管事被吓跑了，有两三个月不敢回村，后来经人说项，才算了事。


　　《自由论坛》（昆明）第 1 卷第 5、6 期合刊，1943 年，第 15—22 页

劳工研究

# 劳工的社会地位

费孝通

## 一

我在《西南工业的人力基础》一文里（见本刊四卷十四期），曾提到西南新兴的现代工业中潜伏着一个严重的危机，就是现在的情形若不加改变，则战后的西南工业很可能发生人力缺乏的现象。最近我们在昆明附近工厂里调查的结果，更使我们觉得这问题的严重。

先就技工来说，各工厂里的技工，最大多数是从沿海和沿江各工业区沦陷之后移来的。现在因交通线的阻断和沦陷区工业的复兴，这供给的来源已形阻塞。至于那些已经来西南的那一批技工，则又因生活费用的日涨，私人生活的不易调整，大多还是在过他们的流亡和避难生活，很多抱着五日京兆之心，有不少人曾很明白的向我们说战后无论如何是要回家乡的。如何可以设法把他们安定在西南工业里是我们将来还要提出来讨论的问题，这里且不多谈。

关心西南工业前途的人，似乎已都觉得西南工业的人力基础应当从速建立在当地的人力上。换一句话说，我们得赶紧造成一批可以担负将来工业发展责任的本地工人。可是我们的调查结果，却使我们十分寒心，因为我们发现现有工厂中的本地工人的安定程度甚至可以说比外来的工人更弱。在本地的男工中有大部分是为逃避兵役而入厂的，家里有相当的田产，在农村中本属于雇工自营的地主阶级。在本乡暂时不能住，农田上没有他们也不要紧，于是到工厂里来消磨一些时日，等征兵这回事过去了，又可回乡享他们安闲的日子。

以本地的女工来说罢，她们固然没有兵役，但是有家庭中时生时息的冲突，使她们要找一个可以暂时维持生活、脱离烦恼的场所。靠了这一种旧社会的压力，新工厂中得到了一批女工，可是这压力并不是永远存在的。和丈夫吵嘴的，等丈夫回心过来说二三句好话，或是有亲戚朋友出面调解了，她们随时都预备离厂。

我们听了两位在工厂里实地调查的朋友的报告，不免觉得这些工厂，说得过分一些，真是兼做了收容所、避难所的工作了。就是那些因经济压迫出来当工人的，也并没有把工厂里当工人作为他们有希望的出路。欠债的人希望秋来收成好，可以清理了账，回家去；经营商业失败的，还是念念不忘有一天发财的日子，在工厂里是发不了财的，这在他们也是最明白。

这些事实显明了一点，就是传统经济机构中还没有发生一个重要的变化，造下一种进厂的压力，使那些劳动者不得不在新工业中讨生活。回想欧洲工业革命的时候，同时有一个农业革命相配合，使大批的农民不能不离地，一离地工业正是为他们预备下的一条出路。在目前我们的处境适与此相反：农村经济在抗战中繁荣了，农村的劳工可以得到一天二元的工资，外加酒肉；地主们因农产品价格的飞涨，生活普遍的提高了；市镇里的工匠，因疏散人口的数量增加，生意兴隆；更加上交通运输的需要，一个赶马的小孩，一个月都可以有一百五十元左右的收入。试问工厂如何能去吸收他们呢？

当然，我并不是说农村里和市镇里是没有闲人了，只是说目前的农村里和市镇里使人进工厂的压力的确是极弱，在这个情形中要希望建立一个西南工业的人力基础，只有在增强工厂的吸引力方面打算了。在本文中我愿意提到一个吸收劳工的重要因素，就是要提高劳工的社会地位。

# 二

我们曾和六百多个女工谈话，除了少数之外，大多觉得做工不但没有前途而且是失面子的事，有不少小姑娘们向我们痛哭，原因是她们的表姊妹都在学校里读书，而她自己当了个工人。男工中也有很多表示宁愿薪水少，做个小职员，不甘心做工人。他们感觉到工人在社会上的地位太低了，做不得。

提高社会地位是每个工人的要求，最显著的是现在的一切新工厂中，已没有人用"工人"的名称，而全改口作"工友"了。工友两字可说是新名词，在六七年前，只有清华大学那些学校里，才能听见人不呼"齐夫"而呼"工友"。现在"工友"是被普遍的采用。工厂管事的人和我们说，若呼劳工作工人，会得罪他们。

我还听见一个例子，有一位上海新来的太太，借用人家一辆汽车，她没有"入国问禁"，直呼"司机"作车夫，要他搬行李。司机<的>为顾全面子起见硬硬头皮把她送到了家，可是以后永远不再开她的车了。最近听说四川有些司机<的>又不甘心作"司机"，而要人称他们作"工程师"了。

这些名称上的关心，却正表示了劳工们的"卑下心理"。他们对于社会地位的感觉过分敏锐，正因他们事实上得不到社会上公认的地位。有些教授们在饭馆里吃客饭，看着满座司机、技工们全席大嚼，回来觉得工人的享受已超过了他们自己，工人的社会地位已经提高到了教授们之上了。可是事实上却不然，他们穷奢极侈的挥霍，正表示了他们除了食色的低极享受之外找不到用钱的地方，社会没有全部接受他们，这些行为正是要求社会地位不得其道的表现。

"士农工商"社会地位的传统标准，在每一个人心理［里］是否已经改变过来，在我看来还是很成问题。在农村里，依我自己的调查，我的确知道农民们认为下田劳作是件不体面的事，有面子的不下田。在市镇里，最穷也不能把长衫当去。长衫代表什么？是社会地位，是不用劳动的人。看不起劳动本是农业社会的特性。靠肌肉为动力时代的劳动，本是牛马的事。人们和牛马做同样工作，那里会被人看得起呢？我们得承认体力劳动毕竟是件苦事情，避苦是人之常情，所以若是有避免劳动而能生活的人，他们总可以说比劳动者高胜一筹。不论他们的生活程度如何，他们的社会地位是高的。

劳工地位可以提高是发明了利用自然动力之后的事。有机器之后，劳工是处在管理机器的地位，他不再是牛马而是指挥牛马的人了。他们可以有"人的尊严"，有权利向社会要求崇高的地位了。

劳工要求地位是由农业到工业的过程中必然的现象。鄙视劳动却也是农业传统阻遏工业萌芽常见的压力。我们现在正处在农业到工业的大变局中，若是要促进工业的发展，一定要设法提高劳工的社会地位，改变对于劳动本身的看法。

# 三

提高劳工的地位是需要双方并进的，一方面要使工厂以外的人明了劳动的价值和工作的性质，一方面要把工人社会生活的质量同时提高起来。社会学家常说人是在别人眼中认识自己的，工人们要能安心做人是需要在别人眼中得到他所希望的看法，因之劳力的社会地位的提高是要靠社会一般态度的改造。我在上节中已说明看不起劳工是农业经济中所养成的成见，在运用机器的工业社会中是没有根据的。所以若是一般人能多和新工业接触，他们的成见是会改过来的。现在鄙视劳力的成见还是这样深，正表明了一般人还是不认识新工业。

我们在工厂里调查时曾注意工人家长们态度改变的事实，女工们的家长大部分是不赞成他们女儿入厂工作的，但是其中有些人到了厂里参观之后，发现厂中一切的设备，都不是他意想中的样子，他们被机器打入了一个很深的印象，就是新工业中的劳动和农田上的劳动在性质上基本是两回事。于是他们对于女儿的工作也不加干涉了。

若是我们要责备一般人不了解新工业，其实还是责备新工业本身较妥，试问一个普通人有什么机会和新工业能发生接触呢？"工厂重地，闲人莫入"之外，还有常派着武装士兵禁止参观。当然，工厂决不能让杂人任意出入，可是在这工业初期，工厂参观是一种很重要的社会教育，只有把新工业具体给人看，才能把农业社会中传下的那些不合于工业社会的态度改变过来。对于个别工厂，招待参观是一件麻烦事，可是对于整个工业的前途着想，这却是一件必需的工作。至少每个工厂应当从工人的家属做起，规定招待他们的日子，借这个机会把机器开给他们看，把出品的性质分析给他们看，把工作的意义讲给他们听，一言以蔽之，给他们一些工业教育，这样在厂的工人可以不致再受表姊妹的奚落，不会再感觉到社会的鄙视。

从劳工本身来说，被社会鄙视也不是没有理由的，过去在工厂做工的人，不但被人看不起，甚至可以说，没有被自己看得起过。教育程度低，使他们不能发展较高的兴趣，社会道德更是不甚注意。现在的"司机"们固然没有人称他们作"车夫"了，可是实际上他真的配称作"司机"么？他们能保护付托在他们手上的机器，使那些机器可以最有效率的应用么？他们能不利用他们特殊的技能做有害社会国家的事么？若是"司机"们整天作践他们的汽车，大量做走私的业务，单单名称上的改口，决不会真的提高他们社会地位的。

## 四

从农业到工业并不是一条无阻的康庄大道，一路上有各种各色的挫折，劳工社会地位的低落是农业文化留下在工业发展道上的障碍，社会地位是筑在社会通行的价值观念的基础上。本文的结尾中，我们愿意再提到以前曾说过的一句话，就是工业的建立不能单靠机器的购买、厂房的建筑，这些是表面的东西，得来是不难的，重要的基本的，我们还得建设一个能使机器顺利和有效活动的社会环境，创造一个和新工业相配的精神，这是工业教育的工作。

《今日评论》第 5 卷第 1 期，1941 年，第 9—11 页

# 内地新工业中劳工的地域来源

史国衡

在内地建设新式工业，有许多困难是无法避免的。例如内地经济组织不完备，各门生产事业未能齐头并进收联络互应之效，加以原料不充足、机器不齐全、交通不便、治安不良，在在足以阻碍工业之进展。然而〔近〕年来事实的昭示，使一般人士逐渐感到上述这些困难，并不算得太急迫，还可以徐图补救。而我们自认为有办法的劳工因素，却成为一个相当严重的问题，并已引起各方面的讨论，好像黄汉瑞先生在《论战时技工管理》一文里（《新经济》二卷一期）说过一段话："许多物质上的困难，就内迁工厂而言，有些已告解决，有些已在解决中，惟有一人为的困难，大家都感觉到了，似尚无具体办法，这困难就是技工管理。"张平洲先生也曾提出"经济建设不要忽视了管理问题"（《新经济》三卷四期），张先生说"我们已往各种企业的失败，失败于管理的成分，恐怕要比失败于技术的成分多些"。而杨端六先生于《再论战后内地工业建设问题》文中（《今日评论》四卷十七期）亦特别论到管理和训练问题。费孝通先生在《论西南工业的人力基础》（《今日评论》第四卷第十四期）文中，也曾指出"人的因素"的重要性。最近重庆《大公报》（念九年十二月二十六日）有一篇社评，题为《工业化的两个重要问题》，一为技术人员的数量，一为工业人员道德之养成。诸如此类的议论，很足以表示牵涉的范围很广泛，其性质尤为复杂而特殊，本文将专论劳工的地域来源，其他问题留待以后再讨论。

## 昆厂的材料

让我先从事实来说明现在内地新工业中劳工是从那里来的。关于这问题，我们还没有很详尽的统计材料来答复，所以在这里，只能根据作者个人在昆明附近调查过的某工厂（以下简称昆厂）作例子，我想这厂里的情形，至少可以代表内地新工业一部份的情形。我的材料有两种，一是昆厂人事课所供给的，一是我去年下季在厂中和工人共同生活的两三月中得来的个案记录。这两种材料，经我事后分析，发现性质无大出入，所以觉得在这里，只举出个案的材料来做例子就够了。

**表 1　昆厂工人地域来源表**

| | | 技工 | 帮工 | 小工 | 合计 | 技工所占百分比 |
|---|---|---|---|---|---|---|
| 外来工人 | 江苏 | 27 | — | | 27 | 90.6 |
| | 浙江 | 11 | — | 1 | 12 | |
| | 广东 | 4 | — | | 4 | |
| | 湖北 | 10 | 1 | 1 | 12 | |
| | 湖南 | 4 | 2 | 1 | 7 | |
| | 河北 | 1 | — | | 1 | |
| | 河南 | 1 | — | | 1 | |
| | 合计 | 58 | 3 | 3 | 64 | |
| 内地工人 | 贵州 | — | 1 | — | 1 | 7.7 |
| | 四川 | 1 | 6 | 5 | 12 | |
| | 西康 | | | 3 | 3 | |
| | 云南 | 6 | 34 | 33 | 73 | |
| | 合计 | 7 | 41 | 41 | 89 | |
| 总计 | | 65 | 44 | 44 | 153 | 43.4 |
| 外来工人占各项百分比 | | 89.2 | 6.8 | 6.8 | 42.4 | 43.1 |

上表将所有工人分为外来的及内地的两类，凡沿海、沿长江中下游及华北平原来的工人属于前一类，西南诸省的工人属于后一类。工人等级，分为技工、帮工和小工。技工即熟练工人，如车工、钳工、木工、铁匠、漆工等是。帮工亦名助手，多系经过正式考试入厂的，他们居于技工的辅助地位，三个月后，可升为三等技工，实则仍应归于非熟练工人之列。小工之工作为移运货材、打扫厂地及其他零碎事务，实即粗工。那末就□厂工人入厂时之程度言，可以简括的分为技工和非技术工人两种了。

上表告诉我们，所有外来工人，约占工人总数百分之四二·四，而外来技工则占技工总数百分之八九·二，帮工为〔百分之〕六·八，小工亦为〔百分之〕六·八，至于外来技工占外来工人总数之百分比为九○·六。内地技工占内地工人总数之比仅为〔百分之〕七·七。由此我们可以总括起来说，昆厂的外来工人总数和内地工人相差无几，但在技工当中，外来工人占绝对多数，又可以说在外来工人当中，大多数是技术工人。

## 一般的见解

劳工的地域来源，所代表的意义是什么呢？关于这一类的见解很多，我们不妨举几个例。杨端六先生在上述一文里曾提到这一点："以湖南而论，一般人民短于经商，而长于作工，要在这里训练工人，似乎不是很困难的工作，至于四川，民情稍有不同……初看似极易训练，不过他们有一个通病，就是自作聪明，每每不易接受下江人的指示，或许是他们习于旧惯，总以为他们的旧法是再好不过的。"杨先生论工人性情，固未忘旧习惯这因子，但是重视工人地域来源，是很显然的。我还听过一位工业界的领袖，说过与此类似的一番话，大意是"中国工人来源，最好的是宁波、上海区的，脑筋灵活；次为山东、河南区的，体格魁伟；再次为广东、湖南区的，动作敏捷"，其余省份的工人，似乎是自邻以下了。

确实内地工人地域来源的分布情形，很可以使我们加强对于工人地域差别性的信念，觉得新工业中的下级干部，非外来工人莫属，实际负工人管理之责者，恐怕尤深此感。在昆厂里，有个工友告诉我，他有位云南朋友，在外省作过多年的工，这一次回来进昆厂，就是报的江苏籍。我又亲自遇着一个自某大学的实习工厂转过来的云南工人，说得一口四不像的下江话，他说："厂里下江人占便宜，我有一位同事，手艺和我一样，又是同时进厂的，却比我多拿四分钱一小时。还不是靠下江的牌头！他当时要我也报外省籍，你看怎样好意思呢？"我想这类风气，决不是偶然形成的。

在工人之间，这种偏见，更为深刻。例如我在厂同桌吃饭的下江工人老龙，原为行伍出身，去年二月进厂，还不过是一小工，不到三个月就升为技工了，九月间他仍嫌工资小，准备辞职他去。有一天他对我讲："我已经对工程司交涉过，下月份工资加上四分五分我才干下去，若只加两三分，和对付本地工人一样，我就走路。"后来他果然如愿以偿。有几个鄂籍技工，也素来瞧不起本地工人，他们常常对我讲："本地人绝对学不好手艺，第一他们不肯用心学，一有机会，就偷闲坐下来；第二他们的脑筋笨，一件工作，讲上三四遍，还是个不懂。"一位常熟的工人也常当着我的面，笑本地工人无常识，连修理电线时，脚下垫一块木板，可以减少触电的危险的道理也不明白。河南的老焦也告诉我，他们的朋友当中，都瞧不起本地工人，说他们笨脚笨手，一点也没出息，只配一生作小工。诸如此类的见解，可以用一句简括的话来归纳，就是内地工人不适于新式工业。

# 几个解释

我们首先不必辩论，内地工人到底是不是配在新式工业里面来作工，只问内地工业建设将来应否放在内地的人力基础上。关于这问题的答复只第一要看战后外来技工，是否愿意住留在内地；第二是假使他们的住留不成问题，内地工业放在外来人的身上，是不是合于经济的原则。关于第一点杨端六先生的答复是否定的，据我在昆厂的研究，结论亦和杨先生同，以后我将专题论及。关于第二点，我们可以说是不经济的，因为要维持外来工人在内地，非用差别工资作吸力不可，由此以推，我们如把内地工业设施，看作一种暂时的避难的策略则已，如其不然，而视之为开发后方，奠立民族工业，树立独立自主的经济体系之基石，势必在内地人力当中，选择并调练出来一大批新的工人，来肩负这种艰辛的巨任。

有了这个先决条件，我们可以进一步看，内地工人在种种表现上赶不上外来工人，除了生物的因素我们无法分析者外，到底有不有社会的和"人为"的限制在里面，在此，我可以举出几点来讨论。（一）无工业的传统。中国的新式工业，虽有几十年的历史，但多偏于沿海一带，故下江居民入新式工厂，犹如近水楼台，现在青年的下江工人，可以说从小就受过新工业的潜易［移］默化了。例如上海的老杨对我讲，他的父亲是一个汽车修理匠，他小时常随父亲到一家汽车行去闲玩，后来他的哥哥还在家制备了一套简单的工具，做点零星的小包活，因此许多机器零件，从小就是他司空见惯的东西。有一个晚上，在小工宿舍里，我亲见一个湖北小工修电线，一群本地小工看得目瞪口呆。我问他是怎么学会的，他说："这有什么难，我家住汉口时，向来不出灯费，总是自己接私线，偷电用。"至于从内地农村出身的工人，是没有新工业的习惯和常识的，一旦走进新式工厂，自不免现出几分土气来。动作不灵活，了解能力差，连举止态度也赶不上外来人，此无他，内地工人，缺乏一个工业的传统。（二）待遇及机会的不公平。如上面的例子，本地工人总以为自己的工资较同等的外来工人为低，狡焉者，遂图侥幸取巧之心，忠实者，自难免灰心丧志，无意于作工。好像我听得老赵的故事

231

就是这样的，他是六月入厂的帮工，论成绩是第一，所以被派到车床上学习，不到一月，另外一个下江人就取他的位子而代之了，原来这下江帮工，是一个技工的小舅子，那技工向上司说了个人情。又如上面提到过的鄂籍技工，就有许多本地工人不满意他们，"他们心思毒狠，不肯教本地工人的手艺，话也难懂，动不动就糟人！"另外我知道一位上海的小工友，进厂不到一年半，已居于二等技工的地位了，是因为有个老技工受过他家的委托，特别照应他的原故。待遇及机会的欠公允，当然是阻碍本地工人进入技工阶级的又一因素。（三）无做工人的决心。内地工人的本身，也有可以非难之点，我发现他们当中，很少有人愿意把作工看为终身事业的，他们的中心兴趣，还在种田、作小贩或家庭手工业上面，他们过不惯有规则的有一定作息时间的工厂生活，许多人是迫于征兵或其他社会压力不得已而入厂，他们并没有把当前的工作看作一种长久的职业，不仅内地工人如此，内地学徒中亦不乏例。昆厂有两班学徒，第一班是在云南招收的，第二班是从湖南招致的，据一位负技术指导的人告诉我："论学历，本地学徒平均程度较高，写字读书也不差，不过学技术却赶不上湖南的学徒，原因是本地学徒不专心，每件工作，非教上四五次不可，他们的家又多在昆明，常常请假回去，学得一点东西，过几天就又忘光了。"有一次，开除了两个云南学徒，一位课长对我发慨叹："人不穷到没饭吃，大约是不会作工的，他们家中有钱，不在乎这一点工资，自然是马马虎虎呀！"这辈缺乏作工决心的工人，在学习上，又不能专心致志，自然是不会有好的成绩表现出来的。

从上文看来，内地新工业中现有的技工干部是建筑在一批不稳定的外来工人的身上，这种现象，在我们看来，对于内地新工业的前途是极危险的。因之我们必须提出一个基本问题，就是内地人民有没有可以训练出配作新工业劳工干部的人才。据一般的见解似乎觉得这种可能性不太大，可是依我个人看来现在内地工人所表示的成绩不太满意的原因，并不是无法改善的。我们虽承认很多不适宜于新工业的习惯不是旦夕可以取消，但是若有较积极的工业教育和社会宣传，也不是永远不能改变。

若我们认为本地技工的养成是建立西南新工业所必需的条件之一，则我们即使暂时觉得本地工人训练有种种困难，也有设法解决的必要，依我看来，心理上的歧视和待遇的不公，却正是使本地工人对于新工业缺乏热心的一个重要原因。因之我们希望有远见的工业领袖能在本地工人中特别下些工夫，奖励他们的上进。

当然，我充分承认在现有的内地工人中有很多是不配做新工业劳工干部的，可是，我愿意特别提醒的，这并不是说在内地人民中没有配做新工业干部的人才。我将接着本文，另将本地工人入厂动机的分析发表来说明现有内地工人不能安定在新工业中的原因。同时我将根据对于内地农村的情形，指出现在的新工业并没有招到适当的分子。我希望关心内地工业前途的人，不必过分悲观，同时也希望他们能感觉到内地工业人力基础的确立，还有许多应该加重着努力的地方。

《今日评论》第 5 卷第 4 期，1941 年，第 58—60 页

# 论吸收内地劳工

史国衡

一

工业建设的过程当中，急应兴办的事体尽管千头万绪，我认为如何吸收劳工，要不失为这里面主要节目之一。这当然不是说能吸收劳工工业建设的问题，就可迎刃而解，不过工业的发展，必得与劳力的充分供应相伴而行，却是显而易见的道理。好像英国革命之初，工厂开始是起于有无产阶级存在的地方，迫农民丧失土地，因而感到生活困苦的一天多一天，即借卖工以维持生活的日众，于是招集劳工愈容易，工厂也就愈形发展，所以使一辈农民脱离乡村，趋向工厂，丢掉原来那一套农业社会的传统，逐渐养成工业习惯，这确是由农业到工业无可避免的一条路。这条路走起来是否平稳，能不能让我们一往直前，大半就要视吸收劳工的成绩如何来决定了。

我们的内地工业，多半是抗战以还在后方先后出现的，诞生得未免太仓促，西南各省的工业，又向称落后，在技术员工方面，可以说没有替新工业打下一点点根基，所以在目前情形之下，谈吸收劳工，比起过去沿海一带来，尤其是重要而又特别的困难。

据我在昆厂的调查，那里面内地工人多为帮工和小工，外来的几全为技术工人，这可说是内地工业不健康现象之一。战后技工居留问题，会引起许多人的注意，我在论《内地新工业中劳工的地域来源》文中（本刊五卷四期），也曾提到这一点，大意是说战后把外来技工固留在内地，不唯不上算，亦且不可能，这问题以后拟专题研讨，现在愿再就"不可能"一点略微加以说明。例如昆厂的技工多来自上海，他们的家属十有八九还留在下江一带，他们又因为生活的习惯关系，过不惯内地生活，我从各方面观察，确知他们的心思游移不定，将来战事一结束，他们的去留，恐怕要相当成问题。所以为内地工业前途打算，奠定内地人力基础，实在是目前当务之急的一件事，从这里看来，如何吸收内地劳工，更值得我们慎重考虑了。

## 二

在讨论吸收内地劳工的时候，我们先得问从什么地方去吸收呢？上面我已经说过，内地旧有的工业下级干部，基础非常薄弱，人口的分布情形，距都市化的程度还很远，没有现成可用的工业劳动者麇集在都市上，供我们直接取求。换言之，我们只有一种滞留在乡村里面的人力，严格说来，他们还够不上称现代化的劳工，还须经过一道挑剔的手续，改头换面，才能蜕化成新工业工人，所以内地劳工，必得从内地乡村里去物色。这里所称的乡村，也许包括的范围太窄狭，不足以概括实际上内地劳工的来源，不过我的实在的意思，着重在有别于已经都市化的劳工，只要和这个意思不违背，无论其来自省、县、市镇或乡村，都算属于我所指的范围。以后我分析内地工人入厂路线时，再讨论此等社会级层，怎样构成工人入厂的阶梯。

从乡村吸收劳工，不是一件怎样容易的事，比不得征兵或强迫服务用某一种单纯的势力即可以奏效，譬如一般乡民，家庭观念还牢不可破，安土重迁的习气未摆脱，不受特别外力的压迫，决不想离乡别里。

何况内地农村土地分配相当平均，人与地之间还有一道坚韧的链锤，很难拉断，又因为抗战的原故，内地成千成万的壮丁送上了前线，农民生活水准已经一般的提高了（参阅吴景超先生《抗战与人民生活》，《新经济》四卷二期），因此劳工的候补数量必远不及平时之高。此外农村工资之提高（如呈贡一带去年下［夏］忙男工日三元外伙食），各类运输的要求之增加，处处和工厂抢人力，即或有一类乡民被迫离乡，可走的路线尽多，就不一定入厂作工人。

一般的说来，一个工人从离乡到入厂，至少要有三种力量在那儿起作用，势必这三种力量互相配搭，才能使这程序完成。此力为何呢？我说第一是压力，这种力量可以使一个人在乡村安心不下，权衡各方面的利害关系，总觉得以一走为上策。如是出门之念油然而生，可是有了这念头，就不一定实际离乡，假使这人的眼界并不广，一切生活习惯、交际往来，只限于一个很小的社区，一旦离开了生于斯长于斯的地方，就不免彷徨失据［措］，势必又要一种力量来作引线作响导，才使他肯出门，这就靠外面的诱力了。但是这人出门以后，可东可西，若工厂的吸力不够，很可以交臂失之。实际上前两种力量，工厂并不能加以左右，工厂本身所要做的事，是如何发挥自己的力量，去和前二者作适当的配合。

若是这三种力量发生的不正常，配合不能恰到好处，劳工利用上也许会表现出病态来，譬如工厂吸力不足，或用之不得其道，很可以把一部优良的劳工遗漏在工厂外；反之，若果乡民背后的压力反乎常态，诱力有了偏向，也可以使他们急不暇择，本来不想作工的，也暂时混到厂内来。那末我们内地工业吸收劳工的成绩怎样呢？要切实明了这问题，一定要将厂内外的情形，作过详细而又普遍的研讨，当然这一时不易做得到，当前我可以引作论据的，只是我们可以见到的在厂工人，下节我将根据昆厂的调查，来说明新工业所吸收的内地劳工的情形怎么样。

# 三

我想用动机二字来表示内地工人所以离乡的原因，亦即是追寻乡民背后的社会势力怎样起作用，和工厂的吸力携起手来，不过这问题相当复杂，谈动机就要牵涉到心理态度的问题，不易归类，我们很难说某人因为某种动机入厂，而于其他动机无与焉，有时两种动机，就可看作一个东西的两面相，例如改进社会地位，就有时和改善经济的动机不能分离。然而为醒目起见，我仍然要用简单的格式，把工人最初离乡的主要动机，归为几类，然后检出个案来阐明各项所代表的情形。我在昆厂访问过八二个从内地来的非技术工人，他们的离乡动机可列表如下。

表 1

| 逃避兵役 | 四八人 |
| --- | --- |
| 经济的理由 | 一六人 |
| 改进社会地位 | 一三人 |
| 家族纠纷 | 五人 |

关于每个工人，我都有个案的记载，这里我不便逐一列举，而且同一类的个案，情节虽殊，所代表的意义也并无大出入，所以下面只举出几个我认为重要的案件作为例子。

逃避兵役。逃避兵役恐怕不是那一省特有的现象，用不着忌疾讳医，看了上表，就可以知道这一项所占的成分之高，超过了全数二分之一。这现象在小工里面尤其显著，我很清楚的知道某县二十多个小工，没有那一个不是因此离家入厂的，连他们自己也承认。其中有一位姓王的朋友对我讲："我们那地方，闹一次征兵，就有同乡来要我介绍他们进厂，要不是怕拉兵，我们在乡间多自在！"老王自然也不是例外，他原是个读书人，当过两年初小教员，后来做买卖到各处赶街子，又从一个外省上门姑爷学会了镶牙，前年预备到县城开店子，兵役问题一来，打破了他的全盘计划，仓皇上省找朋友，好的笔墨事找不到，只好应招进昆厂，他总算为他后来的逃役同乡开了一条路，他们一出门即进入昆厂，再不到别处去碰壁。另外一个县份有十一个小工在昆厂，里面那个姓黄的也常对我发慨叹："这世界真是磨练人，我们出了门，丢得家中老的老、小的小，以前妇人不做的事也得做，忙月还要请帮工，我们不望别的，只望太平了，早点回家。"另外一位姓赵的，家中七十多工田出租，只有六口人吃茶饭，一向在家过清闲日子，这次抽上他的兵，用三百元请了个替身，才一直溜进厂。

帮工逃役的人数要比小工少，这般人在离乡入厂之间，多半有个过渡期，因为帮工须定期应考入厂，不像小工可以一直逃进来。好像当过一年局丁的麻大哥，因嫌薪饷太低，自己生得又老实，找不着什么外水，才约了三位同事考昆厂。他是一个帽店的小老板，现在全家歇业回老乡，他却不敢跟着家庭走，据他说，他那县的户口册上，还没他的姓名，若是回乡被保甲长知道了抽壮丁，岂不是自讨麻烦。

经济的理由。这一项可以分作两种不同的程度看：一是受经济压迫，为解决生活问题出来的；一是出门营利，只在满足经济的欲望，原来生活上并不受威胁。

这类十六个工人当中，受经济压迫的有九个。譬如迤西某工人，一次雇了两匹马贩糖上省城，中途马夫上了前，抄小路逃跑了，傍晚某工人到了店，才察明这么一回事，本钱是借来的，回去怕人家逼账，所以一直未转家，他打算秋收后再去想办法。自幼丧家的小刘，一向靠着姐夫养，前年被人诱到个旧作砂丁，吃了一年多的苦，今年逃回来，才随着姐夫同村人进工厂。在我住的那个帮工宿舍里，要算宣威的老何最用功，论衣服也唯有他穿的最褴褛，不像别的工人，工资用了不算数，还可以向家中索津贴，他自己讲，在学校他是一个苦学生，入工厂又是一个穷工人，原来他废学不很久，在一家罐头店卖过一些时候工，那店子因故关了门，他才流到省城来找职业。

专为营利出门的，迤东来的老耿就是一个好例子。有一次他从黔西贩了三百多两烟土上云南，途中被某护路队发觉了，搜去了一大半，经过这次风险，他才转念在外面做点平稳事。又如两位四川朋友，在云南作过多年小买卖，有一位运气不大好，生过一场病，不愿意再各处奔波，决心入厂过些平稳日子，另外一位，路中遇劫，亏了本，才暂时改行业。

改进社会地位。因这类动机出来的工人，论家庭环境和个人教育程度，要居于一般内地工人之上，他们主要的欲望，似乎在爬上几层社会梯阶，在乡下人的眼目中，出过几年门，世面见的多，地位也就比较高，若是在外面混得一官半职，那更是身价十倍，可是社会上的事偏偏不容易对付，他们的如意算盘打不通，到头还是硬着头皮进工厂。例如开化一小工，简易师范毕过业，做过县政府的书记，后到省城某机关当录事，依然觉得没出息，才请假出来一个短期学校，他自己说是学校在贵阳，已经录取了，因为交通不便，去不成。这是否他自解之辞，我倒不明白，不过好几次，我见他一下班，就抱着一本百科常识问答读，的确还预备考学校。有一位新来的贵州朋友，哥哥在昆明住师范学院，这次应哥哥之命来昆明考军校，赶来误了期，一时找不着别的合式〔适〕事，住旅馆又太不经济，才暂时考进工厂，伊兄已在托人想办法，看来他的工作不会太长久。

这类工人，的确不大在工资上多计较，只觉这职务和他们的身份不配合，好像一位嵩明县的朋友，在土木课作监工，小工还喊他作"先生"，可是实际上，他还同技工共膳宿，心中非常不舒服，他曾向我讲过心思话："我原想出门考短期学校，那晓得自己不行，投考不成，请一位工校教员介绍我进厂，只说监工是职员，进来以后，才知道还是和工人一样，多肉麻！现在就走，又怕对不起介绍人，……要是当职员，自己带钱来用也情愿呀！"还有两位从某防空部队退伍下来的四川朋友，俱在中学修过业，这次来云南，要不是薪饷不够用，那个肯忍辱当工人。陈大哥就常和一位交通界的朋友打商量，开年就回川，据说他有一侄子在重庆住［做］高工，叔叔怎么好意思长期作工人，我问他为什么不马上回家，他说："免费车找不着，还得筹笔路费，于外再添两套新衣服，出了门一场，这个样子回家，岂不惹人家笑话。"

家族纠纷。家族纠纷，全起于工人行为失检，违反了他们家族间的道德标准，不能在那个环境里再立足。例如一位吸鸦片的朋友，家中就有三百多工田，承家不到三年，就浪费了一大半产业，还弄出一件人命案，伤了亲戚的心，所以舅父一当区长，就要把他处死刑，他才仓皇逃出境。有个玉溪人，家在昆明开竹店，去年赌博输了钱，挨了父亲打，才私自离开家。两个四川兄弟，长兄在滇中某海关作事情，这次同来找依靠，不知长兄已在外省立了家，不理会远来兄弟，只好流落做工友。

# 四

看了上面内地工人入厂动机的分歧，一定会使我们想到，他们各个人作工的态度，对厂方的希望，以及为自己前途的打算，都会有很大的出入。这问题牵扯到劳工的安定性，我想留到以后再分析，这里我只预备说一句笼统话，就是大部份内地工人，至少在离乡的时候，并未下决心学技术，打算在工业里面长久讨生活，只是为某种社会原因，一时权宜之计，凑巧走上这条路。这些人将来是不是会一直作工，现在我还不敢说，不过从动机上面，的确可以看出他们不安心。

看透了这种景象，一般关心内地工业建设的人士，或难免要感到灰心疾首，在我看来这却大可不必，从农业到工业，本来就不是一条康庄大道，要走这条道，总得卖相当气力，另外还要有相伴的东西为依辅，其速乃大。英国工业革命之与农业革命就是一个好榜样。再退一步看，现在所吸收的内地劳工，固然不敷我们的愿望，但是在我们还未发现并吸收所谓理想的热心可靠的劳动干部之先，这些已经入厂的工人，不管其动机如何，总算是给予我们一个锤炼挑选的机会，自不必把他们轻轻的放过。此外我愿向负工业建设责任者提供一点意见，就是内地工业还必设法加强工厂吸力，改善招工机构，物色合理的劳工来源，不过，也不要忘记劳工还是社会的分子，从劳工身上所表现出来的问题，必得向社会环境求答案，要解决这问题，更必得和其他社会政策相呼应。

《今日评论》第 5 卷第 8 期，1941 年，第 123—126 页

# 役政与劳工

史国衡

在《论吸收内地劳工问题》（本刊五卷八期）文中，我分析工人入厂动机的时候曾经说过，逃避兵役恐怕是内地各省不容易免除的现象，用不着忌疾讳医。刚巧本届国民参政大会第七日，也通过了一个改善役政，借利抗战建国的议案。可见役政施行有缺点不仅是事实，而且是已经引起朝野人士注意的问题了，役政的健全所需要的社会条件很多，本不可期诸旦夕；而兵役实施情形，有关国防大计，可以值得提出研讨之点亦复不少。但这些都不是我现在所要讨论的问题，我在昆厂调查劳工的时候，看见从役政罅隙遗漏出来不少的人力，同时因为兵役法和劳工法缺乏适当配合的缘故，工厂也没法把这批人力加以好好的利用。结果呢？役政不能健全，内地劳工也无从安定。所以本文将从工业这个角度，来讨论应如何就目前内地劳工所表现出来的事实，设法使役政和劳工政策相配搭，使人力得到合理的支配。

一

当我们看了昆厂八十二个内地工人过半数是为兵役压力而来，很容易令人想到这些人既非为作工而来，就不易接受技术训练。将来外面的压力一去，寄居的目的已达，又大有离厂返家之可能，仿佛役政无形中为一些工厂设了个骗局，工业吃了役政推行不良的亏。假使不是这种关系，或者我们工厂可以找着较多的忠实可靠的劳动份子，不致有两头落空之虑。其实，这只是一种肤浅的看法，只有误认了内地粗工过剩的人方会作如是观。

内地粗工是否过剩呢？我想凡是稍微明白内地工业建设实际情形的人，对于这个问题是会作否定的答复的。昆厂去年十月间曾登报招考四十名帮工，结果只有八人来报名，这里面粗工之缺乏，绝不在技工之下。只要这不是一个特殊现象，我们就可以看出内地粗工数量亦感不足，我们就不能说现在因征兵而来的工人挤掉了其他工人的位子，而实在是前者填补了后者的空缺。换言之，假使不是役政无形中为工厂逼出了些工人来，则内地工业劳力将愈为缺乏。

再从那四十八个逃役工人的身份上来分析，我发现他们大多数是富农甚至小地主的子弟。他们当中有不少是农忙不下田的人，家中雇工耕种，自己拿着烟筒在田塍上照照工，入厂后还嫌工资不够用，常从家中领津贴，这可以证明这些工人如非逃役，工厂绝不能以现在的工资标准去吸引他们来。我在昆厂作调查，心中就觉得很奇怪，为什么逃役而来的工人，穷苦出身的就很少，后来经过某县工人们告诉我，才知道真的贫困份子，即或逃役多数也不上算入工厂，他们宁愿作流动的农工、挑夫，或在建筑界作小工，只有这辈小有资产者，才贪图工厂的安定和保障。因为像昆厂这一类工厂，和军需工业关联密切，政府虽无法令规定，无形中对于兵役具有相当的保障作用，可知在内地劳力竞争中，此类工厂所凭借的是另外一套实力，这实力还是间接由役政衬托出来的。

我们还可以问，征兵不是减少了人力来源么？假使不是把成千成万的壮丁送上了前线，则内地人力的供给抑何止此呢？不过我们现在所讨论的不是役政的有无对于劳工的影响，因为役政是国防大计，不是可以在存废上讨论的问题。设无役政现在劳力供应情形如何？我们实无从推

243

测，所以只能从现存的事实看役政推行对于劳工有什么反映，站在这个论点上，我可以说工业是沾了役政的光。

二

工厂虽然从不完善的役政底下，接受了一批人力，但这人力究竟来得不正常，表现出来的是不安稳，他们知道在上述这类工厂里面做工，可能有免役的保障，但又无绝对把握，总是抱一个苟安幸免伺机应变的心理。所以从役政言，他们是玩法国民；从工业言，又是非常不热心不安定的工人。

我知道有些逃役入中学的学生，后来发现学校无保障，就惶惶不安，有的找校长想办法，有的索性退学他往，在工厂，正有与此相类似的情形，不过工人和厂方不及学生和校长之间有互信，逃役工人总是自为之计。例如某厂当局明白此中究竟，自愿为工人办缓役手续，可是工人们并不愿接受这保障，他们唯恐这样一来，工厂有了凭借，县政府因而有了存根，会有什么不利的结果，所以宁愿东逃西躲。

从工人不愿接受免役保障上，我们可以指出两个很明显的原因，第一是户籍行政办理欠佳，政附〔府〕无法追究逃役的人行踪，他们既有机可乘，就不愿授人以口实，此点我们且不讨论。第二是国民政府的兵役法（二十三年公布）中，并无工人免役或缓役的明确规定。在缓役法中，虽有服工役不能中辍时可以缓役的条文，但是普通工人是否算服工役呢？作工是否可以算不能中辍无条件的缓役呢？至少工人们是完全不明白的。在这种情形之下，逃役工人自然只好靠个人的机警和遭遇了。

为目前生产着想，工厂须设去〔法〕使这批人安心于工作，为将来内地工业人力基础计，更应该把他们长期固留在厂里，但是这问题是由兵役而起，所以想求适当的解决，必得与役政作必要之配搭，庶可于前方抗战无妨，而大有助于后方生产事业。

# 三

本来役政的推行和劳工的供给，在本质上确是有点冲突的，因为两者同是吸收年富力强的人，从对象言彼此间是互为消长，而决不是互为补偿。再从性质上看，前方作战和后方生产，又很难说谁先谁后，孰重孰轻，惟其如此役政和劳工政策的关联益形密切，如或调整不当，轻重失衡，一方有了问题，他方也会显出畸形的现象。

在前一文里，我说从农业到工业本不是一条康庄大道，走起来很吃力。同时，在这过程当中，必得有其他社会政策相辅而行，则事半而功倍。英国工业兴起之易，论者恒把一部份功劳归之于英国农民的无产化，就是这种理由，我并不是说我们树立新工业，也得学英国先来两次圈地运动，其实可以与工业起配合作用的政策又何止一端，从役政与劳工的关系上就可以得一明证。

我们若把役政驱人入工厂和圈地运动使农人群集都市两件事等量齐观，或未免言之过火，土地被没收了的农人，很少有返乡之可能，而逃役工人则否。但实在说来这只是程度上的差别。因为征兵决不是工人所想像的只是战时措施，而是国家一种永久的制度，那末在实施兵役的社会条件还未具备之先，逃役总是难以避免的事体，不过战事停息以后，可以稍减其严重性而已。所以在役政还未臻健全的时候，工业总可以在人力方面接纳它一部份的漏卮，就是退一步着想，新工业对于乡民至今还是非常隔膜，兵役压迫劳工入厂，至少是尽了一点社会教育和工业宣传的功劳，一部本来不〔打〕算作工的，说不定最后对工厂也因此发生兴趣不再回到他们原来的职业。

役政与劳工在实施的方法上，却可以收联络互应之效，上次欧战期间，英国军需工业因熟练工人缺乏，只时〔得〕从前线召回一部出征军士，要是二者失去了联络，这一着就更难办到。再如上述国民政府念三年公布的兵役法中，也有因担任公务或服工役不能中辍时可以缓役的规定，所以二者在对象上尽管有抵触，配合得法，未尝不可并行而不悖。

# 四

但是役政和劳工政策的运用上就有缓急先后之分了。第一，因为兵役是整批的按期征调，不似工人有市场的供应，可以零星招致，伸缩裕余。其次，兵役是强迫的，义务性质的，而劳工是自动的，有权利与义务之均等。因此在二者配合的时候，应是以前者为主，而后者附之，也就是说劳工政策迁就役政之处多，因此役政可以强迫工人入伍，工厂就不能无故阻止人去服役，假使作工即可免役，就无异鼓励人民逃役了。

让工人缓役，有鼓励人民逃役的嫌疑，不如是，劳工又会发生不安的现象，实际上对于役政并无补。到底什么是两全之计呢？我想到弥补的办法之一，是把缓役的范围推广到技术工人，就是不为安定那批逃役工人，单从后方生产事业着想，实亦有加以明确规定之必要。

技工缓役另外还有几个优点：第一是可以打破内地逃役工人东逃西躲的现象，他□（们）为要得到比较久远的免役保障，必得想办法从速爬上技工的梯阶，专心一志的学习技术，把以前向旁处流动的打算改成向上进取的心理，于是工厂可以频添一批较安定、较有效率的人；其次，我们要明白工厂只是逃役路向之一，即使我们的役政尚无根本办法，逃役者纵不入工厂，也难保其不入他业，那末这规定既不会使逃役现象加剧，而反足以鼓励劳力踊跃投入工业了。

从执行上项办法的技术上说，工厂应把粗工升技工的条件严加规定，拉长迁升时间，提高技工程度，打算逃役的人也许要因此提前进厂，但是升技工既不是一年半载的事，在他们还未跳上技工的级层以前，必要时仍可以召其服役，至少在距今一两年之内，不唯无碍于兵役，且可多获得一批人力。在工厂方面，也许为本身利益计，不愿工人多多离厂，而加粗工以袒护，故亦须取得双方之合作与确切之监督。且就现在的事实说，厂方未尝不愿保障其工人，但工人不愿接受保障，如因此而促成工人与厂方之合作，不犹较目前之情形为愈乎？

逃役的人升到了技工，将来兵役的威胁一去，他们不也会出厂么？其实不尽然，工人不安的现象是粗工甚于技工，假如他们做了技术工人，待遇到了一般职业的下级干部的水准线，个人为经济打算，必不愿中途改业。他们到了一个时期或许会不安于某厂，但是就整个内地工业人力基础看，并不算失策。此外如规定在工厂继续作工若干年以上者，由政府给以服务证明，酌减其兵役以外之力役，又何尝不可减少劳工的移动呢？

# 五

总之，在现行役政与劳工政策之下，似乎可以发生抵触矛盾的现象，有人因逃役而作工，作工复因兵役而不安，如役政与工政仍不相为谋，则于工业固不利，于役政亦无补，实际上两者是可以而且必须彼此兼顾的。本文只是就战时内地兵役和劳工的实际情形提出问题，我并不肯定的说什么是唯一的绝对行得通的办法，不过从这里看得出来在役政与工政调协互应之下，可以使内地人力支配比目前更为合理。

《今日评论》第 5 卷第 13 期，1941 年，第 225—228 页

# 工业化与职业间的人口流动

袁　方

## 一

职业间的人口流动，有平面的与上下的两种形式：农民进入工厂，变成劳工，或作家放下毛锥，加入政界，可谓属于前者；佃农购得土地变成地主，或官僚失意下野变为平民，则是属于后者。这两种形式的人口流动，无论古今中外的社会，都是存在着的。

一个社会的解组过程中，职业间的人口流动，分外来得显著。目前中国，就是一个极好的例证。后方农民的流入工厂，旧手工业师徒的多数改业，都已成为抗战以来普遍的现象。

造成职业间的人口流动的原因，原有多种，但其中以工业化所引起的变迁较为强烈。本文目的，即在就"平面的"流动，略加申论。

## 二

中国是所谓"五千年的农业古国"。当前她正遭遇到空前的灾难，空前的威胁，也是空前的变局。中国的开始工业化，虽可追溯到同治年间，但以工业作为建国的基础，还是这次抗战以后的事。在战前，有时国内人士还发生"重农"或"重工"的争论，但到抗战以后，问题的中心已经由"重农""重工"而转变为如何"工业化"了。于是朝野上下都一致努力于工业的建设，在广大后方，如四川、云南、西康等地，前后建立了十五个新工业区，在川滇黔三省中，战时新建立的工厂，依民国二十九年统计，资本以二十万元为最低额者，共计四七二家。西南本是一个工业落后的区域，若没有这次抗战，新工业在西南的发展，也许是近十年间所梦想不到的事。

抗战促成了中国由农业古国走向工业化的新国家，这一转变，无疑的，要使旧的农业社会发生剧烈的解组。单是就传统职业方面而言，就已经带有急转直下的局面。

试先以英美工业先进国家为例。英国的工业化的情形，在一九〇五年，农业人口还占总人口百分之三三·三，到一九一一年，只占百分之十二，农业人口降到几乎无足轻重的地步。美国也是如此，在一八九〇年，农业人口占总人口百分之六四·六，此后逐渐下降，至一九三〇年仅剩百分之二四·六。可见在工业化的过程中，要促使大量的农业人口从事改业。

据我们在昆明市调查职业组织的结果，发现"改行"者甚多。例如，在四五年前，裱画业本市共有三四十家，现在则只剩六七家了。其中还有一二家据说最近就要歇业，另谋出路。战前从事纸扎业的，约有二十余家，现在则只剩三四家，还是朝不保夕。战前做香料的家数，约在四十以上，而现在还在继续营业的，不过十余家而已。小木业的"手艺人"也显然是不及从前多了。诸如此类的情形，正在方兴未艾，这是什么原因呢？据他们说"关门歇业"或"改行"，是由于"这行道不行时，加以警报多，生活又昂贵"。这些话，虽没有直接说出他们"改行"的理由，但这里实在已经包含了他们不得不"改行"的苦衷。

"警报多"，确乎是战争的影响。战争不但破坏了许多"行道"，还使从前繁荣的店铺变成了"门可罗雀"。在昆市，我们固然看见许多"店铺"被炸光了，这些被难的人们，有的不得不另谋"高就"，有的则只好"关门歇业"。还有些行业，虽未被炸，亦受到同样的打击。裱画业便是一例，原来论书赏画，都是承平时代的玩艺，值此"兵马倥偬，军书傍午"之际，谁还能有此闲情逸致？类似的这些"行业"恐怕只有"关门"或"改行"，这是他们最后的一着。

昆市许多行业的手艺人的改行，战争固是一因，最主要的还是后方工业化的影响。譬如小木业的师徒，很多往附近的工厂去了，他们所谓"行道不行时"一话，最能说出他们的衷曲，这"不行时"三字，最有分析的价值。

在工业〔化〕的过程中，有些"行道"，当然敌不住新兴的事业，因而势必失去其固有的地位。一部产业革命的历史，就是一部新旧事业盛衰兴替的历史。有新事业的发展，即有旧事业的没落。这是生产过程上常见的现象，无须多说。

工业化是整个社会生产方式的改变，所以它给与社会的影响，也渗透到整个社会生活的各方面。目前，在昆市，有许多传统的"行业"，都在渐渐地动摇、没落、关门，以至于别谋出路。这是工业化必然结果，无足深怪。

所以工业化的过程，不但是农村人口大量的"离地"，也是市镇中传统职业人口大量的"改行"。

<h1 style="text-align:center">三</h1>

在工业建设当中，新事业的急激增加，是需要大量劳力的。这些工人，有的来自农村，有的则来自市镇中的旧职业，已如前述。这里有一个问题，即新事业能够从传统职业里吸收多少人口？换言之，亦即是传统职业能供给新事业多少人口？这是在职业人口流动中一个最值得研究的问题。

新事业能够吸收传统职业多少人口呢？这里没有可靠的数字可资征

引。不过，新工业的吸收力量，可自其对传统职业组织的破坏的程度上，得到一个说明。其理由如下。

倘如新事业冲破旧职业的程度甚大，则传统职业里的手艺人，便失去谋生的机会，于是不得不从旧职业理〔里〕跳出，流向新兴的工业。反之，若是工业化冲破传统职业的程度很小，则传统职业仍然还有拉住大量人口的力量，再加上农业社会的"安土重迁"与不愿轻易抛弃"祖传"行业的心理，那么，从农业到工业间的人口流动，也许要延长期限了。

新工业的发展，与旧事业的破坏，具有密切的关系。新工业如不能相当的冲破传统的职业，必将感受劳力的缺乏。因为这时新旧事业，都在需要人力。结果必演成新旧事业相互"挖人"的现象，旧事业既不安宁，新事业亦不稳固。所以"冲破"二字是新工业发展条件之一。

目前中国正处在新旧事业交替的途程中，其情形如何呢？就农村说，"农民离地"是战前熟习的名词，而且被一般人认为是农村破产的象征，这名词在目前应是值得庆贺的。但是事实上，除去大批壮丁被征发从事抗战的神圣任务外，"农民离地"，却是并不踊跃。

在西南各工厂中，虽然容纳有大批离地的农民，试分析这些农民离地的根本原因，很多还不是由于新工业吸引所致。据费孝通先生在《西南工业的人力基础》一文中所述，女工入厂的原因，可以说近百分之八十由于家庭间的不和，经济口（窘）迫还在其次（《今日评论》四卷十四期）。据说因躲避兵役而往工厂作工的人，也还占有相当的数目。这些人虽暂时进入新兴事业，但工厂实无法长久拉住他们。由此可见中国新工业冲破传统职业的程度，是不够大了。

就市镇中传统行业方面说，在昆市，改行者虽然很多，但是，改行的手艺人，只有少数流入工厂，大多数流到其他传统职业（如人力车业、商店）里面去。后一种流动，对于工业化可谓毫无帮补。这种人口流动现象，若不能及早加以修正，将来会对于新工业的建设发生很大的不利影响。

推求发生这种现象的原因，也许是很多的。但其中最主要的一个，恐怕是由于目前后方所建设的工业，并非如十八九世纪英国初建的工业那样的循序渐进，却与帝俄彼得大帝提倡工业时有些相似，系一种腊［对］等跃进的局面。帝俄还在平时，中国则在战时，所以许多问题也就由此发生了。

高度现代化的工业，其所需的劳工，须有专门的技术，当然不是改行的师徒所能胜任的。这种改行的手艺人，到工厂只能作小工，他们觉得地位太低，收入太少，不够仰事俯蓄的开销，但技工的地位呢，对他们又属高不可攀。在这情形之下，这些不能在祖传行业里容身的人，只好别谋生路了。这即是新事业还没有力量吸收传统职业里人口的原故。

就目前的情形观察，工业化不但冲破传统行业的程度不够大，还有许多其他事业，直接和新工业"抢人"。例如兵役，就是最显明的一例。因此，反映在新工业建设上的，便是处处需要大批劳工，却处处听见找不到劳工的呼声，结果造成了"事浮于人"的状态，就是"待遇从优"，还是供不应求。

# 四

薪［新］工业既无力冲破旧事业，结果必使农业或其它旧行业到工业间的人口流动拖延的很久。此种过程的延长。据我们看来是害多利少的。其原因可自人口流动给与社会的影响上加以说明。职业间人口流动，本来是随时随地都存在的，对于社会不致发生较大的影响，但目前川流不息式的人口流动，却是一个反常的现象，可以约略地叙述如下。

就利的方面说，由于人口的大流动，致使就业的机会加多，可以避免"抢饭碗"的悲剧。就业者在流动的过程中，眼界扩大，见闻增多，也可消除从前的拘□一隅的狭隘观念，这是好处。

至于害的方面，那就较为具体而且数目繁多了。第一，目前，凡是"待遇从优"的地方，就业者莫不如群蚁附体，众犬争骨，趋之惟恐落后。就知识份子方面说，也复如此。目前大学毕业生之流入银行者，多到出人意外的地步，但加入学术机关者却为数颇少。此中原故，据说系由于学术机关与银行的待遇相差悬殊所致。可见待遇的厚薄，可以决定人口流动的方向了。各种职业为着欲大量的吸收人口，便不得不提高薪给作为"抢人"的条件。但人的欲望无穷，而待遇的提高，却有程度的限制，因之极易养成就业者的"五日京兆"与"得陇望蜀"的心理。譬如许多改行的手艺人，多半是向收入最为丰富的那方面流动。据传说某裱画业的老板，改行经商，其主要的动机是由于目前经商，最易发财；又如某银行一职员，月入在四百元以上，结果还认为不足，而加入那批走私之流的队伍。这些虽是传说，却不难见"惟利是图"的心理在职业人口中，是颇为流行的。

其次，就业者对于职业，没有持久的恒心，也是当前流动中一个显著的现象。因为就业容易，打破"饭碗"算不了一件大事，所以就业者的因循敷衍，不肯努力作事，甚至无理取闹借故与管理人冲突争吵等，都变成了"司空见惯"的现象。

复次，就业者的朝秦暮楚，舍熟就生，势必浪费工作时间，降低生产效率，对技工对工厂，两无裨益。

最后，就业者因流动过速，每天都和陌生人接触，彼此间的同情心极易丧失，因之对于服从社会秩序的习惯也极易减弱。在昆市，许多外来的劳工与司机等，据说在他们间性病的流传颇为普遍。这件事实，表示外来劳工的社会生活已经脱离了常轨，因为外来劳工多是单身的。他们离乡背井，来到一个陌生的地方，既无家庭的维系，又无亲友的监督，社会对他们几乎全然失去约束的力量。于是他们便任性放浪，毫无顾忌，性病的流传就成了必然的结果。还有"爬山虎"的"走私揩油"，也是由于道德观念低落所发生的不良现象。

上述四点不过是荦荦大端，其它害处还多，恕不一一细举。即此四端，对于社会的损失已是相当的重大了。所以如何减短这种人口流动的过程，避免社会不必需的损失，委实是当前的急务。

# 五

从农业社会到工业社会，其间所引起的职业间的人口流动，本是一件冗长的不易迅速结束的事情。工业化的历史，早有先例。美国用了约四十年的时间从事工业化，才把农业人口由百分之六四·六减到百分之二四·六；德国也费了四十三年的工夫把农业人口由百分之四二减到百分之三十；苏联工业化虽是比较迅速的，但它每十年只减少农业人口百分之十至百分之二十，也还费了十余年的努力，才有现在的成绩。返观我国，农业人口占总人口数约百分之七十五以上，要把这样一个庞大的人口，让工业化吸收到其所应吸收的成数，当然不是短时间内所能完成的。那么在中国工业化的过程中，其职业间人口的流动，也许比欧美各国的年限更要拉长了。

《当代评论》第 1 卷第 16 期，1941 年，第 239—242 页

# 论工人的社会地位

张萃群

## 一

工业化中主要的现象之一是农民变为工人，从个人方面看是人民的职业与生活方式的改变，从社会方面看则是社会的结构与组织的转变。工业化使传统的社会制度变迁，其影响结果遂有新的社会出现。工人在此新社会中有其适当的地位。工人的社会地位之获得，一则根源于生活的背境，一则决定于社会的制度。工人社会地位的安排，是社会秩序安定的必要条件。此种安排，苏联不同，英美各异。现在我们根据中国工人的事实略论工人的社会地位。

中国工业建设的条件与环境也是中国工人得到他们的社会地位所有的条件与环境。这是与别的国家不同的。今天中国正处于战时，加以后方又是文化较为落后的区域，近代工业前此都无基础。在这样的时期与环境中，工业是很难发展起来的。目前能够存在的工业只有两种，一是国防有关的工业，一是民生有关的工业。为国防与民生，政府不惜巨资建造工厂，又凭沿海一带人才之西迁，使工业中专门的技术能够有人员推动。工人在这样一个环境与条件之下加入工业，成为工人。这样的环境与条件不是固定的经常的，所以工人在今天的地位是特殊的，也许是暂时的。

我们明了了中国工业的背境后，我们便可进而论中国工人的社会地位。工人有各种不同的工人，但我们是就全体工人而言，尤指产业工人或工厂工人。近代工业中劳工的问题，主要是工厂制度下工人的问题，而不是旧式行业和农业中工人的问题。工人对于其他种人如农人、商人是一大类。工人在一个社会中有一定的地位，社会地位有高低之分、等差之别。我们所谓工人的社会地位，是指在整个社会中工人一类所占的位置。本文仅就工人经济生活的转变与政治地位的展望略加论列。

二

从前中国工人在社会上的地位是很低的，自从汉朝以来，理论上工人的地位仅高于商人。普通所谓"士农工商"，工人居第三位。工人的地位原不甚高的原因有两个：一则因为中国是农业国，所以农人一向比工人被社会尊重；再则因中国的儒家思想向不重工的文化。中国儒家对于人才的看法重"道"而轻"器"，所以工的文化被"上等人物"轻视。在这样一个农业国中，"士"是统治阶级，而"士"大都是由农家出身的。士与农的地位比工商高，是"势所必至理有固然"的。社会中的优秀份子，因此以农为本分，以士为上进，鲜有以"工"为职志的，工人地位因之而低下。这是中国历史上已然的事实。提倡工的文化以建设近代的工业是近数十年间的事，抗战以来国人才对于工业的建设有进一步的认识。一方面有工业化的事实，一方面有工的文化的提倡，因此工人的社会地位可以希望提高的。

中国今日的工人，因工业发展的原故人数逐渐增加。这一部份增加的人口来源有二，一是从农村中，一是从手工业中，来的人口都汇集于都市。都市也就是这样发展起来的。人口从农业与手工业到工业，其间都经过一次转业或改行。此种现象即是所谓职业间人口的流动。职业人口的重新安排，造成人民社会地位的重新确定。据我们所知，现在工厂中的工人，粗工大概是由农业中来的。姑［故］无论是因为农业衰落或逃避兵役，他们总是不安于务农，反之，也可以说他们是受了工业的吸引。这些人多半是佃农，他们在农林中原就不是土地的主人，因之，他们对于农村无所依恋。再者他们大多没有妻子，所以无室家之累。而他们又正是年青力壮的青年，恰好是新工业需要的人材。这些人变为工人，事实上地位已经提高。他们现在所投身的工厂多半是公营的，以往他们是农工，是农主的雇工；现在他们是工厂中的工友，是机关的雇工。我们可以说他们已经脱离了人的压迫而受法的保护了。至于现在的后方工厂中的技工，一部份原来就是沿海各工厂的技工，另一部份则是由手工业中来的。目前中国手工业逐渐衰落已是普遍的趋势，行会中的手艺人向工业中流动的事业可以证明。这些人原来是由学徒出身的，有一些手艺，有一些生产工具，如今他们不能维持原来独立的或半独立的地位，也不能由"师傅"变成"店主"，因而他们不得不投身工厂了。因为工业初兴，技工缺乏本是不可避免的事，他们在工厂遂以奇货自居，享受优厚的待遇。无论技工、粗工，经此一度转业或改行后，他们原来的生活方式从兹改变，其生活程度显然比从前提高，他们原有的社会地位也要重新安排了。

社会本是一个金字塔的形式，其中人才的分配是依据流品的不齐，各有其在金字塔阶层中的地位。社会制度如果是良好的，其中份子一定是各尽所能各取所需的。此为社会结合最好的原则。职业的分别，多少是依据人的才具。职业人口社会地位之高低，亦多少依据职业所需要的才具，中国工人从前社会地位不高，亦可从此得到一点说明。从人才的来源上，我们更容易了解社会地位差等的根据，现在我们单举政治人物的出身以说明社会制度对于职业地位的影响。苏联的政治领导人物多为工人出身；英国虽然政治人物多为贵族，但也有工人；美国的工人尚未曾领导过国家一时的政治。所以苏联的工人社会地位最高。从职业方面看，农工商都是社会所必需的，对社会有同样的重要。职业的高低是人为的社会的估价，是受社会制度所限制的。每一职业中都有"上智"和"下愚"的人物。社会制度的安排不过是有选择的作用。每一个时代的文化与制度相配合更加强此种选择的力量。只要合乎人才分配的原则，以应时代的需要，则任何一种社会制度却是好的。中国正处于一个新旧制度交替的局面，工业化已是必然的趋势。工的文化也受社会重视。从长远处看，则工业人口定将增多，譬如在民生之政治下，则将来领导中国政治的人物亦必有从工人阶级出身的。如工人能有取得政治地位的机会，则工人的社会地位必可受社会重视。政治对于农工商几种职业不能有分歧的待遇。政治只问人民的职业自由与否，不问职业是不是有差等，农工商的等差是由社会造成的，为制度所影响的，其根源是人才分配于职业间的不均匀。此种不均匀如为政治选择所造成，则显然政治有差等的待遇，也就是政治上职业有不平等的地位。中国政治必然是民主，所以才能讲职业的自由。职业的自由，虽着重于个人的权利，但其实现，则是职业地位的平等。但在每一个职业之内的人，其地位可以有等差。从社会上看，这是人尽其才的局面。所以工人的社会地位的提高可便与别种人一样不是一种空想而是可能实现的。

## 三

从工人经济生活与政治地位两方面看，中国工人的社会地位却有其改进的可能。战时中国工人对于国防生产、工业建设的确尽了很大的责任，但是目前他们所处的地位也许是暂时的，因为后方工业发展的基础不是稳定的。工人现在的地位是否在战后能够继续保持或提高是有问题的。工人尚无完善的组织，以推动今后的工人运动，但工人运动的主要任务是工人地位的提高。工人运动在实际上，一方面要改进工人的经济生活，一方面要取得工人政治的地位。世界各国在不同的时期工人运动的着重点不同，但总以上述两项为最重要。如以现在英美为例，美国的工人运动着重在提高工人的生活程度，而英国则着重在政治领导权的取得。无论在那一方面努力，其结果是提高工人的社会地位。战时是一个非常的时期，战后一定又是一个崭新的局面，中国工人的社会地位的提高，尚有待工人运动的努力与贤明政府的指导！

《自由论坛》（昆明）第 1 卷第 3 期，1943 年，第 15—16 页

# 童工与艺徒

史国衡

　　罗素（B. Russell）在《自由与组织》一书里面，曾经讽刺过英国，说拿破仑的失败，是失败于俄国的寒雪和英国的儿童。他的意思是指拿破仑的推翻，英国生产制造事业也很有功劳，但这种制造事业有很一大部份是建筑在儿童身上的。原来自工业革命以后，儿童已一变而为雇去利用的对象，生产事业主角之一，童工的问题也就随之而起了。像从十八世纪末页到十九世纪初页，英国产业中的儿童所经历的种种惨象，如工作十二小时以上，日夜轮班，并时遭到毒打，有时七八岁的儿童困倦思眠，因而跌进机器粉身碎骨的事，我们可以不提，就是据一九三一年的报告，英国的工业当中，雇用自十四岁到十七岁的未成年的人做工的也还有二百一十多万。

　　何以工业革命以后，业生才大量的雇用童工呢？主要的原因当然是由于工厂制度兴起，剥夺了无数人的生产工具，吞并了许许多多的小型企业，这辈新形成的劳动阶级因为收入减少，自给不遑，故不得不让他们的孩子提前出外谋生，加以儿童所需要的待遇低于成年人，又易驯服听命，而在机器生产之下在某些方面因为身体轻巧、手指柔和，其效率并不减于成年人，所以常为雇主所乐用。

　　不过大量雇用童工，固然是工业革命以后才有的现象，但利用儿童从事生产，实早已随行会制度以俱来。例如中世纪英国的行会即规定艺徒学艺的期限为七年，一定处满七年才可以告一段落，可见这种限定并不是完全为了学艺。而且历史上的事实也告诉我们艺徒的工作限乎于所习的行业之外，还要为师傅操作家务以及其他种种的服役，无形之中，这七年以内有一部份时间，是用来作了他们学技术的代价，即如我国旧式匠人带领徒弟也多半规〔定〕至少三年才得满师，满师以后，还要随着师傅做一两年的工，自己只能得到一部份的报酬。所以就这一类的艺徒而论，从其学技术的一面看，是艺徒，但从其被利用的一面看，也就无异于童工了。故真的所谓艺徒，其与童工的比较也不过是程度上的差别。因此可以说大量利用童工虽是始于工业革命以后，而利用未成年的人从事生产，实早在这时代以前了。

本来顾名思义，童工与艺徒在社会上的处境，应该有很大的分别。童工当然是用来正式从事生产的劳动分子，而艺徒只是在一个学习期间，应该是施教的一种对象，只为看作将来的生产要素之一。那末唯其艺徒是教育的对象，就应该有教育机构来担负起这种职责，若果不然，而以之诿于以营利为主要目的生产机构，当然很难免要以□□（教学）为借口，变艺徒为童工的事情发生，尤其艺徒教育就离不开实习，所以学习和工作之间就很难铲出界线，何者是为工作实习，何者为旧式做工。所以雇主为了讨偿他们在教学上的支出，就不得不在艺徒身上索回，而在工作与学习不分的情况之下，要利用艺徒自是轻而易举大可不现形迹。

可是在过去行会制度之下，师傅对于艺徒的打算，毕竟与现在的雇主对于童工的打算大有不同。那时的师傅和徒弟在一起工作，由于徒弟人数不及，师傅总可以个别顾及，工作过程中一切细节，以及艺徒的生活思想活动全在师傅照料之中，还有不少师傅把女儿嫁给自己艺徒的事体，约可以想见其师徒关系之亲密。艺徒学习期满，升为职工，然后得了行会的许可就正式开店营业。并且当时各行对于艺徒人数概有限制，只要当了艺徒将来总不怕没出息，因此可以说艺徒即或亦被利用，不过这种利用只是暂时的，到了新工业时代，情形就大不相同了。成千成万的童工，是纯粹处在一个生产劳动的地位，雇主所贪图的是儿童的劳力和低廉的待遇，甚至在英国，有的工业等到童年工人到了十八二十岁，即刻将其辞退，另换一批儿童，即或到了成年幸而不被辞退，也只是永久在绝路上（blind alley）做工，不会有什么好出息。这就是现在的童工远不如旧日艺徒的地方，很难得跳出他们这种厄运来。

有了这种比较，我们要向旧日的艺徒确比当前的童工境遇优越，是否过去的师傅一定比现在的雇主慈祥呢？我们的答复不是慈祥，而是在两种不同的生产方式之下，自然会形成的两种结果。原来过去的生产完全靠人手靠技术，技术愈高可以利用的价值也愈大。唯其要利用的是技术，故当时的师傅总得使艺徒边做工边学习，或者是先让他们把技术学好然后做工。到了现代，生产是靠机器与人力的配合。有的部门简直不需什么技巧，只要有人看守机器即成，所以雇主对于工人可以不必□在训练上下工夫，而可以直接加以利用，这就是说过去生产方式本身就是艺徒的一个保障，他们有所失也有所得。到现在，如果国家对于新工业中的童工不给以相当保障的话，就很〔难〕望雇主们自动的对于他们有什么提拔，所以现代的国家最好是能把职业教育与生产机关划分开，否则对于一辈未成年的工人应该特别加以保护。因为在新工业当中也有袭用艺徒名义召使未成年的人来训练技工的，所以也得防雇主假艺徒训练的名义以行童工之实。

以上是就一般的情形来讨论童工与艺徒，至若我国现处在一个新工业突起的时期，过去的遗产只是手工业和农业，新的技术工人极感不足。大量训练艺徒，自是必须经过的一个阶段。就我个人调查所得，内地新工业过去几年向沿海一带移植技工，不唯化费太大，管理困难，而且流动迅速，将来还未必能保留在内地。后来又利用内地成年工人加以速成的训练，结果这批人在学技术的兴趣和工作效率上俱不见佳，所以有的厂渐渐转向到艺徒的训练。在政府方面，国防最高委员会底下设有技工训练处，在二十九年就有艺徒训练计划，并已指定一些公私厂家负训练之实，由该处加以一定的津贴。这当然是一个很好的现象，不过根据上面的论断，我们就会觉得这里面很可能隐伏着一种危机，就是在战时人力不足之际，像这样鼓励各厂招收艺徒，是不是会像拿破仑战争时代的英国，将走上大量利用童工之一途呢？

昆明一带私人厂家训练艺徒的情形我还不知道，就我所已经作过长期调查的几大国营工厂来说，其对于艺徒的训练已经有点不合乎我们平时规定的原则了。据照国民政府修正工厂法（二十一年公布）第六十三条的规定，工厂所招学徒人数不得超过普通工人三分之一，但是这个厂的普通工人为一千零七十六人（三十一年十月），而艺徒则为五百八十二人，且此五百八十二人当中，就有四百人根本没有经过任何训练而径行入厂做工，名分上说是半工作半学习，其实不过是为技工当助手、做粗活，据我看这种艺徒简直和每日做十小时的正式工人没有什么两样。至于另外一百八十二个艺徒，本来属于国防最高委员会技工训练处的一个系统，除两小时学习而外，照例有七小时的实习，这七个小时，在起初三四个月还可以说是用实习上，如打小锤用锉刀，开车床。可是此后，定要每个艺徒完成两部镑称，才可以算毕业，主持人自己就承认，这个用意在借训练来生产。至于艺徒和一部份执教的人员就觉得这种办法对于厂里确不无小补，可是对于学习的人则是一种损失，因为要完成这种生产品，便得有些可以不必多做的也得做，还有应该学的不得学。有一个时期，木型间的技工缺乏，厂中就下令要那一组的艺徒不必上课，硬要留在厂内做九小时的工。由此就可以看出厂方的政策是生产重于训练，这也就是上面所提出的理由，把训练工作诿之生产机关，初很容易转移到利用的途上去。

我们很可以相信，主持艺徒训练的人，起初并没有利用艺徒的意思，可是因为战时人力缺乏，可以不期然而然的破坏了既定原则。例如上述的这个工厂第一期招艺徒，曾经有十四五岁考取了的艺徒，又被打发回乡去的事，可是第二次招艺徒因为应考的人数太少，于是十三四岁的也一并收容了下来。当时就全班的艺徒年龄而论，虽然从十五岁到十八岁的占百分之七七，可是最小的也十到十三岁，据照我们工厂法的规定，童工的最低年龄为十四岁，艺徒的最低年龄为十三岁，所以若是要利用到十二三岁的儿童，只有假借艺徒之名才可以偷到这种巧。

本来在人力不足之际，又当生万分急迫，利用教学上的便利，借用未成年的艺徒来补成年人之不足，无宁说是一种由变求通的办法。只是在这种通容之下，我当保有两个前提，一个是不要违背儿童的发育和康健，第二是要使他们将来有出路有前途。像我这一次的调查，一百三十五个艺徒当中，一年之间，曾患过重的眼病的，就有七十三人，受过伤的十三人，患夜盲的五人，患肺病的三人。其中最显明的一个例子，是一个曾经考取了空军幼年学校的一个艺徒，入厂一年以来，非坐在第一排就看不见黑板上的字迹，这不能不说是由于厂方对于艺徒的保养过于疏忽。再就艺徒的出路说，我刚才已经提到，厂中太偏重于生产，致艺徒学习范围过于窄狭，已经使得一些艺徒为了将来的出路感到恐慌。厂里的意思，是决定要他们在毕业之后，还要留在厂内做三年的工，所以正唯恐学得太多不安分。这又可以见出这种训练为厂中本身打算者多，为艺徒之前途打算者少。

其实，政府对于艺徒训练计划，在规定本相当周密。为技工训练处，对于各厂艺徒之训练，已经拟定详目，于军事管理、工厂实习之外，尚有国文、公民、史地、理化、数学、工厂须知等等详目，对于各课教学内容，儿童心身的发展的都已经有所规划，并对训练经费这有半数的津贴，这可以说是已经相当合乎艺徒训练的理想了。可是在实施上为什么难得做到这一步呢？这却又有种种因果的关联。

第一，我们的政府只有种种的计划交到各厂，至若怎样推进，怎样监督，政府却没有一种检查制度以为之防。在这种情形下之艺徒的保障，完全托在雇主的心肠上，结果凡是心肠好的对于艺徒只照及训教而不加以剥削利用的，在营业上一定较别厂吃亏，所以我们很难希望有这种自动的善心出现。所以为了防范厂家借艺徒的名义来利用童工，就得有好的训练机构，再如在训练方面和经费负担方面何者应归政府，何者应归厂家，都应该有个确切的分别。

第二，我们的生产事业正处在一个新旧嬗变之交，在好的机构而外，还得有适当人选的训教。例如上述某厂艺徒训练班中的军事教官，就不知道适应工厂教学的环境，硬要把他们过去在军事机关学得的一套搬到厂里来，在艺徒入伍期间，每天早上四五点钟就起床跑步上操，艺徒被子叠得稍欠方正，行军偶而不合军事要求，就被打得头破血流。所以有的艺徒中途开小差了，有的下操以后再上工就倦极思睡，我想十八世纪的英国儿童困倦了轧死在机器里，还是为了生产，像这样上军操弄到艺徒头昏眼花，所得的是什么呢？还有艺徒对我讲，他们进厂一年多，总觉脑子反而比以前迟钝，常常发痴，尤其一听到上军操，就不自觉的发抖。

再如学科训练一些教员都是照本宣课。据我的访问，全班艺徒对于所上的功课能有点了解的还不上百分之十。最有趣的，有一次在他们考完机构学之后，就有人辩论内燃机有几个优点。有的说三个，有的说两个，可是他们完全凭课本，进来一年多，却并没见过内燃机是什么样子，这是说教书的人未能使主课与实习沟通。

还有技术实习的指导，多半是过去私人工厂出身的技工，其中有的因为过去做艺徒的期间，受过多少苦楚，他们的手艺都是暗中从他们的师傅那里窥窃而来，所以临到自己做师傅，也照样不肯教艺徒。我就知道，某次车床上皮带扭了，艺徒去问一位教师如何拨正，那位教师故意躲开艺徒的视线，暗中用手把皮带扶正了。又一次某处电线断了，他又要艺徒去取铜线，待艺徒取了铜线来，他却已经接好了。

所以在训教方面的人选，一定要做到为工业而训练，学科与技术实习发生关联，尤其在教学上，要澈底打破过去一种秘而不传的观念。要是不能做到这几步，那末在这种新旧产业交替，人材青黄不接的时候，很可能使得一辈工业中的青年，既未切实作童工利用，又未好好当艺徒教习。

第三，我们当前的工业是树立在一个农业社会里面，我们的艺徒候补队伍，必须大量取给于农村。而农村生活过于简单，现在一代儿童的父母又大半是老农，老农们过去的一套家庭传统教育，决不是以应付现在工业社会的要求，故如何讲求工业卫生，如何选择新职业，如何应对新的人事环境，在在须要生活的职业的乃至公民的指导，庶可以使这些乍出田舍的童年们，不致于轻易在动荡的潮流底下作牺牲。现代工业社会的趋势，是生产者在这个社会里所占的部位，日趋专门，日趋窄狭，而社会机构却日变复杂，消费的花样日趋新奇，所以到最后，童工与艺徒的分野，也许将不仅在于某种技术训练之有无，而还在实践的工业教育之得失。

《自由论坛》（昆明）第 1 卷第 3 期，1943 年，第 30—32 页

# 我们有劳工政策么？

史国衡

## 一 冲破了国界的问题

在一个闭关自守的时代，劳工的生活是好是坏总是关在我们自己的家里，他们生活程度的高低，是由我们的社会总财富和分配的制度来决定的，全部的抉择是操之在我。到了现代，经济行为已经冲破了国家的界线，不独我们的生产效率，生产成本等等和别个国家的生产情形已经是息息相关，我们劳工的生活状况也跟着和别国的劳工相陪衬相连锁，再不容一个政府把它当作一个隔绝的问题作独断的解决了。在十八世纪的时候，欧洲的矿山上，劳动者尽管还带着脚镣做苦工，可是到了二十世纪，再还有这种情形，不独是在国际观瞻上说不〔过〕去，别的国家为了不使某一国过分剥削劳动而在市场推销上占优势，也得想方法干涉或协议，于是在工人待遇上渐渐采取相同标准的趋向（见本文本五节）。毫无疑问的，现在工业先进国家的劳工生活的确比较我们的高，但是我们也未尝没有提高劳工生活的心愿，只是在目前生产条件之下，纵使惠工有心，仍然会感到无从为力。

劳工生活本来是整个社会的一面，水不涨船怎会高？现在如果不揣其本，只为了国际的牵制，而求<齐>其末，巨川和舟楫就会两不相济了。如是，以视英美，则生产落后奚止一个世纪之差，而条文的进步则有过之无不及；以视苏联，又不足以语论一种预定的社会政策之设施，至少也只算零星救济。所以从任何一方面看去，不能说出我们真有劳工政策。社会运动本身的理论不是本文所想讨论的题目，让我们只就实际的事例作点引伸罢。

## 二 脱了节的立法

就在去年，为了社会部要推行劳工福利，我们特地去个旧研究那里的矿工生活，以为部里日后实际改进的张本。未去之先，还有中华基督教会的代表来慰问矿工情形，他们也准备亲自出马。重庆方面特为要我们和当地的劳工福利委员会保持接触，因为这个会仍是社会部、云南省社会处、中华基督教会和当地人士的一个共同组织，改进矿工生活当然是非由他们负责不为功的。可是当我们到了个旧，看了看实际情形，才晓得许多矿工们多已产尽粮绝，无可如何中陆续下了山，矿工也多作了鸟兽散，留在山上的工人，能有一点粗粮充饥的已经算是邀了主人莫大的恩宠，还谈得上什么工人娱乐、运动和教育等类设施？另一方面，厂主资本枯竭，锡价跌落，政府收购大锡并不以生产成本为准，收购之后，又无十足现款割交，产业的本身根本已成问题，尚何有于劳工？是生产如彼，劳工现状如彼，而改善生活的要求和实现的可能性又如此，这怎么不是矛盾？

这个矛盾当然不只限于个旧，劳工政策如果不能和产业找到调适，这种抵触就可以随时碰到。就我们社会立法说，其荦荦大者有工厂法、工会法，有工厂检查法等，举凡工资工时、伤害赔偿、工人教育，差不多都是根据英美各国最进步的条文。而社会部之成立，各省社会处的推广，不待言劳工阶级乃是他们工作的一个主要对象。凡此法令的设施、机关的成立，姑不论目前成效，至少总可以证明一点，政府对于劳工福利似乎是有了倡导的决心。

单就我们社会立法的发展着眼，的确劳工本身不经过长期奋斗，而能使这种保障工人的至意，能得政府的通过，成为法律以期付诸实施的事，就是欧美大陆早期的社会立法当中也是稀有的事。例如英国劳动组合，在十七世纪初年本已有正式的蕴酿，可是直到十九世纪的上半期才得到法律地位。就工作时间的立法看，从工业革命<革命>初期的十二小时制，进展到三八制，实在不是一个很短的奋斗。再如社会保险，就德国说，从雇主责任律的成立到工人赔偿条件的通过，也经过三十多年的挣扎。可是这一类的法令到了我国，在立法的程序就如顺水推舟，很少阻挠。从其通过的轻易说，好像是劳工的福音，若一究其实施的成果，则所谓法令却不过一纸空文，空疏夸大，和劳工的实际生活很少发生影响。实施的准备姑且不说，假使有一天真的要着手推行，一定会弄到柄□不人毫无是处的笑话。这没有别的，立法与社会脱了节，立法与立法之间也未接上笋。

我们还可以举出个旧劳工福利委员会的福利设施事项来作注解。他们为要改进工人生活，提出了几件所要做的事，例如保障工人生活，成立劳工俱劳俱乐部、劳工宿舍、理发沐浴、阅读室、体育健康队、劳工识字班。这些事项真能逐步实行，自然是工人们的福音，可是一撲当地产业的弱点，矿工处境的艰难，行动的自由尚未完全得到，这些福利的提议，不知道和真情〔形〕相去几千里，基本的生活条件尚待追求，谁还能在饥寒之下，作识字、打球和娱乐的梦想？

## 三 立法的背境——社会与产业

当然论工人福利，我们还得有个假设，就是像个旧这一类的产业总会恢复到一个非战争时期的常态。但是即使在平时情态之下，社会就未一定健全，产业未必一定合理，所以实施劳工事业，依然会困难重重。因为社会不安，产业就不会稳定，工人的生活自然会随着产业荣枯而一起一伏了。许多人看到个旧矿工苦，动辄指责那些厂主过于贪婪残酷。其实一究产业本身的条件，就可以见出他们自己就都是从残酷的环境中挣扎出来的。矿主们初入矿山，其初总是披荆斩棘，寻矿苗，忍饥耐苦之余，还要追避强权的侵夺，总是在莫可如何之中，试机会碰运气。他们肯于入山冒险的人，很少是具有高的知识程度，多半是衣食艰难走投无路，才肯不辞艰险，匹马单枪深入荒山，所以他们说"若是富家子弟，万万不能入厂"。我们曾经举出在个旧起家的几位大老板，没有一个不是从艰苦中碰出头来的。有的开始时做茶房，做矿工，管账打杂，然后自己去冒险创业，成则一年致富，败则依然去做工人或茶房。我们一般人到个旧只晓得一些过去寒苦现在家私万贯的大矿家，但在他们背后，谁知道有多少金梦难圆，苦死山腹里的冤魂？在这种升沉莫定，人们尚无把握战胜自然，社会又无适当机构和法律来保障营业安全的时候，又怎能希望通常的人自动的去宽大为怀？

我们再细细分析个旧矿工的工作报酬和生活，就见出无一处不与产业处境有联带。露天开采的矿，工时特别长，而地下开采工时较短而工作却极其笨重。前一种方式要归于矿量稀薄，只有尽量把人力堆上去，才可使成本减轻，如果不改变挖矿洗矿的效率，硬要缩短工时，缩到矿主觉得无利可图的限度，自然是关闭矿厂了。后一个方式，也是怪开采无确切把握，又没现代化的采冶设备，偷工省料，使得工人钻低洞，忍创伤，发生种种疾苦。由于两种生产的不同，工人的困苦也就因之而殊了。

再以童工做例子，我们在民国二十五年颁布的矿场法规第五条就有女工及童工不得在坑下做工的禁令。个旧矿山虽无女工开矿，但在坑内做工的正是以十六岁左右的童工做主干，如果禁用童工另由成年工人代替，由于过去的洞身太小，不是减低出产，就是使成年体大的工人更较童工受折磨。是维持现状呢？只禁用童工呢？抑或在洞径未经改善之先一律停闭呢？政府一定要根据社会产业和环境的考虑作抉择，否则经济部要增产，社会部要停工，产业坐废，工人失业，岂得谓为合理？当然在现时，上面的矛盾问题根本就不会发生，原来所谓法令也只一纸文告，唯一的结果是徒损政府的尊严罢了。

本来禁用童工就是一件不简单的事，英国在一八三三年实行工厂检查之后，检查员在第一次工作检讨会上，所提出的困难问题，就谓保护童工大困难，厂主既不情愿，童工家庭亦不赞同，而童工又无出生证，不能得其正确年龄。可是童工问题牵涉到的范围就很广，平民的生活，普及的教育，精确的登记和检查，看我们去这些条件还有多远！

# 四　一个先决条件——人权

除此而外，我们再看矿山工资的支付方式、工资变动的情形，以及矿工的生活疾病伤亡，那一点不是从矿业本身的弱点发的源？有了这种种弱点，在劳力的维持上，不得不以引诱的手段来招工，以强制的方式来阻止工人流动。不自由的劳动在极其原始的生产事业之下，不正是一个很自然的事体么？对付不自由的劳动，当然最好是用鞭笞和脚镣。马克〔斯·〕韦伯就说过："奴隶对于工作完全无兴趣可言，只有用野蛮的训诫才能榨取一些劳动，与今日自由劳动者在契约制度之下半息半作的劳动相当。"唯其这样，厂主不得不施压榨，工人一有机会也就星夜潜逃了。甚至他们不堪虐待，结合伙伴在黑夜里发生暴动，把矿主的全家杀个干净，我们就知道这样一个案子，矿工带走了十支长枪，把老板杀了二十一刀，报复的意味不是很显然？

在前节我们举出产业与劳工生活相关的密切，在这里又说人权要求是劳工福利的起点，自然不是说我们的劳工在现存的产业之下已经都得着了他们应得的待遇，我们可以断定就是在现状之下，真的大家尽好了人事，工人们的生活依然很有改善的可能。更不是说人权尚无保障，所有的劳工都会过非人的生活，不过我们所要特为注意的，就是劳工法令与产业的改进一定要〔相〕辅而行。而劳工法令的本质的建立在人权之上，他们的生活改进才不至出于偶然。例如社会保险肇始于德国，论者恒谓当日俾斯麦氏，所以这种空前创举，无非是受了社会主义的威胁，却反而忽略了十九世纪末页德国工业突飞猛进的情况，因而实在不能不有此措施。英国创立社会保险制度本后于德国，但何以其后二三十年间，英国在各种保险制度之推行上有后来居上之势？还不是由于英国的产业一向是积之厚蓄之深，所以方能与社会保险的法令相辅而相成。但产业固然是劳工托身的一个背境，如果他们政府尚无威信，人民尚无自由保障，劳工还凭什么向雇主作福利要求？只要看劳工运动随人民权利运动以俱来的史实，我们就大可以明白了。

## 五　国际性的问题仍须因地制宜

劳工问题虽然是以国内社会产业做背境，以人权的确立做基石，但无论如何它已经冲破了国界，再无法关在家内求解决了。前面已经说过，我们的劳工法令多多少少是受了外国的牵联。我国是国际劳工福〔利〕会员国之一，总局的公约和建议我们有相机批准和接收的义务。所以从巴黎和会以来，政府批准了的公约已经十二起了。到去年在美国费城所召开的国际劳工会议，我国代表更被选为八个常务理事之一，地位重要了，义务也必随之加重，政府如仍持勉与虚旋的态度，以后所受的牵累当然将更随之加深，劳工依然不能很均等的受实惠。

国际劳工局的主要目的，是在以国际的途径，改善各国劳工界的生活，以求人类正义的实现，用集团方式制定各种草约，凡是会员在批准公约之后，就得将实施的情形向国际劳工局报告。为什么要采协同方式呢？这当然是在防止不公平的竞争，如果某一国自动减低工时提高待遇，另一国却不顾人道，行使血汗剥削制度，则后一个必反而在国际市上占优势。所以国际劳工局在大会宣言里已指出了这一点："又因任何国家之未能采用任何人道之制度，必□（然）妨□（碍）其他国家改良本国劳工状况的进行。"

当然，就是［算］我们不是劳工局的会员，自然也该提高工人待遇，但是以会员的资格在过去设施之下，我们真是有矛盾有困难。因为劳工局所定出的标准，多半是一个全球性的，并没有指定区域，区别产业程度，制定不同的期限，一切是以二十世纪最进步的国家做标准，我们的工业赶不上人家，一定要我们的工人生活与人家一步一趋，不真是缘木以求鱼，并使我们的工业自行破产？若是工业的自给做不到，再就只有以国库的收入来津贴我们的劳工生活，因为国际劳工局所指定的工人还多限定在工业工人，我们敷衍视听，未为□不可以对这部份工人另眼相看，但这样一来，岂不会使农人更相对困苦？因为这负担迟早总是要转嫁到百分之八十以上的农人肩头上。

上面□（这）种方式既然做不到，摆在我们前面的就只有三个途径了：一个是听其自然，相应不理，这一点政府似乎还不拟自图其理自壮其气，所以尚有所为；其次是讲繁文略实际，有约必批，批未必行，这一点似乎在有意无意之间已经在遵办了；最后一条出路，就是把改进劳工生活的计划看作整个平民生活改进的一环，而这种改进又与经济的建设、政治的民主视同一体。社会产业达到了某种程度，工人生活也随之而递升。我们不要讳言我们劳工生活不如人，所应注意的是劳工生活乃至平民生活在全部社会生活当中是不是已经很合理。

# 六　从社会看问题

有位朋友问我，当前政府所实行的劳工政策，是不是一如当年俾斯麦的德国，有点釜底抽薪味道？其实俾斯麦式的父道主义姑无论合不合民主自动的精神，到底他的政策还谐合国情，还相当收了效。至于离开了社会实况定出来的"超然"立法，不管它的涵意如何，除开对外暂时徒托空言，对内空养了一批吃救济饭的人员而外，所得的是什么？然而策虽设而实虚的又岂独限于劳工。

《民主周刊》（昆明）第 1 卷第 22 期，1945 年，第 4—6 页

优生优育

# 妇女与儿童

潘光旦

已过的三月八日是妇女节，未来的四月四日是儿童节，在这两个很有意义的月〔日〕子中间，应该有〔人〕说几句应时节而未必合时宜的话。

妇女与儿童是两种有密切的有机关系的人，三八与四四两个节日的先后呼应，可以看做这有机关系的一个表示。不过，不知大家感觉到过没有，这有机关系近来很有脱节的危险。完全的脱节当然是不容易发生的，要有的话，结果无异民族自杀。不过这一种方式的民族自杀的实例在人类史里也不是完全没有。希腊、罗马的灭亡，原因虽多，其中最致命的一个就是这有机关系的不能维持。

所谓有机关系，我们可以用三个字概括起来：生、养、教。生，显而易见是妇女的责任居多，在这一点上要讲男女平权，事实上是不可能的，除非真有一天，生物学可以发展到一个程度，实行所谓体外生殖，就是像体素的培植一般，让男女两性的生殖细胞，在玻璃管与玻璃缸的人工环境内，配合发育起来。生产时节的辛苦，也不是男子所可分减的。在一部分文化简单的民族里，有所谓"产公"的制度，就是在生产以后，丈夫替妻子坐蓐，起居饮食，像产妇一般的受人服侍。……不过这究竟只有象征的意义，而丝毫不能减轻产妇的痛苦。

养，至少是初期的养，就自然所安排的说，当然也是妇女的一种辛劳。哺乳的功能，少则几个月，多则一二年，亦不是男子所能替代的。子生三年，然后免于父母之怀，虽则父母并称，终究是母的责任重大，所以才有"母氏劬劳"一类不胜其感激的语句。

教，在以前一向是看做男子的任务。"养不教，父之过"，即或易子而教，或父子之间不责善，而另请严师管教，最后的责任总在做父亲的身上。在女子教育不发达甚或根本没有女子教育的当日，这也是很自然的。不过就在以前，儿童最初八九年里生活的训练与习惯的养成，其实还是在母亲的手里。历史上有不少的人物把他们的成功归到母教身上，足证以前虽无女子教育，而女子在家庭中的教育影响并不在少。没有女子教育的时代犹且如此，有了女子教育的今后，我们对家庭教育的期望不应该更大么？

上文说的是妇女与儿童间本有与应有的三种有机关系。所谓脱节，又是怎样解释呢？就生的一层说，许多女子视生育为畏途，越是受过教育的，越是醉心于平等自由与经济独立一类学说的，越是不肯走上婚姻生产的一条路。即使勉强结婚了，一方面因为这种见解的关系，一方面也因为年龄关系，子女自然不会多，或根本没有。

独身、迟婚与少生子女或不生子女，不但是近代少数妇女的个别的经验，并且已经成为一种时髦的风气。英国有一位提倡民族健康的学者，某次参观一个女子中学，问起毕业生出路的好坏，校长某女士答复说，大约可以分为三类，第一类是成功的，第二类无所谓，第三类——校长加上一口叹气说——是不成材的。学者问她甚么叫做不成材，又何必要叹气？她解释着说，她们结婚了！无疑的这位校长先生自己是不结婚的，否则又怎样可以做新妇女的表率呢？

这位校长的见地，无疑的也是很多新妇女的见地，这位校长的模范教育，无疑的也已经产生了不少的果子，不要说在先进的英美，在中国也正布满着这果子的种子。让我也举一个不要指得太明白的例子。有一个妇女的组织，里面工作人员的不说明的资格之一是"未婚"，一旦成婚了，这人员最好是自动的告退，至少也以暂时不生子女为宜，否则她虽照常供职，她在精神上一定异常不痛快。同事中间会向他〔她〕发出这一类有趣的问题，例如，你好好的为甚么要结婚呢？你怎么生起孩子来了呢？你怎么又生一个了呢？好像她是天下第一个喜欢多事的人！

第二种的有机关系，养，近来也是越来越不时髦，在所谓上流阶级的妇女中间，更其如此。从另一方面看，这一点倒不是维新，而是复古。记得《礼记·内则》上说："大夫之子有食母，士之妻自养其子。"所谓"食母"，大概就是奶妈，在民治主义的今日，以前大夫阶级以上的权利当然要公诸大众，不足为怪。不过所谓食母自己，当然也有她的子女，这些子女的营养问题，民治主义虽则发达，也只有付诸不论不议了。

自己哺乳，我们叫做自养；倩〔请〕人或其它外力哺乳，我们叫做它养。它养可以有许多方式，用食母不过是一种罢了。用食母往往有许多人事上的麻烦，例如检验乳母身体与乳汁之类，于是马牛羊的乳汁以及各式各样层出不穷的代乳品便成解放近代妇女的第一恩物。从此，做母亲的，没有乳汁，固然有恃无恐，有乳汁，也不妨自由堵塞，任其涸竭了！

对于第三种的有机关系，教，我们暂时不欲深责。教育为母亲责任的说法，以前没有，至少在理论上没有确立，至于今日，虽有提倡的价值，也还没有人认真的提倡过。不过，就近来的趋势而论，这方面的不健全，也是很显然的。要是养的风气是它养，教的趋势自然不免是它教了。在"社会化"的好听的名词之下，儿童脱离家庭环境与加入学校环境的年龄越来越早，便是这趋势的一个表示。大都市里所谓托儿所或慈幼院的创设，也是一个表示，并且更有意义。这种受付托的机关是养教兼施的，所以一个切心于解放的妇女，除了生产非亲临其事不可外，其它一切都不妨委之于人，而妇女与儿童间的有机关系，更是不绝如缕了。

生育是妇女的本能，母道是妇女的天性，上文再三说的有机关系原是建筑在这本能与天性之上的。如今一定有人要问，信如上文云云，妇女方面的天性又怎样得到满足的呢？这里有一个答复。熟悉基督教教义的人，知道有所谓替代的得救论。我们的答复不妨叫做替代的满足论。近代一大部分的妇女职业就富有这种替代的功用，例如医术、看护术，尤其在产科方面，各式各样的社会服务、教学，等等。教学的替代价值尤其是大。

不过，替代终究是替代。就妇女本人论，它的满足的力量固然有它的限制，否则西洋社会里，老处女的问题论理是不应当发生的。就民族健康的一般立场来看，这种替代更是弊多利少。民族健康所要求的，民族中比较优强的分子要自生、自养、自教，如今的趋势是，生的是一部分人，养与教的又是一部分人或两部分人。有教养能力的分子，照理应当多生一些子女，而事实是少生或不生。他们的教养能力又何所施呢？一大部分就施在根本不值得大加教养或教养不出多大结果的别人家的子女身上。目前许多从事于教学、医事卫生、社会工作的妇女就是这种舍己耘人的民族分子。努力于妇女运动的固然是她们，热心于慈幼工作的也未尝不是她们，不过，热闹了一大顿，对民族健康在前途，又有几许帮助呢？

我以前曾经写过两篇短稿，分别指出妇女运动是没有下文的，而慈幼工作却是不管上文的。熙来攘往了几十年，说是对于民族的健全程度，不但没有增加，反而有所减损，甚至于把下一代可以推进妇女运动的人才原料都给打了折扣，不等于没有下文么？目前的慈幼工作只不过是一种建筑在感伤主义上的慈善事业，来者不拒，往者不追，对于儿童的来历，既在所不问，对于如何可以增加品质比较优秀的儿童，使不生则已，生必得所养，得所教，而无须乎慈幼运动者的栖栖皇皇，唯恐其工作的不能扩大，不能普及。这种不问上文的态度，势必至于把下文闹到一个不可收拾的地步。这不问上下文的现象，也就是本文所称的脱节的现象。

要纠正这些现象或不健全的趋势，还是要从妇女运动入手。我们目前需要一种新的妇女运动。新的妇女运动应当注意下列的三点。

第一，要看清男女分化的科学事实，承认子女的生、养、教是妇女无可避免的任务，从而坦白的与勇往的担当起来。

第二，要转换价值的观念。以前极端的妇女运动家瞧不起生、养、教的事业，尤其要是这事业是在本人的家庭以内，她们一口咬定创造文化与产生财富才是人做的事。这种错误的观念根本得转变一下。试问若无生、养、教的事业，又何来创造文化与产生财富的人？假若大体说来，男子是创造文化与产生财富的人，妇女岂不就是造就这种人的人，其责任岂不更重，荣誉岂不更大？

第三，要改变运动的目标。以前的目标是个人的解放与发展，今后的目标应当是民族健康的推进。民族健康的根本条件决不是外铄的公共卫生，而是内在的遗传良好，而遗传的良好端赖民族中中上分子能维持与增加他们的数量，此外更没有第二条路径。

妇女运动转入正轨以后，儿童与慈幼的问题自然是迎刃而解，因为脱节了的，到那时候自然会联系起来。欧美自大战以后，妇女运动已经能按照上述的三点而逐渐纠正，详见蒲士、卢道维畸一类作家的著述。温和一些的妇女运动家和对妇女运动表示同情的人，不论在大战前后，也始终没有把妇女与儿童的问题隔绝了看，例如爱伦凯与霭理士。就是很多人认为最理想的苏俄也始终没有放弃"自养"的原则，俄国的托儿所比我们宁、平、沪、粤一带的托儿所要"落伍"得多。"牛奶是牛吃的，人奶才是人吃的"标语，初见于卢道维畸的《妇女的将来与将来的妇女》一书，而实行大规模的加以宣传黏贴的却是苏俄的工厂所附设的托儿所。这种种情形，显而易见和专拾二三十年前人家牙慧的中国妇女运动，大有不同。我们就是为"迎头赶上"（！）人家计，我们也得在这三八节与四四节的当儿，想一些改进的办法，又何况这是我们民族的健康正遭遇着空前严重的测验与试探的时代。

《今日评论》第 1 卷第 14 期，1939 年，第 8—10 页

# 优生与民族

## ——一个社会科学的观察

林同济

潘光旦先生在《妇女与儿童》一文内（《今日评论》十四期）提出三大原则以为他所谓"新的妇女运动"的指南。第一原则是要看清男女分化的科学事实，承认子女的生、养、教是妇女无可避免的任务。第二原则是要转换价值的观念，把生、养、教三字标为新妇女的根本价值以与男子们的各种传统价值抗衡。这两原则都有相当的理由，也吻合世界的新趋势。虽然其间容有应当充补［补充］之点，我们大体上愿作共鸣。

刺人眼的却是他的第三原则。原文如下：

> 第三，要改变（妇女）运动的目标。以前的目标是个人的解放与发展，今后的目标应当是民族健康的推进。民族健康的根本条件不是外铄的公共卫生，而是内在的遗传良好，而遗传良好端赖民族中中上分子能维持与增加他们的数量，此外更没有〔第〕二条路径。

本来讨论问题，全靠立场。站在纯优生学的立场来看，潘先生这段的论调都是意中事。我们这里所爱［要］提出的是"社会科学"的看法。纯优生学的看法不能免基本派的倾向，社会科学的看法，却可以注意到事物间相对的关系。如果前者不免见其偏，后者或许见其全。前者容易流为超时空的理论，后者往往可以得到贴现实的方案。

要把妇女运动的目标，由个人的解放与发展改变为民族健康的推进，似乎对健康两字当有明白的界说。把健康只当作生理上的健康解，不免狭小之嫌。如果把它广义化，而包含心理上的健康在内，则这种宽博正大的目标，莫说是榜作妇女运动的招牌，无人置喙，即扬起来当做全人类一切工作的最终目的，也何尝不得体，何尝不合宜。问题的关键似乎在如何推进。说到如何推进，那便说到实行问题、步骤问题，我们的眼光便要脱离纯理论、纯逻辑的层级而进入现实的范围。下手应当孰先孰后？注意点应当何去何从？这却不复是主观的学理问题，乃要看客观的环境的情况而定。内在的历史遗产，外在的潮流压力，〔全〕部要结算在内。

用这种的眼光看去，则所谓民族健康的推进也许与妇女个人的解放与发展是发生有不可切断的关系。进而言之，在现有的中国社会状况下，妇女个人的解放与发展也许乃正是潘先生所谓民族健康推进的必须第一着，也许竟是民族健康推进的大前提。

个人的解放与发展是五四运动的主脑母题。五四运动在国史上的意义，不一而足，但是个性的解放，恐怕是它最重要的使命。中国传统的文化太发展了群体的压制力，太伸张了社会制度的权威。五四运动揭起来个性解放的旗子，煞是一种极有价值的反动。如果用福洛特的名词来说，中国数千年的文化，太发挥了所谓"太上我（Super-ego）"的威力，所以必须要唤醒"阿物（Id）"的活动。"阿物"固然是极富危险性的东西，但是把它压制的太紧，势将又不免要摧残整个人的生气与灵机。中国民族的生理与心理，颓萎到今天的田地，是不是直接间接都与个性的被压——尤其是女性的被压——发生最根本的因果关系呢？这是优生学家与任何家都应当首先自问的大题。

数千年来女性太受压迫了，太受摧残了——由缠足说起，以至小老婆制度与夫社交上、机会上的不平。就用纯优生学的眼光，你看我们那些生理心理层层桎梏的妇女们，如何而担得起潘先生所要来的"生、养、教"的责任呢？且莫忙谈儿童健康、民族健康。也许先决问题，乃是把儿童所自出的妇女们尽先健康化起来！要把女性健康化，也许在中国现有的历史遗产下第一步工夫就是要他［她］们个人的解放与发展！

固然的，五四到今天已今［经］整整二十年。我们抚往思来，当然也可以问一问：中国妇女们到今天是不是已经解放够度了，解放过度了？尤其是在此抗战时代，我们所当侧重的，似乎应当是集体，不是个体，是民族，不是个人。五四时代所提倡的个性解放到今天是不定应当告一结束？

我们不能不承认五四以来的解放运动，流弊孔多。但是这些流弊，与其说是解放本身的错误，不如说是解放未得其方，未得其向。功过对抵之后，解放运动，终究还是二十年来最有意义的史实。即就妇女方面而言，女性在轮廓上的进步，恐怕不能不说是民国以来差强人意的成绩了。

女性解放够度了吗？我的答案是"决不够度！"我看那家家虐待的丫头，我看那到处逢源的变态的纳妾、犯法的重婚，我看那下层丈夫的打老婆、上层女子的无职业，我看那整个社会的依旧重男轻女，我晓得这个古老文明的我国，说到解放女性，蓬山前路，远隔万重呵！须知真正的个体解放并不与集体团结冲突，两者本来是相得益彰，相辅而行的。抗战期间的文化动向，一方面必须辟出新途径，把集体组织化；一方面却也必须继续五四的作风向个体上作进一步的合理的解放。如果个体解放必须在集体组织的范围内推行，集体组织也必须在解放了的个体上建立。在这点上着想，五四运动与抗战期内的精神总动员，乃在一条直线上，并不是对垒而立的。

这不是一个纯理论的问题。看看四围的大现实，再抓住这些大现实中的［的中］心意义，即使站在优生学立场，恐怕所谓民族健康的推进，大前提还是女性的解放。根本的原则是人格尊严的树立与社会机会的平等。不消说，所谓人格尊严绝不是女性男化，所谓机会平等并不必是男女同工。这两点不但不与潘先生的第一、第二原则冲突，并且，我看，还是他那两原则的基础的必要前提。

"民族健康的根本条件决不是外铄的公共卫生，而是内在的遗传良好。"潘先生这句话，确是道地的优生学家的口头。背后的假定，当然就是遗传比环境为根本，Nature 与 Nurture 孰本孰末，本是学术界纷纷莫决的老问题。种瓜得瓜，种豆得豆。恐龙不会生狗，狗不会生人。在这点说好像遗传是根本，环境无能为力了。然而同一个生猴子的祖宗，为什么也会生人呢？大家公认的理由据说是"突变"。突变的来源又是什么呢？此处却没有人敢断说其不由于环境的作用了。最少这点是无疑的：即使种类的本身是出自遗传，种类的生存与消灭却不免是由环境决定。你说那一个是"根本"呢？

社会科学的看法是要看出了物间相对的关系。根本不根本，从无绝对的定评。卫生为根本吗？还是遗传为根本呢？你说你的大少爷是个天生的玉树，但是卫生不讲，不成人而殇。好遗传有何用处？卫生与遗传，本是互相为用，缺一不可。这点就是优生学家也不否认。

社会科学家从不凭空下问：那一个为根本？他只问一问：在某一空间、某一时间内，那一个比较重要？此处"重要"两字，乃充满了"人"的价值，并不是一种超出时空的真理。换一句话说，浓带着实验派的气味，而不是基本派似的主观论评。知识上孰为根本的问题，于是乃化行为上孰轻孰重、步骤上孰先孰后的问题。

所以要问的并不是公共卫生与良好遗传孰为根本，乃是在中国现有的状况下，孰为轻，孰为重，孰当先，孰当后。怎样问法，我们的答案，却要正与潘先生相反，要改良民族的健康，目前最急需的（因此也可以说是目前最根本的）条件便是公共卫生。良好遗传尚是次等问题，至于"外铄""内在"之分，只不过是一种形而上学的微妙而已。

公共卫生的不修是中华民族最大的罪过！痰到处吐，小便到处撒，垃圾门外倒，马桶当街倾。那一个日括万钱的市长想到整城沟洫的改良？那一个招牌堂皇的卫生所做出来一件切实的工夫？走遍神州四千县，东西南北，那里不是虎烈拉、腥〔猩〕红热、痨病、痢疾、花柳病？且莫管你先天如何雄厚，就让你生下便具希腊天神的模样，你能经得起几次虎烈拉、急疟症的摧残？在我们这块的土〔地〕上，正不知有多少的希腊天神都化作了标准的"东亚病夫"！我并不求你们个个都可以到奥林璧显身手；我只求你们做得成普通寻常人，不残废，少抽鸦片，国家已经消用不尽了。据说，最近某某学校招生，报名四百人，沙眼、扁胸、体轻、脚软，七除八扣，只有五名合格，毛病尚不在先天不足，乃尤在后天失调。如果用潘先生的名词，中国民族健康问题，大部分的症结尚不在"生"，乃尤在"养"与"教"！生是我们民族的专长。即使大多数先天不足（其实先天不足的原因大半是父母本身的养教不足），最少也可得一万万"像样"的人。闹得今天四万万一概都变为尼采所谓半人、小半人者，养与教不足之过也，公共卫生不修之过也！

其实论到良好遗传，最困难问题就是审别。谁来审别？用什么标准来审别？这些都是难赛上天的问题。古希腊的斯巴达曾经勇往决行了。它用生理强壮的标准，由国家来强制审别。据说斯巴达的倒台，与它这种迷信遗传乃大大有关。诚然的，现氏〔时〕的料〔科〕学关于可遗传的生理与心理的病症，已有相当可靠的知识。禁止这些病态人们的传种，可以不难办到。但是由此以上，谁当生子，谁当绝后，目前的生理学、医学，自问尚是茫然。

谈到此地，我们便要评一评潘先生的最后一点了。

潘先生说："遗传〔的〕良好端赖民族中中上分子能维持与增加他们的数量，此外更没有〔第〕二条路径。"

这是关键句子，因为这是说明潘先生审别遗传的标准。换言之，潘先生相信"中上分子"具有良好遗传，所以主张中上分子多多生育。

涵隐的反面意思，也就说"中上以下的分子"遗传欠善，应当多多节育。究竟"中上分子"四字作何解释呢？

谅不出下列二者：（1）"中上"二字是指体质（生理的）与智慧（心理的）的程度而言；（2）"中上"二字是指经济或社会的地位而言。若作前者解释，那就是说体智上中的，应当多多生育。这句话可说是常识的真理，谁能反对，谁不赞成？关键还在审别的标准。你所用来以审别那些上中下的体智的，究竟是什么？我说过了，要寻出几种最浅显的可遗传的病症，不至发生偌大的困难。过此以往，在常态的人们中，要挑拣出而下品题，把上中下的太古三格式硬套在人家的头上，那就恐怕大有流为希特拉，"量鼻子主义"的危险，结果却要禁止爱因斯坦成婚生子了！审别体智，已是难事。有骨架的不必有气力，有气力的不必有精力。至于审别智慧，以至审别性情品格，那只有拜请上席［帝］亲身出马——就是你那风动一世的时髦统计学、"测量术"也是无能为力的。这是事实问题，不是你我个人意见所能左右。

只说中上体智的分子，而提不出任何适用的标准，那就等于说体智良好的，应当生育；也就是说，有良好遗传的，应当遗传。此之谓通词，此之谓 Tautology，此之谓虽解释而未解释。

如果潘先生的解释而有确实的意义的话，恐怕只得作第二说解。"中上分子"恐怕是指经济或社会的地位而言。换而言之，就是有钱的人，有身分的人。且莫管你赞成，或是反对。钱与身分比较地尚是近于客观化的标准。并且在一个健全的社会里，钱与身分，大体上说，尚能与"才德"相符，尚能表征体智健康。在无可奈何中，它们或尚可算是差堪应用的价格。

只是在中国的现时，这价格，这标准，是绝对不可用了！我们社会中现有的中上层分子，你看他们的面目头颅，他们的心肝五脏，究竟是合于那一格的标准呢？他们钱是有的，而且愈来愈多。他们身分更是高的——只须头衔是官。却是他们中间，有多少个是眉目清秀？有多少个是双肩阔方？有多少个是心肠中正？有多少是指头老实？潘先生要请这些人来尽量发挥他们的生育性，你想他们所遗传与民族的，是天鹅还是乌龟呢？

其实一向的中国社会，本来就是他们在那里蕃殖。老百姓添儿女，一大半都是死亡。所以五口之家确是农村的常态。大人先生们却不够了。有了老妻不算数，金房子还要贮娇。大姨太、二姨太的产品，加上正房的成绩，一五一十，四个手的指头，转瞬间已不够数了。然而生出来的，大都不是豚犬，便是豺狼。到了近年来，十之八却都做成鸦片王了。我看城市里所谓上层的红男绿女类皆是青脸黄皮，我晓得如果要改良民族的健康，还是请农村的"下层"父母，多多努力。所谓中上层的夫妇，即使全部罢工，民族未必不收"失马"之福。

最后让我们再提出一点来。潘先生目击现时渐有独身、迟婚、少生子或不生子的案件，便惶惶然认为民族自杀的恶征。其实这个拥有四万万五千万人的老国，愁的不是人少，乃是有了人而却不当人看待！

独身、迟婚与节育——这些事实，无宁是可喜的新气象。社会上会发生这些事实，最重要的原因，当然是经济的不给。目前国内，旧式的大家庭逐渐崩溃，生计也逐渐由成年的子女自当。独身、迟婚、节育等等是必然的现象，也是自由意志的一种表现。人家财力不够，为什么你偏要迫着他非做姑爷，非做爸爸不可？

数千年来，有脑力、有智识的国民，都被迫着个个非做姑爷，非做爸爸不可。我们文化中的破绽，恐怕就端为这点出来！我们整个的文物制度，整个的人生观，太"姑爷"了，太"爸爸"了。也许民族目前所需要的，正是一大批无妻无子（或是无夫无子）的人，胸中一虑不挂，凭着一己的直觉，赤脚双拳，蹩步踏来为大社会创造，为大社会努力！

《今日评论》第 1 卷第 23 期，1939 年，第 9—12 页

# 关于妇女问题的讨论

潘光旦

　　本刊第一卷第十四期里，作者供给过一篇稿子《妇女与儿童》，随后在第二十一期、二十三期和第二卷第十五期里，先后读到张敬女士的《知识界妇女的自白》、林同济先生的《优生与民族》、陈佩兰女士的《妇女与儿童抑父母与儿童》等三篇文字，都是对拙作的一种答复。抛砖引玉，问一得三，真是不胜荣幸之至。

　　拙作《妇女与儿童》原是一篇应时节的稿子：三月八日是妇女节，四月四日是儿童节，拙作是四月二日发表的，为的是要把这两种人物联系起来，把他们原有与应有的有机关系指点出来。任何两种人物之间可以发生联系，也多少总有几分有机的关系可寻。假定儿童节前后有一个男子节，或丈夫节，或父亲节，我们应时说话，也多少可以把男子、丈夫或父亲对儿童的关系，指点一些出来。固然，我们大都承认，那几位答复拙稿的作家也未尝不承认，这种关系，比起妇女、妻子、母亲的来，不免要疏远一点。这一层应时节的微意，三位作家里的两位似乎都没有能充分的理会。所以张女士一则曰，"潘先生忽略了病因……囹圄的把错误……推在妇女的身上，这一点不能不辩"；再则曰，"……维系民族健康的枢纽，不能说全在妇女一身"。陈女士也说，在"男女均治"的原则之一，"对儿童而言，何必假设妇女与儿童或者男子与儿童，实际上还是父母与儿童"；又说，对于儿童生、养、教的义务，

"是具有父母资格的人所应认清的现代家庭教育的意义，更不是此推彼诿，或是互相辩难"所能解决的。其实作者在《妇女与儿童》里实际上所说的是，生、养、教之事，"生，显而易见是妇女的责任居多"；"养，至少是初期的养……当然也是妇女的一种辛劳……子生三年，然后免于父母之怀，虽则父母并称，终究是母的责任重大"；"教，……就在以前，儿童最初八九年里生活〔的〕训练与习惯的养成……是在母亲的手里……没有女子教育的时代犹且如此，有了女子教育的今后，我们对家庭教育的期望不应该更大么？"作者并没有把生、养、教的责任完全推在妇女身上，更没有意思把不负这种责任的罪过全都归给妇女，而认为男子可以置身事外，是显而易见、不容误解的。作者是一个已婚而有子女的人，实际上分担此种责任者，亦且有十多年的历史，理论上固未尝推诿，事实上更不敢推诿。自信在这方面的主张见地大部分是从经验中得来，与高谈理论者稍有不同，这是要请读者与几位作家谅察的。

　　《妇女与儿童》一文无疑的牵涉到整个的妇女问题与作者对于这问题的通盘的见解。不过周刊的文字不但最受时间的限制，也受空间的限制，三四千的篇幅里，这种通盘的见解，当然是无法介绍到的。作者不能不假定，一般的读者，在他们的常识里，多少也有这种见解，或对于作者十年来在这方面所尝再三论到的，已经有过相当的认识。如今这几位作家的文稿既已多少证明这假定是一相情愿的，作者很愿意再借一次《今日评论》的篇幅，把他对于整个妇女问题的见解简括的说明一番。

　　大约五年以前，北平各界的妇女团体成立一个联合会，联合会开成立会的时候，曾约作者到场讲演，那一次讲演的大意多少代表着作者对于妇女问题整个的看法。人有人格，人格不是一个笼统的东西，它至少有三个方面（近草《青年与社会思想》一稿，亦即以此为出发点）：一是一人所以同于别人的通性，二是一人所以异于别人的个性，三是男女所以互异的性别。一个健全的人格是这三方面有均衡与协调的发展的人格，社会生活的健全的程度便视这种人格的多少为转移。通性、个性、性别是尽人而具的，不过三方面的先天的禀受与后天的培植又往往因人而异。就某一个人论，也许三方面都有充分的天赋与发展，也许三方面之某一方面或两方面特别发达，是一种偏倚的现象。偏倚的人格是不健全的，这种人格多的社会也是不健全的。偏倚的发展到达相当深的程度以后，尤其要是这种发展是由于外缘的压力，例如由于文教的强制，社会就不免发生问题。

妇女问题就是这样来的。妇女是人，自有她的人格，这人格当然也有三方面：通性、个性、女性。妇女中的女性固然需要发展，但是她的通性与个性何尝不需要发展？在中古时代的欧洲，宗教曾经一度怀疑过女子究属有没有灵魂，这在宗教会议里提出讨论过。许多宗教始终把妇女看作魔鬼或与魔鬼类似的东西，基督教有一度便有这种看法。在中国，戒淫的教门把女子看做"带肉骷髅""蒙衣漏厕"，相去也不很远。把女子看作魔鬼的文化，也曾一度大反其所为，把女子看作天仙与安琪儿一流的东西，从而加以顶礼膜拜。无论把妇女当作神仙，或当作魔鬼、蛇蝎与缺乏灵魂的东西，总是一样的否认了她的通性一方面的人格。

在西洋与中国，女子的个性，除了绝少数的例外外，也曾遭遇到抹杀。这在女子教育方面，当然是最容易看出来，也是谁都已相当的承认的，可以无庸再事解释。

通性的否认与个性的抹杀终于引起了近代很大的一个社会问题，就是妇女问题。一个完整的人格，到此只剩得三分之一，其余三〔分〕之二完全为社会所漠视，并且长时期的一贯的受漠视，而受此漠视的人数，在任何世代里，要占全人口的半数或半数以上，试问问题的发生又如何可以始终幸免？

讨论到此段落为止，作者以为答复《妇女与儿童》一文的几位作者都不难表示同意。张女士明知故问的说："女人若是仅为生小孩、养小孩、教小孩而活着，何必深求造诣，何必博学多能！"不错，女子不仅为生、养、教小孩而活着，女子也有其深求造诣、博学多能的必要，正因为她有她的通性和个性。林先生的话更暗示着女子同样的有通性与个性，不宜忽视。他问着说："中国民族的生理与心理，颓萎到今天的田地，是不是直接间接都与个性的被压——尤其是女性的被压——发生最根本的因果关系呢？"我们对这问题很可以作一个肯定的答复，不过"女性"二字，若改为"女子的个性"字样，便妥贴了。林先生又说："民族健康的推进，大前提还是女性的解放。根本的原则是人格尊严的树立与社会机会的平等。不消说，所谓人格尊严绝不是女性男化，所谓机会平均并不必是男女同工。"这话说得最好，林先生不但注意到通性的存在，并且又承认了性别之性的不可抹杀。陈女士再三申说的"人权"是兼括通性与个性而言的："先说到人权罢！两性除了生理机构微有不同外，是同具着人的品格、人的欲望、人的才智和人的壮志。他或她都要过着具有人意义的生活。"两性的生理机构究属是微有不同或大有不同，我们姑且存而不论，陈女士的其余几句话是谁也不容否认的。所云品格、欲望，与人的意义的生活，大抵与通性有关，所云才智与壮志则与个性有关了。

不过下面要说的话，几位作家，尤其是两位女士，怕就未必十分同意了。近代的妇女解放运动，不用说，是为解决妇女问题而发的。不过因为它犯了和历史刚好相反的错误，它表面上虽对妇女问题不无解决之功，实际上却只是把妇女问题改换了一个方式，问题的存在还是和以前一样。以前的错误是只看见了妇女的女性，妇女的性别之性，而漠视了妇女人格的通性与个性；解放运动发轫以来的错误是单单重视通性与个性的部分，而忽略了妇女所以不同于男子的性别。陈女士的一稿里有"矫枉过正"的一段观察，所指大约就是这一点。她在评论张女士那篇文字的话里说："女性……缘男权高压的可畏，男子二三其德的可伤，不平则鸣，久压思伸，加以社会的机构、教育的制度，在在可以造成矫枉过正的病因。"又引西洋最近的经验说，"欧西人士正在极力补救矫枉过正的错误"。从只承认性别之性到几乎完全否认性别之性与其涵蓄的种种功能，岂不是一种矫枉过正，而"过"的错误与"不及"的错误等。不过陈女士虽有此种认识，而本人依然不免于蹈袭此种错误，便令人难以索解了。她讨论所谓人权的时候，便说"两性除了生理机构微有不同外"云云，微有不同的"微"字是很成问题的。生物学家告诉我们说，男女两人的分别，是深入膝理的，男子身体所由组织成的细胞便和女子的不同；又说假若以普通生物分类的标准相纯〔绳〕，男女简直不妨分为两个不同的种！所以，微有不同的判断，如其解作"即极微处亦有不同"则可，解作"不同处至为微细不值得深切注意"便不为事实所许可了。陈女士又说："合乎人道的观念，践乎人道的行动，肩着世人的重任，干着人群的工作，只凭才智旨趣为主体，原无性别之可分……"这更不是一派十足的只承认通性与个性而抹杀性别之性的矫枉过正的话么？林先生所了解的"人格尊严，绝不是女性男化、机会均等，不必是男女同工"，□（毕）竟要和平中正一些。

总之，目前的妇女问题决不是一个单纯的问题。我们尽管承认，就一部分的妇女而论，解放的程度还不够，通性与个性的发展还受着严重的桎梏——到如今依然成为问题的一部分。我们也不能不承认，就另一部分的妇女而论，解放的程度也许够了，也许已经过了火，通性与个性发展的结果竟然把女子所以为女子的事实都给一笔勾销了——这又何尝不是问题的一部分？同是问题的一部分，认识前一部分的人尽有，而窥见后一部分的人还少。问题的严重性一半也就在于此。就一般的社会说，以至于就受过高等教育的一部分人说，我们对整个的妇女问题，至今还没有充分的认识。

这种不认识是无庸讳言的。当代的所谓女子教育便建筑在此种不认识之上。就忽略女性之性一端说，我们对当代女子教育下一个"无知"或"盲目"的评语，也不为过。陈女士是家庭教育的专家，所以我们在她的议论里，还寻到一两句"……社会的机构、教育的制度，在在可以造成矫枉过正的病因"的话。至若张女士，在这一点上的态度就比较不易捉摸了，她说："我国现今的大中学女生，她们所学得的，多半和男生一样……她们用了多年的光阴，学成以后，莫非无所应用、无所表现的就归隐了不成？"这是问得很对的，不过张女士根本没有表示，这种女子教育究属合事理不合事理。就她全段文字的语气说，似乎她也未尝不感觉到此种教育实在有些不大合理（观段末"潜心学问也许能将天职的妇女母性通通斫丧了"之语，益信）；但就"归隐不成"一类的语句说，她又似乎很有些将错就错的意思。无疑的，今日知识界的妇女，尤其是那些能作自白的妇女，多少已经自觉，她们像希腊神话里的赫居里斯一样，已经走上了一条歧路的叉口，所以才会有这一类彷徨的语气。

　　根据人格三方面的理论，作者决不会主张"把妇女，受了教育，尤其是受了高等教育，连同在社会上好不容易才挤得一个小角落立足的妇女，统统赶回家去，关在家里，让社会上一切的事业完全归男子一手来经营"。这是大可以请张女士及其它智识界的妇女放心的。事实上，在《妇女与儿童》稿里，作者也似乎没有妄作主张到此种地步。不过，站在民族健康的立场说话，作者不能不希望一切优强秀异的妇女，象同样的男子一样，能走上婚姻生育与教养子女的一条路。她们在走上之后，能否兼筹并顾到社会事业或文化事业，那就全凭她们的兴趣与精力，任何人都不能加以理论上或事实上的限制。上文也说过人格三方面的禀受，因人而有强弱的不同。一个通性、个性、女性或母性比较平衡发展的妇女当然是比较难得的健全分子，民族希望她要有后，是极有理由的，因为民族自身的有后就建筑在此等人的有后之上。一个女性或母性特强的妇女也许用不着甚么外力的诱掖，便会踏上婚姻与生、养、教的路；反之，一个个性特强的妇女，即有有力的劝诱，怕也不生效力。这都是很自然的，张女士也曾很有见地的讨论至此。不过就民族前途的需要来说，假若所求只是人口在数量上的增加，则只须母性特强的妇女人人尽她的天职，于事已是；但若所求为人口品质的提高，则最大的问题便在如何运用标本兼治的方法，使个性强而母性未必强的妇女也能把子女的生、养、教认作她们一生最大的任务。这是目前优生学的很大的一个问题。

即不为民族前途设想，而为知识界妇女阶级的将来设想，为妇女解放运动的命运设想，上文的一段推论也是很适用的。知识界的妇女不要增加与扩大她们的力量则已，妇女运动不想维持其活力于不败则已，否则第一个条件便在永久培植有高级智能足以获取智识而推进运动的妇女种子。根据物从其类的原则，此种种子的维持，一小部分固然可以靠征求吸引，一大部分总得靠智识界妇女自身肯不躲避生、养、教的艰辛任务。换言之，个性特强的妇女总须能稍抑制她们的个性于一时，才有希望遗留与维持此种个性于百世。设或不然，也许这一世代里，妇女的智识活动与争取公道的活动，虽盛极一时，到下一世代，忽然销声匿迹起来，而奄有天下的，像运动未发缓以前一样，依然是女性与母性特强，在男子手里受尽了委曲不敢喘一口气的一些女子。这又何苦来呢？作者以前曾经有机会讨论到这一点，也曾经在妇女出版界方面挑起不少的反响，不过，无论反响如何，智识界与有领袖才力的妇女总得同时认清与力行"运动不忘生育"与"生育不忘运动"的原则，妇女问题的解决与民族健康的维持，才得有所利赖。

《今日评论》第 2 卷第 20 期，1939 年，第 308—311 页

# 优生与儿童福利

潘光旦

儿童福利的概念有广狭两义，也有虚实两义，也有本末两义。优生学所应当论到的是广义的、虚义的、本义的，目前中西社会中流行的福利工作是狭义的、实义的、末义的。

一个人的生命史有其先后天，得胎以前是先天，得胎以后是后天。寻常的儿童福利工作，所注意到的一段生命史只有十多年，即从成胎之顷起到春机发陈（旧依日本译名，称为春机发动，今就中国故有的医学文献酌改）的年龄为止，而优生学术所注意到的先天段落比此要长得多，至少要照顾到儿童出世以前的好几个世代。这是广狭义之说。

寻常儿童福利工作有一个极具体的对象，就是实际的孩子，有形态体魄而活泼的孩子，从没有从［出］娘肚子的胎儿一直到十四五岁的大孩子。优生学对于儿童福利当然也有它的对象，这对象也必然的是这些孩子，不过它的视线所达到的地方，事实上并没有孩子的存在，连胎儿都还不存在。它的对象，与其说是完成的儿童，无宁说是儿童最初所由构成的因素以及此种因素凑合的情形，而一经凑合，一经踏上指向着完成一个儿童的发育之路，它反而掉头不顾，严格的说，此后便不属于它的兴趣范围。这是虚实意义之说。

就个人的生命史说，优生学术认为遗传与环境虽无轻重之分，而有本末常变之别，就是，遗传是本，而环境是末，也就是，我们只有安排环境来迁就个别的遗传，而不宜勉强遗传来迁就划一的环境。这是优生学的基本原则之一。儿童福利，好比人生的一般福利一样，必须建筑在健全遗传基础之上，才是真实的，才是永久的。如果不问遗传，一味的就儿童的后天环境做些头痛医头、脚痛医脚的功夫，营养的改进呀，教育的努力呀，医药卫生的推广呀，那所得的福利，至少一大部份是暂时的、浮面的，甚至于伪装的，并且，好比以前的慈善事业一样，结果只有教儿童福利工作的需要，一代比一代加多，使儿童的健康发育问题，更得不到切实的解决。如果我们先把这本末常变之理弄清楚了，认为良好的儿童原料是儿童福利工作的第一先决条件，然后再加努力，则一分工作便可以收获一分效果，而不落虚空。（参看拙文《优生与社会行政》，《优生与抗战》一书中）这是本末义之说。

把儿童福利应有的意义作进一步的解释之后，我们不妨提出一个原则来，这原则是极古老的，最先提出的是《诗经》里的一部分诗人，充分加以发挥的是孟子，而最后与以坐实的是近代的生物与心理科学，就是"自求多福"。社会福利、劳工福利一类的工作里，除非每一个社会分子，每一个劳动分子，真正了解"求人不如求己"或"天助自助者"的道理，其实际之所得是十分有限的，甚至于不过是其它一小部分比较幸运的社会分子或资产阶级中人的一些所谓馂余。俗语说得好，求来的雨是不大的。这一类的福利事业就是慈善事业、养济事业，名义虽各不同，实际并无二致。

如今儿童福利也复如此。公家多办得几处托儿所，算得什么？如果管理不善，试问和以前的育婴堂又有多少分别？公家多办得几处卫生院，算得什么？如果管理不善，试问和以前的施药局又有多少分别？即使管理尽善尽美，又怎么样？我们应知管理的善不善，并非主要之点；建立这一类福利制度的原意如何，这种制度究属对于儿童的健康能保全推进到甚么程度，才是主要之点。如果儿童自己懂得抉择，懂得说话，而不让成年人摆布，他可能的不赞成这种制度，更不能同意于此种制度的普遍化，他也可能认为大家的一番好意，对于他的身心发展，并不曾有很大的裨益，甚至于好处抵不过坏处。

不过儿童自己不会抉择，不能说话，结果还是要大人替他抉择，替他说话，替他觅取福利的途径。对于儿童，绝对的自求多福虽不可能，一种"委任的"自求多福还是可能的，并且是不可避免的。如果因为生物科学与心理科学的昌明与普遍的发人深省，而使"大人者不失其赤子之心"，即大人能设身处地，能在在为儿童的一般性格与个别性格着想，则所得福利也就是等于自求的，而不是"嗟来"的了。

做大人的要接受这委任而无愧，第一要了解这"自求多福"的"自"字，而那"福"字的了解还在其次，因为真懂得"自"字而真能负起委任的职责，那结果不会不是福利；不了解"自"字而一味的多方邀福，结果不一定是福利，而可能是祸害。所谓"自"字，我以为有两层意思，必须先邀大人的认识，然后终于邀儿童的认识。第一层意思是环境归自我支配，而不是自我归环境摆布。近代的社会生活与教育生活过于重视环境、潮流与时代精神等等的结果，使生活外缘中种种条件的力量，见得格外的大，而人类安排与控制生活的力量，见得格外的小。前者越大便越见得威胁，后者越小便越感到自馁，在这种情形之下讲儿童福利，那福利势必至于不是"自求"的一种、自作主宰的一种，而是"贴膏药式"的一种，有如上文所论。第二层意思是个别化或个别的待遇。天下没有两个人是完全一样的，也没有两个儿童是完全一样的，生物界变异的通例是没有例外的，就是同一胞胎的双生子也不是例外。如此，则所谓儿童福利，严格言之，除了一部分和保养生长有关的比较可以共通的福利而外，我们又应当，以至于更应当，注意到儿童个别的福利。而这在目前又是十分的欠缺，在儿童福利的实际工作里如此，在儿童福利的理论上也未尝不如此，这无疑的又和近代高唱"社会化""集体化"的风气有密切关系。

总之，第一个"自"字所以别内外，第二个"自"字所以别人我。接受儿童"自求多福"的委任的大人，无论其为儿童自身的父母或一般儿童福利工作人员，对此都宜乎先有亲切的了解。而了解了这个，也就等于了解了上文所说"遗传为本"的道理。第一个所以别内外的"自"字，也就所以别遗传于环境，以及两者之间应有的本末常变的关系；而第二个所以别人我的"自"字更进一步的辨别人我间的遗传互有不同之所在。

根据优生的原则，也根据上文的讨论，我认为在委任的形式之下，任何儿童应要求一种最基本的权利或福利。民主思想动辄讲不可分割的天赋人权，究竟有没有人权这样东西，这人权是否真由天赋，真不可分离，我不得而知。不过这三种儿童的权利是很实在的，即或天不赋与，社会也应当赋与，赋与以后，也正复不容分割。这三种权利是：一、选择父母；二、胎期保养；三、母爱与家庭教育。

父母的选择，不用说，是一种委任的选择。儿童生在父母既婚之后，当然无缘作自主的选择，不过做父母的可以想像到前途儿童的幸福，而彼此作审慎的互选。能以子女的福利作主要参考的婚姻选择，就实际的效果而言，就是儿童委任的父母选择了。近年以来，男女的交际日见活跃，而因为教育上缺失指导，发乎情，不能止乎礼，于是成孕于先而不得不结婚于后的例子便时有所闻。某处大学生的壁报上称此种婚姻为"奉子女之命的婚礼"，虽属谑而近虐，从我们目前的立场看，这说法却别有一番至理。所谓"奉子女之命"不妨解释做以子女的健康与幸福为婚姻的最大与最终的目的。以前《诗经》上说："夙兴夜寐，毋忝尔所生。"胡适之先生曾经把"所生"解释作子女而不是父母，与此有相类的意义。婚姻而能不忝所生，能燕翼贻谋到一个程度，使所生子女个个都有清白的遗传、健全的身心品性，自身到了桑榆晚景，回首前尘，觉得根本上就没有甚么对不起子女的地方，这样一桩婚姻真不妨说是奉了子女之命才缔结的了。这第一种福利，简单的说，就是良好的遗传或清白的家世的福利，是完全属于优生学范围以内的。有了这基本的福利，前途其它的一切福利，无论其为先期的委任的，或青年期以后直接自谋的，就都有了比较最稳固的保障。

第二是胎期保养的权利。胎教是没有的，但胎养是有的。（说详拙文《新母教》，《优生与抗战》一书中）遗传是本，但不是一切，有了良好的遗传，总得有适当的环境来加以发展。人生第一期的环境是九个多月的妊娠期内的环境。在这九个多月里，孕妇适当的休息与保护是要的，充分的营养是必须的，过度的精神上的震撼与刺激是要避免的，这就是胎养。胎养并不在优生学术范围以内，但如果胎期环境太恶劣，难免不发生"苗而不秀"的后果，所以优生学也不得不感觉到兴趣。

母爱与家庭教育是儿童第三种不可分离的权利。上文说到自求多福的"自"字的第二义，在这方面最为适用。每一个儿童既有其特殊的遗传、特殊的性格，则至少在理论上，最能了解而对他表示同情的人自莫过于他自己的父母，而尤其是他的母亲。就以往与目前的情形说，富有同情的母亲虽所在皆有，而真能了解儿童个性的母亲则有如凤毛麟角，不可多得。不过这不是母亲的罪过，而是历来教育的罪过。在以前，女子可以说没有教育；在今日，女子算是有了一些教育，但不是女子应有的女子教育，至少就一般情形演〔言〕，此种教育和儿童福利不生关系。目前甚至于还有这一类的矛盾的现象，就是生男育女的母亲不识儿童福利为何物，而懂得儿童福利的专家与社会工作家都又不踏上婚姻与生育的路。于是便有保育院、托儿所一类组织的产生，于是便有"专家教养"一类的口号的标榜，想把这种矛盾的现象十分强勉的调和起来。我知道儿童公育一类的理论与事实的背后，尚有其它的社会与经济原因在，但这至少是原因之一，并且是许多人不大愿意明白承认的一个。

其实经验与学理告诉我们，天下没有事物可以替代母亲的爱，也可以说一百个专家〔的〕知识与技能抵不过一个母亲爱的温爱。为儿童的福利着想，爱的重要性显而易见的要比一些保育的技能的重要性为大，如果二者不可得兼，假如我是儿童，我就愿甘舍专家保育的技能，而取母亲的温爱。不过二者并不是根本不可得兼，要教未曾结婚生子的专家发生亲切的母爱，事理上固然有些难能，而教每一个母亲获取适量的专家知识与技能却是绝对做得到的事。我认为替儿童福利工作设想，这是当前与长久的将来的第一要务，就是，再说一句，每一个配做母亲的人，在教育上得到充分的准备，可以教她如何择偶，如何成婚，如何生育，如何教养子女多少要他们入学的年龄为止。这并不是说只有女子需要这种教育，而男子完全不需要，不过我们总得坦白的承认，就两性分化的形势而言，母亲对于生、养与初期教育的责任，要比父亲大得多，而无法旁贷的。一面把这种责任向社会推诿，一面却侈言儿童福利的重要，我绝对认为是一种矛盾，如果社会与教育容许这种局面的存在，这教育与社会也就是在矛盾之中。幼吾幼以及人之幼，我认为一切儿童的福利工作应该从这原则入手，否则所作的福利工作全是隔靴搔痒的。

母爱与家庭教育也不在优生学术的范围以内。不过优生学既看重个性，既主张个别的待遇，它最不放心的是，一个优良的个性被一种美其名曰"社会化"的环境给吞没了，或中途受挫，造成一种"秀而不实"的后果。母爱与母爱感召下的家庭教育无疑的是最能个别化的一种力量，而目前保育院、托儿所一类的设施则适得其反，名为"多福"，实与"自求"的原则最相刺谬，所以多年以来，我每有论列，必期期以为不可。这并不是说我们不需要社会化，而是说社会化无需乎如是之早，如是其澈底，有了良好的学校教育，适度的社会化是一个必然的结果，而良好的个别化的家庭教育也未始不是适度的社会化一个先决条件。这也并不是说，我们完全不要保育院、托儿所一类的机关，为了一部分无家可归的儿童，这一类的设施是必须的，也是既幼吾幼之后进而幼人之幼的自然的表示，但应知这终究是例外，我们不应当以例外妨害通例，更不赞成教例外攘夺了通例的地位。这是凡属从事于儿童福利工作的人士、母亲、社会工作员、福利行政人员，以至于一般教育工作的人，所应切实认识的。

《自由论坛》（昆明）第 3 卷第 4 期，1944 年，第 14—16 页